DE OLHOS ABERTOS E PÉS NO CHÃO

Jorge Caldeira e
Gastão Mesquita

DE OLHOS ABERTOS E PÉS NO CHÃO

SEXTANTE

COORDENAÇÃO EDITORIAL: Alice Dias

PRODUÇÃO EDITORIAL: Livia Cabrini

REVISÃO: Hermínia Totti e Luis Américo Costa

PROJETO GRÁFICO: Victor Burton

DIAGRAMAÇÃO E CAPA: Adriana Moreno

IMPRESSÃO E ACABAMENTO: Lis Gráfica e Editora Ltda.

CIP-BRASIL. CATALOGAÇÃO NA PUBLICAÇÃO
SINDICATO NACIONAL DOS EDITORES DE LIVROS, RJ

C151o

Caldeira, Jorge, 1955-

De olhos abertos e pés no chão / Jorge Caldeira, Gastão Mesquita. - 1. ed. - Rio de Janeiro : Sextante, 2025.

448 p. : il. ; 23 cm.

"Livro sobre o centenário da Companhia Melhoramentos Norte do Paraná"
ISBN 978-85-431-1126-1

1. Companhia Melhoramentos Norte do Paraná - História. 2. Energia - Fontes alternativas. 3. Paraná - Condições econômicas. I. Mesquita, Gastão. II. Título.

25-100008.0 CDD: 338.76098162
CDU: 338.45(09)(816.2)

Carla Rosa Martins Gonçalves - Bibliotecária - CRB-7/4782

Todos os direitos reservados, no Brasil, por
GMT Editores Ltda.
Rua Voluntários da Pátria, 45 – 14º andar – Botafogo
22270-000 – Rio de Janeiro – RJ
Tel.: (21) 2538-4100
E-mail: atendimento@sextante.com.br
www.sextante.com.br

Para
Beatriz de Camargo Mesquita

Transporte de Cana de açúcar na fazenda Jussara. Foto Renato Stockler, agosto de 2023, acervo IIGMF.

SUMÁRIO

PRÓLOGO

Melhoramentos: cem anos de futuro e trabalho

Gastão Mesquita | *Memória* e **Jorge Caldeira** | *História*

Fossem as histórias triviais, este livro falaria de uma empresa que atua no mercado de energia renovável, com características próprias de inovação: multiplicação da produção por cinco na última década, receitas do mercado de captura de carbono, emprego de inteligência artificial para manter o cenário da natureza tão intacto quanto possível na produção de etanol e eletricidade. Um cenário com futuro.

Mas a Companhia Melhoramentos Norte do Paraná (CMNP) tem muito passado, completando um século de existência em 2025. Tem também uma história bastante incomum. Tão inusitada que admite uma forma própria, a da narrativa em dupla: uma pessoa contando e outra escrevendo.

Esse contraponto de duas vozes não é acidente nem artificialismo. Acabou se impondo ao final de um longo trabalho que durou cinco anos. No começo da pesquisa, em 2019, a ideia era simples: buscar documentos e escrever um livro institucional anônimo para o centenário da empresa. Esse prazo, em si mesmo, já ajudava muito: era algo possível apenas quando se pensa a longo prazo, o que é uma raridade no Brasil.

Permitiu sobreviver aos percalços da conjuntura. Já de cara houve um impacto forte. A epidemia de covid-19 impediu qualquer pesquisa física presencial e qualquer contato com a realidade produtiva da empresa. Ainda assim, o tempo foi bem aproveitado: a equipe de pesquisadores foi capaz de montar um banco de dados e uma cronologia referenciada, toda baseada em documentos públicos disponíveis na internet, especialmente no acervo do jornal *O Estado de S. Paulo* e em sites de pesquisa universitária.

Quando, afinal, puderam acontecer reuniões presenciais, a cronologia já acumulava perto de 3 mil eventos arrolados, cada qual com uma base de referência própria. Em situação normal, o suficiente para um historiador sentir-se relativamente confortável com o assunto a ser tratado. Com essa segurança, fiz a primeira apresentação do projeto para a diretoria da Melhoramentos.

Gastão Mesquita foi duro e direto na crítica: era o projeto de um livro que falava muito de um passado longínquo e muito pouco da empresa presente e dos negócios que se abriam para o futuro. Fiquei bastante abalado, mas fiz minha primeira lição de casa. Discutindo o desvio para o passado com a equipe, tentamos encontrar um caminho para escapar de algo incontestável: cerca de 90% dos eventos da cronologia de fato se referiam aos primeiros cinquenta anos de vida da empresa. Para balancear o material de pesquisa, tentamos nos concentrar nas fontes possíveis para atenuar o desequilíbrio. Meses de esforço levaram a uma conclusão: os números refletiam com exatidão o estado do material disponível para um historiador que trabalha com documentos – e as alternativas eram praticamente inexistentes.

Do aprofundamento ficou uma constatação: a mistura de períodos de alta documentação com outros de quase total inexistência de registros era uma característica ainda mais marcante. Um exemplo basta para explicar.

As versões existentes para a fundação da empresa refletem um momento de alta visibilidade. Lorde Lovat desembarcou no Rio de Janeiro com todos os predicados de atração de sua figura: família nobre desde os tempos de Guilherme, o Conquistador; viajante do mundo, aventureiro que atravessou a pé meia África; herói de duas guerras; jogador do time de hóquei sobre o gelo do rei, em partidas no Palácio de Buckingham; figura proeminente na Câmara dos Lordes; empresário rico e admirado na City londrina; bem-casado e dono de uma das casas onde se reunia a elite britânica. No Brasil, a sua agenda inicial esteve à altura desses predicados: reuniões com o presidente da República e seus ministros, banquetes oficiais e animadas festas sociais. Não faltaram jornalistas para registrar nem depoimentos pessoais.

A abundância de documentos vale também para o primeiro dia de lorde Lovat no sertão brasileiro – uma visita às matas tropicais, às plantações de algodão e à fazenda de seu anfitrião, o major Barbosa Ferraz, em Cambará, no norte do Paraná, em 10 de janeiro de 1924. Também é conhecida em detalhes a apresentação ali feita por um jovem engenheiro de 28 anos, Gastão de Souza Mesquita Filho, durante a qual este delineou um plano de desenvolvimento regional que envolvia loteamento de terras e o prolongamento de uma ferrovia que estava sendo construída, com o objetivo mais amplo de gerar desenvolvimento econômico no norte do Paraná.

Esse se tornou um momento histórico, uma vez que o plano acabou sendo colocado em prática. Mas não foi aí o momento de formação da empresa. Sua fundação ocorreu após uma segunda viagem de lorde Lovat ao Brasil – dessa vez distante dos holofotes. Dela não ficaram sabendo nem mesmo os jornais escoceses, sempre muito bem-informados de seus passos. A quase totalidade dos registros documentais foi minerada pela equipe de pesquisa em meio à massa de dados de arquivos ingleses e de arquivos pessoais brasileiros. Lovat veio em companhia de Friedrich Eckstein, o maior sócio na Sudan Cotton Plantations, a grande empresa que controlavam. E no Brasil eles vieram encontrar outro grupo organizado: os sócios que empreendiam a ferrovia, bem como experientes legisladores brasileiros. Desse encontro surgiu um novo modelo de negócios concebido para tornar realidade o projeto. Modelo muito ousado até para os padrões londrinos: uma empresa organizada sob a lei brasileira – de um lado, a Companhia de Terras Norte do Paraná (CTNP) funcionando a partir de 24 de setembro de 1925, e, de outro, uma holding inglesa, a Parana Plantations. Foi necessário mandar um legislador brasileiro até Londres, para explicar o tamanho da autonomia da filial brasileira – até porque o capital de 500 mil libras era alto demais para ser exposto a riscos inúteis.

O primeiro presidente da empresa foi Antônio de Moraes Barros. Dado o tamanho da capitalização, este era apenas um acionista minoritário. Mas coube a ele conduzir todo o processo de adequação daquela gigantesca imobilização de recursos em terras de matas, de criação de procedimentos jurídicos na lei brasileira e – sobretudo – de demarcação da propriedade e análise de solos. Tudo isso sob o mesmo manto de discrição da viagem. Para entender a história desse momento, foi preciso pesquisar muito. Mas, sobretudo, ter conversas que serão relatadas mais adiante.

Quatro anos depois, em 1929, o silêncio deu lugar a uma abundante produção de documentos. O empreendimento tinha uma escala gigantesca: 515 mil alqueires de matas muito pouco frequentadas. E um objetivo comercial de massa: transformar tudo em 40 mil propriedades rurais e 100 mil lotes urbanos. Objetivo que seria alcançado em pouco mais de três décadas, com a formação de 63 municípios e aglomerados urbanos, entre os quais Londrina, Maringá, Arapongas e Umuarama. E centenas de milhares de pessoas foram atraídas para a região graças a uma estrutura nacional de propaganda incomum para os padrões brasileiros da época: anúncios em todos os meios de comunicação e em boa parte do país, impressão de folhetos, formação de equipes de vendas.

Todas essas atividades resultaram numa imensa riqueza da documentação. Além disso, o progresso econômico da região, entre as décadas de 1930 e 1960, criou memórias muito positivas naqueles que ali prosperaram. E esse conjunto de documentos acabou predominando no banco de dados.

Ótimo para contar o sucesso do projeto inicial – mas nem tão bom para contar o que mais interessava, ou seja, a história da empresa. A simbiose entre a trajetória da empresa e a trajetória da região deixou de explicar o negócio a partir de 1951, quando seu nome foi trocado para o atual Companhia Melhoramentos Norte do Paraná. Desde então o objetivo passou a ser o de formar um conglomerado industrial de bens de capital, deliberadamente montado para assegurar a sobrevivência do negócio após a venda dos derradeiros lotes.

Nessa etapa, houve um novo descasamento documental, que perdura até o presente. Se o loteamento de terras precisa de publicidade, o setor de bens de capital e, mais adiante, o da produção agrícola são aqueles nos quais o esforço documental é supérfluo para fazer a história emergir. Começou então uma nova combinação entre algo muito visível para historiadores, mas quase imperceptível para a imensa maioria das pessoas. Tudo que era interno ao negócio refletiu-se em baixa produção documental, o que colocou um problema crucial de pesquisa: como contar a história sem esses registros materiais?

Felizmente havia um fio invisível para suprir a falta de documentação escrita, um fio que poderia servir de guia no labirinto: a memória pessoal. E não se tratava de uma memória pessoal qualquer. Gastão Mesquita, o atual presidente da Companhia Melhoramentos Norte do Paraná, é neto de Gastão de Souza Mesquita Filho, o jovem engenheiro de 1924 – e bisneto de Antônio de Moraes Barros, o primeiro presidente da Companhia de Terras Norte do Paraná. Mais que isso, um homem que carrega nomes e datas na cabeça e os desfia com precisão invejável. Tão capaz de recompor o todo invisível da história como de tocar o negócio ao qual vem se dedicando com discrição há 53 anos.

Como o leitor poderá constatar ao ler a história a seguir, esse conhecimento íntimo ainda ajudava a deslindar aspectos do negócio que não são apenas superficiais. A informalidade tácita, quando se quer, não é exatamente acidental na vida da empresa. Um exemplo maior: mesmo sendo uma sociedade anônima, desde 1944 ela nunca teve acordo de acionistas. Durante meio século, até 1994, seus controladores tomaram todas as decisões societárias e de investimento na base do fio do bigode. Ou seja, na tradição do fiado, a mais secular das instituições econômicas brasileiras – ainda que esta nunca tenha merecido um livro que a estudasse.

Conversando com Gastão Mesquita e ouvindo essas histórias (pois não estavam documentadas em lugar nenhum além das lembranças dos dirigentes), entendi: não haveria um bom livro sem mesclar os milhares de documentos reunidos a essa tradição que não consta dos papéis escritos. Para juntar as coisas e contar para o leitor, só articulando Memória e História.

Acostumado aos estudos de cultura popular, em que a tradição oral impera sobre a palavra escrita, e tendo feito um grande estudo sobre uma cadeia de negócios inteiramente montada sobre o fiado no século XVII (a biografia do padre Guilherme Pompeu de Almeida, em *O banqueiro do sertão*), enxerguei na memória de Gastão Mesquita um caminho. Propus que ele gravasse um longo depoimento contando suas memórias. Depois disso, pedi para gravar os relatos de todos os membros da família ligados à empresa e de todos os colaboradores que nela tivessem desempenhado papel significativo. Todos esses depoimentos acabaram se revelando essenciais para organizar os acontecimentos do período – e conferir maior riqueza à narrativa.

Com esse programa de recuperação da memória, o todo começou por fim a ganhar coerência. Assim consegui elaborar um plano geral do livro e iniciar a redação. Tudo para criar um livro no qual História e Memória dialogassem – porque essa era uma necessidade imperiosa para chegar a uma narrativa rica e instigante. E também repleta de conexões: o século de trabalho da Melhoramentos mescla um grupo multinacional, um conglomerado nacional, uma loteadora, empresas de cimento, metalurgia, materiais ferroviários, seguros, produção agrícola e pecuária, etanol, uma empresa de energia renovável. Tudo ligado por um nexo altamente improvável.

A constante segue uma família que inclui o engenheiro de 1924, o presidente de subsidiária de 1925, a transformação do engenheiro em sócio controlador a partir de 1944. Mas tudo isso numa estrutura que nunca teve nada de empresa controlada por uma família até 1994 – 69 anos depois da fundação. Mais um mistério que só pôde ser devidamente narrado com apelo ao fio subterrâneo da informalidade. Algo que apenas a memória pessoal é capaz de resgatar com alguma integridade.

Por isso, ao longo de todo o processo fui recorrendo à memória de Gastão Mesquita. Informalmente, conversando e avaliando, tentando entender a relação entre o que eu sabia pela documentação e o que ele sabia pela história familiar. Nada se formalizou: eram conversas e almoços que resultavam em ideias. Ele sempre interessado, sempre com sugestões, sempre buscando conversas e informações nos documentos da família, entre os colaboradores, entre os antigos sócios. A partir desse centro foi sendo tecida a rede de memórias capaz de contar com a maior integridade possível uma história que, de outra forma, seria inacessível à escrita.

Até a aprovação final do texto pela Melhoramentos, valeu a regra contratual da obra institucional anônima – afinal, o que estava escrito no papel. Mas havia o acréscimo das conversas pessoais, que iam melhorando a história. Por fim, nos demos por satisfeitos com o esforço. Texto pronto.

Foi nesse dia que fiz uma sugestão, em benefício de você, caro leitor: que Memória e História ganhassem a devida vestimenta autoral. A esperança era que a leitura explícita do que se teceu entre o visível dos documentos escritos e o sensível da memória pessoal ajudasse a entender melhor as imensas peripécias que marcaram a história da Companhia Melhoramentos Norte do Paraná. E assim um livro contado por dois e escrito por um chega a você, com a honesta expectativa de que a leitura, além de iluminar, mostre a dimensão do que se precisa para chegar ao fim de cem anos de empresa buscando futuros para o Brasil.

Jorge Caldeira e
Gastão Mesquita

CAPÍTULO **1**
> *Cambará, 10 de janeiro de 1924*

GASTÃO DE SOUZA MESQUITA FILHO GUARDOU LEMBRANÇAS PRECISAS DE SUAS atividades diurnas da quinta-feira, 10 de janeiro de 1924, no então distrito de Cambará, município de Jacarezinho, no Paraná, quando ele tinha 28 anos: "Convidaram-me para fazer parte da comitiva que acompanharia lorde Lovat na sua viagem de observação ao norte do Paraná. Tive a oportunidade, então, de assistir a cenas interessantíssimas. Recordo-me de que viajávamos de automóvel. Frequentemente, nosso convidado pedia que parássemos junto a uma lavoura de algodão, cujo aspecto naquele ano era excepcionalmente promissor. Descia. Examinava os arbustos carregados, media os galhos e contava as maçãs em cada pé. Depois, voltava-se para nós entusiasmado e comentava: 'Este é um ideal que vocês, brasileiros, atingiram, e que para nós, agricultores no Sudão, não passa de um sonho.'"

Mas as lembranças do que aconteceu naquela noite são ainda mais detalhadas: "Depois do jantar, passamos para o salão de jogos. Fui convidado pelo major Barbosa Ferraz para expor o plano de construção da estrada de ferro até Cambará, e o seu prosseguimento no rumo das extensas glebas de terras roxas que existiam, ainda por desbravar, além dos rios das Cinzas, Laranjinha, Tibagi e Ivaí. Sabia que Lovat desejava comprar terras para plantar algodão, mas o meu intuito era despertar sua atenção para as imensas áreas de terras fertilíssimas que uma colonização racional, feita com os recursos suficientes, que não faltavam aos ingleses, poderia transformar em fonte de riqueza para muitos agricultores, e também para o estado do Paraná e para a nação. Sobre uma mesa de bilhar, na casa do major Barbosa Ferraz, eu estendi um mapa e mostrei a Lovat o traçado dos primeiros quilômetros de ferrovia que deveria ser construída como espinha dorsal de um ambicioso plano de colonização. Nada mais era do que o traçado Cincinato Braga de ligação com o Paraguai, que anos antes havia sido proposto no Congresso e que não chegara a ser aprovado, embora fosse muito mais conveniente procurar atingir esse país via Cambará e Guaíra. Ao expor o plano eu ia desvendando a Lovat as possibilidades de obter

Gastão de Souza Mesquita Filho tinha 28 anos quando se encontrou pela primeira vez com lorde Lovat. Documento de identidade de Gastão de Souza Mesquita Filho feito em 5 de março de 1925, acervo IIGMF.

lucros e ao mesmo tempo servir ao país através da abertura de estradas de ferro e da concomitante colonização racional das terras por elas cortadas."

As lembranças incluíam o dado pessoal: "Esse foi sempre o meu fascínio, desde menino, desde estudante de engenharia, quando passava horas e horas diante dos mapas de regiões virgens pensando em como alcançá-las e como aproveitá-las. Foi por isso que não hesitei um só instante em deixar tudo – a cidade, os amigos, o conforto – para me embrenhar no mato e construir o trecho ferroviário Ourinhos-Cambará. Eu era recém-casado e por isso deve ser creditada à minha esposa, à minha querida Isa, que felizmente me acompanha até hoje, a parcela mais significativa do que consegui realizar. Na pessoa dela eu faço questão de prestar uma homenagem a todas as mulheres que ajudaram a colonizar o norte do Paraná, heroínas anônimas, nem sempre lembradas nas crônicas e nos compêndios de história, mas cuja dedicação ao marido, cuja resignação diante das dificuldades, cuja coragem para enfrentar o desconhecido, merecem tanta admiração quanto os gestos audaciosos de comprar terras, de derrubar florestas, de plantar extensas lavouras."

Mas o assunto principal não se perdeu: "Falava a Lovat das vantagens da colonização, apoiada na construção de estradas de ferro e na repartição inteligente das terras por elas atravessadas. E não havia melhor ilustração para as minhas palavras do que as áreas colonizadas em Cambará, para onde se dirigiam os trilhos da ferrovia que eu estava construindo, vilazinha que então pertencia ao município de Jacarezinho. O prefeito dessa cidade, Willie Davids, um homem de grande visão, havia loteado algumas glebas urbanas de Cambará e vendia a 50 mil-réis o lote de meio quarteirão. Pois bem. Quando as notícias da aproximação dos trilhos de ferro começaram a circular, os preços dessas datas foram subindo até atingirem, em um ano, 50 contos de réis. É natural, portanto, que Lovat se mostrasse deslumbrado diante de uma valorização de mil por cento, quando na Inglaterra os bons negócios se faziam na base de cinco por cento ao ano. Estou convencido de que essa demonstração da boa oportunidade de lucro, possível com a aproximação de uma ferrovia e através de um plano inteligente de vendas de terras férteis, conscienciosamente divididas, constituiu a semente da Companhia de Terras Norte do Paraná."[1]

Lorde Lovat, o homem que ouviu o jovem e entusiasmado engenheiro, estava então com 53 anos e também vivia um dia especial. Havia pisado no Brasil pela primeira vez dez dias antes. Após desembarcar no Rio de Janeiro, hospedou-se no Hotel Glória. Junto com seus colegas da Missão Montagu, enviada pelo governo inglês para tratar com o governo brasileiro, dedicara os primeiros dias a encontros com as mais altas autoridades e empresários do país – com banquetes nos intervalos. Na primeira oportunidade, porém, escapuliu para um programa pessoal. Começou por Cambará: aquele era seu primeiro dia conhecendo o Brasil que existia para além da capital e da Presidência da República, o ambiente que frequentara nos dias anteriores.

Além de avaliar fazendas de algodão, parte relevante de seus negócios na Inglaterra, teve o primeiro contato com algo que realmente o entusiasmava: matas. Visitara as melhores de vários países, era o presidente do Serviço Florestal britânico – e ele mesmo conduzia uma das maiores explorações florestais do reino,[2] nos vastos domínios da sua família. Também tinha uma peculiaridade ao traçar planos, como notou seu colaborador de toda a vida, Arthur Thomas, por ocasião da morte de Lovat: "Para o homem imaginativo, há qualquer coisa de irresistível na contemplação de mapas em que aparecem grandes áreas desabitadas, mas com grandes potencialidades. Seu pensamento voa ao encontro de meios e maneiras de acesso, colonização e desenvolvimento, e seus sonhos logo descortinam um futuro no qual o deserto se cobre de flores e da terra brotam imensas riquezas."[3]

Essa nota talvez ajude a entender como recebeu a mensagem da visão de futuro expressa pelo jovem engenheiro com a ajuda de um mapa. O dia avaliando o negócio local de algodão em Cambará gerara comentários positivos; a noite de projeções de novos mundos em torno do mapa gerou um recado entusiasmado, devidamente registrado no livro de visitas da Fazenda Água do Bugre: "Gostaria de deixar uma nota de agradecimento para dizer quanto apreciei a hospitalidade do major Barbosa. O Brasil é um país maravilhoso e seu rápido progresso se deve a homens como nosso anfitrião, que combina coragem com capacidade de organização. E gostaria que os demais membros da Missão Inglesa pudessem apreciar eles mesmos o convite do senhor Barbosa."[4]

E tudo terminou de imediato. Na manhã seguinte, o ilustre visitante partiu atrás de outros negócios de algodão, outros mapas, outros planos. O jovem engenheiro voltou para suas obras de terraplanagem, seus trilhos,

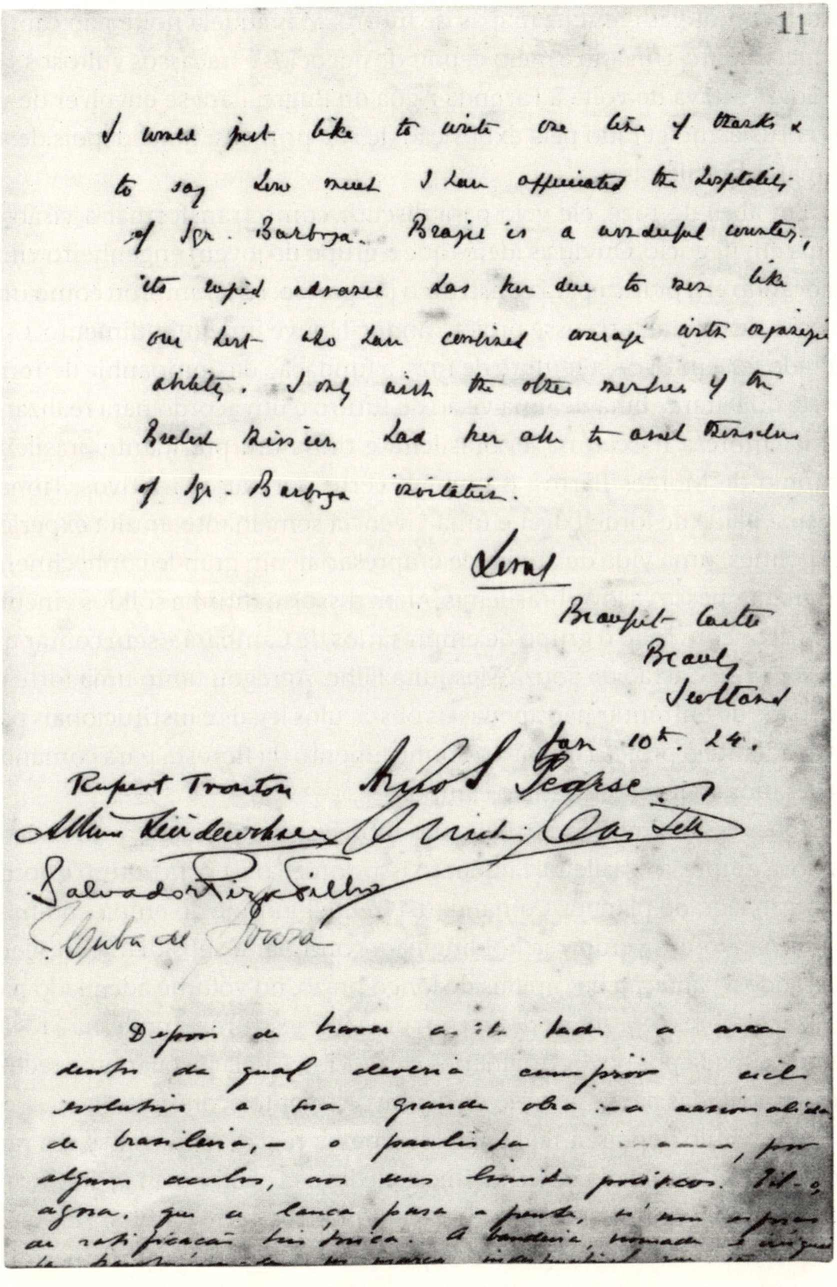

11

I would just like to write one line of thanks & to say how much I have appreciated the hospitality of Sr. Barbosa. Brazil is a wonderful country, its rapid advance has been due to men like our host who have combined courage with organizing ability. I only wish the other members of the British Mission had been able to avail themselves of Sr. Barbosa invitation.

Lovat

Beaufort Castle
Beauly
Scotland

Jan 10th. 24.

Rupert Trouton

Salvador [illegible]

Depois de haver visto toda a area dentro da qual deveria cumprir seu evolutivo a sua grande obra: a nacionalidade brasileira, — o paulista [illegible], por alguns seculos, aos seus limites politicos. Vê-o, agora, que o lança para a frente, só uma expressão de ratificação historica. A bandeira, [illegible]

Lorde Lovat agradece a estadia na fazenda Água do Bugre, em 10 de janeiro de 1924. Álbum de Visitas da Fazenda Água do Bugre, 1924, acervo Carmen Rein Barbosa Ferraz (Cia Agrícola Barbosa).

suas locomotivas – e seus mapas de futuro. Mas aquela noite não caiu no esquecimento. Um ano e meio depois de negócios e fracassos vultosos, lorde Lovat estava de volta à Fazenda Água do Bugre. Para se envolver de vez no entusiasmo gerado pela exposição de sua primeira noite depois de ver as matas brasileiras.

Em abril de 1925, ele veio para discutir como transformar a visão do mapa em negócio. Ouviu as ideias que o grupo do jovem engenheiro vinha colocando em prática para construir o progresso. E vislumbrou como uma injeção de capital faria esse projeto andar. Houve um entendimento. O resultado foi, em 24 de setembro de 1925, a fundação da Companhia de Terras Norte do Paraná, filha de uma visão de futuro e um acordo para realizar.

A empresa nasceu na lei brasileira e tinha um presidente brasileiro: Antônio de Moraes Barros, o homem certo por vários motivos. Tinha a mesma idade de lorde Lovat e uma vivência semelhante: muita experiência política, uma vida de atividade empresarial, um grande conhecimento das matas, nesse caso as brasileiras. Além disso, mantinha sólidos vínculos históricos com todo o grupo de empresários de Cambará – sem contar que era sogro de Gastão de Souza Mesquita Filho. Agregou tanto uma forte capacidade de enfrentar não apenas os obstáculos legais e institucionais para levar adiante o projeto quanto o conhecimento da floresta para comandar os desafios da implantação no campo.

Todas essas tarefas foram deixadas sob a responsabilidade do presidente da nova empresa brasileira. Enquanto isso, lorde Lovat concentrou esforços no outro lado do planeta. Comandou a frente londrina do empreendimento, formando uma empresa holding para controlar a subsidiária brasileira, buscando a captação de capitais de longo prazo, no volume adequado para realizar as obras capazes de dotar com uma infraestrutura moderna a região então ocupada por povos originários e caboclos, e nela instalar uma rede de cidades voltadas para a geração de desenvolvimento econômico.

Um século depois, a realidade local dessa região paranaense era radicalmente outra. No dia da visita inicial de lorde Lovat, em 1924, havia apenas um aglomerado urbano nos 400 quilômetros entre Cambará e Guaíra, esta na fronteira do Paraguai. O capital levantado em Londres permitiu adquirir uma área de 515 mil alqueires, uma fração do norte paranaense. Muito trabalho silencioso se fez para preparar a mudança. E ela foi implementada. Hoje, no espaço que um dia foi essa propriedade única, existem

63 aglomerados urbanos, nos quais se produzem 21,4% do PIB do Paraná. Londrina e Maringá estão entre os sessenta municípios mais ricos de todo o Brasil; outros cinco (Cambé, Apucarana, Umuarama, Arapongas e Rolândia) constam entre os quatrocentos mais ricos.[5]

Para que essa transformação fosse possível, de 1923 a 1943 o grupo empresarial montado por Lovat construiu, com capital próprio, 269 quilômetros de ferrovia, ligando Ourinhos, ainda no estado de São Paulo, a Apucarana. Também abriu e manteve mais de 5 mil quilômetros de estradas de rodagem, depois incorporadas ao patrimônio público; planejou, implantou e manteve o arruamento dos 63 núcleos urbanos, além de investir nas estruturas de água, eletricidade e saúde de muitos deles.

Esses grandes investimentos eram apenas a base física do negócio. O coração do projeto, a marca da união eficiente entre um grupo de empresários conhecedores da realidade das leis locais e um gestor de capitais capaz de levantar fundos inimagináveis no mercado de capitais brasileiro, era a crença no valor da propriedade segura como alavanca para o progresso econômico. Dito assim parece simples e natural, ao menos desde a perspectiva de um século depois.

No entanto, foram necessários anos de esforços árduos e silenciosos, tanto no interior da zona de matas compradas como em torno de trâmites administrativos inovadores para permitir a venda segura de lotes. Para dar uma ideia, as tarefas consumiram quatro anos. Só depois disso se conseguiu uma escritura pública registrada, a forma jurídica de propriedade considerada segura. Apenas quando tal segurança jurídica foi alcançada se fez a primeira venda de um lote, também em estilo inovador.

A Companhia de Terras Norte do Paraná foi concebida para vender muitos lotes pequenos para muita gente; e para trazer população empreendedora de fora. Desde o primeiro dia, um meio para chegar a esse fim foi um forte esquema publicitário. O argumento mais relevante empregado para criar um liame entre vendedor e compradores foi sempre o da segurança jurídica do investimento. A empresa afirmava claramente que estaria do lado do comprador em caso de contestação jurídica do negócio.

Nunca precisou fazer isso: vendia parcelas de terra com demarcação física no local, mapas claros representando essa área física no papel – e escrituras passadas em cartório referidas muito precisamente a essa base. E repetiu essa operação até criar uma rede de nada menos de 40 mil propriedades rurais e mais de 60 mil lotes urbanos. Tudo isso no período entre 1930 e 1966, no qual essa foi a principal atividade da empresa.[6]

O tamanho médio das propriedades rurais vendidas pela Companhia de Terras Norte do Paraná foi de 14 alqueires, ou seja, a empresa foi uma grande fábrica de pequenas propriedades. E fábrica numa escala que deixou marca na estrutura fundiária do estado. Em 1970, quando a empresa já não buscava mais terras para lotear, a propriedade média no Paraná tinha 17,6 alqueires – um pouco acima da média das propriedades vendidas pela empresa. Nessa altura a grande propriedade inicial era já uma lembrança distante; e o estado do Paraná apresentava então a terceira distribuição de propriedade mais bem equilibrada entre todos os estados do Brasil.[7] O futuro antevisto na mesa de bilhar foi capaz de atrair gente capaz de transformar uma visão de progresso em realidade social coletiva de progresso e era agora evidente no presente de realizações daqueles que haviam adquirido as suas propriedades.

Só isso justificaria a história do empreendimento. Mas as oportunidades que este trouxe para pequenos proprietários – e pequenos empresários urbanos nas cidades que loteava – permitiram outra espécie de progresso para os negócios. As oportunidades abertas foram aproveitadas por um empreendedor muito especial. Gastão de Souza Mesquita Filho passou para a condição de pequeno acionista quando a empresa inglesa capitalizada absorveu a ferrovia que construía. Nessa condição, ele foi criando oportunidades empresariais com o dinheiro recebido pela venda de parte de suas ações. Entre outros negócios, abriu uma pequena empresa de eletricidade em Campos do Jordão e outra em Avaré. Voltou ao norte do Paraná como empresário do setor, montando a Empresa Elétrica de Londrina.

Além de ver longe, soube escolher os caminhos para criar futuro ao alcance dos recursos que dispunha. Conhecia como ninguém os meandros do empreendimento paranaense. E soube aproveitar uma oportunidade única. Em plena Segunda Guerra Mundial, reuniu um grupo de investidores brasileiros para comprar a empresa que realizava sua visão de jovem engenheiro, adquirindo-a dos controladores ingleses em 1944 – numa negociação plena de emoções, que acabou também com a ferrovia sendo estatizada.

Encarou sua nova posição de dirigente da Companhia de Terras Norte do Paraná com a mesma grandeza de visão de duas décadas antes. Percebeu que as condições do projeto original, focado num imenso território a ser desenvolvido, já não eram as mesmas – por causa do próprio desenvolvimento da região, que era também do país. E isso em 1947, quando menos da metade da terra havia sido loteada – e Maringá ainda era um aglomerado provisório.

A aquisição da empresa havia sido realizada por vários compradores; sem ter maioria acionária, Gastão de Souza Mesquita Filho dependia de convencimento para comandar. E foi discutindo o futuro do empreendimento com Gastão Vidigal, também acionista. Da conversa chegaram a uma nova visão para o negócio. Na base dela, a constatação de que as oportunidades para repetir o primeiro sucesso talvez não se repetissem. Ferrovia privada e glebas de grande porte estavam se tornando pressupostos fora de cogitação na realidade brasileira. Com tal tendência, a venda daqueles lotes existentes indicava apenas que a empresa poderia acabar quando eles acabassem.

Em compensação, investimentos em infraestrutura, como aqueles da Empresa Elétrica de Londrina, mostravam possibilidades de longo prazo. Gastão Vidigal vinha se concentrando nesse tipo de empreendimento desde os tempos em que ele mesmo investira, como sócio minoritário, no momento de abrir o capital dessa empresa de eletricidade; também era acionista majoritário em alguns projetos no setor da indústria de base. Ambos cultivavam um modo comum de pensar o futuro: bons projetos estavam acima de detalhes como o controle da empresa. Em torno dessa afinidade pouco usual – mas nada estranha para um negócio que começara com a associação entre um lorde inglês majoritário e o grupo que incluía o jovem engenheiro – se fundou uma nova visão para o empreendimento. Gastão Vidigal faleceu em 1950, pouco antes de sua implementação, mas seus herdeiros mantiveram o acordo a que os dois chegaram.

Em 1951, a Companhia de Terras Norte do Paraná foi renomeada como Companhia Melhoramentos Norte do Paraná. Passaria a aplicar uma parcela dos lucros da atividade loteadora em investimentos para formar indústrias de base, num país que se industrializava: açúcar, cimento, material ferroviário, siderurgia, eletricidade, seguros. E, já a partir de 1953, a Companhia Melhoramentos Norte do Paraná passou a investir também em uma nova maneira de organizar a produção agrícola – aquilo que duas décadas mais tarde seria nomeado como agronegócio. Seria pioneira em cultivo de café voltado para melhoria de qualidade, pecuária de alto rendimento e precocidade, produção de sementes de soja, milho e outros cultivares, montagem de fazendas com outra noção de preservação ambiental.

No decorrer das décadas seguintes, sua atividade se estenderia muito além do Paraná. As fábricas resultantes dos investimentos se espalharam por vários pontos de São Paulo, Minas Gerais e Goiás; fazendas foram implantadas em Mato Grosso, Minas Gerais e Pará. O crescimento dos negócios apoiava-se sobretudo na estrutura informal de comando: em vez da subordinação administrativa e financeira regulada por um acordo de acionistas, tudo se resumia à confiança na palavra empenhada e uma regra simples: nas empresas nas quais um Mesquita fosse o investidor mais relevante, este ocuparia o cargo de diretor-superintendente; já o outro grupo ficaria com o cargo de representação de presidente – uma herança da organização do tempo de lorde Lovat. Daí resultava uma grande autonomia, muito adequada para um tempo no qual o Brasil, embora crescendo como um todo, ainda era muito pouco conectado. Na organização informal, o custo de conexão e supervisão administrativa era quase nulo; o aproveitamento de vantagens locais, muito alto.

A visão de construir uma empresa que não dependesse da venda de lotes mostrou todo seu valor com a catástrofe de 1975, quando uma geada de enormes proporções destruiu a produção de café do Paraná, então a maior do Brasil – e cujo centro era justamente a área loteada pela Melhoramentos. O impacto foi tão grande que o fluxo de pessoas se inverteu: uma região na qual a população crescera a uma média de 7% ao ano na década anterior passou a expulsar gente. Não fosse a diversificação, a empresa teria grandes dificuldades para sobreviver à catástrofe. Mas a visão de longo prazo permitira consolidar um destino empresarial já desvinculado do êxito na atividade de vender pequenas propriedades.

Gastão de Souza Mesquita Filho faleceu em 1979. Foi sucedido no comando por Gastão Mesquita Neto, que soube buscar futuro e escolher oportunidades para bons negócios em um período nacional que já não era mais o do crescimento da economia – mas sim o início de uma era de recessão e inflação. Para navegar nela, sob sua orientação, a Melhoramentos foi uma das pioneiras na produção do etanol, montando a primeira destilaria a partir de 1980. E também soube aproveitar vantagens de custo para se estabelecer no setor de ferroligas.

Acima de tudo, porém, soube dar ouvidos às novas gerações – que diziam a mesma coisa em ambos os lados da parceria: os tempos das vantagens da informalidade haviam passado, as exigências da realidade eram outras. Um novo mundo conectado surgia em meio aos percalços brasileiros da época e gerava as melhores oportunidades de negócio. A maneira mais simples e eficiente para se adequar ao mundo globalizado, indicavam, seria desfazer os cruzamentos de investimentos, deixando cada parte com o controle e a responsabilidade de se adaptar à globalização. Em 1994, depois de cinquenta anos de convivência sem rusgas, os dois grupos fizeram uma cisão pacífica, ordenada – e comandada pela nova geração.

Gastão Mesquita Neto fez mais que autorizar o filho Gastão Mesquita a negociar a cisão em nome da empresa; entendeu que o desafio era outro. Por sete décadas, a excelência da empresa esteve em implantar novidades, seja desenvolvendo o território antes distante do sertão, seja organizando empresas em atividades industriais num país que carecia delas. Após setenta anos de sucesso dessa visão, a cisão levava ao movimento contrário: concentrar. Na nova visão de futuro, a terceira na vida da Melhoramentos, chegava a hora de crescer fazendo melhor em vez de fazer mais.

Para tanto, foi preciso começar encolhendo a estrutura que se tornara tradicional. A cultura do café fora o pano de fundo e a razão de ser do negócio. Fora mantida mesmo depois da geada de 1975, quando foi geral o abandono da atividade. Em 1994, a empresa era a maior produtora de café do Paraná – mesmo tendo prejuízos com o negócio. Gastão Mesquita começou a reestruturação com o encerramento dessa atividade. Isso significou reduzir o contingente de colaboradores a um terço do que era antes.

A demissão de 2 mil pessoas provocou uma onda sísmica forte. Por muitas décadas, os trabalhadores da empresa foram construindo apoios para o desenvolvimento – começando as cidades do zero, abrindo as estradas, levando o progresso; na área agrícola, as fazendas e áreas de desenvolvimento de técnicas de cultivo serviam de norte para todos. A administração pública na região se organizava a partir da transferência de estruturas da empresa para os gestores municipais e estaduais. Mas tudo isso já havia se transformado em progresso regional e ficara no passado para a empresa. A ruptura com esse passado, com o apoio a terceiros, teve um preço: em 1995, depois de décadas, o balanço fechou com prejuízo, gerando percalços que serão narrados a seu tempo.

Só assim houve a possibilidade de buscar outro futuro – a partir da capacidade de focar o crescimento da empresa na unidade interna. E isso significou investir muito nas pessoas. Em tempos de descentralização, a qualidade do pessoal derivava da capacidade de resolver problemas sem recorrer à sede. Com isso a empresa fora capaz de manter profissionais proativos em muitos locais distintos – sem que estes se coordenassem. Uma grande qualidade, mas que já não era diferencial, na era da internet.

A união de méritos pessoais isolados numa rede de alta competência fundou a nova capacidade empresarial. Ela passou a ser construída de dentro, a partir das qualidades e da qualificação das pessoas – a certificação ISO 9000 foi estendida da empresa de ferroligas, que precisava atender exigências para exportar, até o pessoal temporário que trabalhava no campo. Ao mesmo tempo, a atividade no Paraná foi progressivamente se concentrando em torno da produção de etanol. Na via inversa, atividades nas quais não havia como competir com excelência – especialmente o cimento – foram sendo diluídas. Com isso abriu-se uma nova fase de crescimento, na qual o etanol passou a representar 40% das receitas; as ferroligas respondiam por outro tanto, e 20% vinham do açúcar. E foi assim até 2011, quando uma nova cisão acomodou os interesses dos acionistas.

A partir dela, surgiu uma empresa que tinha uma atividade principal – algo que não acontecia há 65 anos. Foi preciso refazer a visão de futuro, centrando-a no crescimento dessa atividade principal, a produção de etanol. E achar força para crescer combinando a visão de longo prazo com o empenho cotidiano para chegar lá – uma combinação já presente na apresentação junto à mesa de bilhar de 1924 –, mostrando que o tempo vivido reforçava os valores permanentes de busca de excelência.

Entre 2012 e 2024, o volume de processamento de cana foi multiplicado por cinco, passando de 1,5 milhão para 7,5 milhões de toneladas. Mas não se tratou apenas de um crescimento quantitativo. Ele envolveu tecnologia. Pouco mais de uma década antes, a realidade produtiva ainda envolvia plantio e colheita manuais; hoje, plantio e colheita são feitos por equipes muito treinadas, com equipamentos que percorrem os canaviais guiados por computadores e dados transmitidos por satélite. Mas essa tecnologia nova se combina com equilíbrio natural: o trato da cultura é baseado na nutrição tão orgânica quanto possível do solo, com o emprego de cama de frango e de controle biológico de pragas – inclusive com drones e robôs capazes de aplicações individualizadas de agentes até o nível de cada planta.

Essa combinação foi ajudando a buscar um novo cenário de futuro para a empresa: ter um papel na transição da empresa para a economia de baixo carbono. Em vez de ser apenas uma produtora de etanol, começou a ser montada uma empresa de energia renovável. Na última década houve uma diversificação dos produtos. Primeiro, a produção de energia elétrica a partir do bagaço de cana – que marcou a transição do produto único combustível para o mercado de bioenergia. A partir de 2022, com a compra da Vale do Paraná, a empresa diversificou também para o açúcar, entrando no mercado da produção de alimentos.

Mas a variedade gerou uma nova unidade. A Companhia Melhoramentos Norte do Paraná criou as métricas para controlar seu balanço de carbono – e passou a ter receitas derivadas da captura de carbono no processo de produção do etanol, entrando efetivamente na era da economia de carbono neutro. A partir daí, a empresa foi ampliando o futuro com os mecanismos do mercado de carbono. Como empresa de energia renovável, consegue desenvolver projetos de expansão que mesclam mais produção e melhores metas ambientais – capazes de merecer financiamento de longo prazo com taxas de juros associadas à ESG (*Environment Social Governance*, "governança ambiental e social"), compatíveis com essa possibilidade de comprometimento. Tudo isso devolvendo maior preservação ambiental.

Desde aquela remota noite ao redor de uma mesa de bilhar, o futuro é o guia da Companhia Melhoramentos Norte do Paraná. Mas a visão de longo prazo é sempre atualizada, à medida que cada etapa vai sendo realizada. Em seu centenário, esse futuro é baseado em uma nova relação entre homem e natureza – dando início a um novo ciclo, inverso daquele de cem anos atrás, quando o progresso era pensado a partir da ocupação da mata.

Mas esse novo ciclo entrevisto não é feito apenas das grandes linhas de uma visão desenhada num mapa. Numa empresa com um século de existência, é feito também de memória, da anotação pessoal das alterações do percurso que, sem se perder o norte, permitiram contornar os acidentes intransponíveis do caminho, adaptar-se ao contingente.

A combinação entre futuro imaginado e construção que supera obstáculos e cria alternativas de desenvolvimento exigiu o cuidado fundamental de valores. Estes precisavam ser sólidos o suficiente para justificar a passagem do entusiasmo de uma noite de 1924 para a aplicação de dinheiro num projeto de longo prazo – décadas, no mínimo. E foram mudando com o progresso. Esse equilíbrio delicado entre os indicativos da bússola e os registros da estrada, com o norte dado pelos valores e os resultados pelo suor, vai ser contado ao longo das próximas páginas, com todas as suas nuances. Uma delas é essencial: a história empresarial, nesse caso, tem uma relação muito peculiar com a memória, inclusive a coletiva.

A história da Companhia Melhoramentos Norte do Paraná alterna momentos de trabalho extremamente discreto e outros de altíssima visibilidade. Nesse último quesito, nada mais forte que a memória deixada pela combinação de publicidade em escala nacional com as lembranças de centenas de milhares de pessoas que, dispostas a construir uma nova vida, se fixaram nos lotes comprados da empresa no norte do Paraná. Décadas depois, qualquer pesquisador que for aos arquivos, físicos ou eletrônicos, para lidar com a documentação histórica da Companhia Melhoramentos Norte do Paraná vai encontrar abundantes referências a esses períodos de alta visibilidade – e quase nada referente ao trabalho necessariamente feito com pouco alarde, mas nem por isso menos importante na vida da empresa. Em alguns casos, a situação de falta quase absoluta de documentos históricos se estende por longos períodos. O mais relevante deles é o do esforço de reestruturação completa da empresa, que durou de 1994 até o presente. Todo ele se passou com pouco registro documental. Por isso, apenas com o recurso à memória oral se podia contar o ponto de vista da empresa.

A realização dessa possibilidade se deve a uma decisão pessoal corajosa de Gastão Mesquita: registrar em gravações, tão detalhadamente quanto possível, suas memórias de empresário. Depois, permitir e incentivar que os participantes mais relevantes de todo o processo fizessem o mesmo. Assim se abriu o caminho para esta história. Bem-vindos a cem anos de visão de futuro e trabalho diário.

CAPÍTULO **2**

> *Cambará, depois da visita*

No dia seguinte ao da apresentação de sua visão de futuro ao extraordinário visitante que era lorde Lovat, o engenheiro Gastão de Souza Mesquita Filho, então com 28 anos, acordou em sua casa de madeira – geminada com a moradia do administrador da Fazenda União, propriedade de seu contratante e acionista da ferrovia, Willie Davids. Foi tomar café ao lado de sua mulher Isaura, a Isa, com 23 anos, e da filha Marina, então com pouco menos de 1 ano. A mulher tinha não só apoiado o trabalho no sertão como decidira mudar-se com ele para a casinha de Cambará, norte do Paraná e quase na divisa com São Paulo.

A vida real, o cotidiano singelo naquele lugar remoto tinha para o engenheiro um papel tão relevante quanto o ato de alimentar os voos da imaginação e projetá-los em mapas, como os mostrados na véspera ao visitante. A residência acanhada não o deixava esquecer do dia a dia da maioria dos habitantes daquela região – e conhecer essa realidade andando pelos chãos era outra de suas paixões. Ver longe nunca o impedia de avaliar atentamente o mundo ao seu redor. Para ele, a responsabilidade pela construção da ferrovia ia além dos aspectos técnicos, não se restringindo aos trilhos e às locomotivas – embora Gastão, um entusiasta da tecnologia, vez por outra até mesmo as conduzisse nos trilhos já instalados.

Boa parte de seu tempo era ocupada com a supervisão direta das picadas que iam sendo abertas na mata, com as mensurações topográficas e a escolha dos percursos. Era preciso explorar a pé toda a região – pelas trilhas na mata – a fim de determinar o melhor trajeto para os trilhos. Observador, a sua atenção não se prendia apenas a mapas e percursos. Também registrava o cotidiano dos lugares pelos quais passava, com foco especial nas atividades econômicas existentes nos caminhos do sertão, sobretudo aquelas capazes de gerar cargas para os vagões dos trens quando as linhas estivessem prontas. E esse tipo de atividade econômica de caráter mais miúdo muitas vezes era pouco notado, até mesmo por olhos treinados na observação do que se produzia.

A criação de porcos, por exemplo. Como recorda José Jorge Chedid, "cheguei a Ourinhos em 1910, quando nem tinha estrada para vir na barranca do rio. Era só picadão! Para atravessar não havia canoa, passava de jangada. Só tinha pescadores de fora, que pegavam peixe de 60, 80 quilos ali no rio. Para viver tivemos de fazer chiqueiro, pegar 150 queixadas com armadilhas. E vender a cinco, dez mil-réis cada queixada, para carne".[1]

O caso de Chedid não era uma exceção. O historiador Lúcio Tadeu Mota explica como eram as atividades que redundaram na formação de uma economia de mercado na região: "O comércio se dava muito mais com as cidades paulistas de Itapeva e Sorocaba do que com as cidades paranaenses. [...] Os mineiros continuaram a vir para a região e fundaram novas cidades, como foi o caso de Jacarezinho, fundada por Antônio Alcântara da Fonseca, um mineiro de Aiuruoca. As populações que se instalaram na região se dedicaram à agricultura e à criação de porcos. [...] Deu-se início ao ciclo econômico regional da suinocultura, ou, como era conhecido na época, da exportação do 'milho em pé'. Com uma mercadoria valorizada, no caso o porco/toucinho, os *safristas*, como eram conhecidos os engordadores de porcos, se espalharam por toda a região, e a atividade de criação de porcos para venda aos safristas também se espalhou para outras regiões do Paraná. O sistema denominado *safra* consistia na plantação de grandes roças de milho, em terras próprias ou alugadas, e, quando do amadurecimento dessas roças, soltavam-se nelas as varas de porcos magros que as consumiam. Engordavam, ficando prontos para o abate. As varas de porcos recolhidas em Ribeirão Claro eram tocadas até Chavantes, em São Paulo, e ali embarcadas no trem para a capital paulista. As recolhidas na região de Jacarezinho eram comercializadas em Cerqueira César e daí para São Paulo."[2]

A cadeia produtiva dessa criação foi inteiramente revolucionada por um imigrante chamado Francisco Matarazzo, que, em 1881, estabeleceu-se em Sorocaba e ali começou a enriquecer, vendendo banha de porco em barricas para os tropeiros, que as revendiam por todo o país. Matarazzo deu um salto ao montar uma fábrica de latas (embalagem mais leve do que a tradicional barrica, aumentando a margem de lucro dos tropeiros que compravam seu produto). Nunca abandonou o negócio, nem mesmo quando se tornou o homem mais rico de São Paulo, multiplicando indústrias para todo lado: "O Frigorífico Matarazzo se instalou em Jaguariaíva, em 1924.

Quando isso ocorreu, o abate dos animais se dava nele. [...] O sistema de safra se difundiu para regiões distantes do norte do Paraná, chegando à região central do vale do Ivaí. E a procura por porcos magros chegou às distantes povoações do sudoeste do Paraná, que abasteciam os safristas do norte do Estado."[3]

Algo semelhante se passava com o algodão – o foco de interesse de lorde Lovat. A safra que tanto o impressionou tinha o mesmo destino das varas de porcos: a cidade de Sorocaba. Nesse caso, uma revolução semelhante à de Francisco Matarazzo tinha sido conduzida por Antônio Pereira Inácio, que veio analfabeto de Baltar, em Portugal, e começou a trabalhar aos 9 anos, ajudando o pai sapateiro, quando os dois chegaram a Sorocaba em 1884. Aprendeu a ler de noite, adestrou-se como comerciante, começou a comprar algodão, viajou sozinho aos Estados Unidos, onde trabalhou como operário – e acabou dominando todo o processamento do algodão, desde o cultivo até a indústria. Ao voltar, trouxe os equipamentos de uma fábrica para produzir óleo de algodão, que foi inaugurada em 1906. Passou a importar sementes e fornecer crédito para os agricultores, ganhando vantagem sobre a concorrência. Partiu para a montagem de tecelagens em São Paulo, tornando-se industrial do setor têxtil.

Em 1918, comprou a Fábrica de Tecidos Votorantim, a maior de Sorocaba, que então contava com 4 mil operários. Para resumir: "Em 1922, a expansão dos negócios de algodão de Antônio Pereira Inácio alcançou um patamar elevado, com suas empresas processando 17% de todo o algodão produzido no estado de São Paulo. O modesto descaroçador instalado em 1903, em Boituva, transformara-se num conglomerado com duas dezenas de unidades, que abasteciam as tecelagens do empresário. E, sendo a maior delas, a Votorantim estava agora no centro de todos os seus negócios."[4]

No momento da visita de lorde Lovat, o café tinha trazido uma multiplicação forte na escala da produção do norte paranaense, até então centrada na criação de porcos e no cultivo do algodão. O exemplo mais conspícuo dessa mudança foi a chegada à região do major Barbosa Ferraz, em 1910. Nascido em 1863 na cidade paulista de Rio Claro,[5] Antônio Barbosa Ferraz Júnior estudou em Campinas no Colégio Culto à Ciência, fundado pelos republicanos. Em 1887 mudou-se para Ribeirão Preto. Em pouco tempo adquiriu mais duas fazendas de café – enquanto se firmava como líder da ala liberal do Partido Republicano Paulista, comandando a luta que acabou na destituição, em 1892, do governador Américo Brasiliense e dos positivistas que haviam apoiado Floriano Peixoto.[6]

Em 1910, com 47 anos, o major Barbosa Ferraz tinha recursos suficientes para comprar uma vasta área de terras roxas no município paranaense de Jacarezinho. Enviou turmas de desmatamento – na época, a praxe era arregimentar grupos de sertanejos trazidos do norte de Minas ou da Bahia, notórios pela resistência às condições de vida no mato e pela capacidade de remover tudo que havia pelo caminho. Depois mandou colonos, trabalhadores sob contrato, que plantavam e cuidavam das carpas e da saúde das árvores. Era preciso investir nesse pessoal por um mínimo de cinco anos, sem receber nada – esse era o tempo que corria até a primeira safra. Em 1917, os primeiros 105 mil pés plantados produziram 420 mil arrobas de café. A produtividade revelou-se tão boa que levou o major, agora com 54 anos, a vender suas fazendas de Ribeirão Preto e apostar todas as fichas na nova região.

O dinheiro investido serviu para acelerar muito o ritmo das plantações de café. Na altura da visita de lorde Lovat, havia na Fazenda Água do Bugre um milhão de pés de café plantados. Desde 1922, junto com os filhos, o major criara a Companhia Agrícola Barbosa Ferraz, que estava abrindo a Fazenda das Antas, mais além de Cambará. E ensaiava o salto empresarial gigantesco para o negócio das ferrovias.

O investimento para construir uma ferrovia era muito maior do que o custo de instalação de uma fazenda de café. A ampliação de escala nessa transição dos negócios agrícolas para os ferroviários era de tal ordem que nem mesmo o mais opulento fazendeiro tinha condições de bancar sozinho a construção de uma ferrovia, ainda que fosse um trecho curto. Para financiar o negócio, o maior da época ao alcance de capitais brasileiros, era preciso juntar muitos indivíduos abastados que pudessem fazer frente aos investimentos. O major Barbosa Ferraz teve a habilidade de reunir na vizinhança um grupo capaz de arriscar capitais na empreitada. Esse foi um passo importante, mas apenas o fator inicial de uma equação complexa.

Para começar, havia o desafio dos projetos de engenharia, da formação de equipes técnicas, da aquisição de equipamentos importados, da reunião de centenas de operários especializados. Além disso, construir ferrovias não dependia apenas da vontade de empresários. Desde sempre essa foi uma atividade regulamentada, à mercê do beneplácito governamental. Todos esses desafios foram devidamente equacionados, no caso do grupo reunido em Cambará, por uma figura peculiar.

Willie da Fonseca Brabazon Davids nascera em Campinas no ano de 1883. Era filho de um galês, Richard Gore Brabazon Davids, e da ituana Angelina da Fonseca Davids. Seu pai era um dos mais renomados engenheiros elétricos do Brasil, especializado em trabalhar para ferrovias – incluindo a iluminação de estações (em Campinas, ele demonstrou ao imperador D. Pedro II o funcionamento da luz elétrica na estação ferroviária da cidade, em 1885).[7]

Willie estudou engenharia na Inglaterra, tal como o pai, e, ao retornar, foi trabalhar com este, então diretor da Companhia City of Santos Improvements. Casou-se com Carlota de Mello Peixoto Davids. Foi em Santos que nasceu o primeiro filho do casal, Willie de Mello Peixoto Brabazon Davids, em 1908.[8] Mudou-se para a região de Sorocaba, então em acelerado crescimento e que era conhecida da família de sua mulher. O pai de Carlota, João Baptista de Mello Peixoto, era senador estadual, tendo na cidade de Ourinhos uma de suas importantes bases de atuação.[9] A fazenda em Chavantes era tocada por Rolando Davids, irmão mais novo de Willie e casado com Angelina, irmã mais nova de Carlota.

Quando Willie Davids instalou-se no Paraná, tudo crescia tão depressa que o ritmo podia ser medido pela velocidade com que se desmembrava o território de Jaguariaíva, que fora elevada a vila em 1788. Nessa altura, era uma parada na via tropeira que, desde o início do século XVIII, ligava o sul do país a São Paulo e terminava em Sorocaba. Em 1853, com a criação da província do Paraná, Jaguariaíva passou a ser vila de fronteira – a vizinha Itararé ficou para São Paulo. A estabilidade de quase um século acabou em 1876, com o desmembramento de São José da Boa Vista. O movimento de divisão se acelerou muito a partir daí, com a criação de outros municípios: Tomazina (1888); Jacarezinho (1900); Santo Antônio da Platina (1914) e Cambará (1923).

Willie Davids começou a abrir a Fazenda União, mas sua personalidade o levou a outras atividades. Plínio Cavalcanti, um amigo de longa data, assim descreveu as características básicas de seu comportamento: "Era um tipo de homem forte, sempre cheio de bom humor, e dotado de uma especial habilidade para tratar com os trabalhadores mais rudes. [...] Com seu pendor especial de sertanista, seus conhecimentos de engenheiro e sua têmpera de trabalhador infatigável, foi sempre um dos chefes mais capazes."[10]

Essas características ajudam a entender a combinação de posições assumidas por Willie Davids logo que chegou. Enquanto comandava o desenvolvimento das plantações de café, encontrou tempo para aproveitar suas habilidades sociais e se eleger prefeito de Jacarezinho. Ao mesmo tempo, tornou-se o líder mais do que natural no projeto dos grandes fazendeiros locais de construir uma ferrovia. Como a concessão para a obra dependia da Assembleia Legislativa do Paraná, elegeu-se deputado estadual – e passou a encarar um desafio político de monta: o *paranismo*, um movimento assim definido por Romário Martins: "Quem introduziu o termo entre nós foi Domingos Nascimento, em 1906, ao regressar de uma viagem ao norte do estado, onde notara que ninguém os chamava paranaenses e sim paranistas. A palavra nascera ali espontaneamente. A população das nossas terras do setentrião, na sua quase unanimidade, era constituída de paulistas, e estes, por natural aproximação com o nome dado aos naturais de seu estado, designavam os paranaenses de paranistas."[11]

A historiadora Cíntia Braga Carneiro esclarece a transformação da palavra em movimento político e cultural: "O paranismo trazia em seu bojo elementos básicos para a construção de uma identidade para o Paraná: sua natureza específica, o território e o homem paranaense voltado para o trabalho, o progresso e a civilização. No discurso paranista eram enfatizadas as riquezas naturais, como o clima ameno e o solo fértil para muitos produtos, a grande quantidade de madeira e de campos, além das características do povo paranaense, como a disposição para o trabalho."[12]

Era uma formulação útil para lidar com um problema econômico espinhoso: não eram apenas os lordes ingleses e os engenheiros paulistas que se mostravam capazes de vislumbrar em mapas possibilidades econômicas. Mas era bem complicado para os paranistas fazer isso de modo a colocar Curitiba no centro desses mapas. A Assembleia Estadual do Paraná daqueles tempos era um foro de debate permanente em torno de uma questão complexa: como encaminhar o intenso fluxo de mercadorias que circulavam no norte do estado para os lados de Curitiba e do porto de Paranaguá?

Em 1920, com apoio dos deputados, o governo do Paraná criou, com o decreto 1.939, um Plano de Viação Férrea do Estado, que determinava com clareza como seria a futura rede ferroviária paranaense. Segundo o urbanista Humberto Yamaki, "todas as concessões de ferrovias no estado deveriam obedecer a esse plano geral: uma linha-tronco ligando o litoral ao rio Paraná, e cinco linhas seguindo os principais rios do estado, que deveriam ser consideradas ramais ou sub-ramais".[13] Curitiba seria o centro da linha-tronco e a principal beneficiária da circulação de riqueza.

Fazia sentido estratégico – mas a realização efetiva era ainda mais distante das condições então vigentes do que os planos aventados por Gastão de Souza Mesquita Filho no mapa sobre a mesa de bilhar. Quatrocentos quilômetros separavam Curitiba de Cambará – e não havia sequer 1 metro de trilho entre as cidades, tampouco concessionários dispostos a cobrir a distância. Entre as estratégias paranaenses e as possibilidades reais das ligações com São Paulo, Willie Davids foi capaz de arrancar do governo o decreto 896, também de 1920, cuja cláusula inicial dizia: "Fica concedido aos senhores Antônio Ferreira dos Santos, Antônio Barbosa Ferraz Júnior, Manuel da Silveira Corrêa e Gabriel Ribeiro dos Santos ou à empresa ou companhia que os mesmos organizarem, ressalvados os direitos de terceiros, o privilégio para uso e gozo, durante o prazo de setenta anos, de uma estrada de ferro que construírem, partindo de um ponto conveniente do projetado ramal férreo Jaguariaíva–Ourinhos, entre a cidade de Jacarezinho e as margens do Paranapanema."

Com muita habilidade política, a concessão para o grupo de Cambará, reunido em torno do major Barbosa Ferraz, foi encaixada no plano ferroviário geral do governo paranaense. O ramal descrito no decreto era um dos cinco previstos no Plano de Viação Férrea. A ferrovia do grupo de Cambará foi concedida como um sub-ramal dessa rede projetada – portanto, de acordo com o plano centrado em Curitiba.

Com a concessão aprovada, impôs-se a realidade. O ponto inicial escolhido pelos concessionários no estado do Paraná era muito conveniente para transportar as mercadorias em outra direção, enquanto não chegasse a ferrovia vinda de Curitiba e prevista em lei: ficava nas margens do Paranapanema, a apenas 6 quilômetros de Ourinhos – e da Estrada de Ferro Sorocabana. As cargas da nova ferrovia seguiriam o movimento dos porcos de safristas, do algodão e do café, de um lado, e, de outro, dos produtos de consumo que chegavam de fora, de Sorocaba, de São Paulo e do porto de Santos.

E essas cargas eram cada vez maiores. Ao percorrer os caminhos existentes na região, Gastão de Souza Mesquita Filho podia notar indícios de saturação. O governo do Paraná estava abrindo novas estradas de terra na região, a fim de melhorar a vazão das cargas. O primeiro trecho da ampliação era uma via com 5 metros de largura ligando Santo Antônio da Platina a Afonso Camargo (atual Joaquim Távora). O volume do tráfego que ela recebeu, por sua vez, alarmou o encarregado dos trabalhos: "Ali há o emprego quase exclusivo de veículos de duas rodas, com o seguinte sistema de atrelagem dos animais de tração, em número geralmente de seis: um entre os varais, um na guia, e os outros quatro no meio, atrelados dois a dois. Com tal sistema chegam a conduzir 120 sacas de café, com peso total de seiscentas arrobas. Quando munidos de bordas adicionais, [as carroças] são tocados por cinco juntas de bois. Não é difícil imaginar o estrago produzido por tal sistema, pois as cargas das duas rodas efetuam o trabalho de um verdadeiro arado."[14]

A ferrovia iria substituir esse tráfego nas estradas – e cobrar tarifa sobre ele. O lucro não seria mais apenas das rendas de uma propriedade individual, mas de toda a produção regional. E quanto maior a região produtora, maior seria o lucro. A soma de mais gente produzindo cargas e uma única ferrovia cobrando pelo transporte delas era o salto buscado pelo major Barbosa Ferraz.

Planos de fazendeiros endinheirados eram uma coisa; recursos para as obras, outra bem mais complexa. Se a ferrovia fosse construída segundo os padrões de investimento e engenharia do veterano Richard Davids, não haveria dinheiro para ir muito longe. Porém, como o grupo contava com a capacidade de encontrar soluções criativas por parte de Willie, logo adotou-se uma solução caseira – posta em prática pelo engenheiro que percorria a região anotando tudo.

Quando Gastão de Souza Mesquita Filho nasceu em Limeira, em 18 de abril de 1895, a situação de seu pai estava mudando, na esteira da instalação da República. Gastão de Souza Mesquita, o pai, era ituano, filho de um republicano de Itu; em 1873, "ainda jovem, assinou a Convenção de Itu, fazendo as vezes de seu pai, republicano histórico que estava adoentado na ocasião e não pôde comparecer ao congresso".[15] Formado em direito, abriu

NA PÁGINA AO LADO: O mapa mostrado a lorde Lovat na fazenda Água do Bugre foi publicado em *O Estado de S. Paulo* seis dias depois da visita; nesta data a missão Montagu chegava a São Paulo. Jornal *O Estado de S. Paulo*, 16 de janeiro de 1924.

NOVA ESTRADA DE FERRO

(Da "GAZETA DE NOTICIAS", de 1 do corrente).

De iniciativa Paulista, está em construcção a Estrada de Ferro Noroeste do Paraná que figurará como factor de alta potencialidade na vida economica, financeira e social do nosso paiz -- A sua denominação -- A ligação ferroviaria Santos-Assumpção.

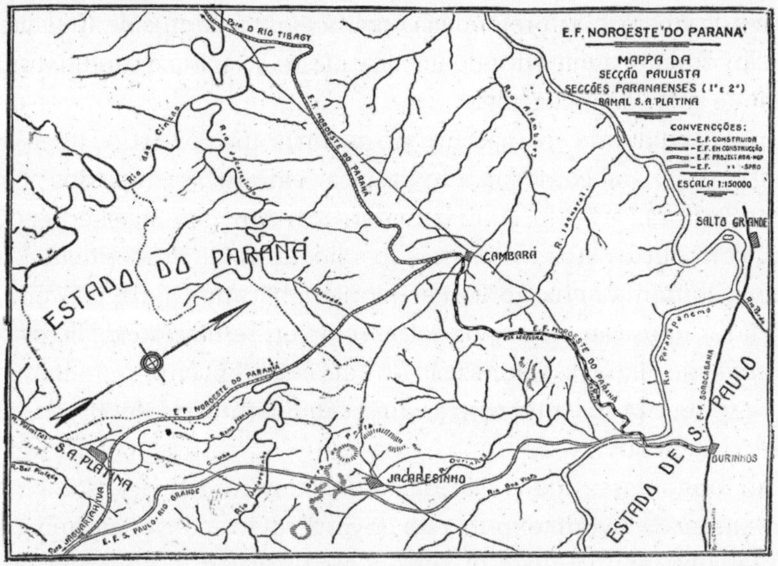

Hoje, como desde sempre, os paulistas vêm sendo para o nosso caro Brasil, brilhantes factores de sua integração, épicos em outros tempos, não menos audazes e lutadores modernamente. Ao invés da heroica batida aos metaes e pedras preciosas, hoje empregam a sua lucida intelligencia, arrojo e tenacidade, principalmente na cultura desse ouro vegetal, o café, o qual figura em maximo expoente na expansão economica do nosso paiz.

Explorado em todo o seu Estado esse filão de ouro, que são as terras roxas, de origem vulcanica, em que a producção, principalmente a de café, excede em muito a de outras terras, os paulistas, ao divisarem o extenso valle paranaense do rio Paranapanema, todo da mais apurada terra roxa e esplendidamente apropriado á cultura dessa preciosa rubiacea, já pela sua altitude média de 500 metros, já pela sua latitude de 23°, em grande numero, lá adquiriram terras, e muitos delles, habituados ao conforto de suas fazendas, ou de suas residencias em cidades, desde logo se abalaram para aquellas fascinantes paragens, esperançosos de que a Estrada de Ferro Sorocabana, ainda distante quarenta leguas, dentro de poucos annos attingisse as proximidades do rio Paranapanema.

Mas, o que foi de deplorar, só dahi a cerca de vinte annos é que essa estrada de ferro chegou a Ourinho, distante seis kilometros do mencionado rio, e, não penetrando pelo Estado do Paraná, mas proseguindo em demanda da divisa com o Estado de Mato Grosso, já ia causando desanimo a esses intemeratos sertanistas, quando dois delles, genuinamente bandeirantes, o coronel Antonio Barbosa Ferraz Junior e o seu digno filho Leovigildo Barbosa Ferraz, com a mesma segura antevisão, ahi, no seio de portentosa e quasi interminа mata virgem, lançaram os fundamentos de uma grande fazenda de café, rasgaram esplendidas estradas para automoveis, em que gastaram muitas dezenas de contos de réis, e desde logo entrou em suas cogitações a construcção de uma linha ferrea para o mais rapido e efficiente aproveitamento dessas terras, cuja prodigiosa fertilidade, até mesmo o caboclo, desses que formam indices da apreciavel mentalidade que caracterisa essa camada do nosso povo, emphaticamente proclama nos seguintes termos: "Esta terra é orgulhosa, patrão! não acceita nada de graça! mas emprestado, pagando a juros altos o beneficio que se lhe faz!"

Habituados a lutar e vencer, vinham, entretanto, esses dois paulistas, que cultuam as nobres tradições de sua raça, desanimando de obter a concessão, de uma estrada de ferro, com o traçado que entendiam convir aos interesses da zona, quando, juntamente com os drs. Gabriel Ribeiro dos Santos, dr. Manuel da Silveira Corrêa e Antonio Ribeiro dos Santos, em Agosto de 1920, conseguiram, graças á clarividencia e patriotismo do actual presidente do Estado do Paraná, a concessão da actual Estrada de Ferro Noroeste do Paraná, cujo traçado foi sempre negado pelos governos anteriores, com o fundamento de que foge ao plano geral de viação ferrea do Estado, pelo qual todas as estradas de ferro devem convergir para o porto de Paranaguá ou para o de Antonina.

Entretanto, a realidade é que, sendo essa região essencialmente cafeeira, se impunha esse traçado demandando Santos, o mais importante mercado de café do nosso paiz, centro fornecedor de capitaes para o custeio e desenvolvimento das lavouras cafeeiras, bem como essa ligação ferroviaria com São Paulo, pelo que desse Estado aproveita, até vem favorecer a execução do traçado em demanda de qualquer dos mencionados portos do Paraná.

E, comprovando, ahi está não só o pujante surto de vida que vem tendo a região com a construcção da Noroeste do Paraná, elevando desde já consideravelmente a renda do Estado, mas tambem a concessão já requerida para que essa estrada de ferro prosiga da povoação de Cambará, passando por Santo Antonio da Platina, em demanda do ramal de Jaguariahyva, da Estrada de Ferro São Paulo-Rio Grande, estabelecendo-se assim a ligação ferrea com o porto de Paranaguá, que brevemente terá iniciada a construcção de seu cáes.

Os referidos concessionarios, pedindo o traçado com o seu ponto inicial na margem esquerda do rio Paranapanema, a 6 kilometros de Ourinho, estação da Estrada de Ferro Sorocabana, o fizeram certos de que essa estrada ahi viria fazer entroncamento com a de sua concessão, e, em razão do discorrer só por essa parte do Estado, foi dado á Companhia que organisaram o actual nome de Companhia Ferroviaria Noroeste do Paraná.

Mas a Sorocabana, hoje de propriedade do governo do Estado de São Paulo, preferiu desistir desse trecho de ligação até o rio Paranapanema em favor daquella Companhia, que assim o teve de construir, passando a sua estrada de ferro a ter o seu ponto inicial na referida estação de Ourinho. E hoje, tendo o seu traçado parte no Estado de São Paulo, e parte no do Paraná, bem como, sendo mais provavel o seu proseguimento, além do rio Tibagy, em direcção sudoeste, demandando a fronteira do Paraguay, a sua actual denominação "Estrada de Ferro Noroeste do Paraná" já não a define bem, pelo que sua directoria brevemente proporá em assembléa geral de accionistas a substituição pela de "Estrada de Ferro S. Paulo-Paraná", cujas iniciaes S. P. P. apresentarão a vantagem sobre as actuaes N. O. P. de não se confundirem, como a estas frequentemente acontece, com as da Noroeste do Brasil, N. O. B.

Como se vê do mappa junto, o actual traçado da Noroeste do Paraná, partindo da mencionada estação de Ourinho, se, depois de atravessar os rios Paranapanema, Cinza, Laranjinha e Tibagy, proseguir em demanda do grande rio Paraná — o mar interno do Brasil — abaixo do Salto de Guahyra, — a maior força hydraulica do mundo — será inteiramente o visado pelo nosso eminente estadista dr. Cincinato Braga, para a ligação ferroviaria Santos-Assumpção.

E o facto de já vir sendo executado esse traçado por uma empresa particular sem favores de governos, prova á evidencia a sua exequibilidade, além de que esse nosso eminente patricio já teve mais a confirmação de seu acerto pelo parecer do exmo. sr. dr. Carlos Euler, brilhante ornamento da engenharia brasileira, que chefiou uma commissão encarregada de estudar os diversos traçados apontados para essa ligação ferroviaria internacional.

Attendendo a importancia que virá a ter essa estrada para os interesses vitaes da nação, bem como que a mesma deve condizer com a riquissima região a que servirá, resolveu a sua directoria abandonar os estudos do traçado já concluidos e até approvados pelo governo do Estado do Paraná, e encarregou o dr. Dermeval Véras, technico de alta competencia, de estudar um novo traçado com rampa maxima de 1,5 o|o, curvas de raio minimo de 180 metros, e tangentes entre curvas reversas de mais de 100 metros, traçado esse que vem sendo executado, do qual está em construcção o trecho desde a referida estação de Ourinho até a povoação de Cambará, devendo ser aberto ao trafego em Fevereiro ou Março do anno proximo a parte desse trecho até a estação a denominar-se Leoflóra, no kilometro 22, para o que a Companhia já se acha apparelhada com cerca de 700 toneladas de trilhos e accessorios (23 kilometros de linha), 2 locomotivas de 25 toneladas cada uma, 10 vagões para carga, 2 automoveis sobre linha para passageiros, bem como está em negociações para a acquisição de maior quantidade de material fixo e rodante.

E o trafego desse trecho, relativamente pequeno, vae surprehender pela sua renda, pois a linha ferrea até a florescente povoação de Cambará, que em futuro proximo será um segundo Ribeirão Preto, como centro de producção cafeeira, terá desde logo para transportar a prodigiosa producção de cerca de cinco milhões de cafeeiros em plena pujança, toda a fantastica producção de cereaes que abastece em larga parte o mercado de São Paulo, e, mais ainda, conta com a importação que é sempre volumosa em zonas novas, onde as construcções e installações de industrias tomam desde logo forte incremento.

E', pois, de crystallina evidencia que essa estrada de ferro terá brilhante destaque entre as de maior renda do nosso paiz, sem mesmo considerar vir a ser de ligação internacional, pois o seu traçado discorre por toda uma immensa região, afamada pela assombrosa fertilidade de suas terras roxas, excellentemente apropriadas á cultura de café, cereaes e alfafa, cortada de diversos grandes rios, alguns dos quaes navegaveis, outros apresentando grandes potencialidades hydraulicas, e onde se encontram importantes jazidas de carvão de pedra, ferro e cobre.

Terminamos externando toda a nossa sympathia admiração por essa iniciativa paulista, que em alto grau concorre para a economia e finanças do nosso paiz.

escritório em Limeira, onde se casou. Com a proclamação da República, foi nomeado intendente da cidade e logo depois juiz. Transferido para São Paulo, tornou-se desembargador.

Gastão de Souza Mesquita Filho foi estudar engenharia na Escola Politécnica. De seus tempos de estudante deixou uma agenda anotada: pontes e material elétrico eram o tema central, em torno do qual ia registrando de tudo um pouco, com grande ênfase nos exemplos práticos. No meio disso, revelou também suas preferências políticas de jovem: em 26 de maio de 1918, foi um dos signatários de um manifesto de apoio à candidatura a senador de Luiz Pereira Barreto.[16]

Essa candidatura era mais um ato de um grupo do Partido Republicano Paulista (PRP) que começou a se destacar em 1892, com pessoas como o major Barbosa Ferraz lutando para derrubar Américo Brasiliense.[17] Continuou com outros atos coletivos, sob a liderança de Prudente de Moraes, que resultaram na criação do Partido Republicano Dissidente, em 1900, para fazer oposição a Campos Sales; reforçou-se na criação, defesa e implantação do Plano de Valorização do Café e do Convênio de Taubaté, entre 1903 e 1906; e prosseguiu com as duas candidaturas de Rui Barbosa à Presidência da República, em 1909 e 1919.

Ao longo dessas duas décadas o grupo manteve a coesão em meio a um intenso vaivém: expulso do governo pelos conservadores do Partido Republicano Paulista quando estes tomavam o poder, lá retornava quando os seus projetos mais progressistas (como a valorização do café, desenvolvida na oposição ao presidente Rodrigues Alves) eram implantados. Por isso ficaram conhecidos como Dissidentes. Em 1918, estes amargavam uma temporada fora do governo, apoiando a candidatura inviável de Pereira Barreto – para marcar posição, com ajuda do jovem estudante.

Formando-se depois da derrota de seu candidato, Gastão de Souza Mesquita Filho resolveu buscar trabalho no interior. Em Araçatuba, começou a desenvolver suas ideias, suas visões baseadas em mapas, como um dos encarregados das obras das oficinas da Estrada de Ferro Noroeste do Brasil. Morava numa pensão modesta, sempre fazendo suas anotações. Mas voltava com frequência a São Paulo, onde conheceu Isaura de Moraes Barros. Nascida em Piracicaba no ano de 1900, em 1916 ela se formou professora na Escola Normal de São Paulo.[18] Era filha de Antônio de Moraes Barros, deputado estadual e um dos líderes dos Dissidentes. Além disso, era neta do senador Manuel de Moraes Barros, o irmão de Prudente de Moraes.

Gastão e Isa casaram-se no dia 6 de dezembro de 1921; em 12 de janeiro de 1923 nasceu a primeira filha, Marina. A vida do casal mudou com um convite atraente. Pouco antes do parto, no final de 1922, ficaram prontos os primeiros estudos do trajeto da Estrada de Ferro Noroeste do Paraná, cujo nome logo mudou para Estrada de Ferro São Paulo-Paraná.[19] Esses estudos preliminares demoraram a ser completados porque a expectativa inicial dos concessionários era a de que a Estrada de Ferro Sorocabana construísse um ramal entre Ourinhos e Jacarezinho – inclusive com a obra mais cara, a ponte sobre o rio Paranapanema.

A Estrada de Ferro Sorocabana pertencia então ao governo de São Paulo. E o grande líder político dos Dissidentes depois da morte de Prudente de Moraes, Cincinato Braga, bem que tentou ajudar. Deputado federal, escreveu artigos, recolhidos em 1923 no livro *Magnos problemas econômicos de São Paulo*. O capítulo "Estradas de ferro" entrava direto no tema: "Parece-nos que o governo estadual deve, antes de qualquer outra [coisa], efetuar a ligação de Santos a Assunção, a capital do Paraguai. [...] O governo federal tem que ser, sensatamente, um contribuinte forçado dessa obra, como foi no caso de nossa ligação com a fronteira da Bolívia. [...] Já estão construídos e trafegáveis 614 quilômetros, de Santos até Salto Grande do Paranapanema. Desse ponto a linha deverá chegar ao rio Paraná a jusante de Sete Quedas, e por ali atingir Assunção."[20]

Nesse momento Willie Davids apareceu com a ideia de transformar o engenheiro ainda em início de carreira num empreiteiro ferroviário, com direito a uma casa geminada na Fazenda União. Era um convite tentador. O progresso na carreira, com a passagem da posição de engenheiro de obras para a de empreiteiro; a convivência com os Davids, lendas vivas no meio ferroviário brasileiro; o apoio de Cincinato Braga, líder do grupo político do qual era simpatizante; a região que prosperava com os investimentos de membros do grupo: tudo ajudou na decisão.

O começo foi marcado por um percalço. A Sorocabana tinha outras prioridades: simplesmente ignorou a proposta de Cincinato Braga (quando este publicou a sugestão, os Dissidentes estavam fora do governo). Restou aos concessionários a opção de buscarem eles mesmos uma concessão entre Ourinhos e o Paranapanema, mesmo tendo de encarar uma conta bem mais salgada. Portanto, Gastão de Souza Mesquita Filho começou na carreira de empreiteiro ferroviário administrando a escassez: o dinheiro dos investidores dava apenas para comprar 23 quilômetros de trilhos, duas locomotivas, dez vagões e dois automóveis sobre trilhos para passageiros. E para fazer uma ponte de madeira sobre o Paranapanema.

Mas era o suficiente para animar os envolvidos, assim transformado em palavras dignas do entusiasmo do engenheiro que percorria a região: "O tráfego deste trecho, relativamente pequeno, vai surpreender pela renda, pois a linha férrea até a florescente povoação de Cambará, que em breve será uma nova Ribeirão Preto, como centro de produção cafeeira, terá desde logo para transportar a produção prodigiosa de 5 milhões de cafeeiros em plena pujança, toda a fantástica produção de cereais que abastece em larga parte o mercado de São Paulo, e, mais ainda, conta com a importação que é sempre volumosa em zonas novas onde a construção e instalação de indústrias tomam desde logo forte incremento."[21]

A ideia de transformar a exposição na sala de bilhar em texto de propaganda foi bem coordenada. A versão escrita foi publicada como anúncio, sem assinatura, na edição do jornal *O Estado de S. Paulo* do dia 16 de janeiro de 1924 – seis dias depois da visita de Lovat à Fazenda Água do Bugre. Nessa data, o incógnito viajante escocês que se entusiasmava com matas, mapas e visões de negócios já havia retornado à posição que ocupava na maior parte de seu tempo: centro das atenções no mundo político e social londrino, mas agora também conhecedor da vida social no ápice da sociedade brasileira.

CAPÍTULO 3
> *Lorde Lovat, antes e pouco depois de Cambará*

A ESCALA DE TEMPO MAIS ADEQUADA PARA ENTENDER A FIGURA DE SIMON FRASER,[1] o lorde Lovat, é a dos séculos – e não a das mudanças rápidas, quase diárias, da vida no norte do Paraná. A primeira figura com esse nome apareceu na história inglesa no século XI. O visitante da Fazenda Água do Bugre era o vigésimo segundo chefe de um clã que remontava aos primórdios da Inglaterra. Os Fraser vieram da Normandia para a Escócia na época de Guilherme, o Conquistador. A designação familiar deriva do termo francês *fraise* – morango. O primeiro Simon Fraser virou lenda ao derrotar três exércitos ingleses num único dia. Desde então, a marca heráldica da família tornou-se a representação de três morangos em seu escudo de armas.

O êxito militar não livrou o vencedor de um destino de guerreiro: morreu decapitado, a mando do rei Eduardo I, depois de uma derrota. Essa oscilação entre grandes vitórias e amargas derrotas tornou-se outra marca familiar. As vitórias acabaram fixando uma linhagem de nobreza: desde o século XIV, o Fraser que chefiava o clã tinha o título de lorde Lovat. O Simon Fraser que veio ao Brasil era o décimo quarto ou o décimo sexto a ter esse título, dependendo da forma de contar.

As diferenças ficavam por conta das vicissitudes. O título de nobreza estava associado ao controle de um território ao redor de Inverness – com direito ao domínio do Lago Ness, o que eventualmente levaria a pensar em Nessie, o monstro que o habitaria, como a mascote do clã. A autoridade sobre essa região, mantida batalha após batalha, nunca foi perdida, nem foram mudadas certas crenças familiares. Os Lovat foram uma das raras famílias nobres da Grã-Bretanha que preservaram o título, o domínio militar e a explícita fé católica, mesmo depois dos massacres de papistas cometidos por Henrique VIII e pelos exércitos protestantes de Cromwell. Não apenas mantiveram a fé como sobreviveram à participação nas tenta-

Lovat posa para o fotógrafo com o tradicional Kilt escocês. Foto Donald Cameron-Swan, 1908 c, Wikimedia Commons / Library of Congress.

tivas de reinstalar dinastias católicas no trono de São Jorge – o que acabou custando a cabeça de alguns chefes do clã.

Apesar de associada a uma crença religiosa muito minoritária, a alta linhagem secular dos Fraser tinha seu peso no país reformado: as dinastias reais passavam, os lordes Lovat ficaram. E viveram um período próspero na segunda metade do século XIX, de modo que Simon Joseph Fraser nasceu no recém-construído castelo de Beaufort, em 25 de novembro de 1871. Ali foi educado até os 11 anos – as lições na natureza incluíam caça, jogos violentos e vida ao ar livre; as escolares resultaram no gosto pela história militar, incluídos os feitos da família. Literatura e arte não faziam parte dos interesses do menino.

Aos 11 anos foi mandado para estudar num mosteiro beneditino; aos 15, quando morreu o pai, iniciou os estudos preparatórios visando cursar Oxford. Com 19, entrou na universidade. Ali, por um lado, tornou-se conhecido por sua capacidade de fazer amigos e pelos títulos nos campeonatos de futebol que conseguiu jogando no time da Magdalen College; por outro, foi bastante falado por comportamentos extracurriculares, como a forte inclinação pela roleta e a bebida.

Formou-se em Oxford em 1892 e logo assumiu o título de chefe do clã e senhor de uma propriedade de 250 mil acres – ou 100 mil hectares. A cerimônia de reconhecimento de um chefe de clã escocês durava então vários dias, com a presença de delegações vindas de todas as partes dos domínios. Cada uma delas organizava um cerimonial próprio, com danças, ritos e festa. E tudo convergia para o grande final: o reconhecimento do novo chefe pelo comandante de cada delegação de vassalos. Quase todos gente dura, moradores de áreas montanhosas, pouco propícias à agricultura, nas quais a exploração da madeira das matas era a principal atividade – e a principal fonte de renda do senhor, ao lado dos direitos sobre a pesca de salmão.

Em 1894, Simon Fraser começou uma carreira militar, entrando na escola de cavalaria – onde fez ainda mais amigos do que em Oxford. Um deles foi o príncipe de Gales, filho mais velho da rainha Vitória e futuro rei Eduardo VII. Segundo o biógrafo Francis Lindley, "sempre buscando contato com figuras promissoras, Sua Alteza Real logo notou Lovat. Convidava-o com frequência para Sandrigham. Certa vez, num inverno especialmente gélido, organizou uma partida de hóquei no lago congelado do palácio de Buckingham e chamou-o para jogar".[2]

Completou sua educação de um modo diverso da nobreza mais castiça, que preferia fazer o Grand Tour pela Europa e adquirir cultura. Ganhou notoriedade pela fortuna que amealhou no cassino de Montecarlo. Gastou boa parte do dinheiro comprando cavalos para atividades militares, partidas de polo e caçadas – e alguns para competições. Depois de algumas vitórias nos campos de polo, vários tombos e algumas concussões, resolveu moderar. Começou a levar mais a sério as caçadas com o príncipe de Gales.

Inquieto, logo partiu para um longo safári africano, organizado por seu tio, Herbert Weld-Blundell – um viajante compulsivo e com interesses variados: ia atrás de resquícios de civilizações e manuscritos deixados por elas em terras distantes; quando necessário, atuava como espião. Ganhou e perdeu várias fortunas. Como estava rico quando convidou o sobrinho, organizou a viagem na base do luxo, com direito à contratação de ornitólogos, naturalistas e até um taxidermista para empalhar os animais abatidos. A expedição partiu da Somália e cruzou a Etiópia; em seguida, seis meses na selva, atravessando Uganda até sair no Sudão.

Os resultados de todo esse percurso foram assim resumidos por Renato Leão Rego: "Expuseram a grande coleção de pássaros e mamíferos caçados no safári numa instituição tão respeitada quanto o Museu Britânico. A maior atração foi, sem dúvida, a grande coleção de 416 espécimes de pássaros, que passaram a integrar a coleção do Museu de História Natural. [...] Havia dezoito espécies novas, e quatro foram batizadas com o nome de seu colecionador (*Cisticola lovati, Indicator lovati, Lissotis lovati* e *Otiphantes lovati*). Mas o legado ainda contava uma dezena de espécies de antílopes, dois leões e dez elefantes, sete deles abatidos por Lovat, quatro num único dia."[3]

Convivência com a nobreza, coragem e resistência física, gosto pela vida ao ar livre: toda essa experiência valeu quando veio a Guerra dos Bôeres. Sendo militar e chefe de clã, usou sua experiência de caçador e de convívio com os camponeses nas matas de seus domínios para propor a criação de uma unidade militar diferente. Ao notar as dificuldades do exército britânico para lutar nas savanas africanas com suas tropas regulares de vistosos uniformes, sugeriu formar um regimento mais adequado à realidade local, com atiradores camuflados e equipados com lunetas e binóculos que lhes permitissem ver sem serem vistos. Como caçadores, deveriam ser treinados para usar rifles de longo alcance. A primeira reação da imprensa foi considerar a ideia extravagante e um desperdício de dinheiro público. Os comandantes militares não pensavam de maneira muito diferente.

Lovat agiu como um chefe de clã: acabou ele mesmo desenhando uma padronagem apropriada para os uniformes camuflados; criou o brasão de um regimento, com o lema da família: "Je Suis Prest" ["Estou Pronto"]; conseguiu autorização para reunir uma tropa de 230 homens; feito capitão, angariou voluntários entre os guarda-caças e atiradores de seus domínios; encontrou oficiais do exército regular dispostos a adestrar suas tropas; instalou um campo de treinamento em sua propriedade; hospedou os oficiais em seu castelo e despachou um emissário para que comprasse cavalos na África do Sul.

Assim que entrou em combate, o grupo mostrou seu valor. A tropa ganhou fama com o nome de Lovat Scouts: batedores que se infiltravam sozinhos e camuflados na retaguarda inimiga e passavam dias sem dar notícias – mas, ao retornar, sempre faziam relatórios completos sobre os movimentos dos adversários. Nos confrontos, registravam poucas baixas e faziam muitos estragos nas tropas inimigas com seus disparos de precisão. Em pouco tempo, os generais começaram a produzir relatórios dizendo que os Lovat Scouts eram "mais úteis do que as previsões mais otimistas". Como comandante, Lovat não fugia ao lema e estava sempre pronto na zona de risco.

Depois de um ano, retornou à Inglaterra para treinar mais tropas. Recebeu a mais alta condecoração militar britânica, diretamente das mãos de seu amigo, o príncipe de Gales. A essa altura já era um herói e quase uma lenda – assim foi chamado para falar sobre a guerra na Câmara dos Lordes. Sua estreia ali, como orador convidado, foi um êxito retumbante. Quando a guerra acabou, em 1902, lorde Lovat ganhou um assento permanente entre seus pares da nobreza. E fez nome defendendo um projeto: assentar ingleses como proprietários e colonizadores na África do Sul. Da ação como soldado e político nasceu o empresário. Em 1907, lorde Lovat foi um dos fundadores da Mushroom Valley Agricultural, uma empresa que fornecia crédito e apoio para radicar ingleses na África do Sul. Foi um sucesso: logo a empresa estava comprando grandes porções de terra para revender.

Essa experiência inicial ajudou-o a vislumbrar um negócio promissor naquilo que parecia um grande fracasso.[4] Em 1902, o norte-americano Leigh Hunt obteve uma concessão do governo do Sudão para adquirir terras e plantar algodão no país, empregando como mão de obra negros levados dos Estados Unidos para empreender na África de seus ancestrais. Não deu certo, já que os emigrados não demoraram muito para concluir que, apesar do racismo, as oportunidades em seu país natal eram muito maiores e voltaram para casa.

Donald MacGillivray, um escocês que devia sua carreira no Banco Nacional do Egito a lorde Lovat, acabou se envolvendo no negócio, ao constatar que o fundamento deste era sólido: uma empresa que detinha o direito de comprar terras do governo, sem privilégios. Trocou o nome da empresa para Sudan Plantations Syndicate. Em 1907, Lovat sucedeu a Leigh Hunt como diretor. Tinha qualidades importantes para o cargo, desenvolvidas ao longo da vida. Percorrera a pé o território das plantações durante o seu safári; era já um membro influente da Câmara dos Lordes, com acesso aos dirigentes do Império. E estava mudando de vida. Em maio de 1910 conheceu Laura Lister, então com 18 anos, filha de lorde Ribblesdale. Aos 39 anos, agiu como um adolescente apaixonado: um mês depois tinha acertado o noivado, em novembro estava casado.

A partir de então concentrou-se na nova atividade de empresário. Como a sua credibilidade era muito maior que a do fundador do negócio, logo reuniu investidores de alto coturno em torno de um projeto. Primeiro vieram pesadas injeções de capital por investidores já existentes, mas até então cautelosos: as empresas de mineração na África – especialmente a Central Mining, de Friedrich Eckstein, alemão de nascença, mas cidadão britânico, que controlava seis exploradoras de ouro e diamantes na África do Sul. Essas empresas mineradoras e a Sudan Plantations compartilhavam a mesma sede em Londres e acabaram sendo conhecidas como o grupo da Corner House.

A combinação de nova diretoria e nova organização societária foi suficiente para transformar um investimento especulativo em outro, merecedor da atenção de investidores de alta classe e com visão de longo prazo. Nenhum foi mais importante que Arthur Hutton: controlava companhias que produziam algodão em vários pontos da África – mas, especialmente, tinha participação relevante na Associação Britânica dos Cultivadores de Algodão. Essa participação atraiu Douglas Hannay, dirigente de várias empresas na África e, também, de uma empresa de fiação em Glasgow. Com os dois, o prestígio cresceu muito.

Sentado no degrau da frente, Lovat segura o chapéu, com Frederick Eckstein logo atrás. Quase ao final da primeira fileira, Arthur Thomas veste terno escuro. Revista *O Cruzeiro*, ed. 39, 1933.

Lovat sabia o que fazer com ele: colocou em ação um plano de expansão ousado. Tinha assumido uma empresa que, basicamente, comprava terras, arrendava para produtores, comprava o algodão que eles produziam numa área de 4 mil hectares e o revendia para o setor têxtil inglês. Seu projeto era fazer agricultura irrigada numa área de 300 mil hectares – 75 vezes a existente. Para isso, tudo teria que mudar. Começando de baixo, a ideia era transformar algumas dezenas de milhares de pequenos agricultores sem propriedade em pequenos empresários com domínio de sua produção em áreas arrendadas. O projeto também exigiria transformações radicais no papel do governo sudanês, até então limitado ao de um vendedor de terras. Para a irrigação funcionar na nova escala, seria preciso que o governo administrasse uma rede de infraestrutura que incluía barragens, canais e ferrovias – afora os novos fluxos de pessoas. A empresa mostrou os benefícios e transformou o governo em aliado do projeto.

Também houve ganhos na ponta inversa, a dos compradores ingleses. A escala das vendas seria muito ampliada. Mas a possibilidade de um fornecimento amplo de algodão de alta qualidade era tudo que os acionistas ligados à indústria inglesa poderiam desejar. Rapidamente encontraram apoio em Manchester e Glasgow, com industriais concorrentes seduzidos pelo chamariz do fornecimento seguro e da excelente qualidade do algodão.

Depois de juntar agricultores, o governo local e os compradores, Lovat deu o pulo do gato: buscar dinheiro seguro, barato e fornecido a longos prazos com poucas exigências. Só um dinheiro atendia a tais especificações: os créditos do Tesouro britânico. Muito bom, a não ser por um detalhe: a Sudan Plantations Syndicate era uma empresa, e o Tesouro não fornecia crédito para empresas. Por isso o projeto foi formatado como um crédito de governo a governo dentro de um mesmo império – no caso, o governo colonial do Sudão e o metropolitano. Evidentemente, o Tesouro fez questão de garantias fortes.

Essas exigências institucionais foram atendidas por meio de um segundo contrato, que colocava a Sudan Plantations no papel de supervisora das obras a serem executadas pelo governo local e fiadora do bom uso dos recursos. Ao mesmo tempo, foi negociado um contrato entre a empresa e o governo. Por ele, as receitas de todo o projeto seriam divididas em proporções fixas: 40% para os produtores, 35% para o governo sudanês (que receberia a infraestrutura e faria a operação depois de concluída a obra de irrigação) e 25% para a empresa, responsável pela comercialização de tudo.

O pesquisador Simon Mollan sintetizou o argumento essencial para a aceitação do projeto: "Em comparação com o governo [sudanês], a empresa tinha melhor acesso à City e ao mercado de capitais londrino, com sua direção desenvolvendo uma expertise crucial."[5] "Direção", no caso, era especialmente a combinação de alta nobreza, alta política e alto empresariado. Num tempo em que essa mescla era vista como algo natural, Lovat transformou a novidade que propunha como empresário em lei do Parlamento, do qual fazia parte.

Tudo foi jogo aberto. As diversas associações de produtores ligados ao mercado de algodão enviaram seus representantes para fazer lobby no Parlamento. O governo sudanês mandou uma delegação, com poderes de acertar mudanças em encontros com parlamentares e o Tesouro. Lovat exerceu plenamente a sua capacidade de fazer amigos, negociando como um diplomata consumado um projeto que envolvia parceiros agricultores, dois governos e uma empresa. Conseguiu: o decreto parlamentar de aprovação do empréstimo de 3 milhões de libras do Tesouro para o governo do Sudão foi aprovado em dezembro de 1913.

A irrupção da Primeira Guerra Mundial trouxe uma pausa na carreira do empresário. Com 43 anos, Lovat voltou à ativa, à frente de uma brigada escocesa. Arregimentou e treinou as tropas, muitas vezes tendo de receber até um milhar de homens em seu castelo. Quase um ano de trabalho, e a brigada que comandava ficou pronta para ser enviada à frente de batalha. Em 7 de setembro de 1915, a tropa embarcou para a península de Galípoli, na região do estreito de Dardanelos. Desde abril, tropas inglesas, australianas, neozelandesas e russas desembarcaram nessa península numa tentativa fracassada de controlar o Bósforo e os Dardanelos e abrir caminho para o bombardeio de Constantinopla, a capital do Império Otomano.

O destacamento de Lovat lá chegou em 1º de outubro. Na primeira semana, Lovat escreveu duas cartas otimistas para Laura, desde a frente de combate; a terceira, datada do dia 29, foi redigida num hospital militar na ilha de Malta, onde estava internado por causa de uma forte disenteria. Tentou convencer os médicos de que estava pronto para retornar à frente de batalha, mas foi mandado para convalescer num hospital de Londres, onde chegou no dia 16 de novembro. Quando mal e mal se recuperou, foi designado para treinar mais tropas e, em seguida, para trabalhar na retaguarda na França.

Ao final da guerra, tratou de arrumar a vida. Entre as tarefas de que se desincumbiu na França estava a de supervisionar o uso dos recursos florestais na guerra. A experiência ampliou ainda mais seus conhecimentos de silvicultura. Além de proprietário e explorador, tinha feito viagens de observação sobre a indústria madeireira do Canadá e era membro ativo da comissão de florestas britânica. Desde o período final do conflito, passou a fazer parte de um subcomitê parlamentar encarregado de formular um programa para o aproveitamento das florestas inglesas depois do conflito.

Foi então que descobriu uma causa. Desde sempre fora um defensor da ação descentralizada e um homem que atuava com autonomia, até mesmo no exército. Em 1919, ao obter apoio do comitê e aprovar no Parlamento a Lei de Florestas, o Forestry Act, deu-se conta de que sua ação deveria ir além do usual. Sentiu que faria diferença como administrador público. Pela primeira vez na vida aceitou um salário e um posto na burocracia, prestando contas de seus atos e enfrentando limitações orçamentárias.

A nova disciplina foi levada para a vida privada: arrumou as finanças em casa. Vendeu metade das terras na Escócia, leiloou o gado de raça. A busca do equilíbrio monetário era uma novidade para alguém que sempre gastara sem freios. Claro, para ajudar nas contas, contavam muito os dividendos da Sudan Plantations – que teve resultados explosivos depois do empréstimo por ele negociado. Mesmo durante a Primeira Guerra, as exportações do Sudão aumentaram de 3 milhões de libras, em 1914, para 8 milhões, em 1919. Com o fim do conflito o crescimento foi maior ainda: o capital da Sudan Plantations quintuplicou no início da década de 1920, chegando a 2,5 milhões de libras. Lorde Lovat era o quinto maior acionista, com 6.400 ações. O faturamento bruto da empresa era de 2,5 milhões de libras anuais, e os lucros, na década de 1920, flutuaram em torno de 600 mil libras anuais – com dividendos na casa dos 20% a cada balanço. Com a vida mais estabilizada, Lovat montou uma casa de cinco andares em Londres, na qual ele e Laura recebiam uma torrente diária de convidados.

Nesse cenário favorável, começou a amadurecer a ideia de investir no Brasil. As origens da avaliação positiva pelos ingleses da produção de algodão brasileira remontam a 1919. Nesse ano, Roberto Simonsen, um industrial de Santos, foi enviado em missão oficial do governo para divulgar as oportunidades de investimento no país. Percorreu toda a Inglaterra, fez várias conferências para empresários e publicou artigos em jornais. Suas apresentações sobre algodão, feitas em Manchester, foram bem recebidas e lhe granjearam um convite para se apresentar num congresso mundial do setor algodoeiro, em setembro em Paris. Neste, depois de detalhar com números – como era seu estilo de argumentar – concluía: "O Brasil será um grande produtor mundial de algodão dentro de algum tempo. Nesse momento em que há fome mundial de algodão, esse acontecimento poderia ser precipitado por algum movimento dos interessados mundiais no consumo do produto."[6]

A sugestão foi levada a sério. Em 1921, Arno Pierce, secretário-geral da Federação Internacional de Fiação e Manufatura de Algodão – cuja sede ficava convenientemente em Manchester –, à frente de uma delegação internacional, percorreu durante seis meses as plantações de algodão brasileiras para avaliar in loco as possibilidades. Observou em detalhes as plantações e toda a cadeia de processamento em oito estados brasileiros, desde o Rio Grande do Norte até São Paulo. A delegação teve apoio do presidente Epitácio Pessoa, de governadores e de muitos produtores. O resultado foi um estudo bastante completo, do ponto de vista técnico, e repleto de estatísticas, intitulado "Brazilian Cotton" ["Algodão brasileiro"].[7] O relatório foi apresentado no Congresso Internacional de Paris e aprovado com a seguinte observação: "Tendo recebido o relatório sobre a jornada ao Brasil, o comitê expressa a opinião de que vários estados visitados, especialmente São Paulo, Paraíba e Rio Grande do Norte são bastante adequados para o plantio de algodão."[8]

Tudo isso levou a um projeto oficial da Sudan Plantations Syndicate. Em exposição aos acionistas sobre a abertura de um empreendimento alternativo de algodão no Brasil, Friedrich Eckstein argumentou com fundamentos sólidos e conhecimentos organizados. Devido às boas relações institucionais desenvolvidas tanto pelo governo quanto pelos empresários brasileiros, chegou-se ao ponto de estudar a possibilidade da realização de um congresso internacional do setor no Brasil. Então surgiu uma ótima oportunidade para uma avaliação real das possibilidades de investir: no segundo semestre de 1923 organizou-se uma missão oficial inglesa para analisar as finanças brasileiras. Envolvia, de um lado, a Presidência da República brasileira, que fez um convite, e, do outro, o Banco Rothschild, que organizou o time inglês.

O chefe da missão seria Edwin Samuel Montagu, membro da Câmara dos Lordes, ex-secretário do Tesouro e ex-vice-rei da Índia. Os membros escolhidos eram experientes: Hartley Withers, ex-editor da revista *The Economist*; sir William McLintock, sócio de uma das maiores firmas inglesas de contabilidade e auditoria; e Charles Addis, diretor do Banco da Inglaterra e presidente do Hong Kong and Shanghai Bank. Estava tudo organizado quando, num jantar com Lionel de Rothschild, Addis foi surpreendido com a informação de que lorde Lovat também faria parte do grupo.[9]

A surpresa não foi menor no mundo dos negócios. O anúncio de sua viagem provocou temor entre os sudaneses: a empresa iria abandonar o país? A onda chegou até a assembleia de acionistas de 1924. Obrigado a prestar esclarecimentos, Friedrich Eckstein revelou um projeto de diversificação internacional: "O interesse no Brasil trouxe um sentimento de descrédito no Sudão. Mas sempre tivemos total crença no país, e os resultados ali falam por si mesmos. Temos, isso sim, a ambição de nos tornarmos uma holding. As perspectivas de crescimento do mercado mundial são boas. Podemos escolher bons projetos em outros pontos do globo, e para isso temos a melhor equipe do planeta. Então, por que não usar essa vantagem? Montei meu negócio com base no conhecimento do que se passa em outros países e estou convencido de que o Brasil será um dos grandes produtores mundiais."[10]

Com essa afirmação, que termina praticamente repetindo Roberto Simonsen e Arno Pierce, é possível entender melhor os aspectos de longo prazo envolvidos na viagem de lorde Lovat ao Brasil. Em 23 de dezembro de 1923, o convidado já descrevia a vida a bordo do navio *Araguaya* numa carta para Laura: "*En route* para o Brasil com a Missão Montagu. Amanhã devemos chegar ao litoral do país, após uma travessia sem problemas. Tempo bom todo dia. Levanto-me às sete, jogo tênis no deque, um jogo animado; depois nado na piscina, tomo banho e café. Em seguida, McLintock e eu temos duas horas de lições de português – nossa professora é uma jovem e atraente portuguesa (embora com nariz adunco), de quem ouço a tradução dos resultados do bingo (ganhei um prêmio secundário quatro vezes), e depois almoço. Em seguida, leio até as quatro e meia, quando vou jogar tênis com Venetia. [Íntimo de Montagu, colega de décadas na Câmara dos Lordes, referia-se a ele pelo apelido familiar.] À noite, jogo bezique com ele, e sempre ganho. Janto, jogo bridge, leio – e cama às onze e meia."[11]

Nesse ritmo o grupo desembarcou no Rio de Janeiro em 30 de dezembro de 1923. Logo no dia seguinte, depois de algumas entrevistas para a imprensa, o primeiro compromisso de todos: receber a visita do presidente do Banco do Brasil – ninguém menos do que Cincinato Braga.[12] O homem que defendera a ferrovia do grupo de Cambará quando fora do governo estava agora em temporada de governante. Dois dias depois é organizada uma primeira reunião de trabalho, com o embaixador John Tilley. Addis deixou notas telegráficas da conversa. A menção a Lovat vem acompanhada de dois registros: "algodão e madeira"; logo a seguir, um comentário sobre o presidente Artur Bernardes, citando um julgamento atribuído ao embaixador: "um homem receoso e indeciso".[13]

Começou então uma alternância entre trabalho e lazer. O dia seguinte, o primeiro do ano de 1924, foi ameno: visita à praia de Copacabana, comida brasileira. Depois, mais dois dias de reuniões, com algum foco no Banco do Brasil e Cincinato Braga. No fim de semana, Lovat e Addis foram convidados pelo embaixador Tilley para um passeio em Petrópolis – passado em clima ameno, com direito a chá num jardim tropical.

E então, em meio aos trabalhos mais importantes da missão com o governo federal e o presidente da República, lorde Lovat toma um trem e vai embora. Sozinho. Para cuidar de seus interesses pessoais, algodão e madeira. Em Cambará, com direito a se encantar com o algodão e ouvir exposição na mesa de bilhar, passou o seu primeiro dia como simples viajante no país. Saiu dali e foi até Minas Gerais – retornando a São Paulo no dia 15, véspera da data em que o anúncio do grupo reunido na Fazenda Água do Bugre seria divulgado. As cartas começavam a baixar na mesa.

CAPÍTULO 4
> *Brazil Plantations Syndicate: o negócio na vitrine*

A viagem a Cambará só teve registros privados. O mesmo ocorreu em sua continuação até o vale do São Francisco e Pirapora, quando foram visitadas plantações de algodão mais próximas da região Nordeste, com uma passagem pela Mineração Morro Velho. Apenas um funcionário do Departamento de Algodão do Ministério da Agricultura, Emílio Castelo, acompanhou lorde Lovat.

Já a chegada a São Paulo, no dia 14 de janeiro de 1924, foi um evento público. Como de praxe na época, uma comissão de autoridades e notáveis mobilizou-se para recepcionar o ilustre visitante na estação ferroviária. Nesses casos a imprensa era sempre avisada, e por isso os nomes dos presentes e seus movimentos foram registrados. Assim, lá estavam um ajudante de ordens, representando o governador; o senador estadual Pádua Sales; dois diretores e o presidente da Associação Comercial, José Carlos de Macedo Soares; Jorge Moraes Barros, presidente da Bolsa de Mercadorias de São Paulo; Gabriel dos Santos, presidente da Sociedade Rural Brasileira; Carlos Queiroz Telles, diretor da Liga Agrícola; Arthur Abbot, cônsul do Reino Unido; George Gopp, representando a indústria britânica, com Griffith Williams, presidente da Câmara de Comércio; F. B. Muir, diretor do Banco Comercial. E Roberto Simonsen, o empresário que começara tudo em 1919.[1]

Da Estação da Luz saiu uma comitiva que levou lorde Lovat até o Hotel Esplanada. Recém-inaugurado, ficava logo atrás do Teatro Municipal; as suítes mais importantes tinham vista para a paisagem do vale do Anhangabaú, então considerada a mais elegante da Pauliceia. No dia seguinte, aquele em que foi publicado o anúncio de página inteira dos acionistas da ferrovia, lorde Lovat movimentou ainda mais a elite paulista: foi recebido pelo governador Washington Luís, visitou a Associação Comercial e o Museu do Ipiranga – sempre acompanhado por repórteres. A exposição conspícua era parte de uma nova estratégia.

Depois de olhar com discrição, agora era o momento para ver, ser visto e avaliar o ambiente geral de negócios. Como parte dessa estratégia, no dia 16, Lovat parte para uma nova viagem de prospecção do cultivo de algodão. Mas, dessa vez, fazendo-se notar. Além de Emílio Castelo, o grupo de viajantes incluía vários convidados – entre eles, Júlio Mesquita Filho, o diretor de *O Estado de S. Paulo*. E o plano de viagem seguiria a visita a unidades produtivas inspecionadas anteriormente por Arno Pearse.

A primeira escala foi na cidade de Americana, onde ficava a Fazenda Salto Grande, da indústria têxtil Carioba. Fundada na década de 1860 por imigrantes norte-americanos que ali se radicaram depois da Guerra de Secessão, ela foi considerada por Pearse "a primeira e única fazenda que visitei no Brasil onde há uma seleção de sementes efetivamente científica".[2] Além disso, a produção dos 1,5 mil hectares da fazenda era processada numa descaroçadora movida a eletricidade gerada numa usina hidrelétrica própria, instalada na propriedade; as sessenta famílias que cultivavam o algodão trabalhavam num esquema de divisão dos lucros – o que incentivava a produtividade.

Em seguida, depois de breves paradas em Rio Claro, Barretos e Ribeirão Preto, Lovat partiu para uma inspeção do que realmente o interessava: a Fazenda Guatambu, em Birigui. Pearse dera especial atenção ao local, por várias razões: era mais um empreendimento de colonização do que uma plantação de algodão; ficava numa zona pioneira, alcançada depois de "doze horas de viagem através da mata virgem".[3]

E havia um detalhe importante para lorde Lovat: o empreendimento era dirigido por um escocês, Robert Clark, com muitos anos de experiência no Brasil. A empresa de Clark havia adquirido 32 mil alqueires na região. Em vez de organizar a produção e viver das colheitas, Clark decidiu dividir a gleba e vender barato lotes menores, com cerca de 15 alqueires. Fazia isso numa base atraente: 30% de entrada e o restante financiado em quatro anos, a ser pago com colheitas.

Em pouco tempo a empresa foi capaz de atrair 1,7 mil famílias. Cada proprietário plantava o que quisesse, mas a produção de algodão vinha ganhando terreno: a planta de descaroçamento estava sendo duplicada. Para acelerar o processo de assentamento, a empresa adotou como regra não distribuir dividendos, reinvestindo os lucros no projeto. Daí o resumo entusiasmado de Pearse: "Tudo dá muito certo por aqui."[4]

Visita da missão financeira britânica ao ministério da fazenda no Brasil. No centro, de terno claro, Edwin Montagu. Lorde Lovat e Charles Addis também posam para a foto. "A missão financeira britânica", *Revista da Semana*, ano XXV, n.4, 19 de janeiro de 1924.

Para alguém cujo êxito como empresário veio muito do assentamento de produtores independentes, como no Sudão, e menos do envolvimento direto na agricultura, o processo fazia sentido. Permitia concentrar os investimentos na estrutura técnica e na comercialização dirigida, deixando os arranjos produtivos aos pequenos produtores descentralizados – e focados no lucro e na produtividade.

Depois de conhecer o empreendimento, a comitiva retornou a São Paulo no dia 20. Um de seus membros, Júlio Mesquita Filho, foi direto para Cambará – e ali também assinou o livro de visitas da Fazenda Água do Bugre.[5] Assim, os ansiosos investidores ferroviários ficaram mais do que informados sobre o impacto tanto da argumentação de Gastão de Souza Mesquita Filho como do anúncio no jornal sobre o visitante inglês, e isso diretamente da boca do líder dos Dissidentes na imprensa.

Enquanto isso, Lovat voltou enfim para o Rio de Janeiro. Depois de duas semanas ausente da missão oficial para cuidar de seus interesses empresariais, reintegrou-se ao grupo como se nada tivesse acontecido. No dia 23,

A Cigarra

A Missão Financeira

Aspecto da chegada, á gare da Luz, da Missão Financeira Ingleza, que veiu estudar as possibilidades economicas do Brasil, de accordo com um convite do Governo Federal.

Banquete á Missão Financeira

Grupo posando para "A Cigarra", no Hotel Esplanada, por occasião do banquete offerecido pela Associação Commercial de S. Paulo aos membros da Missão Financeira Ingleza, que actualmente visita nosso Estado.

A missão Montagu foi recebida com honras por onde passava, como mostram os registros da imprensa paulistana. "A Missão Financeira", "Banquete à Missão Financeira", recepcionada pela Associação Comercial de São Paulo. Revista *A Cigarra*, 1º de fevereiro de 1924.

Charles Addis anotou em seu diário que "Lovat e Montagu jogaram bridge depois do jantar".[6] No dia seguinte, o grupo tomou banho de mar na praia de Copacabana – e todos terminaram a noite jogando no cassino. Na noite do dia 31, embarcaram no trem noturno para São Paulo, chegando no dia seguinte às dez da manhã.

A programação da Missão Montagu na capital paulista foi bastante intensa. Já no dia da chegada, participaram de um evento social típico da elite da época: um banquete, organizado e pago pela Associação Comercial, considerado tão importante que mereceu uma reportagem fotográfica na revista *A Cigarra*.[7] A agenda do dia seguinte começou com visitas ao Mosteiro de São Bento e ao Instituto Butantan; à noite, jantar em palácio com o governador Washington Luís. Depois, mais uma viagem, dessa vez em companhia, entre outros, de Roberto Simonsen. Ao longo dessa viagem, este redigiria um texto em forma de carta, intitulado "Pela estabilidade cambial".[8]

Entregue oficialmente à missão no dia 8 de fevereiro, Simonsen começa explicando que, ao contrário do café, cujo preço refletia o fato de o Brasil responder por 75% da produção mundial, o que lhe permitia se proteger das flutuações cambiais, a cultura do algodão estava sujeita a impactos mais severos: "Qualquer empresa que empate grandes capitais numa exploração agrária corre o risco de preparar as terras e semear, tendo em vista vender seus produtos numa base futura de X. E, no entanto, em menos de um ano, quando este produto apenas principia a ser colhido, devido a uma oscilação cambial, contra a qual o produtor não tem recurso de espécie alguma, vê seu produto passar a valer 50% de X."[9]

Daí o cenário: "Devido ao forte aumento do custo de vida nos Estados Unidos, a produção de algodão no Brasil, na atual situação cambial, pode ser desenvolvida ao ponto de nos transformarmos, em pouco tempo, no maior produtor mundial deste artigo. A grande circunstância que impede o desenvolvimento de nossos algodoais, dados os preços remuneradores que esse produto alcança no momento, é o receio que todos nós, produtores brasileiros, temos de uma alta repentina no câmbio que colocasse nosso produto em precárias condições de preço em papel-moeda."[10]

Com isso, Simonsen fazia uma sugestão, dado que seu texto era uma colaboração para o relatório final que seria redigido pela Missão Montagu: mudar a prioridade cambial do café para o algodão, por meio do controle da taxa de câmbio: "Os peritos financeiros e técnicos determinariam o custo médio da produção de algodão nos Estados Unidos e no Brasil e estabeleceriam, algebricamente, uma taxa de câmbio a vigorar no Brasil, calculada de tal forma que o custo da produção no país, transformado em ouro, ficasse 10% abaixo do custo da produção nos Estados Unidos."[11]

No dia 11 de fevereiro, acompanhados de Roberto Simonsen e sua esposa, os membros da missão retornaram ao Rio de Janeiro. Com idas e vindas, lorde Lovat havia passado algumas vezes em São Paulo no intervalo de um mês. Em algum momento nessas passagens, aconteceu um evento privado relevante, assim descrito por seu protagonista, João Domingues Sampaio: "Lorde Lovat visitou São Paulo e o norte do Paraná, e interessou-se pelo nosso meio agrícola, para o emprego de capitais ingleses, então abundantes em Londres. Relacionado com o Banco Comercial do Estado de São Paulo, onde era gerente o seu conterrâneo Thomaz Muir, revelou a sua intenção de organizar, na Inglaterra, um grupo de seus amigos para o emprego de dinheiro no desenvolvimento agrícola desta região. Para isso, necessitava de uma pessoa versada em assuntos jurídicos e econômicos para entendimentos prévios e para ser no futuro o orientador de quem deveria vir ao Brasil, como representante do sindicato inglês, a organizar-se, e aqui fixar residência. O meu velho amigo dr. José Maria Whitaker – companheiro desde os tempos da Academia de Direito de São Paulo – indicou-lhe o meu nome e fez a minha apresentação em jantar íntimo, no Hotel Esplanada. Começou assim a ligação pessoal, entre Lovat e eu, transformada em amizade duradoura."[12]

A descrição relativamente sóbria revela, na verdade, um protocolo seguido meticulosamente na época – em nível internacional. Segundo Anne Hanley, que estudou os bancos paulistas desse período:

"Os bancos desenvolveram ligações com muitos setores da economia paulista, tanto pelo compartilhamento de diretores quanto por investimentos diretos. Historicamente, essas ligações proporcionavam aos bancos informações internas das operações das empresas não bancárias e, graças a isso, de sua saúde financeira. O exemplo mais famoso do emprego de diretores compartilhados entre várias empresas para administrar a exposição aos riscos era o da Alemanha. No século XIX, os bancos universais daquele país criaram uma grande rede de diretorias e diretores intercruzados, tanto para supervisionar quanto para dirigir diretamente empresas para as quais emprestavam recursos.

A ideia por trás dessas conexões era a de que as informações obtidas com tais relacionamentos reduziam os riscos dos empréstimos de longo prazo feitos pelos bancos. Embora esse cenário tenha sido mais pesquisado no caso dos bancos alemães, estudos recentes mostram que o procedimento também era adotado pelos bancos [norte-americanos] da Nova Inglaterra. Nesse caso, os diretores de várias empresas eram essenciais para administrar indústrias – e os bancos eram muito importantes para financiar empreendimentos industriais em escala local. Esses exemplos mostram como a informação de alta qualidade era essencial para reduzir os riscos nos negócios."[13]

Exclusividade era algo impensável nesse ambiente. Para funcionar, o esquema requeria gente muito qualificada agindo simultaneamente em várias empresas. A capacidade de obter informações cruzadas era considerada uma qualidade crucial do candidato. Nesse sentido, na São Paulo da época, nada mais emblemático do que o currículo de Antônio Proost Rodovalho, falecido uma década antes, que chegou a ser diretor de nada menos que dezenove empresas. Os mais estimados profissionais dessa espécie eram diretores em mais de duas empresas – um grupo seleto, com menos de duas dezenas de participantes.

Desse ponto de vista, João Domingues Sampaio tinha um currículo capaz de colocá-lo num ponto alto dessa especialidade. Era empresário e diretor-presidente da Companhia Cafeeira do Rio Feio, que atuava em região próxima a Birigui.[14] Mas também executivo múltiplo, sendo diretor da Companhia Ferroviária São Paulo-Goiás e da Companhia Paulista de Estradas de Ferro.[15] E uma biografia na qual se destacavam sólidas relações pessoais.

Sampaio fora convidado por José Maria Whitaker. Após se formar em direito, em 1907, iniciara a carreira de advogado em Piracicaba. Não escolheu a cidade apenas pelo fato de ter frequentado o Colégio Piracicabano,[16] fundado por Martha Watts,[17] que, na República, iria inspirar a reorganização do ensino público paulista.[18] Mal se instalou na cidade, tornou-se redator-chefe de *A Gazeta de Piracicaba*.[19] Em 1909, com apenas 22 anos, casou-se com Carlota de Moraes Barros,[20] filha do ex-presidente Prudente de Moraes – e passou a trabalhar no escritório de advocacia do sogro.

Elegeu-se deputado estadual e transferiu o escritório para São Paulo. Foi um deputado ativo, mas cuidou sobretudo de assuntos ligados a concessões ferroviárias e colonização. Tornou-se líder da bancada do partido, envolvendo-se em discussões sobre a regulação da venda de terras devolutas no estado.[21] Por ocasião do jantar com lorde Lovat, era senador estadual.[22]

Levando-se em conta esse protocolo de relacionamento entre bancos e diretores, padrão dos altos negócios na época, mais o currículo social e político, fica mais fácil entender o tipo de acordo estabelecido no jantar. O Banco Comercial de São Paulo era um dos anunciantes no relatório de Arno Pearse. Apresentava-se como um banco dotado de uma rede espalhada entre a capital, Santos e o interior do estado; por isso, capaz de "deter uma posição única para apoiar todas as transações bancárias relacionadas ao mercado de algodão".[23]

Thomaz Muir fez mais que acompanhar o potencial cliente de seu banco em todos os eventos sociais e viagens desde a chegada à Estação da Luz no dia 15. Estava a par de uma informação confidencial e relevante: as idas e vindas de lorde Lovat tinham um objetivo que ia além dos eventos sociais e relatórios oficiais. Ele estava ali para organizar um negócio – e precisava de alguém com pleno conhecimento da situação do país e do mundo agrário para orientar os passos da instalação sem tropeços da futura empresa. Enfim, o jantar íntimo não era um evento social, mas uma reunião de trabalho envolta em muito sigilo, durante a qual foram discutidas as necessidades operacionais de um novo empreendimento a ser lançado no Brasil.

Além de João Domingues Sampaio e do diretor do Banco Comercial, havia outra pessoa que estava sendo envolvida no projeto: o diretor do departamento de algodão do Ministério da Agricultura, Emílio Castelo, que pediu para sair de seu posto assim que terminou a viagem. Nesse caso, valeu muito o prestígio nas proximidades do poder. Lorde Lovat convenceu o ministro da Agricultura, Miguel Calmon, a liberar o funcionário de suas obrigações a fim de que pudesse trabalhar na empresa a ser formada.[24]

Manobras de bastidor, como um jantar de negócios privado ou uma oferta a um funcionário graduado, permitem entender o peculiar modo de fazer negócios de lorde Lovat – e de sua era. Como nobre de alta estirpe, membro da Câmara dos Lordes, herói de guerra e amigo do rei, ele tinha acesso às informações de governo inglês que quisesse, além de poder influenciar funcionários diplomáticos e da burocracia. Com sua habilidade social e a condição de membro da Missão Montagu, estava conseguindo repetir esse mesmo padrão no Brasil, com relações que iam desde o presidente da República até os pequenos plantadores de algodão no interior. Empregava tudo isso para potencializar a ação discreta como empresário: suas ausências constantes da Missão Montagu eram perfeitamente entendidas e acertadas nas conversas durante os jogos noturnos de bridge com o chefe da missão.

Cumpria as obrigações formais no tempo restante. De volta ao Rio de Janeiro, os membros da Missão Montagu hospedaram-se dessa vez no Copacabana Palace, de modo que puderam dividir o tempo entre a elaboração do relatório com recomendações ao governo brasileiro e banhos de mar.[25] Foram intensas – e breves – as negociações com o governo brasileiro em torno do texto do relatório. Com apenas quinze páginas, o documento foi entregue em 23 de fevereiro. Trazia o receituário padrão que investidores estrangeiros – sempre preocupados com a solvência em moeda forte que garantia a transferência de recursos para o exterior – ditavam: limitar os gastos do governo federal; vender ativos do governo para diminuir o endividamento externo (houve até a sugestão de privatizar o Banco do Brasil); criar saldos orçamentários e empregar os recursos no pagamento da dívida externa; abandonar o apoio oficial ao Plano de Valorização do Café; promover um programa de atração de capitais estrangeiros, com garantia de "remuneração justa".

Como bem resumiu o historiador Mircea Buescu, "não se deve estranhar o fato de que a Missão Inglesa quisesse assegurar um lugar aos interesses ingleses no desenvolvimento do Brasil".[26] Recebido, o relatório foi deixado em banho-maria pelo governo brasileiro, até ser publicado no *Diário Oficial* de 29 de junho de 1924,[27] quando pouca gente já se lembrava da missão. Ganhou o destino dos arquivos.

Enquanto a papelada oficial ia dormir nas prateleiras, lorde Lovat agia como um empresário realmente audacioso. Os membros da Missão Montagu embarcaram de volta à Europa no dia 4 de março e chegaram à Inglaterra no dia 23. Apenas três semanas depois, no dia 16 de abril de 1924, foi tornado público o regulamento da empresa Brazil Plantations Syndicate – num indício claro de que Lovat não passara o tempo todo entre banhos de mar, viagens e encontros sociais. O documento não era exatamente simples: das 42 páginas, dez eram destinadas aos tipos de negócio que poderiam ser feitos. Para ficar no essencial, o artigo primeiro definia os objetivos de "adquirir propriedades, concessões e licenças, no Brasil ou em outras repúblicas da América do Sul";[28] o segundo, que a empresa iria se dedicar ao cultivo de "algodão, café, chá, cânfora ou outras especiarias".[29] Em seguida eram relacionadas todas as atividades possíveis em torno desses dois objetivos centrais. A aprovação da incorporação levou apenas uma semana.[30]

O capital não era impressionante: 200 mil libras. Mas a notoriedade do lançamento é que chamava a atenção. Na lista inicial de diretores, em 25 de abril,[31] lorde Lovat aparecia em primeiro lugar. O segundo nome era muito relevante: o brigadeiro-general Arthur Melland Asquith. Este era filho do ex-primeiro-ministro Herbert Henry Asquith e casado com a condessa de Oxford, Margot Asquith, a qual era tia de Laura Lovat – e a proximidade entre as duas era tal que seu casamento foi celebrado na casa dos Asquith,[32] no número 10 da Downing Street, futura residência oficial dos primeiros-ministros britânicos depois que a casa foi comprada pelo governo. Além de amigo íntimo de Lovat, o general Asquith era um herói de guerra; depois de vários ferimentos em combate, foi para a reserva quando perdeu uma perna. O terceiro diretor era Friedrich Eckstein, também acionista da Sudan Plantations Syndicate. Dias depois foi acrescentado o nome de James Calder, empresário florestal escocês e ligado a Lovat na Comissão de Florestas.[33]

Enquanto isso, as coisas começaram a ganhar velocidade em São Paulo. Em abril de 1924, apenas um mês depois da volta da Missão Montagu, desembarcou na cidade Arthur Thomas,[34] que aceitou deixar o cargo que ocupava no Sudão para se tornar gerente dos negócios brasileiros da empresa. O Banco Comercial de São Paulo tinha a conta que tanto buscara[35] – e João Domingues Sampaio, juntamente com Emílio Castelo, já estavam a postos para assessorar.

A partir de julho começaram a aparecer outros nomes de diretores nos jornais londrinos. Primeiro, o de Edward Greene.[36] Era importante, porque presidia a Brazil Warrant, empresa que começou atuando no financiamento de produtores de café em 1909 e, em seguida, passou a comprar e operar grandes fazendas no interior de São Paulo, tornando-se um dos maiores empreendimentos britânicos no país. Na mesma data, um relatório dos diretores sobre as operações iniciais da empresa informava que 55 mil libras foram remetidas para financiar as operações no Brasil.[37]

A relevância dos nomes que compunham a diretoria, bem como o rápido início da operação no Brasil, chamaram a atenção da mídia e dos investidores londrinos. Até agosto, conforme um relatório enviado ao Board of Trade,[38] haviam sido integralizadas 67 mil libras de capital – e informava também que no Brasil as compras de terras tinham já consumido 19 mil libras. Ao final vinha uma lista de 250 acionistas: os controladores haviam conseguido pulverizar as ações entre um número relativamente grande de interessados. Negócio de alta qualidade.

Em novembro de 1924, Friedrich Eckstein deu algumas informações sobre as atividades no Brasil durante a assembleia da Sudan Cotton Plantations: "Até o momento, a Brazil Plantations Syndicate adquiriu duas pequenas fazendas, a Santa Emília e a Caiuá,[39] ambas com uma área total de 8500 acres."[40] Quando essa informação foi divulgada, outra aquisição, bem maior, fora concluída em Birigui: a Fazenda Guatambu. Em agosto de 1925 seria a vez da Fazenda Jangada. Ambas as áreas totalizavam 30 mil alqueires.[41]

Em seguida, silêncio total. Apenas em outubro de 1925, um ano e meio depois da onda noticiosa do lançamento da empresa, surgiu uma cautelosa prestação de contas sobre o primeiro ano de atividades. Lorde Lovat começou pelo geral: "A companhia foi organizada em torno de três objetivos. Primeiro, o estabelecimento de fazendas de algodão em regiões produtoras do estado de São Paulo e do norte do Paraná. Isso inclui a seleção, cultivo e venda de certas variedades selecionadas de sementes de algodão. Elas estão sendo escolhidas tanto entre algumas que foram introduzidas com sucesso no país como entre outras, enviadas do exterior. A segunda atividade é a instalação de modernas indústrias de descaroçamento de algodão em pontos nodais nas zonas produtoras do país. Essas usinas devem processar não apenas o algodão produzido nas unidades da empresa, mas também aquele cultivado por agricultores e proprietários da região. A expectativa é a de que, com o tempo, o algodão venha das sementes selecionadas desenvolvidas nas fazendas da empresa. A terceira linha de atuação é a da aquisição de terras para revenda a pequenos produtores interessados."[42]

Lovat reconhecia o potencial do pequeno agricultor: "Nesse belo país é comum ver os pequenos produtores não apenas plantando suas roças de milho, mas também cultivando cana-de-açúcar e algodão, além de culturas permanentes como o café, para vender. O que falta é capital e organização, e é isso que eu espero que nossa organização possa fazer nas regiões em que atua."[43]

Lovat também era otimista quando olhava para o alto da sociedade brasileira: "Não encontramos apenas simpatia, mas antes o apoio muito eficiente do Ministério da Agricultura, no governo federal, como nos estados em que atuamos; as secretarias responsáveis perceberam a importância das sementes selecionadas e estão começando a montar plantações de seleção por conta própria."[44]

E mostrou-se satisfeito com a estrutura da empresa que montara: "Gostaria de destacar o trabalho de nosso gerente, Arthur Thomas, que tem considerável experiência tanto nos aspectos agrícolas como nos industriais do processamento do algodão, adquirida no Sudão. Mas também o doutor Emílio Castelo, com um conhecimento sem rival da cultura de algodão no Brasil. Eles montaram equipes de trabalho que funcionam com muita eficiência."[45]

O bom conjunto da obra levara até a fazer uma liberalidade com dinheiro: "A direção, agindo sob a autoridade definida nos artigos de associação, decidiu distribuir 50 mil ações entre as pessoas que ajudaram tanto na formação da empresa como no desempenho de seus trabalhos no Brasil e em Londres."[46]

Enfim: havia muita coisa seguindo de acordo com os esforços de Roberto Simonsen, os estudos do grupo de Manchester, a missão enviada ao Brasil, a decisão de montar a empresa ligada ao mercado de algodão. Mas havia também a ação da natureza, fazendo fugir do roteiro estudado, descrita com imenso cuidado: "É preciso lembrar que o progresso foi perturbado por agitações políticas, agora felizmente acabadas. E as colheitas foram perturbadas por uma seca até então desconhecida no sul do Brasil. Além disso, cabe realçar que a safra foi plantada em terras desconhecidas para nós, apenas seis semanas depois da aquisição, sob condições de muita pressa."[47]

Havia muito, mas muito eufemismo, nesse tom cauteloso. As agitações políticas de 1924 em São Paulo incluíram um bombardeio da capital que durou algumas semanas e provocou a fuga de quase 100 mil pessoas numa população de 700 mil, além de dezenas de mortes. Não bastasse isso, aqueles cidadãos que tentaram manter a cidade em operação foram acusados de conluio com a facção militar agressora. Entre os presos estava o presidente da Associação Comercial, José Carlos Macedo Soares, que estivera presente na recepção a lorde Lovat na estação. Sobrou também para Júlio Mesquita, diretor de *O Estado de S. Paulo*, que conheceu o cárcere aos 62 anos.[48]

As perturbações se espalharam por todo o interior. As ferrovias pararam de funcionar, e com elas todo o abastecimento entrou em colapso – e a safra ficou retida. Foi preciso improvisar de tudo. Um exemplo singelo: Isa Mesquita foi dar à luz Gastão de Souza Mesquita Neto na fazenda de Rolando Davids em Chavantes – era a melhor alternativa disponível.

E o que de fato interessava foi noticiado de maneira mais discreta ainda: lorde Lovat fez menções muito vagas ao fato de que ele e Friedrich Eckstein tinham viajado pelo Brasil. No dia em que a notícia foi divulgada em Londres, a ousadia já havia sido cometida integralmente: conversando com as pessoas que conhecera na Fazenda Água do Bugre, lorde Lovat dobrara sua aposta no Brasil para cobrir um fracasso retumbante.

CAPÍTULO **5**

> *Da visão ao novo negócio*

O MERCADO DE CAPITAIS DE LONDRES ERA ENTÃO O MODELO MUNDIAL NO QUE SE referia ao fornecimento de informações para investidores. Isso valia especialmente para as sociedades anônimas, obrigadas a seguir protocolos no registro de sua contabilidade e na divulgação pública desses números. Uma imprensa vigilante e sempre atrás de novidades complementava o sistema. Mesmo com tantas precauções, não apenas o público, mas os próprios acionistas da Brazil Plantations Syndicate ficaram um ano e meio sem receber qualquer informação da empresa. Somente podiam se basear na confiança que depositavam nos dirigentes.

Estes, por sua vez, estavam mantendo de propósito essa nuvem de silêncio por causa de um desastre no modelo de negócios que haviam vendido com tanto alarde. Sabiam que sua reputação como empresários, duramente construída, podia sofrer danos consideráveis. Mas não recorriam ao silêncio para fugir – e sim como oportunidade para reagir com ousadia a fim de retificar a situação.

A viagem de lorde Lovat ao Brasil em 1925 ocorreu sob um manto de muita discrição. Os primeiros despachos para o escritório da Brazil Plantations em São Paulo começaram em março desse ano.[1] Nem mesmo a imprensa escocesa, normalmente bem-informada sobre suas movimentações, conseguiu apurar uma data certa.[2] Um registro mais acurado da temporada foi deixado, já no Brasil, no dia 2 de abril – num comentário de Friedrich Eckstein no livro de visitas da Fazenda Água do Bugre: "Guardo na lembrança uma das semanas mais agradáveis que já passei fora da Inglaterra."[3]

Há fortes indícios de que a primeira passagem de lorde Lovat, já como proprietário na região de Cambará, tenha acontecido sob a forma de uma caravana ampliada, pois ficou na memória de seu filho adolescente, Shimi Lovat: "Meu pai estava muito empenhado em fazer com que eu me tornasse independente. [...] Ele queria que me saísse bem, imagino, e nunca quis decepcioná-lo, então eu me esforçava ao máximo – de certo modo, estava tentando muito agradá-lo. [...] Bem, ele tinha uma boa equipe trabalhando sob sua liderança em uma empresa de terras [...], naquilo que chamam de *mato* [em português no original]. E o trabalho que me coube foi o de limpar o terreno."[4]

Então com 14 anos, Shimi Lovat não foi o único a ter lembranças desse trabalho. George Craig Smith, quase da mesma idade, guardou na memória os aspectos mais exaustivos da carpa cotidiana, a limpeza do solo nas plantações com foice, enxada ou arado: "Tinha catorze anos quando *mister* Arthur Thomas me contratou para trabalhar. Ele queria saber se eu aguentaria a vida na fazenda, então me pôs num serviço mais duro. Eu trabalhava junto com os camaradas da fazenda, carpindo algodão, com arado de burro. Levantava às quatro da madrugada, arreava o burro, saía com o carpideiro e ia carpindo os matos, dentro das carreiras de algodão. E levava a minha marmita, comia no meio do campo, sentado debaixo de um arbusto de algodão, que era bem alto. Trabalhava até mais ou menos umas duas da tarde. Depois voltava, desarreava os burros e ia até o rio Paranapanema tomar um banho. Essa era minha vida."[5]

Da época em que já não era mais um mero aprendiz de carpideiro, Craig Smith comentou sobre a situação em Cambará no intervalo entre as duas visitas de Lovat: "A ideia primitiva deles era formar várias fazendas de algodão. Compraram três ou quatro fazendas, e iniciaram, de fato, a plantação de algodão. Mas acontece que os preços naquela época estavam baixíssimos, e o preço do café estava muito alto. Então, toda a mão de obra ia para as fazendas de café, e ninguém queria saber de colher algodão. Como naquele tempo não havia sementes de algodão selecionadas, houve grande prejuízo."[6]

Friedrich Eckstein, o grande acionista da Brazil Plantations que veio conhecer as plantações de algodão na Fazenda Caiuá, de propriedade da empresa, descreveu o resultado financeiro do primeiro ano para os acionistas quando achou prudente fazer isso, dois anos depois da sua estadia na Fazenda Água do Bugre, do major Barbosa Ferraz, onde se hospedou e fez suas reuniões de negócio. As palavras não foram exatamente amenas: "Nossas últimas colheitas, lamento dizer, foram um fracasso. Tudo deu errado, como pude observar pessoalmente no local. Depois da seca na época da plantação, chuvas fortes caíram na época da colheita. Como se não bastasse, uma geada impediu a última oportunidade de crescimento das plan-

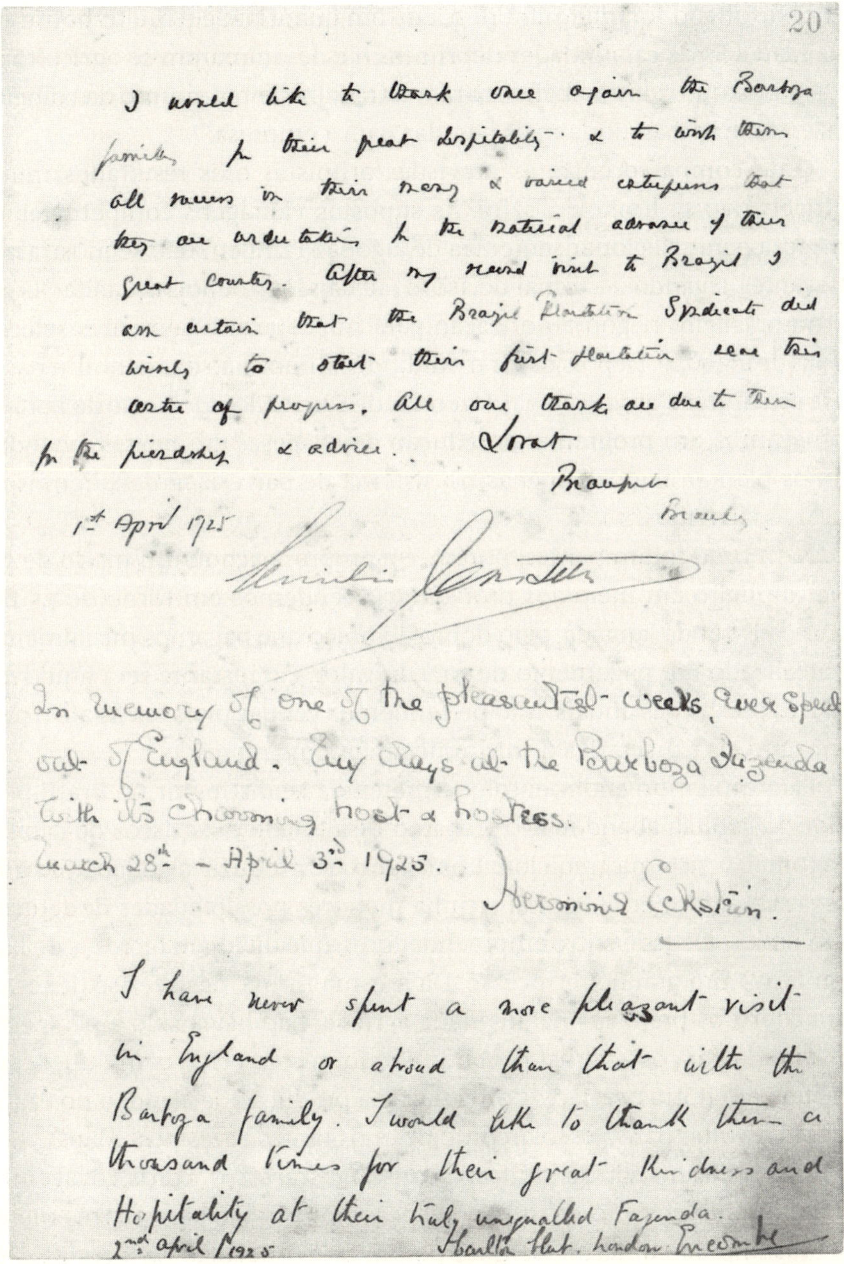
20

I would like to thank once again the Barboza family for their great hospitality & to wish them all success in their many & varied categories that they are undertaking for the material advance of their great country. After my second visit to Brazil I am certain that the Brazil Plantation Syndicate did wisely to start their first plantation near this centre of progress. All our thanks are due to them for their friendship & advice.

Lovat

1st April 1925

In memory of one of the pleasantest weeks ever spent out of England. My days at the Barboza Fazenda with its charming host & hostess.
March 28th – April 3rd 1925.

Hermione Eckstein.

I have never spent a more pleasant visit in England or abroad than that with the Barboza family. I would like to thank them a thousand times for their great kindness and Hospitality at their truly unequalled Fazenda.
2nd april 1925 Shallia Flat, London Newcombe

Lovat assina novamente o álbum de visitas da família Barbosa em 1 de abril de 1925. Visita à Fazenda Água do Bugre em 1925, registrada em livro de visitas da Cia. Agrícola Barbosa Cambará. Acervo Carmen Rein Barboza Ferraz (Cia. Agrícola Barbosa).

tas. O resultado foi uma safra pequena em quantidade e muito pobre em qualidade. Essas calamidades deprimiram e desanimaram os agricultores a tal ponto que muitos abandonaram o trabalho antes mesmo da colheita, trazendo despesas ainda mais pesadas para a empresa."[7]

O descompasso entre as previsões otimistas e os resultados muito sofríveis não se limitou à safra. As supostas vantagens competitivas da empresa para selecionar sementes de algodão também não se mostraram relevantes, levando-a a tomar decisões radicais logo depois da visita: "O governo brasileiro negou autorização para importarmos sementes selecionadas de algodão. Depois dessa medida, decidimos não dar nenhum passo para continuar a produção nas fazendas de São Paulo e do norte do Paraná. Começamos um programa de redução de despesas em nossas fazendas. Vamos plantar algodão apenas no sistema de parceria, e deixaremos de pagar assalariados."[8]

Nem tudo foram perdas, porém, e a empresa achou um modo de ganhar dinheiro em meio aos problemas: "Vendemos em torno de 7,5 mil acres da Fazenda Jangada, pelo dobro do preço que pagamos inicialmente. Foi realizado um pagamento de 10% do valor, e o restante será liquidado em três prestações anuais. Não pretendemos vender mais terras até o próximo ano, na expectativa de um aquecimento no mercado."[9]

Para um empreendimento que pretendia se distinguir no Brasil pelo valor do capital, abandonar o trabalho assalariado e os riscos de capital, e retomar o sistema tradicional brasileiro de produzir algodão, que empregava muito menos capital e tinha menores possibilidades de retorno – era uma sociedade entre empreendedores, que dividiam lucros –, de fato significava um grande retrocesso. Da mesma forma, desfazer-se de terras para cobrir os prejuízos na atividade agrícola não havia sido a perspectiva vendida para os acionistas. O fracasso foi reconhecido com dureza por Eckstein em outra ocasião: "Com relação à produção de algodão no Brasil, temos de voltar para a escola, como fizemos tantas vezes no Sudão."[10]

Mas a viagem não se limitou a constatar fracassos. Lorde Lovat tinha outras intenções, fruto de uma percepção notável. Ele passara três meses no Brasil no ano anterior, sempre pensando no negócio de algodão. Durante a sua estadia, no dia 10 de janeiro de 1924 acontecera algo diferente: uma proposta de negócios com terras e ferrovia, justamente aquela apresentada por um engenheiro em torno da mesa de bilhar. A boa impressão causada por Gastão de Souza Mesquita Filho o levou de volta ao local quando buscava uma saída para aquela grande enrascada. A real singularidade da segunda visita vinha desse objetivo de ouvir mais, aprender depressa – e reestruturar o rumo com ousadia. Nesse sentido, nada mais claro do que o registro de lorde Lovat no livro de visitas da Fazenda Água do Bugre: "Gostaria de agradecer mais uma vez à família Barbosa, pela hospitalidade e pelos muitos e variados esforços que estão empreendendo no avanço material deste grande país. Após minha recente visita ao Brasil, estou certo de que a Brazil Plantations Syndicate iniciou sua primeira plantação perto deste centro de progresso. Todas as nossas realizações devem muito à sua amizade e conselhos."[11]

Essa mudança de atitude beneficiava extraordinariamente os associados de Cambará. Em janeiro de 1924, eles se empenharam ao máximo para chamar a atenção de um visitante importante para a relevância de investir na região. E o passar do tempo foi diferente para os dois lados. Enquanto a Brazil Plantations Sydicate padeceu duramente em seu primeiro ano de existência, as condições na Fazenda Água do Bugre tinham melhorado muito no intervalo. Em abril de 1924, houve a inauguração da estação Leoflora da ferrovia – que agora se chamava Companhia Ferroviária São Paulo-Paraná –, estação essa que ficava no interior da Fazenda Água do Bugre.

Na cerimônia de inauguração, Gastão de Souza Mesquita Filho conduziu a locomotiva Baldwin que rompeu a fita amarela segurada pelo major Barbosa Ferraz, numa ponta, e pelo representante do governador do Paraná, na outra – sob o olhar orgulhoso do seu pai.[12] As terras em Cambará se valorizavam, e também o papel do jovem engenheiro no grupo. Por ocasião da primeira visita, ele havia sido apenas o encarregado de fazer uma exposição arriscada – afinal, tinha apenas um intervalo depois do jantar para fazer a apresentação.

Agora ele podia, durante dias inteiros, participar ativamente de um grupo que debatia com grande profundidade o negócio proposto rapidamente um ano antes. A concepção do jovem engenheiro ganhou um lugar relevante entre o grupo de grandes investidores londrinos – a ponto de se tornar, para estes, uma alternativa real de investimento no Brasil, mesmo que para isso tivessem que deixar de lado todas as informações sobre o plantio de algodão que haviam sido longamente acumuladas.

O major Barbosa Ferraz encontrou um modo elegante para fazer reu-

A Companhia Ferroviária São Paulo-Paraná inaugura o trecho inicial, de Ourinhos a LeoFlora, no Paraná. Revista *A Cigarra*, n.234, de 15 de junho de 1924.

niões, de modo a permitir avaliações de negócios no ambiente de Cambará. Como mantinha uma reserva de mata virgem perto da sede da fazenda, providenciou a abertura de uma pequena clareira num ponto estratégico e lá mandou erguer um bangalô. Empregados deixavam alimentos para os animais; e pássaros, veados, macacos e antas volta e meia passavam durante as conversas. E havia ainda as excursões pelas matas ao redor, tão belas que ficaram gravadas na memória de Craig Smith: "A região era de mata virgem, de um aspecto extraordinário. Matas como nunca se viu, nem no resto do Brasil. Tinha todos os padrões de árvores de terra boa: figueira-branca, peroba, árvores milenares que hoje não existem mais. Era uma floresta imensa, bruta mesmo, cheia de animais: onças, jaguatiricas e pássaros de toda espécie. Lorde Lovat, *mister* Thomas e os outros visitaram as matas. E ficaram tão impressionados que foram comprar terras no norte do Paraná."[13]

Claro que as matas eram impressionantes. Também é verdade que, na primeira quinzena de abril de 1925, as ideias propostas por Gastão de Souza Mesquita Filho foram agora consideradas com a devida atenção. Terras férteis podiam ser muito valorizadas à medida que os trilhos da ferrovia fossem chegando perto. E o afluxo de pessoas dispostas a empreender seria sinônimo de novos negócios – e de mais lucro para o investidor, na forma de fretes.

A lógica desse negócio era conhecida dos paulistas mais ricos – justamente aqueles que conseguiram ir combinando as posições de empresários ferroviários com investimentos em terras no sertão e em sua comercialização. Não havia melhor exemplo do que o da família mais rica da cidade na época, os Prado. A fortuna acumulada pelo barão de Iguape em torno de tropas foi transformada em ações da Companhia Paulista de Estradas de Ferro. A primeira grande compra de terras foi em Ribeirão Preto (nessa altura a família já controlava um banco), a segunda em Barretos – onde os Prado montaram um frigorífico. Mas era fórmula para muito poucos, pela exigência de capital e organização – dois elementos que lorde Lovat tinha na cabeça como prioritários para fazer a diferença em negócios no Brasil. Ambos evidentemente faltavam, na escala necessária, para os vizinhos e amigos de Cambará que agora analisavam as possibilidades de investimento no Paraná.

A análise desse negócio sob a óptica dos grandes capitais londrinos, no entanto, exigia muito mais informação do que a rápida apresentação do ano anterior. Em 1924, Gastão de Souza Mesquita Filho mostrou uma visão de futuro – se houvesse capital capaz de reunir esforços para transformar ideias em realidade. Em 1925, lorde Lovat e Friedrich Eckstein trouxeram uma questão inteiramente diversa: se investirmos capital suficiente, que tipo de organização do negócio seria o mais adequado?

Na segunda visita a Cambará, lorde Lovat e Friedrich Eckstein decidiram não apenas apostar no negócio proposto no ano anterior. Foram direto para a execução, partindo para a aquisição de terras. O primeiro alvo foi a Companhia Marcondes de Colonização, Indústria e Comércio. Fundada em 1920 por Joubert Soares Marcondes, conhecido como coronel Marcondes, a empresa conseguira, em 1922, a concessão da Estrada de Ferro Central do Paraná. Na concepção original do Plano Geral de Viação Férrea, aprovado em 1920 pela Assembleia Legislativa do Paraná, esse ramal partiria da linha tronco que passava em Curitiba a partir de Guarapuava e iria até as margens do Paranapanema. Como foi concedida segundo as normas do plano, a concessionária ganhava terras devolutas em ambos os lados da linha para vender – um território imenso.

Essa era a situação legal das terras; já a situação real da empresa não era vista de modo unânime. Do lado das avaliações positivas, havia a de um fiscal do governo do Paraná, encarregado de verificar o estado da concessão. O seu relatório foi publicado no início de 1925, e é bastante provável que o funcionário, que assinou o documento como A. Cordeiro, inspetor de terras, tenha estado lá no ano anterior. Embora seja improvável que tenha chegado ao conhecimento do grupo de Cambará que investia na ferrovia, o relatório dá uma ideia clara da situação naquele momento: "Antes de falar sobre o que a companhia está fazendo em nosso território, é com a maior satisfação que passo a expor o que vi no estado de São Paulo, linha da Sorocabana, entre as estações de Presidente Venceslau e Regente Feijó, onde se formou o centro das atividades da Companhia Marcondes, proprietária de cerca de 500 mil hectares na região. Da estação de Presidente Prudente se irradiou essa enorme corrente colonizadora, e seu progresso se manifestou de tal forma que ultrapassou de maneira assombrosa toda e qualquer expectativa. Em 1919 era essa estação uma parada de trem com um único morador, perdida em denso sertão, e hoje conta com 1,7 mil casas e 8 mil moradores."[14]

Depois de dizer que, em apenas dois anos, a cidade se tornara comarca e avaliar em 60 mil pessoas os assentados pela empresa até 1924, ele descreve Presidente Prudente: "A cidade é iluminada por uma usina de propriedade da companhia, possui diversas casas comerciais, bons hotéis, dois cinemas e máquinas para beneficiar arroz e algodão, bem como cinco engenhos para o aproveitamento das madeiras que são derrubadas para fazer as plantações."[15]

Esse sucesso rápido teria levado a Companhia Marcondes a dar um passo adiante e considerar a expansão para as terras paranaenses recém-obtidas. Os trabalhos para ocupar essa área começaram com a abertura de estradas, no percurso que separava Presidente Prudente da divisa com o Paraná, no rio Paranapanema, e um sistema de travessia do rio que separava os estados: "O terreno onde foi construída a estrada é montanhoso até o quilômetro 11, depois levemente ondulado até o quilômetro 93. A estrada foi bem construída e se encontra em bom estado de conservação, pois os 93 quilômetros foram percorridos em apenas três horas e meia. Na barranca do Paranapanema se acha instalado o porto para a passagem do rio, que nesse ponto tem 450 metros de largura. A passagem é feita em poucos minutos, numa chata que deve deslocar dez toneladas e é movida por um motor de 20 hp. [...] Do porto segue uma estrada construída até o quilômetro 12, onde está em via de conclusão um prédio destinado para hotel, coberto de telha marselhesa e feito em madeira de lei, com boas acomodações. Continuei a viagem até o quilômetro 16, onde termina a estrada e começam as obras de desmatamento."[16]

Apesar dos elogios, o inspetor não deixou de notar alguns problemas jurídicos: "A companhia iniciou seus serviços certamente com base no contrato que assinou para a construção de uma estrada de ferro. Alegam que no início desses trabalhos foram turbados por certos indivíduos que se diziam proprietários por títulos legítimos dessas terras e que a companhia, interessada em promover a colonização nessa região e, acreditando que tais documentos eram hábeis, entrou em negociação com seus portadores. Sobre tais documentos pairam sérias dúvidas sobre sua legitimidade, tanto que no foro competente está sendo debatido esse assunto e o governo, com toda razão, procura defender seus interesses."[17]

Esse litígio estava ligado a uma das cláusulas da concessão recebida pela empresa, a de número 24: "Enquanto a companhia não demarcar as terras de sua concessão, não poderá o governo alienar, por qualquer título, as terras devolutas existentes na zona compreendida entre os rios Ivaí, Paraná, Tibagi e Paranapanema, respeitados, porém, os direitos dos posseiros e dos concessionários cujas posses ou concessões não tenham caído em comisso."[18]

A ideia de uma empresa sólida e bem-intencionada lutando contra aproveitadores era uma possibilidade de entendimento. Mas havia outras. Em 4 de abril de 1924, um concorrente anunciava tranquilamente suas atividades paranaenses: "A empresa colonizadora São Paulo-Paraná, legítima concessionária de 120 mil alqueires de terras do governo no Paraná, tem o prazer de informar que todas as terças e sextas-feiras partem da cidade de São Paulo os compradores que adquiriram terras nessa zona."[19]

Uma das respostas de Marcondes aos concorrentes que se propunham a vender as mesmas terras veio num anúncio – em primeira página – publicado em 22 de novembro. Era a transcrição da reportagem de um jornalista enviado para cobrir as movimentações das tropas comandadas pelo general Isidoro Dias Lopes, depois que estas deixaram a capital de São Paulo, no movimento militar de 1924. Não eram palavras muito elogiosas, mas permitem indicar que os militares agiram de modo pouco favorável aos negócios da Companhia Marcondes – num texto em estilo muito partidário: "De um lado, o espectador assistia a uma obra sagrada e fecunda. A seus olhos bailava, num sonho de fartura, a imagem da pátria querida, cujos segredos e possibilidades se desatavam à carícia das mãos solícitas dos desbravadores; do outro lado, ao capricho e à perversidade da destruição, ao desmoronamento e desrespeito do patrimônio, ao golpe impiedoso sobre a prosperidade."[20]

Claro, nem tudo estava perdido, já que havia o herói: "Com a presciência do homem de negócios, adivinhando os tesouros que se ocultavam na rude floresta, o coronel Marcondes se entregou de corpo e alma à sua obra, sem vergar-se a desfalecimentos e a inquietações, levando como instrumentos de combate às possíveis horas de fadiga a sua fé na terra moça e bela e como alegria a seu áspero e intenso labor a certeza de estar servindo ao futuro da nacionalidade."[21]

Essa matéria paga, publicada pouco antes da viagem de Lovat, já citava um possível negócio. Afirmava que, durante sua primeira passagem pelo Brasil, Lovat "teria visitado Presidente Prudente a convite da Companhia Marcondes" e que teria escrito ao coronel dizendo que voltaria em janeiro de 1925, "a fim de rever o amplo e majestoso cenário daqueles sertões ubérrimos".[22] Descontados os exageros de estilo, as terras da Companhia Marcondes estavam sendo avaliadas para negócio em Cambará – por gente que conhecia outros aspectos do empreendimento, que volta e meia também apareciam em matérias pagas publicadas por adversários na imprensa: "Vejamos agora as credenciais do coronel Marcondes, que vestem de anjo e bandeirante ousado da terra. Falido em Santos veio a esta região comprar terras fiadas em nome da companhia e aplicar o lucro em propriedades que adquire em nome dos filhos. [...] Nunca teve pela autoridade judicial o devido respeito. Certa vez desrespeitou um mandado, à frente de doze capangas armados e tomadores de posse, para despejar pobres caboclos à valentona."[23]

Essas informações deixam claro que a realidade na região onde lorde Lovat pretendia atuar não tinha as características de estabilidade e seriedade que se esperam num investimento de aplicadores londrinos em busca de segurança para suas poupanças. Por outro lado, o homem que correra o mundo e lutara em guerras ganhou fama justamente por conseguir empregar capital e organizar empresas lucrativas em ambientes que exigiam coragem e decisão, e não tinha medo de fazer negócios nessas condições turbulentas.

Com apoio dos fazendeiros de Cambará e, sobretudo, de João Domingues Sampaio, lorde Lovat encontrou o homem certo para atuar nesse ambiente. Alguém que tanto era elegante como sabia lidar com os sertões. Antônio de Moraes Barros nascera em Piracicaba, em 1870 – tinha 55 anos em 1925 e era um ano mais velho do que lorde Lovat. Estudara no Colégio Piracicabano, fundado por uma missão metodista trazida dos Estados Unidos com um impulso importante de seu pai, Manuel de Moraes Barros, e seu tio, Prudente de Moraes Barros, então da ala mais radical do Partido Liberal.[24] Continuou os estudos no Colégio Culto à Ciência (organizado pelos republicanos de Campinas). Formou-se em direito no ano de 1891, em São Paulo.

Enquanto estudava, foi proclamada a República, e com ela cresceu muito o tamanho político de seus parentes. O tio, Prudente de Moraes, tornou-se presidente de São Paulo. Logo em seguida, tanto o presidente como seu irmão foram eleitos senadores constituintes por São Paulo. Prudente tornou-se presidente do Senado; juntamente com o irmão Manuel, os dois comandaram, em regime de marcha forçada, a aprovação da Constituição de 1891, sempre pressionados por positivistas que queriam um regime ditatorial.

Em 1892, assim que se formou, Antônio de Moraes Barros voltou para Piracicaba, onde participou das ações políticas locais da família. Tornou-se redator de *A Gazeta de Piracicaba* e elegeu-se vereador. E também lutava pelo regime: em 1894, montou uma tropa armada, com a qual se embrenhou pelos sertões para combater em favor dos federalistas gaúchos no Paraná. Como gostava de caçar macucos, aproveitava o intervalo dos confrontos para sair sozinho pelas matas atrás dos seus pios. Atitudes como essa lhe valeram o carinhoso apelido de Nhonhô Moraes.

Em 1896, com o tio Prudente de Moraes ocupando a Presidência da República, Antônio casou-se em Piracicaba com Isaura de Almeida. Em 1898, foi eleito deputado estadual – e desde 1900 tornou-se um dos parlamentares da Dissidência. Estava entre os deputados mais atuantes: líder de bancada, membro das comissões mais importantes, participante em todo tipo de debate, desde os assuntos de bairros rurais até as leis orçamentárias e a análise de empréstimos externos. Debatia com convicção, intervinha – nem sempre de maneira pacífica.

Criou certa fama – não exatamente pela amabilidade. Em 1910, a assembleia estadual recebeu um ofício do juiz de Piracicaba pedindo autorização para processar o deputado "por haver praticado, na pessoa do coronel José Basílio de Camargo, em Piracicaba, os ferimentos constantes nos autos, na repulsa de ato que aquele deputado considerou injurioso a sua pessoa".[25] Depois de analisar os fatos, uma comissão determinou que a imunidade parlamentar não se aplicava ao caso, que o juiz conduzira o processo com isenção e que "o processo pode continuar nos seus termos legais". Os parlamentares conheciam também o apelido Nhonhô Trovoada, empregado pelos que presenciaram as explosões do indiciado.

Esses momentos de destempero não anulavam o trabalho constante. Desde 1899, Antônio de Moraes Barros passou a defender a construção de uma ferrovia capaz de incrementar a atividade econômica no vale do Ribeira[26] – e sua associação com projetos de colonização. A partir daí, interveio em todas as inúmeras discussões sobre a combinação entre estradas de ferro e terras para colonização ocorridas naquele parlamento.[27] Também foi muito ativo nos debates sobre o café, nas discussões prévias ao Plano de Valorização do Café.[28] Além disso, Antônio de Moraes Barros era sogro de Gastão de Souza Mesquita Filho.

Tudo isso pesou na avaliação de lorde Lovat e Friedrich Eckstein. Ao fim de duas semanas de conversas na Fazenda Água do Bugre, a decisão de contar com ele no novo negócio foi tomada. As plantações de algodão foram definitivamente abandonadas no Paraná. A Fazenda Caiuá, na qual a empresa construíra uma casa para o gerente e cinco dezenas de casas para trabalhadores, ganhou um destino assim narrado por Craig Smith: "Fui morar na casa do administrador, quando meus chefes foram embora. Morei assim quatro anos. Não tinha cozinheira, eu mesmo cozinhava. Tinha uma panela grande, e tinha uma horta atrás da casa. Eu pegava tudo que era verdura, cenoura, repolho, e fazia uma sopa. E carne tinha bastante na fazenda."[29]

Mas a aposta no Brasil foi reforçada. O primeiro passo seria adquirir terras, mas agora pensando em expansão ferroviária. No dia 16 de abril de 1925, uma pequena e discreta menção aparece quase propositadamente perdida no noticiário geral de *O Estado de S. Paulo*: "Acompanhado do doutor Emílio Castelo, lorde Lovat, que acaba de regressar de sua viagem, visitou ontem a comissão de debelação da praga do café."[30] Uma semana depois, outra pequena nota afirmava: "Depois de regressar de sua viagem de inspeção a usinas de algodão na zona da Sorocabana e Guatambu, na Noroeste, regressaram anteontem para a Inglaterra lorde Lovat e o sr. Eckstein."[31]

Enquanto os dois ainda cruzavam o Atlântico, no dia 8 de maio de 1925 o gerente da Brazil Plantations Syndicate, Arthur Thomas, assinou um aval no valor de 50 mil libras (nada menos que um quarto do capital total da empresa) para a Companhia Marcondes de Colonização, Indústria e Comércio.[32] Começavam duas batalhas simultâneas, uma em cada lado do oceano.

CAPÍTULO 6
> *Capital londrino, da Brazil à Parana*

A TRAVESSIA MARÍTIMA DE VOLTA A LONDRES APÓS A SUA SEGUNDA ESTADA NO Brasil proporcionou a lorde Lovat o tempo para avaliar uma ação ousada. Ele e Friedrich Eckstein, acionistas controladores da Brazil Plantations Syndicate, estavam às voltas agora com uma missão complexa: administrar um óbvio fracasso empresarial no Brasil – e tentar superá-lo dobrando a aposta, com o anúncio de um novo negócio nesse mesmo país. Mesmo que tudo desse certo, haveria ainda um complicador: uma coisa era vender para ingleses um negócio de algodão, mercado mais do que conhecido na Inglaterra; outra, bem diversa, a de convencer investidores cuidadosos a colocar seu dinheiro em matas num país remoto.

Além de o negócio ser menos castiço, algumas linhas de prudência administrativa haviam sido ultrapassadas. A ordem para que Arthur Thomas aplicasse os recursos da empresa num negócio concebido para outra companhia testava os limites da legalidade: uma leitura generosa dos estatutos da Brazil Plantations poderia indicar que o aval para a aquisição da Companhia Marcondes estava dentro das previsões – e com isso contavam os dirigentes, ainda que pudessem eventualmente ser contestados por algum acionista.

A heterodoxia não se limitava a isso. O apoio solidário do grupo de Cambará aos novos vizinhos ingleses funcionou como uma consultoria gratuita de alta qualidade – tão convincente que a decisão de iniciar um novo negócio foi tomada juntamente com a de organizá-lo com base numa empresa criada em conformidade com a legislação brasileira.

Esse desenho era inusitado para a época. Tão inusitado que foi preciso trazer João Domingues Sampaio a Londres, para que explicasse aos controladores como as coisas funcionariam: "Depois da partida de lorde Lovat, Arthur Thomas e eu, pela primeira vez, fomos a Curitiba – via Santos e Paranaguá, com o propósito de dar informações ao presidente do Estado, dr. Caetano Munhoz da Rocha, e colher as suas impressões. Propusemo-nos a comprar títulos de concessão inseguros outorgados pelo Estado, mediante autorização especial, que ele obtivesse da Câmara Legislativa Estadual, aos preços da lei; assegurando-lhe que ficariam a cargo da Brazil Plantations, sociedade comercial de Londres, da qual éramos representantes, todas as despesas para liquidar as posses ilegítimas. O presidente prometeu o seu apoio, que foi oportunamente cumprido. A seguir, elaborei um relatório, que Thomas traduziu e foi enviado a Londres, e aprovado por Lovat. No dia 15 de junho de 1925, parti de Santos, a bordo do rápido transatlântico holandês *Zeelandia*, e no dia 27 cheguei a Londres, onde era esperado por Lovat, que me hospedou no Cecil Hotel. Durante uma semana trabalhamos, em mesa-redonda, na sede da Sudan Plantations, da qual era Lovat o presidente – estando presentes, além dele, o general Arthur Asquith, Friedrich Eckstein, que era o tesoureiro, Edward Greene e outros diretores da Brazil Plantations e, também, Thomas Muir, do Banco Comercial."[1]

Esses controladores representavam dois grupos diversos. Lovat, Asquith e Eckstein eram também os controladores da Sudan Cotton Syndicate – que não era apenas um grande player nos negócios internacionais de algodão, uma vez que implantar infraestrutura e assentar gente era parte integrante de suas atividades. Já Edward Greene controlava a maior operação brasileira no mercado de café.[2] Embora tenha começado com comércio e financiamento, a Brazil Warrant havia estendido suas atividades para as plantações e os negócios com terras. A empresa comandava comércio e finanças, ao passo que a Cambuhy Estates gerenciava a produção agrícola em suas propriedades. Seu apoio seria importante para eventualmente reaproveitar as instalações já existentes e voltadas para a produção de algodão.

A semana de discussões ocorreu de maneira exatamente inversa à de Cambará. Em vez de empresários de Londres consultando informalmente seus vizinhos fazendeiros, agora era um empresário e diretor de empresas brasileiro que apresentava a visão de negócios paranaense como modelo alternativo para o mercado de capitais londrino. Com um detalhe essencial: tudo dependeria das condições institucionais do Paraná – daí a necessidade da passagem por Curitiba antes de atravessar o oceano.

Arthur Thomas e João Domingues Sampaio conversaram com o presidente do estado o pouco que era possível. Afinal, somente podiam se apresentar como representantes da Brazil Plantations, a empresa existente e operante. A consulta ao governante tinha o sentido claro de avaliar a estrutura que estava sendo pensada para levar adiante o projeto. Mesmo assim, a conversa valeu a pena: a partir dela, foi possível começar a calcular melhor os custos – e os seus percalços.

Já a discussão londrina girou em torno de uma fórmula para estruturar o negócio pensado em Cambará: tratava-se de esquecer a Brazil Plantations e criar duas empresas novas. A primeira, inglesa, para resolver as questões societárias e de capital, aproveitando as imensas vantagens da posição do grupo controlador no mercado londrino para captar recursos; a segunda, operacional, organizada segundo as leis brasileiras, para aproveitar as possibilidades mais amplas oferecidas por tal enquadramento.

Esse não seria um modelo de negócios fácil de ser aceito em Londres. E havia um agravante: feitas as contas, sua implantação requeria um capital muitas vezes maior do que o levantado no ano anterior. Ainda assim, o modelo apresentado por João Domingues Sampaio acabou sendo considerado bem melhor do que o anterior depois da avaliação crítica – uma proeza nada trivial para um formulador estrangeiro.

Embora crucial, o apoio dos controladores ao novo modelo não foi conspícuo. Para tudo dar certo, restava traçar uma estratégia de grande prudência, a fim de evitar os inevitáveis questionamentos advindos da percepção pública do fracasso do projeto de cultivo de algodão. Claro, sem falar na necessidade de atrair ainda mais capital para o Brasil. A transição exigia reduzir a visibilidade daquilo que dera errado – e, em seu lugar, alardear no mercado de capitais um possível sucesso retumbante. Em suma, findo o período de silêncio, tratava-se agora de fazer a demolição controlada da obra recém-iniciada – sem perder o prestígio adquirido em seu lançamento, indispensável para tornar palatável a nova proposta.

Essas muitas incertezas pesavam num lado da balança. No outro lado, em prol da arriscada tentativa estava a capacidade de lorde Lovat de misturar os papéis de aventureiro, herói militar e alguém capaz de avaliar riscos em escala mundial. Ainda que não fosse um exemplo de investidor conservador, ele atuava nos limites da praxe vigente das boas empresas do mercado londrino. Sua propensão a tomar decisões e só muito depois se explicar para os acionistas não chegava a ser um despautério na época. Num contexto de enormes distâncias, de executivos pouco especializados e de fluxos precários de informações, não havia muito como escapar da regra de se depositar confiança no responsável pelo negócio. Em geral, a direção executiva desfrutava de ampla margem de manobra para se adaptar às circunstâncias em locais remotos – e havia bastante tolerância temporal para a prestação de contas relativas a atos excepcionais.

Esse ambiente propiciou a brecha para a conversão do modelo de negócios sob a batuta dos tarimbados controladores. Três estratégias foram adotadas simultaneamente em sua atuação no mercado de capitais londrino: estenderam o tempo da prestação de contas do fracasso, procuraram controlar na medida do possível as informações negativas e capitalizaram a nova empresa em momentos-chave para apresentar com otimismo o negócio. Nessa etapa fundamental, revelou-se outra grande vantagem do modelo proposto por João Domingues Sampaio. Como as operações teriam lugar em paragens remotas no distante Brasil, a criação de uma empresa sob a lei brasileira tornaria possível impor um ritmo totalmente diverso para a atuação local, sem criar problemas para Londres. Acatada a sua ideia, João Domingues Sampaio foi mandado de volta – de modo a contribuir para implantar quanto antes aquilo que fora decidido, antes mesmo de a filial brasileira ser formalizada.

Enquanto isso, aqueles que ficaram com a responsabilidade em Londres trataram de adotar uma estratégia cautelosa. Como o cenário londrino ainda era capaz de sustentar avaliações positivas sobre a Brazil Plantations, isto era algo a ser aproveitado. Em setembro de 1925, por exemplo, a revista *The Economist* publicou uma reportagem sobre o mercado brasileiro de algodão: "Segundo informações recentes de nosso correspondente no Brasil, a safra brasileira de algodão em 1924-25 – estimada num volume em torno de 131 mil toneladas, com pequeno incremento sobre o ano anterior – está sendo descrita como a 'maior safra de algodão já colhida no país'. Tal produção foi obtida a despeito de condições climáticas adversas em várias regiões, com secas em algumas e inundações em outras. [...] Em função da elevada demanda de algumas indústrias, especialmente em São Paulo e no Rio de Janeiro, a quantidade de algodão exportado não deve ser elevada. [...] O governo permanece infatigável em seus esforços para manter não apenas a qualidade das culturas, como a expansão para áreas onde possa ser feita com lucros. Com o aumento da produção de algodão, o setor têxtil está se desenvolvendo rapidamente. Existem no país 250 indústrias, com 65 mil teares e 1,8 milhão de fusos. Esperam-se resultados satisfatórios do empreendimento que está sendo feito por lorde Lovat, membro da Missão Financeira que visitou o país, que pretende implantar o cultivo, processamento e exportação em larga escala."[3]

Esse relato realista, na revista que servia de modelo para a formação das opiniões no mercado de capitais londrino, tornava ainda mais estreita a margem de manobra dos controladores: a capacidade de atribuir maus resultados ao comportamento geral do mercado brasileiro seria baixa. Assim, a estratégia dos controladores londrinos começou com uma postergação. Criada em abril de 1924, a Brazil Plantations deveria apresentar o primeiro balanço um ano depois, convocando-se em seguida a primeira assembleia de acionistas. Na altura do primeiro aniversário os controladores estavam em Cambará buscando saídas para os negócios fracassados. E procederam segundo a nova estratégia. Deixaram passar o tempo em silêncio até onde puderam. Em outubro de 1925, divulgaram por fim a rala informação mostrada há pouco, com um novo calendário de prestação de contas – tudo isso num lacônico comunicado numa seção interna do jornal *The Times*: "O primeiro relatório da Brazil Plantations Syndicate informa que as contas serão prestadas até o dia 31 de dezembro de cada ano; assim, a primeira prestação vai cobrir um período de vinte meses, até o próximo dezembro. Enquanto isso, cumprindo as determinações legais, a primeira assembleia geral terá lugar no próximo dia 10 de outubro."

A empresa forneceu algumas informações sobre as propriedades que foram adquiridas: "A Fazenda Santa Emília, com uma área de 9,2 mil acres e situada no norte do Paraná; uma plantação para produção de sementes foi implantada numa área de 180 acres e a colheita resultou numa produção de 240 libras por acre. Uma área foi reservada para produção no sistema de parceria. Na Fazenda Guatambu, com 2,7 mil acres no estado de São Paulo, uma plantação para sementes foi estabelecida numa área de 90-100 acres, e a produção foi de 350 libras por acre. A Fazenda Jangada, com 65 mil acres no estado de São Paulo, ainda não foi desenvolvida. Usinas descaroçadoras foram instaladas em Guatambu e Bernardino. A companhia fez um empréstimo de 50 mil libras para uma companhia de terras local, tendo como garantia uma propriedade de 480 mil acres no norte do Paraná, algumas hipotecas colaterais e outras opções sobre direitos."[4]

No final, os controladores ganharam muito tempo antes de prestar as primeiras contas: em 31 de dezembro de 1925, depois de um ano e meio de atividades, seria apresentado o primeiro balanço, cobrindo um período de vinte meses, e haveria ainda outros seis meses para marcar a assembleia. Ao todo, nada menos que dois anos num regime de informações minguadas e muito controladas, até uma prestação de contas mais efetiva e a possibilidade de os investidores e o público compararem as promessas de lançamento com os resultados efetivos – e saberem quanto realmente valeria o investimento.

Com essa preparação, as maiores novidades da breve assembleia na qual se decidiu a postergação ficaram por conta das platitudes dos diretores para constar nas atas. Lorde Lovat, como presidente, notou: "Não é incomum ver como os pequenos proprietários deste maravilhoso país cultivam milho, bananas, frutas e os legumes para sua alimentação, assim como cana-de-açúcar, tabaco e café para vender."[5] Após tal introdução, emendou o que interessava: "Num país como o Brasil, onde a riqueza da terra é grande e as oportunidades para exploração bem-sucedida são muito variadas, com tantas oportunidades para aplicar capital, nossos diretores resolveram agir com a autoridade que lhes foi dada pelo mandato de associação, [...] e, como informamos no relatório, fizemos um empréstimo para uma empresa de terras. Fico feliz em dizer que os arranjos estão sendo satisfatoriamente concluídos, para transferirmos esses ativos em terras para uma empresa que está sendo formada em Londres e na qual a nossa companhia vai ter um papel relevante."[6]

Estava dado o recado: o investimento ganhava nova orientação; embora as duas empresas estivessem relacionadas, os acionistas da Brazil Plantations Syndicate receberam informações muito vagas sobre aquilo que viria pela frente. Restava confiar em lorde Lovat e em sua direção, até porque sua fama já não se baseava mais em promessas mirabolantes. Enquanto os acionistas da Brazil Plantations eram deixados de lado, os atos para a criação da nova empresa que atuaria no Brasil começaram a ser executados.

A data da reunião dos acionistas para fundar esse empreendimento foi trazida para perto de outra: a assembleia da Sudan Cotton Plantations, que aconteceria apenas dez dias depois. Na assembleia da Sudan Cotton o ambiente era de sólido otimismo. Friedrich Eckstein, o presidente, começou sua apresentação lembrando que a empresa começara em 1904 com um capital de 80 mil libras esterlinas, que agora seria aumentado para 2,5 milhões de libras; que a área cultivada no ano da formação era de poucas centenas de hectares, agora ampliada para 100 mil hectares, com 50 mil arrendatários produzindo. Por tudo isso, os atuais 2,5 mil acionistas receberiam um dividendo anual de 20% sobre o valor das ações – um valor excepcional para as empresas da época.[7]

Nesse cenário promissor, ele anunciou um novo futuro: "Nos últimos dias, decidimos fazer um considerável investimento num novo empreendimento brasileiro que está sendo formado e vai se chamar Parana Plantations Limited. A companhia terá um capital de 750 mil libras, das quais 700 mil já foram subscritas e 50 mil permanecerão em reserva. É essencialmente uma companhia de terras, que possui cerca de 3 milhões de acres de terras da melhor qualidade, além de ter uma opção para a aquisição de mais um milhão de acres a preços convidativos. Tanto lorde Lovat como eu visitamos essa área, e ficamos assombrados com seu potencial. É mais do que claro que vai ser preciso tempo para desenvolver essas áreas, antes de realizar qualquer venda de terras. Também tomamos uma pequena posição acionária na Cambuhy Cofee and Cotton Company. É essencialmente um negócio de café, e se fosse apenas tal não nos interessaria, mas também tem grandes possibilidades com algodão."[8]

Diante dessas retumbantes boas notícias, a discreta exposição do desempenho negativo da Brazil Plantations passou quase despercebida. Pareceu a todos muito razoável que os investimentos no Brasil fossem enormemente ampliados com a criação da Parana Plantations. Uma semana depois da assembleia, o estatuto da nova empresa foi publicado. Apesar de todo o esforço para apresentar um investimento de primeira qualidade, colocar tanto dinheiro num projeto concebido como uma operação de duas empresas em dois países não era um modelo de fácil entendimento. A primeira reação de peso da imprensa ao novo conjunto brasileiro não foi muito positiva para o grupo.

E veio da revista econômica com maior prestígio no mercado, *The Economist*: "O capital da Parana Plantations é de 750 mil libras, dividido em ações de uma libra, das quais 700 mil já foram subscritas. A empresa foi formada para adquirir terras e financiar uma companhia recém-criada no Brasil. A companhia brasileira tem um capital de mil contos de réis, que

NA PÁGINA AO LADO: A Companhia Marcondes atraiu a atenção dos investidores da Parana Plantations. Anúncio da Companhia Marcondes, Jornal *O Estado de S. Paulo*, 28 de julho de 1923.

O ESTADO DE S. PAULO

ANNO XLIX | ASSIGNATURAS: Anno, [illegible] — Semestre, [illegible] — Extrangeiro, [illegible] — NUMERO DO DIA 200 REIS | S. PAULO — SABBADO, 28 DE JULHO DE 1923 | REDACÇÃO E ADMINISTRAÇÃO: Casa Martinico — Praça Dr. Antonio Prado — NUMERO ATRASADO 300 REIS | NUM. 16.253

Casa Allemã — FUNDADA EM 1883

A GRANDE LIQUIDAÇÃO ANNUAL

COMEÇA

SEGUNDA-FEIRA 30 DE JULHO

Amanhan publicaremos neste jornal annuncio detalhado com preços reduzidos

Schädlich & Cia. — VENDAS SO' A DINHEIRO — Rua Direita, 16 - 20

M. Almeida & Cia.

RIO DE JANEIRO
Rua Republica do Perú, 40
Caixa postal, 173
End. telegr.: OMAR

IMPORTADORES
SÃO PAULO
Caixa postal, 437
Telephones: Central, 1399 e 327

SANTOS
Praça da Republica, 9 e 16
Caixa postal, 425
End. telegr.: ALMEIDA

Mudaram sua Casa Matriz da rua da Quitanda para a

RUA DA BOA VISTA, 26

— S. PAULO —

Especialidade: — Fornecimentos a Estradas de Ferro, lavoura e industrias

---

CK

CASA KOSMOS

A NOSSA LIQUIDAÇÃO ANNUAL

COMEÇA

Segunda-feira, dia 30 de Julho

INSTITUTO CHIMICO "CARAMURU'", LTDA.

Temos a grande satisfacção de communicar aos nossos amigos e clientes, e ao publico em geral, que se acha funccionando, nesta capital, o Instituto Chimico "Caramurú", Ltda., sob a direcção technica do conhecido e autorizado chimico, dr. Caramurú Paes Leme, cujos productos já de ha muito conquistaram o favor publico, pela excellencia da sua composição e preparação.

O laboratorio do Instituto — installado com todos os modernos aperfeiçoamentos e com capacidade para producção, em larga escala, dos productos "Caramurú" — vem preencher a necessidade que se fazia sentir de attender a uma procura maior que a comportada pela modesta fabricação até aqui mantida pelo esforço isolado e tenaz do homem de sciencia, desajudado do indispensavel apparelhamento commercial.

Já se acham á venda, podendo ser procurados em todas as boas pharmacias e drogarias, os seguintes productos:

CARAMULINA — Ex-"Carbolina", do dr. Caramurú — precioso desinfectante e curativo de todas as affecções cutaneas.

PEPSTASE — Digestivo inigualavel — Pepsina e Diastase, em combinação rigorosamente scientifica e irreprehensivelmente preparada.

Muito em breve serão tambem offerecidos á venda alguns outros productos do dr. Caramurú, taes como o LICOR DE [illegible], poderoso reconstituinte organico, e os artigos NADYLA para "toilette", Pó de Arroz, Creme (antigo O'Leary Cream), Branco Hara-Ghose e Loção para Cabellos.

Somos depositarios e representantes exclusivos dos productos do Instituto e estamos ás ordens dos interessados, para quaesquer informações que porventura desejarem.

S. Paulo (Brasil).
Rua da Boa Vista, 9
Caixa postal, 1025.

ASSUMPÇÃO & CIA.

COMPANHIA MARCONDES

SECÇÃO COMMISSARIA

Temos o prazer de communicar aos nossos amigos que para facilitar aos nossos innumeros clientes do interior, resolvemos abrir uma secção commissaria em *São Paulo e Santos* onde receberemos café, algodão e cereaes á consignação, fazendo adiantamentos sobre conhecimentos das estradas de ferro. Os cafés baixos, cereaes e algodão deverão ser despachados para São Paulo. Os cafés de boa qualidade deverão ser despachados para Santos.

SÃO PAULO: ESCRIPTORIO: RUA DA CONCEIÇÃO N. 78-B. SANTOS: ESCRIPTORIO: RUA 15 DE NOVEMBRO N. 166. — CAIXA POSTAL N. 147. SANTOS. — ENDEREÇO TELEGRAPHICO: SÃO PAULO E SANTOS: "MARTERRA".

GUARDE SEU DINHEIRO!

2.ª-feira — Começa a "Liquidação Semestral" de MAPPIN STORES

... GRANDE EXPOSIÇÃO DE ARTE ITALIANA

RUA LIBERO BADARO', 75

VERDADEIRA LIQUIDAÇÃO DE QUADROS POR PREÇOS MODICOS

ULTIMOS TRES DIAS DE VENDA

PARA ANNUNCIOS DIRIJAM-SE A

V. A. HARRIS

RUA 15 DE NOVEMBRO, 48.

CLICHÉS — A OFFICINA DE GRAVURA D' "O ESTADO DE S. PAULO" EXECUTA QUALQUER CLICHÉ COM PRESTEZA E PERFEIÇÃO — — — — —

Correias para machinas, de couro, inglezas, typo balata, pêlo de camello, marca "GRIPOLY", todas de primeira qualidade.

CIA. LIDGERWOOD DO BRASIL, rua Florencio de Abreu, 112 — Caixa, 84 — S. PAULO

A COMPANHIA MARCONDES

de

COLONISAÇÃO, INDUSTRIA E COMMERCIO

VENDE

Terras na Sorocabana

Superiores de cultura em matas virgens, altas, proprias para café, alfafa, algodão e cereaes. São terras apuradissimas, roxas, massapé preta e amarella, cobertas de frondosas florestas de pau d'alho, figueira branca, jangada, cebolão e tantos outros padrões que attestam **SUA GRANDE FERTILIDADE**

As vendas são feitas em grandes glebas de 1.000 a 5.000 alqueires EM LOTES DE 10 ALQUEIRES PARA CIMA.

Os Preços das terras variam de 50$000 a 600$000 por alqueire

PAGAMENTO A VISTA E A PRAZO DE 1 a 10 annos sem juros.

A COMPANHIA JA' VENDEU CERCA DE

40 mil alqueires de terras

a mais de 2.000 familias, representando uma população superior a

10.000 pessôas que vivem contentes e felizes

Muitos lotes de terras que a Companhia vendeu ha 2 e 3 annos a 100$ e 150$ por alqueire, já foram revendidos por 500$, 800$ e

até um conto de réis por alqueire

Estradas de Automovel

Todas as terras que a Companhia vendeu e está vendendo são servidas por magnificas estradas de automovel. A Companhia já construiu mais de 150 KILOMETROS de estradas de Automovel, estando construindo mais 100 KILOMETROS que estarão concluidas até o fim do corrente anno.

Construindo bôas estradas de automoveis, fazendo constante propaganda como tem feito, a Companhia valorisa não só as terras que tem por vender, mas tambem as que já vendeu.

O dinheiro empregado em compras de terras da Companhia Marcondes, multiplica-se muitas vezes.

A terra é o maior bem da humanidade. E' a garantia unica que não se desvalorisa e seu preço sóbe á medida que a população cresce

Nota Importante: a Companhia Marcondes declara que até hoje não recebeu uma unica reclamação dos seus innumeros compradores de terra isto prova que elles se acham perfeitamente garantidos e satisfeitos.

Para mais informações dirigir-se á

COMPANHIA MARCONDES

ESCRIPTORIOS:
RUA DA CONCEIÇÃO, 78-B — S. PAULO
RUA 15 DE NOVEMBRO, 166 — SANTOS
Endereço telegraphico: "MARTERRA"

deve ser elevado para 15 mil contos, e foi criada para adquirir um bloco de terras no Paraná, Brasil, juntamente com algumas opções. Propõe-se a desenvolver essas propriedades com vistas a sua subdivisão e revenda com lucros. As terras foram pagas pelo valor de 18720 contos. Além disso, os vendedores podem receber 4 mil contos em ações, caso obtenham, até 31 de março de 1926, um contrato satisfatório para a companhia brasileira de construção de um ramal da Estrada de Ferro Sorocabana. No estado presente, as propriedades são basicamente terra virgem. Não é improvável que haja necessidade de outros consideráveis investimentos de capital antes que se chegue ao estágio dos lucros e dividendos. Nessas circunstâncias, tais ações só podem merecer a classificação de especulativas."[9]

Era um gigantesco passo atrás. A classificação "especulativas" não era mais empregada para os empreendimentos da Corner House havia quase duas décadas. Levou tempo para subir os degraus até a classificação de baixo risco e boas perspectivas – como foi o caso no lançamento da Brazil Plantations. Descer os degraus de volta para o do investimento especulativo era uma pancada e tanto na imagem pública do grupo da Corner House.

Mas, rigorosamente, tratava-se de uma questão de impossível solução. Investidores e imprensa avalizaram a ideia de investir em algodão no Brasil como um projeto sólido e de boas perspectivas em 1924 – com as informações disponíveis, sancionadas tanto por técnicos e pela imprensa como pelos compradores de ações. A realidade desmentira a todos. Os controladores do negócio começavam agora a divulgar as causas reais e operacionais da pouca capacidade de o algodão plantado para exportação no Brasil concorrer com a crescente demanda do mercado interno. As grandes margens de lucro pensadas para o projeto londrino de alta capitalização simplesmente não existiam na prática.

Embora não contasse com o apoio inicial da imprensa – que traduzia o pouco apetite dos investidores de fora do grupo da Corner House, as bases reais do novo projeto eram mais sólidas: o primeiro ano de operação revelou que as terras compradas para o algodão se valorizavam, de modo que havia sentido em explorar a possibilidade. Tal era o fundamento da exposição de Gastão de Souza Mesquita Filho na sala de bilhar da fazenda do major Barbosa Ferraz. E já não havia caminho de volta para lorde Lovat e Friedrich Eckstein depois da passagem por Cambará, em 1925. Com boa ou má avaliação da imprensa, eles tinham comprometido seu capital num negócio voltado para a compra e venda de terras no interior do Paraná. E passaram a lutar pela consolidação da empresa – o que incluía ir baixando a bola na Brazil Plantations.

Quando por fim a assembleia de prestação de contas foi realizada, em junho de 1926, lorde Lovat foi bem direto ao expor as razões do prejuízo final de 13 mil libras. Começou sendo tolerante com as dificuldades de iniciante, mas foi duro ao mostrar os problemas de fundo: "Depois de dois anos de experiência, chegamos à conclusão que, no sentido técnico, é praticamente impossível obter sementes puras de algodão. A experiência de Manchester no sul do Brasil também confirma esta visão. Sendo assim, decidimos diminuir os investimentos nessa cultura, limitando-os aos plantios em parceria."[10]

Na via inversa, mostrou que as vendas de lotes para pequenos proprietários na Fazenda Jangada – também uma propriedade de terra virgem – revelaram-se lucrativas, contribuindo para diminuir os prejuízos com o algodão. Sugeriu que a Brazil Plantations estava se encaminhando para uma eventual venda da propriedade. E concluiu dizendo que a melhor perspectiva para a companhia era o investimento feito na Companhia de Terras Norte do Paraná. Em bom português: a empresa havia deixado de lado o propósito algodoeiro, que estava virando parte menor do novo projeto do grupo.

Era um caminho definido – e uma boa notícia para os investidores. A primeira assembleia de acionistas da Parana Plantations aconteceu em maio de 1927. O balanço apresentava um prejuízo pequeno, de 8 mil libras. Quase nada perto do que de fato interessava: a empresa investira nada menos do que 506 mil libras, quase tudo na filial brasileira que era proprietária das terras no Paraná. Uma imobilização gigantesca de capital em um patrimônio formado por matas virgens.

Com total dependência do destino econômico dessa propriedade para a sobrevivência do negócio, as ações do primeiro ano geraram perspectivas pouco animadoras. Em anos anteriores, uma situação como essa seria coberta por um discurso otimista de lorde Lovat sobre a exuberância das matas e a capacidade dos brasileiros para construir um futuro. Porém, como ele tinha sido nomeado ministro do gabinete conservador, fora obrigado a se afastar da presidência da empresa. Foi substituído por Friedrich Eckstein, menos eloquente e mais sincero: "Vocês devem me perdoar por não fornecer melhores informações nessa atual conjuntura, mas importantes negociações estão em andamento. Nessas condições, quanto menos eu disser, melhor vai ser para todos os envolvidos."[11]

O mutismo sobre o presente era até otimista: "Nossas ações, lamento dizer, estão sendo negociadas abaixo do par. Isso é o que de mais desagradável pode acontecer para todos os acionistas, que pagaram pelo par, e para todos os diretores. Mas deixem-me ressaltar, com sinceridade, que possuímos um ativo de grande valor. Por isso, meu conselho é o de que exerçam a paciência, tranquem as ações em algum canto seguro e as esqueçam por lá pelo menos por alguns anos. Tenho a certeza de que, agindo assim, serão recompensados no futuro."[12]

Para impedir que a situação acionária se deteriorasse ainda mais, a saída possível foi a de os controladores aumentarem suas participações acionárias na Parana Plantations. Em setembro de 1927 começaram a aparecer as primeiras reações positivas do mercado.[13] Elas se deveram aos primeiros indícios de que as atividades da empresa brasileira, que eram muitas, mas conduzidas com a necessária circunspecção (muito ajudada pelo fato de que Cambará não era uma praça na qual os agentes e repórteres ligados ao mercado de capitais londrino tivessem boas fontes de informação), estavam por fim chegando ao ponto no qual havia notícias para dar.

O fim do mutismo tinha suas razões. O projeto completo apresentado por Gastão de Souza Mesquita Filho na mesa de bilhar era claro: a valorização das terras dependia da construção de uma ferrovia. Essa era a chave para o sucesso – e algo que sequer discutiu-se ao longo dos três anos que durou o processo de transferência da estrutura de capital – da Brazil Plantations focada na produção agrícola para a Parana Plantations baseada em algo mais que uma simples operação fundiária: o desenvolvimento econômico regional.

Até maio de 1928, o mercado de capitais londrino esteve avaliando o desempenho de uma companhia de terras. E tudo mudou radicalmente quando foi convocada uma assembleia extraordinária da Parana Plantations. Dessa vez, Friedrich Eckstein foi mais positivo: "Quando compramos as terras do governo do Paraná, havia uma taxa a ser paga em caso de não ser construída uma ferrovia, que pode ser calculada em algo em torno de 165 mil libras. Como tomamos a decisão de construir uma ferrovia que vai atravessar o estado do Paraná, o governo estadual consentiu em não cobrar tal taxa, desde que avancemos a construção. A esplêndida ação por parte do governo do Paraná nos estimula muito a cumprir totalmente a missão de tornarmos este estado num dos mais ricos do Brasil."[14]

A explicação da ferrovia ficou por conta de Edward Greene: "Gostaria de dizer algumas palavras sobre as negociações muito duras e demoradas que tivemos com os diretores da ferrovia São Paulo-Paraná. Gostaria de chamar a atenção para o fato de que o senhor Barbosa, um dos maiores cafeicultores do Paraná, proprietário de uma fazenda ao longo da ferrovia, foi muito leal: quando as dificuldades pareciam insuperáveis, ele empregou sua influência para chegarmos a um acordo satisfatório."[15]

Com o aparecimento da ferrovia no horizonte, tudo se desanuviou em Londres. A Parana Plantations não encontrou dificuldades para dobrar o seu capital, que passou para 1,5 milhão de libras. A batalha do capital londrino foi vencida – e os trabalhos brasileiros nesses três anos de uma empresa que operava sob a legislação local mostraram seu valor.

CAPÍTULO **7**

> *Norte do Paraná: a lei e o sertão*

A Companhia de Terras Norte do Paraná foi fundada em 24 de setembro de 1925. A data trazia em si um relevante detalhe formal: a filial brasileira da Parana Plantations foi autorizada a funcionar antes mesmo da matriz londrina, cuja organização só ficaria pronta em novembro. Essa desconexão entre o mundo real e o mundo formal era o padrão da época. Ainda que todos agissem com o objetivo da coincidência entre essas duas esferas, muita coisa se passava antes que algum evento relevante pudesse fazer ambas coincidirem. No caso da nova empresa, tal evento ocorreu em Curitiba, no dia 16 de outubro de 1925, três semanas depois da autorização para funcionamento.

Como era uma cerimônia concebida para ser pública, houve um registro em linguagem formal: "Nesta cidade de Curitiba, em o palácio do governo do estado, compareceram as partes entre si contratadas, a saber: de um lado, como outorgante vendedor, o estado do Paraná, representado por seu presidente,[1] o exmo. sr. dr. Caetano Munhoz da Rocha, e de outro lado, como outorgada compradora, a Companhia de Terras Norte do Paraná, com sede na capital do estado de São Paulo, representada por seus diretores, dr. Antônio de Moraes Barros, Arthur Hugh Miller Thomas e dr. Laurentino de Azevedo; e ainda como outorgante interveniente a Companhia Marcondes de Colonização, Indústria e Comercio."[2]

Como a linguagem formal de uma escritura de venda assinada pessoalmente pelo presidente do estado exige um nível elevado de detalhamento, o texto da escritura ocupa nada menos de dezesseis páginas impressas. Mesmo a redução ao essencial de seu conteúdo tem certa complexidade. Cada agente mencionado no texto tinha um papel a desempenhar e uma história própria, que precisavam ser elucidados. Primeiro, a Companhia Marcondes – que recebera direitos sobre terras, na qualidade de dona de uma concessão, para a construção de uma estrada de ferro – também aparece em trechos do documento por conta de divergências na interpretação do conteúdo desses direitos, as quais estavam sendo dirimidas em ações movidas contra o governo do Paraná na Justiça Federal.

A Brazil Plantations consta no documento porque emprestara dinheiro para a Companhia Marcondes, empréstimo este liquidado com a venda das terras em litígio por 12 mil contos de réis (300 mil libras)[3] – além de uma opção para receber outros 4 mil contos caso fosse construído um ramal da Estrada de Ferro Sorocabana até a margem do Paranapanema, nos limites das terras. E a Brazil Plantations repassou o que comprara para a Companhia de Terras Norte do Paraná, de modo que esta também aparece na escritura.

A complexidade não termina com esses papéis cruzados das empresas. A principal pergunta é: se as terras haviam sido anteriormente adquiridas pela Companhia de Terras Norte do Paraná, ainda que indiretamente, da Companhia Marcondes, que tipo de cerimônia estava acontecendo no Palácio do Governo, com o governante paranaense aparecendo na condição de vendedor dessas mesmíssimas terras? Mais ainda, vendedor por um preço diferente, de 6.776 contos de réis? Antes do esclarecimento dessa questão, vale a pena mencionar alguns contextos. Em valores comparativos da época, o valor da segunda aquisição da mesma terra equivalia a 36% de toda a arrecadação do estado do Paraná naquele ano.[4]

Apenas a primeira prestação de pagamento, no valor de mil contos de réis, era maior que o total da arrecadação sobre atividades madeireiras,[5] a segunda maior fonte de receita estadual, atrás da produção de erva-mate. Além desse valor relativo, cabe ressaltar que o valor de venda, de 8 mil-réis por alqueire, não era nada acidental: estava definido por lei desde 1893,[6] lei esta que autorizava o governo a vender por tal preço áreas distantes de infraestrutura viária ou urbana. Assim, o ato da venda pelo presidente do estado cumpria as determinações prescritas na lei. Mas nem o preço nem a legalidade explicam a posição, assumida pelo presidente, de vendedor de uma terra já concedida.

A mecânica de tudo era bem complexa. O primeiro movimento em todo aquele ato era o registro de que a Companhia Marcondes "declara que desiste das duas ações demarcatórias, como se houvesse sentença final favorável ao estado [do Paraná] [...] dirimindo-se, de maneira definitiva, todas as questões de terras suscitadas por aquelas ações".[7] Em resumo, ela devolvia as terras que recebera ao governo, dentro de certas condições. Entre as cláusulas da devolução da concessão estava a de que o governo reconhecia como válidas as vendas feitas pela Companhia Marcondes – e, portanto, o negócio com a Brazil Plantations. Isso dava dois papéis ao presidente do Paraná: receptor de uma concessão em devolução e homologante de uma venda realizada. Por isso, no mesmo ato em que recebia de volta, o governante passava as terras adiante – mas com uma mudança fundamental, que era o objetivo central de toda a complicada manobra.

O presidente recebeu de volta uma concessão – e vendeu uma propriedade. Esse papel duplo do governante, de administrador de concessões e vendedor no mercado, era possível apenas porque detinha dois poderes soberanos, praticáveis à sua vontade e inteira liberdade: o de conceder, pelo qual recebia na primeira metade do documento, e o de vender, que exercia daí em diante. Em outras palavras: no ato do dia 16, ele simultaneamente atuou exercendo cada um deles – mas num caminho programado, que implicava uma mudança de era. Enquanto a concessão à Marcondes tinha ido e voltado para o controle do governo paranaense, a venda naquela cerimônia era uma entrega definitiva.

Essa diferença entre uma concessão que vai e vem e uma venda que não tem volta vinha a ser o objetivo da cerimônia. Comprar duas vezes, uma concessão e uma terra escriturada, tinha sido uma atitude deliberada da empresa que começava. Nem os capitalistas de Londres nem os dirigentes brasileiros da Companhia de Terras Norte do Paraná estavam atuando com ingenuidade. Cada detalhe jurídico daquela cerimônia havia sido cuidadosamente estudado e preparado – para ela ser exatamente o que foi. A compra dupla aconteceu porque lorde Lovat, João Domingues Sampaio e Antônio de Moraes Barros concordavam que era um ato necessário.

E recorreram à letra da lei. A primeira consulta ao presidente acontecera antes da viagem de João Domingues Sampaio a Londres. Nela se desenhou o ritual que marcava a passagem da concessão para a terra comprada. Para isso, foi preciso que o presidente Caetano Munhoz da Rocha e o Legislativo paranaense (que em 28 de março de 1925 votou a lei 2.365, autorizando o Executivo a agir) reafirmassem no rito palaciano a ideia por trás do acerto que parecia paradoxal: um ato para mudar o significado e o conteúdo do termo "propriedade", fazendo-o passar de uma era para outra, da concessão dadivosa para a alienação ao comprador.

Era um rito de passagem – feito para ser a pedra angular, o fundamento novo da empresa que começava. Concebido para ser sólido e resistir aos embates e tormentas do futuro. Como guia para as ações que viriam. Rigorosamente falando, era uma construção jurídica comum a brasileiros e ingleses, marcando um estatuto para a propriedade privada que ambos viam como necessário para a atuação da empresa. De um lado, lorde Lovat, um nobre de tradição milenar, mas também legislador e empresário. De outro, empresários e legisladores de um grupo homogêneo de republicanos. Ambos tentando colocar de pé uma mudança prometida pelas leis da República – com a qual deixavam-se definitivamente para trás séculos de legislação costumeira. O ato marcava essa ruptura radical entre dois tempos.

A cerimônia da compra dupla foi uma raridade, uma exceção. Sua lógica ampla, por isso, merece ser esmiuçada. A concessão vinha do mundo antigo. Derivava do fato de um soberano deter aquilo que, juridicamente, se denomina domínio: a capacidade de dispor inteiramente e sem limites, apenas e tão somente segundo sua vontade, de uma porção daquilo que controla para um terceiro. Esse ato de dispor, quando solene, era marcado por uma concessão registrada em contrato. Por esse contrato, o soberano renunciava a seu domínio amplo e fazia a concessão para um terceiro, com cláusulas que regulavam o uso do bem. Dispunha como queria, como senhor, e criava-se uma ordem, um nexo de ligação entre ele que concedia e o contratante que recebia – em geral, marcado por uma promessa de subordinação do recebedor ao doador.

Esse regime de soberano doador e de concessionário obrigado sobreviveu por muitos séculos – e o ato de Curitiba foi cuidadosamente concebido para marcar sua extinção definitiva no território vendido. Derrubava a pedra angular do regime da concessão, pois a terra vendida não podia mais ser concedida. E essa pedra angular era antiga: vinha desde a fundação do reino de Portugal, que separara um concessionário de um senhor a partir de uma interpretação dada por Afonso Henriques à natureza de uma doação contratual de domínio, aquela do Condado Portucalense, assim resumida por Nuno Espinosa: "Concessão de que tipo? Conforme diz Merea, existiam duas espécies de concessão. Quando se queria simplesmente ceder em usufruto ou 'emprestar', empregava-se a expressão dar ou receber em atondo. Já as expressões 'pro hereditare' ou 'jure hereditare' correspondiam à plena transmissão do domínio sem qualquer reserva. A concessão a d. Henrique se integrava nessa tendência."[8]

Desde a nascente, o regime da concessão, especialmente quando envolvia direitos de nobreza e domínio sobre terras, revelou sua característica central: é indissociável da possibilidade da disputa – seja judicial, seja pelo recurso às armas. Foi o que fez Afonso Henriques. Por causa desse risco permanente, o bom uso do poder de conceder e ordenar, exclusivo de um monarca, era chamado *fuero juzgo* no direito ibérico, e assim definido por Francisco de Vitória: "*Faciendo derecho el rey, debe haber nome de rey; et faciendo torto, perde nome de rey.*"[9] A interligação entre poder real e os direitos adquiridos por concessão criava um sistema, assim definido por António Hespanha: "A derrogação de um direito adquirido – a propriedade de bens, a posse de ofícios, a detenção de um privilégio irrevogável, o direito de não pagar impostos ilegalmente criados – só era possível em sede judicial. Dito isso, vê-se que os tribunais ocupam, na esfera jurídica do Antigo Regime, uma função constitucional determinante."[10]

Quando Portugal recebeu um domínio cedido pelo Papado em 1418 e reforçado pelo Tratado de Tordesilhas, de 1494, viu-se, após a chegada de Cabral, soberano de um território gigantesco, assim descrito por Pero Vaz de Caminha: "Pelo sertão nos pareceu, vista do mar, muito grande, porque a estender olhos, não víamos senão terra e arvoredos – terra que nos parecia muito extensa."[11] E adotou uma política sábia e coerente para fazer direito no Brasil. Evitou a todo custo as concessões de privilégios hereditários para a nobreza. A sesmaria, instrumento de concessão, foi praticamente o único instrumento jurídico pelo qual o domínio da Coroa era transferido contratualmente para um súdito.

No arsenal dos reis, esse era o instrumento que tornava mais precária a posição do recebedor, como notam Aline da Cruz e Josiane Ghidorsi: "O sistema de sesmarias encarna claramente uma forma de posse da terra, a qual chamamos de 'propriedade', que não é absoluta e está sujeita a inúmeras obrigações, aproximando-se de concessões ou privilégios. Se as condições estabelecidas na sesmaria não fossem cumpridas, as terras deveriam ser devolvidas à Coroa portuguesa."[12]

Com essa doação condicional se fez a passagem do puro domínio para uma situação na qual os recebedores eram mais exceções do que senhores, segundo João Octaviano de Lima Pereira: "Remontando-se aos primórdios da formação da propriedade imóvel no Brasil, verifica-se que toda a terra era, de início, do domínio da nação portuguesa, isto é, do domínio público.

Durante o período colonial ela foi se desmembrando, constituindo-se assim exceções ao princípio geral da dominialidade pública."[13]

A rigor criou-se um sistema no qual "propriedade" se misturava com "posse", na definição de Mariana Arnold Paes: "A posse – e não a titulação individualizada da propriedade – era o centro dessas relações. A principal forma de reconhecimento de uma relação jurídica legítima entre uma pessoa e uma coisa era feita por meio da identificação do uso efetivo dessa coisa, mais do que por meio da existência de um título individual de concessão de propriedade. [...] Em outras palavras, o ambiente jurídico brasileiro das primeiras décadas do século XIX não era pautado pela centralidade da noção de propriedade individualizada e titulada, mas pela convicção de que direitos eram adquiridos na medida em que eram exercidos."[14]

A expressão "direito adquirido" sobrevive até hoje no Brasil – indício do peso do passado sobre o presente. A sesmaria era uma concessão precária, condicionada ao êxito da ocupação: dando certo, o recebedor poderia continuar com seu quinhão, desde que pagasse impostos, mantendo seus direitos adquiridos; em caso de fracasso, a terra cedida retornaria ao domínio da Coroa, ao domínio público. E o ciclo continuava: como entregar uma sesmaria custava ao governo apenas o preço do papel da carta, o emprego foi abundante. A concessão de sesmarias em massa marcou a delimitação do domínio público entre as terras concedidas a particulares. As fronteiras, apesar de pouco claras, funcionaram ao modo do tempo: os bem-sucedidos iam defendendo seus direitos no Judiciário, assegurando a sua precária propriedade em meio a um mar de títulos. A Coroa, por sua vez, recebeu de volta tantos títulos de sesmarias fracassadas que a expressão que definia o retorno ao domínio se tornou permanente: terras devolutas – outra expressão que sobreviveu ao tempo, mostrando o peso das concessões na formação da estrutura da propriedade brasileira. E, sobre elas, fazia novas concessões, que alimentavam o circuito de disputas judiciais.

Em meio a essas fronteiras turvas também ocorriam inovações importantes. A compra e a venda, a alienação por dinheiro, era, em tese, vetada nos títulos de concessão de sesmarias. Mas se tornou prática corriqueira no Brasil muito antes de se espalhar pelo Ocidente: "Desde sempre, no âmbito português da América, a terra podia ser vendida e empenhada. Com isso, desde muito cedo foi possível dividir lotes, alienar instalações, obter empréstimos. Embora corriqueira no Brasil colonial, essa situação era incomum em outras partes. Na Metrópole, a maior parte das terras estavam tão vinculadas a direitos de nobreza ou do clero que as tornavam inalienáveis ou impediam que fossem alienadas. Esses direitos incluíam jurisdições sobre pessoas e serviços – algo que não ocorria no caso brasileiro. A situação era tão incomum que até mesmo o atilado Karl Marx não a imaginou possível: 'Os homens muitas vezes converteram outros homens em mercadorias, mas nunca a terra. Esta ideia podia apresentar-se somente em sociedades burguesas já desenvolvidas, que datam do último terço do século XVII e só foi levada à prática um século mais tarde, com a revolução burguesa da França.'"[15]

Essa peculiaridade local da formação brasileira tornou-se ainda mais acentuada com a Independência. Com ela, a terra em domínio público deixou de ser bem da Coroa para se tornar bem da Nação. A concessão de sesmarias terminou. Assim, "propriedade" e posse coincidiram ainda mais: na falta de outro instrumento de relação entre público e particular, o Judiciário tornou-se a única forma de administração da fronteira entre domínio e direito adquirido. O reconhecimento na Justiça marcava a diferença entre o mundo do controle formal e a massa do direito informal, da posse desprovida de titulação. Entre a elite que tinha acesso aos tribunais e os muitos que eram apenas posseiros sem direitos formais.

Essa estrutura conheceu o impacto notado por Karl Marx: só a partir das revoluções liberais mudou a norma. A propriedade privada (não mais particular) se impôs como um direito do indivíduo (não mais o súdito) que seria protegido pelo Estado (e não mais administrado como concessão do superior ao inferior). Com tais características, a terra com título se tornava mercadoria que, agora, podia ser comprada e vendida – com o governo fora do negócio.

A compra e a venda já existiam como hábitos seculares no Brasil. O que não havia era a proteção desse hábito pela formalidade da lei – o que precisava ser mudado não era o costume, mas a instituição. Adaptar o Estado e as leis para administrar o domínio no regime da compra e venda de propriedades acabou sendo uma tarefa bem mais complicada do que poderia parecer. A primeira tentativa foi a Lei de Terras de 1850, que impunha o mecanismo da compra e venda para os contratos que envolvessem a passagem do domínio público para o domínio privado (aqui o termo assinala a grande mudança: a soberania sobre a terra era alienada definitivamente para o comprador, terminando o regime da concessão condicional). Mudar a lei foi possível; mudar o hábito, nem tanto.

Nem o governo tentou vender as terras de domínio público, nem os donos de dinheiro apareceram para comprar a nova mercadoria anunciada em lei. Na falta dessa freguesia, não se constituiu um mercado. O velho costume ganhou roupa nova: o governo passou a ceder gratuitamente terras em massa. Os novos concessionários eram pessoas que se apresentavam – legitimamente ou não – para receber concessões ao lado de linhas ferroviárias, prometendo transformar domínio em desenvolvimento (e não mais em hierarquia social, já que o objetivo econômico passou a predominar). Comparadas aos novos favores, as antigas sesmarias múltiplas de privilegiados eram quase terreninhos de criança. Também surgiram as concessões para quem prometia trazer colonos do exterior – muitas vezes ainda subsidiadas diretamente pelo Tesouro.

Muito mais difícil do que mudar o comportamento do Estado foi criar uma legislação que permitisse o mais básico emprego da terra como mercadoria: servir como garantia bancária. Era assim há séculos. Sendo uma mistura de posse e concessão precária, os títulos derivados de sesmarias dos tempos coloniais tinham reconhecimento judiciário – mas quase nunca um registro que pudesse servir de garantia de crédito. O caso mais conspícuo dessa dificuldade de transformar a propriedade advinda de concessão em garantia bancária foi o dos fazendeiros de café. Conseguiam empregar o título de propriedade de um escravo como garantia, uma vez que era possível ao credor tomar o escravo em caso de inadimplência, mas não o título de propriedade da fazenda, virtualmente à prova de execução judicial.

Durante catorze anos o Parlamento tentou remediar a situação. Em 1864, aprovou finalmente uma Lei Hipotecária. Mas ela trazia em si mesma os elementos de seu fracasso – que vale a pena conhecer com certo detalhe, a partir da análise de Pedro Parga Rodrigues:

"A Lei Hipotecária buscava facilitar o crédito territorial. Para isto, buscava transformar a forma de transmitir o patrimônio imobiliário entre vivos, impondo a formalidade da transcrição. Tratava-se de transcrever as escrituras de compra e venda no Registro Geral de Imóveis (RGI), possibilitando aos credores terem o conhecimento sobre a situação das terras que lhes seriam dadas como garantia da devolução de seu dinheiro. A matrícula neste registro deveria ocorrer de forma a individualizar as propriedades, definindo precisamente seus limites e titulação. Desta forma, ele contribuiria na criação da propriedade de forma a sacralizar as propriedades obtidas através de relações de compra e venda, em detrimento da posse. Entretanto, segundo a norma jurídica em questão, no seu § 4 do artigo 8, a transcrição não induzia a propriedade absoluta para o adquirente, permanecendo esta salva ao verdadeiro dono. Desta forma, a própria legislação trazia consigo dispositivos que valorizavam o detentor do imóvel em detrimento do título obtido através da compra e venda. Embora criasse o ato de transcrever para a alienação ser considerada válida, negava a possibilidade de o adquirente utilizar essa matrícula no Registro Geral de Imóveis (RGI) para provar ser dono dos bens comprados. Sabendo das dificuldades de conhecer os limites e as titularidades dos terrenos, alguns legisladores conseguiram imprimir na norma que, mesmo diante do registro, o dono permanecia sendo o seu legítimo possuidor. Esse dispositivo foi extremamente debatido no processo de promulgação da norma jurídica em questão. O projeto original da Reforma Hipotecária, escrito por Nabuco de Araújo, já negava o caráter comprobatório para a transcrição. Para o romancista José de Alencar, crítico dessa proposição, as matrículas no Registro Geral de Imóveis (RGI) deveriam provar a propriedade dos adquirentes. Já para Nabuco, as incertezas territoriais eram impeditivas para a atribuição desse papel ao RGI. De acordo com ele, só seria possível estabelecer um registo das aquisições de imóveis com tamanho poder, caso fosse realizada paralelamente uma regularização fundiária capaz de individualizar a propriedade, estabelecer os limites territoriais e certificar os títulos imobiliários. Para ele, a atribuição de caráter comprobatório para a transcrição dependeria de uma investigação da titularidade do imóvel vendido, do arrolamento de provas sobre os limites e direitos sobre este. Ao seu ver, isto faria com que existissem demandas judiciais a cada transcrição elaborada. Em outras palavras, seria necessária uma regularização fundiária nos moldes liberais, buscando individualizar a forma de apropriação do solo."[16]

A dificuldade de formalização como propriedade privada, como imóvel individualizado e com limites reconhecidos em registro público incontroverso, era muito grande quando se tratava dos títulos jurídicos concedidos como sesmaria ou posses – para os quais a regra eram as fronteiras pouco claras, garantidas mais pelo costume e a força do que pela lei e a proteção do indivíduo.

A lei que trazia em si mesma sua negação era parte de um grande todo no qual o Império se atolava. Contemporânea dela era a chamada "Lei dos Entraves", que tornava muito difícil a organização de empresas no Brasil. A combinação dessas leis com a Abolição gerou um desastre para os fazendeiros de café: não conseguiam hipotecar suas propriedades nem contavam mais com os escravos como garantia de crédito. Para sair desse atoleiro, foi preciso mudar o regime. Com a proclamação da República, Rui Barbosa tentou atualizar as duas frentes por decretos, publicados no dia 17 de janeiro de 1890 – menos de dois meses depois da mudança de regime. Dizia o decreto 165: "As companhias ou sociedades anônimas, seja civil ou comercial seu objetivo, podem estabelecer-se sem autorização do governo." Já o preâmbulo do decreto 165-A afirmava o seguinte objetivo: "Tornar a transferência de terra tão simples como a do papel bancário e o título do possuidor tão firme, tão isento de riscos e tropeços, quanto o do acionista de um estabelecimento de crédito quanto às ações de que é senhor."[17]

Repetiu-se o movimento: decretar era uma coisa, conseguir o registro público de uma propriedade – e a capacidade de alienação hipotecária dela, sua autonomia financeira em relação ao bem físico –, outra, bem diferente. A questão acabou empurrada de forma descentralizada, nos moldes do federalismo republicano. A soberania de terras devolutas foi transferida da União para os estados. A partir de 1891, cada um deles foi resolvendo como podia.

O governo do Paraná procurou, na medida do possível, empregar a nova soberania sobre a terra para administrar a transição da era das concessões para aquela da propriedade, da compra e da venda: Legislativo e Executivo mantiveram a porta aberta para a mudança o tempo todo, fazendo leis que permitiam a venda. Mas a força real do regime de concessões foi um tormento constante. O Estado recebeu o domínio público sobre terras, tendo de administrar uma gigantesca concessão para uma ferrovia, feita no apagar das luzes do Império e confirmada pelo governo central republicano antes da Constituição de 1891. A situação esteve na base da Guerra do Contestado e de grandes perdas de território. Assim o antigo hábito de conceder continuou vigente como se nada fosse acontecer – até aquela cerimônia.

A cerimônia do dia 16 de outubro de 1925 marcava, desse modo, o fim de uma era. Finalmente havia aparecido um comprador, e não mais um pedinte de concessão. Finalmente o governo vendia, e não empregava as concessões para subordinar e favorecer. Custava caro. Era preciso reunir capital suficiente para comprar terras concedidas e comprar de novo a terra numa venda pelo Estado. Não era uma operação ao alcance dos capitais locais, mesmo os considerados abundantes – como bem sabiam os empresários de Cambará, e até mesmo o presidente do estado e a Assembleia Legislativa. A organização da cerimônia dupla, do reconhecimento da propriedade tanto pelo concessionário quanto pelo vendedor, com o presidente nos dois papéis, organizava a selva jurídica – e tentava pôr fim à lei do sertão. Para essa cerimônia dupla, o capital fazia toda a diferença. O investimento numa propriedade era certamente maior que aquele necessário para obter uma concessão.

Mas não resolvia todos os problemas: no Palácio do Governo foi assinada uma venda, mas não gerada uma escritura definitiva da terra vendida. Para essa ainda faltavam todos os trabalhos descritos por Nabuco de Araújo para uma regularização fundiária, capazes de permitir a efetiva relação entre um bem real e um título, por melhor que fosse. Ainda que sob a égide da propriedade, havia muito trabalho a ser feito para que a coincidência de forma do cerimonial se tornasse coincidência substantiva.

CAPÍTULO **8**

> *O porto do Nhonhô: medir, conhecer, preparar*

COM A ASSINATURA DA COMPRA DAS TERRAS, LORDE LOVAT AVALIOU O DESAFIO QUE tinha pela frente. Assim que recebeu a notícia da escritura passada, escreveu para Arthur Thomas: "A propriedade é tão vasta (quase do tamanho de toda a Escócia) que vai ser preciso tomar muito cuidado com a administração do dinheiro. Mesmo tendo levantado uma soma considerável de capitais, tudo pode sumir depressa numa empreitada dessa proporção.[1] Alertava para o tempo a ser gasto até a venda de terras para terceiros: "Se soubermos conservar as energias e o caixa, ainda assim levaremos um bom tempo (digamos, dois anos) até estarmos em condições de vender o primeiro lote."

Depois dessas considerações, vinha o essencial: "Até este momento, propositadamente, não lhe instruí sobre a escolha do comandante de nossas operações no Paraná. Se depender de mim, deve ser uma pessoa com conhecimento local, honestidade e capacidade de liderança. Mas gostaria que você tivesse em mente uma ideia que muitos defenderam aí: seria um erro organizar uma companhia muito à moda inglesa." Essas considerações indiretas, mantendo a autoridade de Thomas sobre quem comandar, mas defendendo grande autonomia para o gestor escolhido, eram um recado claro para referendar uma escolha já feita, o nome não citado, aquele do presidente da empresa já empossado – cujos trabalhos agora ganhariam novas dimensões com a descentralização ordenada pelo acionista.

Antônio de Moraes Barros viu-se com autoridade para enfrentar três novos desafios: medir a gleba que a Companhia de Terras Norte do Paraná havia adquirido, conhecer o que havia na propriedade e elaborar um projeto de ocupação. Listados assim parece simples, mas a dimensão dessas tarefas era gigantesca. O grau de incerteza era alto. Tão alto que a própria escritura, embora mencionasse uma venda de 350 mil alqueires, deixava claro: "Se na medição prevista neste instrumento for encontrada quantidade superior a 350 mil alqueires, pagará a compradora ao governo o excesso verificado."[2]

Essa cautela era necessária, uma vez que, embora algumas delimitações fossem conhecidas, nem as divisas exatas nem o interior da área haviam sido estudados. As terras ficavam numa região do Paraná muito distante de qualquer cidade. No sentido leste-oeste, estavam situadas entre Jataizinho e Guaíra, separadas por 400 quilômetros uma da outra. No sentido sul-norte, a distância entre Guarapuava, no Paraná, e a divisa com São Paulo era de 326 quilômetros. Para demarcar uma área de 8,4 mil quilômetros quadrados em meio a esse quadrilátero de mais de 120 mil quilômetros quadrados, havia dois caminhos.

Um deles era o percorrido pelo fiscal do governo paranaense, que cruzava 93 quilômetros em caminhos de terra pelo território de São Paulo, desde Presidente Prudente até o rio Paranapanema – assim se chegava ao limite norte da propriedade, próximo à foz do rio Pirapó. O outro era atravessar 100 quilômetros de mata, desde Cambará até Jataizinho, atingindo o limite leste da propriedade. A única maneira de fazer a demarcação, chegando a um desses dois pontos, era seguir mata adentro pelas trilhas.

Um dos modestos participantes dessa tarefa, na vertente leste, foi José Jorge Chedid. Ficou em sua memória o périplo para chegar até a divisa da propriedade via Cambará e Jataizinho: "Levava seis dias, de canoa e burro, para fazer o percurso."[3] E ele fazia esse caminho levando carne de queixada e anta no lombo das mulas para alimentar as equipes de topógrafos. Nessa frente, um dos que recebia as cargas era Alexandre Razgulaeff, um russo branco e ex-soldado do exército czarista que se tornou topógrafo e viveu a vida que gostava: "Mato, mato só e nada mais. Onças, mato e nada mais. Não peguei nenhuma doença, nem ninguém de minha turma, graças a nossa alimentação perfeita e disciplina absoluta, porque eu era militar."[4] Como essa disciplina nem sempre incluía diálogos, ele levou alguns anos para adquirir rudimentos do português falado pelos auxiliares que contratava.

As coisas eram tão mais amenas quanto possível na frente de norte a sul, partindo da margem do Paranapanema. Nessa área, quem chefiava as maiores equipes era o topógrafo Alexandre Beltrão, recrutado quando trabalhava como professor na faculdade de engenharia de Curitiba. Bom observador, notou em suas memórias quanto a vida naquele trecho remoto do território de seu estado natal era desconhecida pelos conterrâneos: "Ao povo paranaense, em geral, passava despercebida a rápida modificação que havia se passado na região norte do estado após o prolongamento da estrada de ferro Sorocabana. Essa parte do território paranaense ficou acessível a correntes migratórias, especialmente de paulistas e mineiros. Fazendeiros e empresários paranaenses, voltados para as atividades da pecuária, da instalação de serrarias para a exploração dos pinhais e da madeira de lei, eram estranhos à intensidade deste povoamento."[5]

A base inicial de operações de sua equipe foi a cidade de Presidente Prudente. Ali, ao lado da novidade da energia elétrica e da vida animada no sertão, ele tomou contato direto com uma oferta de trabalho para legalizar a posse de terras: "Sabendo de minhas viagens ao Paranapanema, um aventureiro recém-chegado à cidade procurou-me no hotel e ofereceu seus préstimos para a estruturação de um grilo. Informou que era especialista na formação de cemitérios de mais de cem anos, com esqueletos, restos de cruzes, moirões e cercas de mais de cem anos carcomidos pelo tempo, que poderiam ser transportados para confirmar posse em local que fosse apropriado, no estado do Paraná."[6]

Assim coexistiam tais métodos pouco ortodoxos para a consolidação de uma propriedade das áreas de concessão e a nova abordagem técnica, exigida para demarcar uma propriedade adquirida legalmente. Essas marcas de tempos distintos conheciam algumas ampliações com os trabalhos comandados por Antônio de Moraes Barros. Ele trouxe caminhões e equipamentos para continuar a estrada de rodagem em direção ao sul – e para isso contratava todo o pessoal que conseguia. Desse modo, a viagem inicial de Alexandre Beltrão foi pela estrada ampliada, até o ponto em que a circulação era possível.

Dali partiam as turmas de medição, cuja composição ele relembra: "Após a chegada do tropeiro e seus muares, foram iniciados os trabalhos de abertura do picadão, com um rendimento inicial diário de menos de um quilômetro por dia. [...] A primeira refeição, ao amanhecer, servida em pratos esmaltados, com arroz, feijão, carne e palmitos cozidos com muita gordura, quando era possível dispor de relativa fartura de mantimentos. Ao calor do meio-dia, o descanso para o café requentado em uma pequena fogueira, a farofa e os biscoitos de marinheiro. À noite, jantar no acampamento."[7]

Antônio de Moraes Barros, primeiro presidente da Companhia de Terras Norte do Paraná, liderou várias expedições pelas matas. Coleção Dora Bello Rossetti, acervo IIGMF.

Embora a disciplina não fosse de militar russo, as conversas entre os membros da equipe não eram nada fáceis, dada a sua composição heterogênea: "três poloneses vindos de Santa Catarina, que não falavam português – só um dialogava em francês"; "Antônio Bugre era o cozinheiro e José Trigo, outro bugre"; "os pretos Joaquim, José Borges e Clemente"; "Chili, moço simplório, que viera de Piraquara, nos arredores de Curitiba".[8]

Para outro membro do grupo, o trabalho de colocar marcos em linha reta era trivial demais: "O balizamento de uma linha de cumeada é um trabalho que exige habilidade instintiva, sentido de orientação, qualidades associadas à capacidade de beber um mínimo de água nos longos dias de permanência na mata. O preto Eusébio, velho alto, muito magro, austero e sem disposição para conversas banais, era um desses camaradas reconhecidos na exploração de espigões. Como nossos trabalhos se limitavam a seguir rumos fixos, Eusébio, aborrecido, ajudava a cortar o mato do picadão com a pequena foice. À noite, sentado e encostado numa árvore, ao lado da rede e da pequena trouxa de roupas, resmungava inconformado com a posição de simples picadeiro."[9]

Assim, só a equipe de Beltrão abriu 580 quilômetros de picadão, apenas no setor oeste da propriedade – ao mesmo tempo que a estrada de rodagem foi estendida para 120 quilômetros, ficando conhecida como Estrada dos Ingleses. As instalações no início da estrada ganharam um luxo relativo, capaz de merecer a denominação de Hotel Pirapó, com camas decentes, banheiro e chuveiro. Entre os melhoramentos, um era curioso: "O preto Manuel me informou sobre uma longa picada feita por ele na mata próxima, perfeitamente limpa, roçada e sem vestígio de tocos, destinada a ser percurso do presidente da empresa, doutor Antônio de Moraes Barros, para caçar macucos durante sua permanência no hotel nas vindas de São Paulo."[10]

Triangulando entre Presidente Prudente, Cambará e São Paulo, Nhonhô Moraes ia juntando o material coletado por todas as equipes com o rigor das ordens cumpridas por Beltrão: "Minha bagagem na volta ao hotel estava acrescida com oitenta pequenos frascos de farmácia, numerados, contendo amostras de terra obtidas a cada quilômetro percorrido, à profundidade de quarenta a cinquenta centímetros. Com exceção das amostras obtidas próximo às margens do rio Ivaí, a maior parte dessas amostras era do tipo denominado 'sangue de tatu' pelos paulistas. Terras arenosas, de cor avermelhada."[11]

A partir de 1926, as equipes de Beltrão passaram da demarcação das divisas para os percursos no interior da propriedade – para alívio de Eusébio. Além do levantamento topográfico completo, capaz de definir o traçado de estradas pelas cumeeiras, foi sendo elaborado um mapa da qualidade das terras bem mais sofisticado que o obtido pelos métodos normais.

O vasto conhecimento técnico dos povos originários no campo da botânica servia de base tradicional para a determinação da qualidade dos solos. A figueira-branca era a árvore emblemática da terra roxa, mais tarde associada à peroba, ao jaborandi rajado, ao pau-d'alho e ao cambará. Essa informação biológica fundamental foi associada à análise das amostras de solo, gerando uma base de conhecimento mais completa para a tomada de decisões.

Com a coleta de medidas acuradas das terras e o conhecimento do interior da propriedade, o centro de gravidade das decisões estratégicas começou a mudar. A constatação mais relevante a partir dos dados acumulados foi a de que as terras mais baixas, especialmente nas proximidades do rio Paranapanema, eram arenosas – e com fertilidade bem menor que a das terras roxas. Isto levou à conclusão de que o ramal da Sorocabana que a Companhia Marcondes deveria providenciar era mais inviável do que o esperado. A empresa obteve concessões municipais das prefeituras das vizinhas Presidente Prudente e Regente Feijó, mas nem assim conseguiu uma resposta mais positiva da ferrovia.

Enquanto isso, na frente leste as informações ganhavam outra dimensão. A compra das terras havia esfriado muito as possibilidades da ferrovia tocada por Gastão de Souza Mesquita Filho. Desde 1924, quando os trilhos chegaram a Cambará, as obras entraram em compasso de espera: não havia muito sentido em levar os trilhos até a divisa de uma propriedade que ao final seria servida por outra ligação com a Sorocabana. Por isso ele concentrou seus esforços na mesma direção que o sogro, dedicando-se à abertura de picadões e ao conhecimento das terras. Fez bem.

Tinha o que mostrar para lorde Lovat quando este visitou[12] outra vez o grupo de vizinhos da Fazenda Água do Bugre, no final de março de 1927.[13] Nessa ocasião, acabou sendo aprovada a exploração mais detalhada da alternativa sempre defendida por Gastão de Souza Mesquita Filho – a da ampliação da ferrovia já iniciada. O grupo encarregado de avaliar a questão tinha uma composição curiosa, mesclando membros de uma única família (Antônio de Moraes Barros e seu genro, Gastão de Souza Mesquita Filho) e participantes de duas empresas (além dos dois, Willie Davids, acionista da ferrovia; e Herbert Palhano,[14] indicado pela Companhia de Terras Norte do Paraná). Partiram todos de Jataizinho.

Durante cinco dias o grupo seguiu para leste, num ritmo que variava de 10 a 15 quilômetros por dia; depois fez a volta para oeste, até chegar a Cambará. No dia 16 de julho de 1927, Moraes Barros enviou um minucioso relatório a Arthur Thomas, com a seguinte conclusão sobre a parte que de fato interessava, a das terras que se estendiam além da divisa leste da propriedade: "Terras sempre roxas e bem-vestidas, até Cambará, aonde chegamos na manhã do dia 8. Nunca vimos tanta terra boa."[15]

A partir dessa excursão, o pêndulo estratégico mudou. As mulas e os tropeiros já haviam percorrido o grosso da propriedade. E Alexandre Beltrão foi enviado ao extremo leste dela, a fim de explorar, medir e conhecer o território para além das divisas. Enquanto isso, em Presidente Prudente, Moraes Barros reunia todos os demais chefes de equipe para uma avaliação geral de tudo que haviam descoberto.[16]

Como resultado, a nova opção se consolidou: "A 30 de novembro, em Curitiba, na residência de meu irmão Francisco [Beltrão], na travessa Jesuíno Marcondes, houve uma reunião previamente combinada com lorde

Lovat e o sr. Arthur Thomas, quando foram exibidas plantas topográficas com os dados mais recentes sobre o relevo das regiões compreendidas entre o Paranapanema, o Tibagi e o Ivaí, acompanhadas de informações minuciosas sobre os tipos de vegetação, árvores dominantes, altitudes, composição das terras e outros detalhes. [...] Os técnicos devem ter sugerido à diretoria da empresa a compra das parcelas cedidas anteriormente pelo estado ao engenheiro Francisco Gutierrez Beltrão, ao doutor J. Leite de Paula e ao engenheiro Alvez de Almeida."[17]

As aquisições foram concluídas até fevereiro de 1928.[18] Com elas, a área total adquirida até aquele momento pela Companhia de Terras Norte do Paraná chegou a 515 mil alqueires.[19] A aposta redobrada aconteceu ainda sob a regra de silêncio imposta pelos dirigentes da Parana Plantations: não era dinheiro para retorno via dividendos rápidos para os acionistas, mas ativo de longo prazo, imobilização ainda maior de capital. Essa situação, por outro lado, protegia a ação paranaense das flutuações do dia a dia – e essa cobertura

José Licha torna-se uma espécie de faz-tudo da Companhia, em que atua como tropeiro, entre outras atividades. "José Licha no Patrimônio Três Bocas (Londrina), início da década de 1930", Coleção George Craig Smith, Museu Histórico de Londrina (UEL).

permitia o bom cumprimento da terceira tarefa de Antônio de Moraes Barros: preparar as bases para os futuros proprietários, os compradores de lotes. Era uma tarefa complexa, para realização da qual o silêncio da empresa em Londres precisava se somar a outros silêncios – todos cheios de significado.

O livro de Alexandre Beltrão narra três cenas parecidas relacionadas a silêncios sutilmente rompidos quando descreve os perigos das matas. Primeiro, o grande felino: "Os camaradas José Jorge e Joaquim costumavam dormir em redes, presas a duas árvores, a pouca distância de minha barraca. Ao acordar de manhã, tive a surpresa de saber que José Borges percebeu, lá pelas onze da noite, que uma onça, 'cuja bulha é muito sutil', rondava minha barraca."[20]

Depois, a cobra: "Certa manhã um dos camaradas teve a surpresa de ver, quando era feita a mudança de acampamento, uma cobra urutu enrolada e imóvel, sob o pelego onde havia dormido."[21] Por fim, os índios: "Em 1925, ninguém poderia garantir que a região fosse despovoada nem garantir que no longo percurso de mais de cem quilômetros de mata virgem não houvesse o risco de encontrar aldeias indígenas hostis, nem mesmo caçadores isolados. Certo dia, Tadeu informou que tinha ouvido no picadão 'voz humana'. Essas palavras, repetidas com sotaque polonês, faziam o que pensar. Nos dias seguintes nada aconteceu."[22]

O cuidado com as palavras deixa transparecer uma narrativa sobre uma realidade que, nesse último caso, era conhecida – mas da qual não se falava abertamente. O código era secular: um índio escondido na mata era uma coisa; o índio recebido no mundo formal das leis e das letras, outra bem diferente. No caso específico do estabelecimento de propriedades, como afinal se dava ali, havia uma porta bem estreita entre os dois mundos. Para trafegar nessa passagem e enfrentar a situação delicada, Antônio de Moraes Barros teve de recorrer à identidade de Nhonhô Moraes.

Na era das concessões de sesmarias, o ponto de contato entre os povos originários e os colonizadores era o aldeamento indígena. Nos tempos d'El Rey, a Igreja Católica era controlada pela Coroa, através do Padroado.[23] Esse controle tornou possível a instituição do aldeamento: uma sesmaria concedida a uma ordem religiosa (portanto, uma propriedade régia, para funcionários do Estado sob o controle da Igreja) para abrigar os indígenas que concordassem em viver naquela terra. Com isso, os religiosos se tornavam tuteladores dos aldeados, funcionando como intermediários jurídicos entre duas culturas.

Nos tempos do Império, quando a posse se tornou a instituição jurídica fundamental na formação da propriedade, a "ocupação mansa e pacífica" da área se tornou o critério maior para a confirmação de um título. Eventualmente os povos originários poderiam se tornar proprietários – se fizessem petição escrita no Judiciário e apresentassem provas. Com tal barreira impossível de vencer, apenas as concessões para aldeamentos continuaram funcionando: o imperador já não distribuía sesmarias, mas permanecia sendo chefe da Igreja no Brasil, podendo formar aldeamentos.

Nessa realidade, o governo provincial do Paraná logo deixou uma marca própria. A província ganhou autonomia em 1853. Dois anos depois, o barão de Antonina conseguiu autorização para fundar a Colônia Militar de Jataí. Com tal guarida institucional, instalou uma vila de dupla composição étnica, cada parte ocupando uma margem do Tibagi: "A colônia militar ficava numa margem e defronte, na outra margem, foi fundado um aldeamento indígena que passou a ser habitado por vários grupos guarani-kaiowá trazidos do Mato Grosso em 1852 e outros que chegaram nos anos seguintes. Os primeiros contatos com os kaingang arredios que moravam nas matas da bacia do Tibagi se iniciaram em 1858. Em 1859 foi ordenada a fundação do aldeamento de São Jerônimo para que os kaingang ali fixassem suas aldeias. Em 1862 chegaram ao aldeamento os kaingang chefiados pelo cacique Aropquimbé, o primeiro da região do Tibagi que aceitou fixar-se no aldeamento. No ano seguinte, foram os kaingang chefiados pelo cacique Kairu. Em 1864 mudaram-se para o aldeamento de São Pedro dois grupos: um chefiado por Kovó e outro por Gregório."[24]

No princípio da década de 1870, o engenheiro inglês Thomas Bigg-Wither fora contratado pelo barão de Mauá para fazer de modo pioneiro o mesmo trabalho que os comandados por Nhonhô Moraes: medir, conhecer e preparar caminhos. Guardou uma impressão rude dos índios de Jataí: "São avessos ao uso de qualquer roupa, a não ser quando vestem alguma peça para andar na parte brasileira da colônia, ainda assim sob protesto. A poligamia permanece sendo um costume, e as doutrinas da cristandade são desconhecidas para eles. [...] Assim é difícil duvidar da voz corrente, segundo a qual o diretor da colônia não apenas é indolente, como usa para si o dinheiro que recebe do governo para o estabelecimento."[25]

Apesar da descrição, o fato é que o aldeamento de Jataí se consolidou, até porque era escala importante na rota de comércio com o sul de Mato Grosso.

As cargas de sal eram vendidas depois de uma viagem que levava seis meses. A mesma rota comercial explica a sobrevivência da Colônia Teresa, fundada em 1847 e ainda existente 25 anos depois. Ali Bigg-Wither conseguiu contratar os nativos como mão de obra, como narrou em detalhes: "Empregamos vários índios para a tarefa de abertura de picadas, e eles demonstraram seu valor como trabalhadores. Embora entendessem o valor do dinheiro como meio de troca, não distinguiam o valor de cada nota. Quando iam vender o produto de seu trabalho – milho, feijão ou peixe – na vila, contavam apenas o número de notas recebidas. Com elas compravam do comerciante produtos que eram cobrados por um preço inteiramente à discrição do vendedor. [...] Vi um índio trocar o ganho de quatro meses de trabalho por um chapéu, uma faca e um pedaço de tecido, e sair feliz da loja."[26]

Essas descrições feitas por um estrangeiro não levam em conta o abismo silencioso da visão tradicional da cultura letrada brasileira e mostram um contínuo de relações, que vão da poligamia e nudez até o simulacro dos ritos do trabalho assalariado. Essa diversidade de relações existente no Paraná durante o Império foi importante quando veio a República. Com a separação entre Estado e Igreja, acabou a possibilidade intermediária do aldeamento, essa propriedade estatal gerida por religiosos. Os bens da Igreja foram repassados da Coroa para o Vaticano, incluindo as áreas de aldeamento. Na maior parte do país, apenas onde o território dos aldeamentos passou para o Vaticano a proteção aos povos originários se manteve, com outro titular da tutela. No Paraná, onde o governo provincial já adotara outro caminho, as coisas foram bem diferentes.

A experiência da cessão direta das terras de domínio público para os povos originários, ainda nos tempos do Império, acabou gerando líderes como Telêmaco Borba, que, após a proclamação da República, mostraram-se capazes de orientar os governantes estaduais. Uma série de decretos estaduais criou territórios protegidos para várias etnias[27] – uma exceção nacional naquele momento. Somente em 1910, graças a Cândido Rondon, o governo federal adotaria a mesma postura a respeito, com a criação do Serviço de Proteção ao Índio (SPI). A instalação no Paraná foi quase automática, com a transferência do controle dos territórios estaduais demarcados ao novo órgão federal.

Antônio de Moraes Barros conhecia o funcionamento institucional do SPI quase com a mesma profundidade com que Nhonhô Moraes piava para macucos. Seu irmão, o senador Paulo de Moraes Barros, passara boa parte do ano de 1923 viajando com Cândido Rondon pelo Nordeste, fiscalizando obras contra as secas na região.[28] Esse conhecimento foi importante para Antônio de Moraes Barros levar adiante o seu trabalho.

Como contratador de pessoas para abrir estradas e picadões, abastecer regularmente as equipes de topógrafos, levar e trazer materiais, o nome de Nhonhô Moraes tornou-se conhecido entre os moradores da região. Era o coordenador de um esforço coletivo que ia criando um mercado para posseiros sem títulos de propriedade, um destino alternativo para a produção local. A maior parte desses posseiros não tinha quase nenhuma possibilidade de fazer petição judiciária para serem transformados em proprietários – e, como sabiam disso, acabaram formando um grupo aliado de fornecedores. Coube a esse grupo de caboclos vivendo no mato a tarefa de conduzir os grupos nativos para os postos do SPI.

Um relevante depoimento oral sobre o funcionamento da operação foi colhido por Kimiye Tommasino e citado por Nelson Tomazi: "Sabemos de fonte primária (fornecida por um ex-bugreiro da CTNP [Companhia de Terras Norte do Paraná]) [Júlio Brito] que algumas famílias kaingang que viviam na região dos rios [das] Cinzas e Laranjinha, provavelmente o último grupo livre da região do Tibagi, foram transferidas para o P. I. Ivaí [Posto Indígena Ivaí], por decisão da CTNP. Outro informante (Fabiano Gomes, irmão de um "amansador" de índios do SPI) nos acrescentou que, além do P. I. Ivaí, alguns foram para o P. I. Cândido de Abreu."[29]

Essa operação estava de acordo com um instituto legal recente na época, como notou Alzira Abreu: "Os índios foram incluídos dentre aqueles que têm uma redução da capacidade participativa, os 'relativamente incapazes', foram colocados junto a maiores de dezesseis/menores de 21 anos, de acordo com o Código Civil Brasileiro de 1917. Os povos nativos necessitavam de proteção e caberia ao aparelho de Estado o papel de mediador, de tutelar os índios."[30]

A referência ao Código Civil é relevante por dois motivos. Em primeiro lugar, com ele por fim as Ordenações do Reino deixaram de funcionar como legislação brasileira, depois de 416 anos em vigência. No caso dos índios, a mudança ajudou: a tutela e responsabilidade do Estado complementavam o direito dos povos originários de viverem em liberdade segundo a sua cultura. Nova roupagem funcional para o formato institucional criado pelo padre Manuel da Nóbrega no século XVI. Mas a mesma mudança legal encerrou a era das propriedades com limites indefinidos, vinda também do século XVI. O novo Código Civil criara o registro público de títulos, gerando por fim a garantia pública para a propriedade privada.

Com esse novo instrumento, Nhonhô Moraes comandou a medição, o conhecimento e a preparação – em três anos de atividade silenciosa. Como ficara viúvo em 1927, um ciclo se completara. Ele preparou uma última expedição, que ficou na memória de seu filho, Hermann de Moraes Barros:

"No meado do ano de 1928, acompanhei meu pai [Antônio de Moraes Barros], advogado e então presidente da Companhia de Terras Norte do Paraná, em uma viagem às terras adquiridas do governo do Estado do Paraná. A comitiva era composta por Arthur Thomas, gerente administrativo de todo o empreendimento; engenheiro Louis Reed, consultor técnico; doutor Gastão de Souza Mesquita Filho, engenheiro construtor da então Estrada de Ferro São Paulo-Paraná; Heitor Machado, grande conhecedor de terras e amigo de meu pai.

Partimos de Presidente Prudente em dois fordecos e percorremos cerca de cem quilômetros, uma estrada com as piores condições possíveis, atingindo à tardinha as margens do rio Pirapó, hoje denominado Porto Ceará. Cruzamos o majestoso rio em uma pequena balsa, construída por duas canoas sobre as quais existiam duas bicas que deveriam sustentar os veículos. A entrada na balsa constituiu uma verdadeira proeza dos dois motoristas, pois apesar da aspereza do terreno e precariedade do pequeno pontilhão, deveriam acertar as rodas dos veículos exatamente nas bicas, sob a pena de caírem no rio. Do outro lado [do] rio estava-nos reservada uma agradável surpresa, pois a estrada construída pela companhia era de primeira ordem. Percorremos cerca de trinta quilômetros, até uma pequena derrubada na mata virgem, onde havia uma boa casa de madeira, primeira sede no Paraná. A estrada que havíamos percorrido já ostentava o seu nome tradicional de Estrada Inglesa. E a casa acolhedora, o pomposo nome de Hotel Pirapó.

O dia seguinte foi dedicado a um justo repouso e no outro dia, pela madrugada, partimos nos fordecos por mais alguns quilômetros até o acampamento da turma que estava construindo a estrada. Depois do almoço montamos a cavalo e por um picadão, verdadeiro túnel dentro da mata frondosa, percorremos cerca de três horas, uma boa distância, quando atingimos um velho picadão na direção leste-oeste. Enveredamos pelo mesmo rumo oeste. Pouco adiante à beira do picadão, às margens do córrego Bigui, deparamos com uma pequena capela construída de tijolos toscos e coberta de sapé. Sem porta, pudemos ver que lá dentro havia uma imagem tosca de um santo (Sagrado Coração de Jesus), hoje padroeiro da cidade [de Nova Esperança] e restos de muitas velas, que ali tinham sido acesas. Ao lado da mesma muitos níqueis, que representavam a esperança de que por ali passasse uma alma bondosa que pudesse acender uma vela por sua intenção, pagando-se com um níquel que ali deixava depositado."[31]

Dali partiram de volta, até o porto. Cruzaram o rio para viver um novo destino. Ficou do tempo passado uma última lembrança popular, uma homenagem anônima e silenciosa. Até hoje o porto, no atual município de Teodoro Sampaio, é chamado porto do Nhonhô Moraes.

CAPÍTULO 9
> *Londres, Cambará, Campos do Jordão*

A DECISÃO DE EXPANDIR A FERROVIA NAS GLEBAS ADQUIRIDAS EXIGIU DOIS ANOS de meticulosos estudos do solo e das possibilidades de traçados. Esse tempo de preparo era compatível com a estrutura financeira montada em Londres: quase todo o capital da Parana Plantations estava alocado em propriedades – tendência reforçada com as aquisições de 1927. Em consequência, a empresa agora contava com um enorme patrimônio, imobilizado a longo prazo.

No balanço da Companhia de Terras Norte do Paraná (CTNP) de 1927, as terras aparecem com o valor de 22 mil contos de réis, ao passo que os ativos totais eram de 25 mil contos[1] – nada menos do que 88% do total. Do lado dos passivos, dominava o capital, com 15 mil contos, e a ele se somava a dívida a longo prazo assumida com o governo paranaense, de 6 mil contos – que não exigia pagamentos imediatos. O terceiro item mais importante era uma dívida da filial com a Parana Plantations, de 3,1 mil contos. E isso era quase tudo. Capital aplicado em patrimônio. O balanço da Parana Plantations era quase um espelho da controlada. O capital representava praticamente todo o passivo, com a filial concentrando os ativos. Como disse Friedrich Eckstein na assembleia inicial da empresa, "as contas são simples e sua análise não apresenta nenhuma dificuldade".[2]

Não havia nos balanços movimentos derivados de receitas advindas de seu grande patrimônio. Por mais de dois anos, nada havia sido plantado ou colhido, nenhum hectare de terra fora vendido. Mas também não havia espaço de manobra com tal estrutura – e a aquisição de uma ferrovia exigia mudanças significativas nas alocações. Para investir mais sem tocar no patrimônio, as alternativas seriam aumentar o capital ou contrair dívidas.

A capitalização inicial resultara numa base sólida para a empresa patrimonial. O dinheiro aplicado na compra das terras veio dos acionistas – e a única forma de estes terem retorno do investimento era por meio dos dividendos ou da venda das ações no mercado. No primeiro caso, a empresa precisaria ter lucro – e não havia perspectiva disso a curto prazo, como deixara claro o presidente. Já a venda das ações no mercado não chegava a ser uma opção, uma vez que os controladores ainda lutavam para manter o preço ao par do investimento inicial. Dinheiro sem contrapartida de dívidas era ótimo para a empresa, mas nem tanto para investidores. Como então se chegara a essa situação?

Arthur Asquith, diretor das empresas presididas por lorde Lovat e aliado sempre fiel, salientou um fator relevante: "O êxito das visitas de Lovat ao Brasil e ao continente tem muito a ver com o fato de que ele possuía, em grau superlativo, a capacidade de fazer o que chamava de 'uma boa mistura'. Homens e mulheres de todas as condições, ingleses ou estrangeiros, ficavam desarmados por seu gosto exuberante, sua amabilidade e seu otimismo infeccioso. Nada do que é humano lhe era estranho: num piscar de olhos, estavam todos se divertindo com o brilho de sua companhia."[3]

Essa facilidade social servia para fazer negócios – embora observadores do ramo fossem menos benevolentes para descrevê-la: "Simon não teve treinamento para negócios e não conseguia manter os papéis em ordem. Levava sempre uma pasta atulhada de documentos, que despencavam em cascata toda vez que a abria. Suponho que tudo aquilo tivesse sido colocado ali em seu escritório, pois a sua secretária era muito eficiente. Já suas minutas, embora vazadas em letra quase ilegível, eram breves e precisas. Decidia depressa e nunca permitia que as questões se acumulassem sem resposta. Sua maior qualidade era a de distinguir entre o que importava e o que não valia a pena, além da extraordinária capacidade de fazer as pessoas o seguirem."[4]

Na maior parte do tempo, tudo isso bastava para ele manter sua crença essencial, assim definida pelo biógrafo Francis Lindley: "Sempre que podia, estava na ofensiva contra a autoridade central. [...] Toda vez que precisava tomar contato com organizações, jamais interferia, a não ser quando absolutamente necessário. Deixava as regras apenas para os pontos nos quais não havia alternativas. Podia ser divertido. Coelhos, por exemplo, eram um anátema para ele, devido à capacidade que tinham de destruir florestas e plantações. Perseguia implacavelmente os cuidadores dos campos nos quais notava traços de sua presença."[5]

Enfim, o grupo de Cambará conheceu bem o seu lado simpático e a sua capacidade de levar adiante projetos concebidos por terceiros quase sem interferir – e assim todos se sentiram participantes do empreendimento, mesmo sem serem proprietários dele: tudo caía na conta do interesse comum de progresso da região e do país.

Todavia, no caso da ferrovia, era preciso centralizar e ordenar. Os próprios dirigentes da Parana Plantations sabiam quão difícil seria encontrar gente que, conscientemente, colocasse dinheiro com expectativas incertas de retorno e perspectivas mais que certas de demora. Com isso ficou afastada a hipótese de financiar o empreendimento ferroviário apenas com o lançamento de novas ações no mercado. Também não eram favoráveis as condições para se recorrer a um endividamento. Tal opção só seria viável se as terras, de baixíssima liquidez, fossem dadas como garantia – criando um risco em caso de necessidade de saldar a dívida.

A alternativa descentralizada seria a de conceder um empréstimo à companhia existente, a ferrovia do grupo de Cambará, de modo que este fosse tocando as obras com esses recursos, os quais seriam devolvidos com as eventuais receitas. Essa opção foi tentada em 1927 – e logo ficaram evidentes as suas limitações. A maior delas era a raquítica estrutura de capitalização, de regra na economia brasileira, quando comparada ao que se poderia obter no mercado londrino.

Assim foi se consolidando a tendência para se obter o máximo de capital com um mínimo de dívidas – algo essencial em investimentos de grande porte e longo prazo. Mais uma vez, a presença forte no mercado de capitais londrino se impôs. A saída encontrada foi a de se associar a um banco de peso, o Lazard Brothers. Com a disposição de emitir debêntures conversíveis em ações, ele teria a capacidade de diluir o risco entre muitos investidores e funcionar como fornecedor de capital.

Bom para a Parana Plantations, nem tanto para os controladores da São Paulo-Paraná, o grupo que desde sempre apontara os caminhos para o negócio que estava sendo articulado. A compra das terras, 100 quilômetros à frente da linha projetada, já reduzira bastante a perspectiva de seus lucros com a valorização das terras. Para eles, restava a possibilidade de ganhar transportando mercadorias que seriam produzidas na propriedade.

As notícias de 1928 não foram boas. Em vez de lorde Lovat e sua prosa cheia de espírito, o grupo recebeu emissários do banco e teve de lidar com um grupo de negociadores rígidos e frios, empenhados em obter o máximo pelo menor dinheiro que conseguissem gastar. Os antigos amigos dos

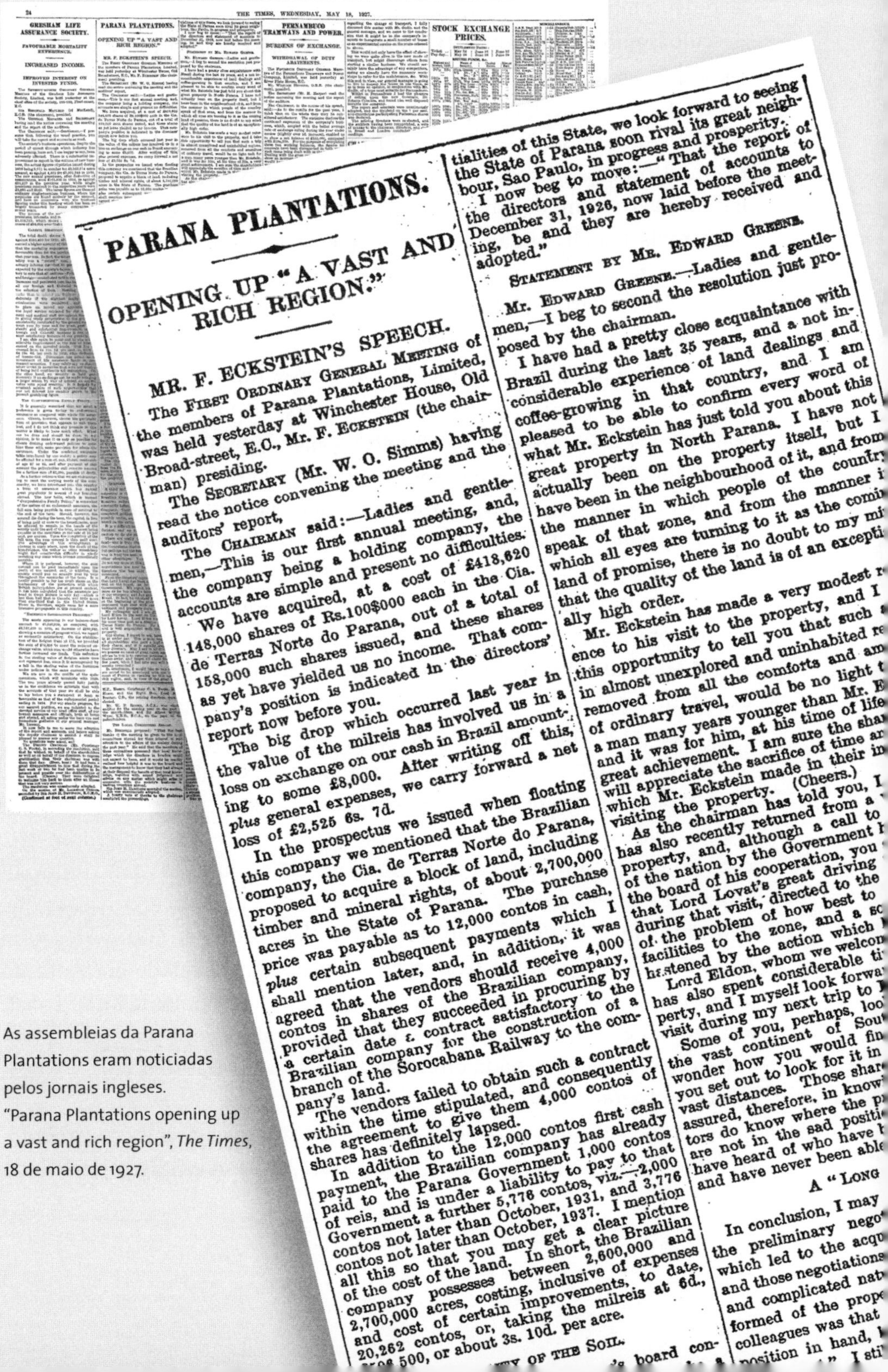

24 THE TIMES, WEDNESDAY, MAY 18, 1927.

GRESHAM LIFE ASSURANCE SOCIETY.

PARANA PLANTATIONS.

PERNAMBUCO TRAMWAYS AND POWER.

STOCK EXCHANGE PRICES.

PARANA PLANTATIONS.

OPENING UP "A VAST AND RICH REGION."

MR. F. ECKSTEIN'S SPEECH.

The First Ordinary General Meeting of the members of Parana Plantations, Limited, was held yesterday at Winchester House, Old Broad-street, E.C., Mr. F. Eckstein (the chairman) presiding.

The Secretary (Mr. W. O. Simms) having read the notice convening the meeting and the auditors' report,

The Chairman said:—Ladies and gentlemen,—This is our first annual meeting, and, the company being a holding company, the accounts are simple and present no difficulties.

We have acquired, at a cost of £418,620 148,000 shares of Rs.100$000 each in the Cia. de Terras Norte do Parana, out of a total of 158,000 such shares issued, and these shares as yet have yielded us no income. That company's position is indicated in the directors' report now before you.

The big drop which occurred last year in the value of the milreis has involved us in a loss on exchange on our cash in Brazil amounting to some £8,000. After writing off this, *plus* general expenses, we carry forward a net loss of £2,525 6s. 7d.

In the prospectus we issued when floating this company we mentioned that the Brazilian company, the Cia. de Terras Norte do Parana, proposed to acquire a block of land, including timber and mineral rights, of about 2,700,000 acres in the State of Parana. The purchase price was payable as to 12,000 contos in cash, *plus* certain subsequent payments which I shall mention later, and, in addition, it was agreed that the vendors should receive 4,000 contos in shares of the Brazilian company, provided that they succeeded in procuring by a certain date a contract satisfactory to the Brazilian company for the construction of a branch of the Sorocabana Railway to the company's land.

The vendors failed to obtain such a contract within the time stipulated, and consequently the agreement to give them 4,000 contos of shares has definitely lapsed.

In addition to the 12,000 contos first cash payment, the Brazilian company has already paid to the Parana Government 1,000 contos of reis, and is under a liability to pay to that Government a further 5,776 contos, viz.—2,000 contos not later than October, 1931, and 3,776 contos not later than October, 1937. I mention all this so that you may get a clear picture of the cost of the land. In short, the Brazilian company possesses between 2,600,000 and 2,700,000 acres, costing, inclusive of expenses and cost of certain improvements, to date, 20,262 contos, or, taking the milreis at 6d., £506,500, or about 3s. 10d. per acre.

...TY OF THE SOIL.

...'s board con-

tialities of this State, we look forward to seeing the State of Parana soon rival its great neighbour, Sao Paulo, in progress and prosperity.

I now beg to move:—"That the report of the directors and statement of accounts to December 31, 1926, now laid before the meeting, be and they are hereby received and adopted."

Statement by Mr. Edward Greene.

Mr. Edward Greene.—Ladies and gentlemen,—I beg to second the resolution just proposed by the chairman.

I have had a pretty close acquaintance with Brazil during the last 35 years, and a not inconsiderable experience of land dealings and coffee-growing in that country, and I am pleased to be able to confirm every word of what Mr. Eckstein has just told you about this great property in North Parana. I have not actually been on the property itself, but I have been in the neighbourhood of it, and from
the manner in which people of the countr
speak of that zone, and from the manner i
which all eyes are turning to it as the comi
land of promise, there is no doubt to my mi
that the quality of the land is of an excepti
ally high order.

Mr. Eckstein has made a very modest r
ence to his visit to the property, and I
this opportunity to tell you that such
in almost unexplored and uninhabited re
removed from all the comforts and am
of ordinary travel, would be no light t
a man many years younger than Mr. E
and it was for him, at his time of life
great achievement. I am sure the sha
will appreciate the sacrifice of time an
which Mr. Eckstein made in their in
visiting the property. (Cheers.)

As the chairman has told you, I
has also recently returned from a
property, and, although a call to
of the nation by the Government h
the board of his cooperation, you
that Lord Lovat's great driving
during that visit, directed to the
of the problem of how best to
facilities to the zone, and a sc
hastened by the action which
Lord Eldon, whom we welcom
has also spent considerable ti
perty, and I myself look forwa
visit during my next trip to
Some of you, perhaps, loo
the vast continent of Sou
wonder how you would fin
you set out to look for it in
vast distances. Those shar
assured, therefore, in know
tors do know where the p
are not in the sad positi
have heard of who have
and have never been able

A "LONG

In conclusion, I may
the preliminary nego
which led to the acqu
and those negotiations
and complicated nat
formed of the prope
colleagues was that
position in hand,

As assembleias da Parana Plantations eram noticiadas pelos jornais ingleses. "Parana Plantations opening up a vast and rich region", *The Times*, 18 de maio de 1927.

acionistas foram tratados a pão e água, num regime tão duro que mereceu desculpas públicas de Edward Greene na assembleia londrina que aprovou a compra da ferrovia: "Queria dizer algumas palavras sobre as difíceis e prolongadas negociações que fizemos com os diretores da Ferrovia São Paulo-Paraná. Os senhores já ouviram sobre a ajuda que tivemos do banco Lazard Brothers. Mas gostaria de ressaltar que fomos ajudados pelo major Barbosa Ferraz, um dos maiores cafeicultores da região, e também diretor da ferrovia. Fiquei com a sensação de que ele foi muito leal a nós no curso das negociações. Sempre que ocorriam impasses que pareciam insuperáveis, o senhor Barbosa empregou o peso de sua influência para chegarmos a termos satisfatórios para todos."[6]

O presidente da Parana Plantations apresentou os resultados da negociação com ênfase num preço que talvez tenha julgado excessivo pelos 97% das ações compradas: "Tivemos de pagar, lamento dizer, algo em torno de 180 mil libras, no qual está incluído uma ponte metálica recentemente concluída sobre o rio Paranapanema. Mas não hesitamos em fazer isso, pois concluímos que este é o melhor caminho para chegarmos às terras adquiridas."[7]

Em circular enviada aos acionistas pouco antes da reunião, a Parana Plantations trazia um resumo do conhecimento acumulado por Gastão de Souza Mesquita Filho em anos de trabalho como empreiteiro: estimativas de percurso até a divisa leste da propriedade (120 quilômetros) e dos custos para implantar a linha (360 mil libras).[8]

Ainda que exaustivas, as negociações não deixaram de ser proveitosas para os fundadores da empresa paranaense. Os 30 quilômetros iniciais de trilhos, mais a concessão, foram vendidos por 6 mil libras por quilômetro; o custo previsto para a continuidade era de 3 mil libras por quilômetro. E cabe dizer que os 3% restantes depois da aquisição eram ações que ficavam para os antigos acionistas, entre eles Gastão de Souza Mesquita Filho. Também mantinha-se a estrutura negocial concebida por Antônio de Moraes Barros e João Domingues Sampaio, com apoio de lorde Lovat: autonomia administrativa para a operação local. A empresa brasileira foi preservada e transformada em filial da Parana Plantations, com a presidência entregue a João Domingues Sampaio.

Mas os caminhos se separaram. Em Londres, o capital da controladora foi dobrado, passando para 1,5 milhão de libras. A empresa ferroviária brasileira foi reorganizada para funcionar com um fluxo de caixa pesado, necessário para suas atividades. Uma empresa inglesa de engenharia foi contratada para substituir a de Gastão de Souza Mesquita Filho e tocar as obras em ritmo acelerado. Tudo centralizado, de modo que Cambará deixou de ter qualquer importância estratégica no destino do projeto nascido na sala de bilhar da Fazenda Água do Bugre.

Assim como o porto do Nhonhô, a mesa de bilhar ficou para trás – e uma nova proximidade se fez. Gastão e Isa decidiram cuidar melhor do recém-enviuvado Antônio de Moraes Barros e aceitaram o convite para morar na casa dele, na rua Doutor Bráulio Gomes, esquina com a Sete de Abril, no centro de São Paulo. Depois de cinco anos de sertão, estavam de volta à vida na capital. Em Londres, os esforços do dono da casa foram motivo de admiração, expressa por Arthur Asquith, que estivera no Brasil tocando a negociação: "Quando voltei a São Paulo depois de visitar nossa propriedade no Paraná, estive com nossos representantes, o sr. Thomas e o sr. Moraes Barros, que haviam discutido detalhadamente com o governo do Paraná as cláusulas da concessão ferroviária. O sr. Thomas e eu gostaríamos de expressar nossa admiração pela maneira habilidosa e infatigável pela qual o dr. Moraes Barros conduziu as negociações e os arranjos para a aquisição da ferrovia e os melhoramentos na concessão."[9]

Asquith também falou sobre a saída de Friedrich Eckstein da presidência. Este alegou especialmente o cansaço que lhe causaram as viagens de inspeção de terras: "[As visitas de Eckstein] ao Brasil foram muito importantes para nossa empresa. Como sei por experiência, as longas viagens em lombo de mula derrubam pessoas muito mais jovens. Ele teve de renunciar [à presidência] por recomendação médica, mas continuou sendo essencial tanto nas negociações da ferrovia quanto nos arranjos para providenciar novos capitais."[10]

Essa referência dá ideia da energia despendida por Antônio de Moraes Barros com seus 58 anos, emendando uma viagem na outra. E ainda guardava o suficiente para um último ato. Concluída a aquisição da ferrovia, ele renunciou à presidência da Companhia de Terras Norte do Paraná assim que retornou a São Paulo, num ato que deixou marcas. Pouco depois recebeu uma carta da diretoria da Parana Plantations, passando recibo delas: "Meus colegas e eu ficamos realmente angustiados com sua renúncia da diretoria da Companhia de Terras Norte do Paraná e da companhia ferroviária. Claro, entendemos as razões de sua atitude. Conhecemos seu entusiasmo pelo progresso do Brasil e sabemos que o senhor não se demitiria se não tivesse a certeza de que, de outra forma, não seria levado adiante o empenho em desenvolver os recursos naturais do país. Esperamos que chegue um tempo no qual as circunstâncias tenham mudado a ponto de permitir que o senhor renove a colaboração conosco. Fica aqui o meu reconhecimento e o de meus colegas por sua colaboração no passado e os votos de felicidades e prosperidade."[11]

Apesar do abalo pela saída de Nhonhô Trovoada, o reconhecimento pela empresa do seu empenho não foi apenas formal. Antônio de Moraes Barros recebeu um pacote de ações da companhia. Da mesma forma, Gastão de Souza Mesquita Filho não apenas manteve uma posição acionária na nova ferrovia como também passou a ocupar posições nos conselhos da empresa.

Com 33 anos, Gastão de Souza Mesquita Filho ganhou mais do que o dinheiro da venda da maior parte de suas ações. Em 1924 ainda era um engenheiro em início de carreira, empreiteiro de uma estrada de ferro sertaneja. Com uma visão de negócios capaz de mover lorde Lovat, tirou do encontro com este bem mais do que as conversas agradáveis. Acabou conhecendo de perto a imensa diferença entre, de um lado, pouco capital e muitos sonhos, e, de outro, a estruturação técnica e financeira desse mesmo negócio por um grupo com acesso aos melhores capitais do planeta.

Lovat dirigia um empreendimento com muito capital, mas com um espírito descentralizador que conferiu grande autonomia à empresa brasileira sob os cuidados de Antônio de Moraes Barros. Graças a isso, este e o seu genro puderam ter um contato íntimo com as vantagens de trabalhar numa organização com capital abundante e uma visão inteiramente voltada para o futuro. Em troca, contribuíram com um requintado conhecimento da legislação brasileira e da organização da vida no sertão.

Os dois juntos percorreram as matas do norte do Paraná para fazer um levantamento minucioso do progresso local. Ambos foram centralizando esse conhecimento, participando das decisões estratégicas, elaborando alternativas e dando condições para que Arthur Thomas, com sua experiência de cultivo de algodão no Sudão, viesse também a conhecer todos os meandros daquela parte do território e das instituições brasileiras. Com isso, foi possível organizar a sucessão.

A volta dos dois a São Paulo coincidiu com uma mudança importante no grupo político unido desde o início do século. Em 1926 houve uma cisão no grupo dos Dissidentes. A maior parte deles abandonou definitivamente o Partido Republicano Paulista (PRP) e fundou o Partido Democrático. O racha chegou à família: Antônio de Moraes Barros e Gastão de Souza Mesquita Filho foram para a nova agremiação, enquanto João Domingues Sampaio (juntamente com o líder político maior do grupo, Cincinato Braga) ficaram no PRP. O novo partido, formado por uma mescla de figuras históricas – como o conselheiro Antônio Prado, com 84 anos na data da fundação – e de jovens inquietos, logo foi investido de uma missão: "Recuperar o tipo de militância que marcara os primórdios do Partido Republicano; recriar uma instituição dominada pela sociedade, com democracia interna; montar um programa progressista de longo prazo, a ser pregado em conferências, encontros, comícios fora de época eleitoral, seminários. E obter votos dos eleitores mesmo contra os partidos oficiais e o domínio do governo sobre a expressão da soberania popular."[12]

A militância aberta exigiu prodígios da parte de Júlio Mesquita. Desde os tempos em que ainda era empregado de *O Estado de S. Paulo*, ele defendera as posições dos Dissidentes – cujo ponto alto foram as duas campanhas civilistas de Rui Barbosa, em 1909 e 1919. A postura mais democrática do que a média dos republicanos granjeara forte apoio na sociedade, expresso no crescimento do jornal, tanto entre leitores conservadores como nos mais progressistas. A fim de continuar apoiando, mas sem aderir a um dos lados depois da cisão, Júlio Mesquita realizou um prodígio de arranjo gráfico: "O jornal permitiu a publicação de uma folha com o noticiário produzido pelo partido, mas claramente separada do noticiário por uma diagramação própria e escrita sob responsabilidade dos militantes."[13]

Com isso ficou garantido, na leitura do jornal, o ambiente que Antônio de Moraes Barros sempre julgou o mais adequado para sua casa: um animado centro de discussões políticas, com direito pleno às expansões de Nhonhô Trovoada em sua versão madura. Mas agora havia diferenças em casa. Embora ocasionalmente apreciasse a atualização em política e tivesse facilidade para o convívio social, essa não era a maneira de gastar tempo preferida de seu genro.

Gastão de Souza Mesquita Filho também organizou muito depressa a nova fase a seu modo de engenheiro – e agora homem de negócios. Essa veia se realizou em outro ambiente. Desde o começo do século, Antônio de

Moraes Barros tinha um chalé de montanha em Campos do Jordão, então um vilarejo na serra da Mantiqueira. Em 1928, ali ganhou dois vizinhos: o genro e Willie Davids – outro que achou melhor ficar longe de Cambará. Já não se tratava mais de um acionista hospedando um contratado, mas de um igual na porta ao lado e grande amigo; Isa e Carlota Davids, que se haviam ajudado muito até mesmo em tarefas como os partos caseiros no sertão, também puderam levar o convívio a novo patamar.

Nas caminhadas juntos, Gastão e Willie, ambos engenheiros elétricos, se incomodaram com a precariedade da iluminação elétrica local, provida por uma empresa quase amadora. Esta era dirigida pelo escocês Robert John Reid e a conversa com o filho de galês Willie Davids foi rápida: como também queria uma boa iluminação, mas não tinha recursos para ir adiante, Reid repassou o controle da empresa aos novos proprietários – uma versão em escala menor do que ocorrera em Cambará, apenas sem sobressaltos.

Quase em seguida foi assinado o contrato com a chamada "prefeitura sanitária" de Campos do Jordão – uma espécie de intervenção estadual no âmbito do município de São Bento do Sapucaí. Os objetivos iniciais para a iluminação pública eram modestos: "A iluminação pública se fará com 330 lâmpadas de cinquenta velas, sendo que a companhia se obriga a trocar por sua conta as lâmpadas que perderem seu poder iluminativo ou se queimarem; já as lâmpadas, braços ou abajures que forem furtados por malfeitores serão pagas pela prefeitura."[14]

Mas Gastão de Souza Mesquita Filho logo ampliou a escala do empreendimento. Como presidente da nova empresa, ele percorreu a região, quase um bairro rural – e muito acanhada comparada aos vastos sertões a que se acostumara –, e concebeu um projeto de porte bem maior, tendo como centro a usina do Fojo, construída por volta de 1930.

Segundo um relatório técnico de 2014, "a barragem, de concreto-gravidade, tem comprimento de cinquenta metros e altura máxima de oito metros. Na parte central, foram construídos os vertedouros de superfície, constituídos por três vãos, dos quais dois operam como soleiras livres. No lado esquerdo, um descarregador de fundo tem acionamento manual a partir de uma válvula em gaveta. Ao lado, foi instalada a tomada d'água da tubulação adutora, que opera através de uma comporta de acionamento manual a partir da crista da barragem. Nesta, uma passarela com proteção em ambos os lados tem boas condições de conservação e limpeza. A tubulação adutora tem um diâmetro de sessenta centímetros, com um trecho inicial em baixa pressão, até alcançar a chaminé de equilíbrio. Daí, prossegue como conduto forçado até a Casa de Força. A Casa de Força tem a base em alvenaria de pedras argamassadas e paredes em tijolos revestidos. As fundações estão em rochas gnáissicas. Além do quadro de comando e do transformador elevador, há um gerador Siemens- Schuckert e uma turbina B. Maier, com potência nominal de 175 kW".[15]

A ação empresarial rápida gerou o primeiro negócio no qual Gastão de Souza Mesquita Filho organizava um grupo de investidores: a Companhia de Eletricidade de Campos do Jordão, estruturada como sociedade anônima. O relatório de uma assembleia, publicado em meados da década de 1930, revela uma lista eclética de acionistas: os irmãos Willie e Rolando Davids; os cunhados Hermann de Moraes Barros e Francisco de Moraes Barros; o governador Armando de Sales Oliveira; J. B. de Melo Peixoto e Fabio de Melo Peixoto, da família de Carlota Davids; Antônio Penteado.[16]

Esse grupo não se formara por razões sociais. A empresa se expandiu depressa, transformando-se em fornecedora regional de energia elétrica: adquiriu da Companhia Sul Mineira de Eletricidade a empresa elétrica da vizinha São Bento do Sapucaí e firmou contrato com a prefeitura de Santo Antônio do Pinhal.[17] Os ativos atingiram 1,5 mil contos de réis em 1936 e o lucro anual nesse ano foi de 190 contos – ou 12,6% dos ativos.[18] A boa situação financeira permitiu que a assembleia elevasse o capital para mil contos de réis.

Ainda em 1928, Eduardo Levy construiu uma quadra de tênis fazendo vaquinha entre vizinhos. Logo o engenheiro Gastão fez parte do grupo que organizou o Clube de Tênis de Campos do Jordão. A lista parcial de sócios fundadores é relevante por documentar o convívio antigo de pessoas que teriam muitos cruzamentos ao longo dos próximos anos: "Alexandre Marcondes Machado, Álvaro Augusto Bueno Vidigal, Antônio Carlos Bueno Vidigal, Armando de Sales Oliveira, Aristides de Souza Melo, Eduardo Levy, Gastão Eduardo Vidigal, Gastão Vidigal, João Batista de Melo Peixoto Neto, José Carlos de Macedo Soares, Luiz Eulálio de Bueno Vidigal, Luiz Suplicy Jr., Renato Vidigal de Azevedo, Roberto Simonsen, Rolando Davids, Sylvio Bueno Vidigal, Willie Davids".[19]

O primeiro do grupo de tenistas a montar um negócio com Gastão foi Cássio Vidigal, que ele conhecia desde os tempos de ginásio. Como investidores, ambos se associaram a compradores de gado magro para engorda. Não demorou muito para que estendessem as suas operações por uma vasta área, desde Mato Grosso e o Triângulo Mineiro até o norte de Minas Gerais. O processo era curioso: o comprador reunia o gado, alugava pastos para a engorda e revendia os animais perto de cidades. As prestações de contas eram todas em confiança – mas funcionavam, de modo que as aplicações iam ficando cada vez maiores.

Ao mesmo tempo, em São Paulo, Gastão de Souza Mesquita Filho passou a empregar seus conhecimentos de engenharia para construir casas em terrenos que encontrava. Tomava conta das obras, comprava e vendia, alugava. Em país de baixa capitalização, ele ia adaptando a fórmula de lorde Lovat: investir de maneira descentralizada, confiando em sócios distantes, mas controlando com rigor os fluxos de capital e os resultados.

Na Campos do Jordão modernizada pelo genro, Antônio de Moraes Barros passou a levar uma existência mais amena e adequada a um homem que chegava aos 60 anos – uma idade avançada na época. Seus poucos trabalhos se resumiam à presença em reuniões de conselho. Em fevereiro de 1931, tomou posse como conselheiro da Companhia Cafeeira do Rio Feio.[20] Participou apresentando propostas para o empreendimento de colonização da família – devidamente aprovadas por Gastão de Souza Mesquita Filho, que assumiu uma diretoria –, fazendo companhia a Paulo de Moraes Barros, da geração de seu sogro, num sinal de liderança familiar reconhecido.

Com o forte apoio do genro, passou-se o tempo final de Antônio de Moraes Barros. Faleceu em 2 de agosto de 1931. O necrológio em *O Estado de S. Paulo* tem trechos que revelam tanto a sua personalidade como a retórica da época:

"Após poucos dias de enfermidade faleceu anteontem nesta capital o conhecido advogado e antigo e estimado político, doutor Antônio de Moraes Barros. Nem nos círculos forenses, em que era justamente acatado por sua probidade e competência, nem no seio da sociedade, em que contava inúmeras amizades e relações, se contava que a moléstia que o atacara pudesse ter tão triste e rápido desfecho. [...]

E já afastado dos muitos postos da política estadual, a que servira e honrara com o maior desinteresse e proficiência, nunca deixou de revelar, nesses últimos anos, o ardor cívico e o entusiasmo com que acompanhava os sucessos que se vem registrando na política nacional. [...]

Desde cedo granjeara a estima de seus conterrâneos, pelas suas largas qualidades de espírito e coração, entre as quais se destacava a rude franqueza com que tratava tanto a amigos quanto a estranhos. Este traço, porém, não chegava a ocultar uma larga bonomia, aliada a uma elevada nobreza de alma, que cativava quantos com ele conviviam."[21]

Era da mesma idade de lorde Lovat, com quem partilhava muitas características. Ambos eram amantes de conversas em sociedade, capazes de falar com todo tipo de gente, tinham prazer nas discussões no Parlamento e na negociação política, eram capazes de ação empresarial. Mas, sobretudo, haviam sido educados no contato com a natureza, ao modo do tempo: admiradores das árvores e de muitas espécies de vida, mas também caçadores de alto coturno. Vinham de um tempo que se consumia – com o início da era em que as matas seriam consumidas.

CAPÍTULO **10**

> *Enfim, a propriedade com escritura*

Enquanto no Brasil alguns dos formuladores e dos realizadores do projeto comandado por lorde Lovat iam se adaptando à nova fase, em Londres os investidores faziam grandes ajustes para dar conta do desafio trazido pelo aumento de capital e pela entrada da Parana Plantations na área da construção ferroviária – muito mais exigente em termos de investimento e gestão.

Uma das questões que requeriam manobras delicadas era a situação da Brazil Plantations, o primeiro grande investimento do grupo da Corner House no Brasil. Lançada em 1924 com grande alarde e aceitação no mercado de capitais londrino, a Brazil Plantations revelou-se desde o início um fracasso operacional. O contraste entre promessa e realidade só não levou a um desastre reputacional por conta da cuidadosa administração de danos, que incluiu o adiamento da prestação de contas e uma rigorosa triagem das informações que beirava a manipulação. Além disso, claro, os novos investimentos no Brasil, ainda maiores em termos de volume de capital, ajudavam a atenuar a avaliação negativa da empresa pioneira.

No entanto, como esses investimentos novos ressaltavam o contraste entre as perspectivas das duas empresas, a hora da verdade acabou por chegar. O reconhecimento da falta de futuro que ameaçava os acionistas pioneiros veio com a análise do balanço de 1927, apresentado na assembleia de maio do ano seguinte: "Começamos o ano [de 1927] com prejuízos de 21475 libras esterlinas, e chegamos ao final dele com um prejuízo de 28503 libras esterlinas, o que está longe de ser satisfatório."[1]

Os motivos reais do fracasso da cultura de algodão foram afinal explicitados: "Decidimos prosseguir com o cultivo de algodão apenas no sistema de parceria. Quanto à produção de sementes, como se pode ver no relatório, nosso pessoal técnico conseguiu algum sucesso, a despeito das restrições para importar sementes. O governo forneceu essas sementes, mas, apesar disso, o investimento não se pagou. Não surgiram parceiros em número suficiente para plantar todo o algodão, já que existem hoje muitos fatores adversos. Indivíduos industriosos conseguem produzir com lucro; mas, nas atuais condições, o café e outras culturas oferecem maiores possibilidades de lucro para o produtor."[2]

O fracasso fora duplo. A primeira tentativa, com trabalho assalariado, mostrou-se inviável – e o prejuízo, inevitável. A segunda, baseada na capacidade empreendedora dos pequenos cultivadores livres, era até viável – desde que o dono da terra aceitasse ganhar bem menos, para se manter competitivo frente às oportunidades de outras culturas. Somando as duas limitações: a Brazil Plantations perdera para o mercado e não via o que fazer com algodão.

As coisas só não foram piores porque, como afirmou Arthur Asquith em sua apresentação na assembleia de acionistas, "as terras foram bem compradas". Assim, poderiam afinal ser revendidas com lucro, salvando o negócio. Naquele momento, a Brazil Plantations contava três grandes blocos de propriedades: as fazendas Jangada e Guatambu, vizinhas da Estrada de Ferro Noroeste do Brasil; e as fazendas Santa Emília e Caiuá, em Cambará – esta última sendo convertida em produtora de café, sem que disso houvesse menção na assembleia. Além disso, a empresa tinha o direito a 10 mil alqueires, à sua escolha, na propriedade da Companhia de Terras Norte do Paraná, retribuição do empréstimo que fizera por ocasião da montagem desta última e que fora liquidado em troca da opção.

Dada essa situação, a diretoria propunha uma saída: "É cedo para afirmar que a venda das fazendas Guatambu, Jangada e Santa Emília vai proporcionar um retorno sobre o custo de capital suficiente para cobrir as perdas que tivemos com a cultura de algodão mais a remuneração da imobilização. Se isso não for possível, estou confiante, depois de uma visita pessoal a essas propriedades, que qualquer diferença será coberta pelo valor das terras sobre as quais temos opção no Paraná. Nossa conclusão é a de que, se há alguns elementos insatisfatórios, há outros de fundo mais relevantes para dar otimismo e encorajamento."[3]

Toda essa explicação aos acionistas fora, de novo, cuidadosamente estudada – mas dessa vez por causa de certos pontos delicados, discutidos na assembleia da Parana Plantations, realizada apenas cinco dias depois, em 8 de agosto. Coube a lorde Eldon apresentar uma proposta capaz de encaixar perfeitamente um saldo de 260 mil ações, deixado em tesouraria após o aumento de capital, com a destinação aprovada na assembleia da Brazil Plantations Syndicate: "Podemos oferecer as ações em reserva numa proposta de troca,

Algodão era um dos produtos cultivados no norte do Paraná. Mas seu cultivo se mostra pouco vantajoso para a Brazil Plantation. Foto José Juliani, década de 1930. Museu Histórico de Londrina, Universidade Estadual de Londrina.

na base de uma para uma, das atuais ações da Brazil Plantations Syndicate. Talvez essa transação levante algumas questões complexas, pois os quadros de diretores das duas empresas são muito similares. O que talvez nos obrigue mais adiante a detalhar os interesses que os diretores têm em cada uma das companhias. Sendo assim, dois pontos precisam ser considerados. Primeiro, este é um negócio que interessa à Parana Plantations? Segundo, se o considerarmos um bom investimento, estaríamos pagando um preço justo?"[4]

Para responder positivamente à primeira pergunta, apresentou o seguinte histórico: "Talvez tivesse sido mais simples se, em vez de fazer um empréstimo para permitir à nossa subsidiária a aquisição de um bloco de terras, ela mesma promovesse um aumento de capital e assumisse a operação. Porém, naquele momento, a Brazil Plantations Syndicate era uma companhia produtora de algodão e operadora de fábricas de descaroçamento, pelo que pareceu melhor montar duas operações separadas. [...] Seu último relatório, recentemente divulgado, mostra que a empresa vai se concentrar na venda de suas fazendas. E também que bons progressos têm sido feitos nessa direção e que existem ofertas razoáveis. Mantidas as condições, a empresa pode obter algo como 175 mil libras por suas propriedades, e ainda manter as terras no Paraná pelas 25 mil libras que aparecem em seu balanço. É claramente uma ideia ótima para as duas empresas que este dinheiro possa ser investido na construção de uma ferrovia."[5]

A seguir, lorde Eldon falou sobre o valor das empresas e propôs que a Parana Plantations fizesse uma oferta de fusão com a Brazil Plantations, na base da troca de uma ação de uma empresa por outra da ofertante: "É extremamente vantajoso para ambas as empresas que não haja conflitos de interesses no que se refere às vendas das terras no Paraná. Além disso, este amalgamento se fará com grande economia de meios administrativos, uma vez que o senhor Arthur Thomas é administrador tanto da Brazil Plantations quanto da Companhia de Terras Norte do Paraná, empresas que dividem os mesmos escritórios em São Paulo."[6]

Como na época esse compartilhamento de diretores e sedes entre empresas era considerado perfeitamente normal — e tendo sido consideradas satisfatórias as condições de troca –, a proposta foi aprovada pela assembleia e tornada pública. E logo foi aceita pelos acionistas da Brazil Plantations Syndicate, ainda em 1928. Assim a Parana Plantations transformou ações guardadas na tesouraria em mais ativos para obter capital a fim de investir na ferrovia, o que permitiu uma série de outros arranjos.

Do relatório de 1928 da Parana Plantations constava uma relação de diretores da Companhia de Terras Norte do Paraná que tinha novidades. João Domingues Sampaio assumira a presidência; Thomas Muir, o diretor do Banco Comercial que o apresentara a lorde Lovat, agora ocupava um cargo na diretoria. Outra novidade era o capitão D. Hamilton, nomeado diretor superintendente da Ferrovia São Paulo-Paraná. Mas havia também Charles Murray, diretor da Murray, Simonsen & Co., de São Paulo.[7] Essa empresa ligava o banco Lazard Brothers, que financiara a ampliação do capital da Parana Plantations, a Roberto Simonsen,[8] incentivador da Missão Montagu. Arthur Thomas, porém, continuava como diretor superintendente.

A imobilização de recursos aumentara ainda mais com as compras de terras concluídas no início de 1928. Chegava agora a 23,8 mil contos. Como as terras foram pagas com um pequeno aumento de capital feito pela controladora, não mudou muito a situação do ano anterior: a imobilização representava 88% dos ativos. A empresa continuava sem qualquer receita operacional – e sua atividade no ano foi descrita como "pesquisa e verificação das terras, sobretudo as adquiridas no último ano, ainda não concluídas".[9]

Com poucas alterações no quesito das terras, as grandes atenções no balanço geral da controladora voltaram-se para a estruturação da ferrovia. A diretoria foi organizada para o projeto. O presidente era Erasmo Teixeira de Assunção, também presidente do Banco Comercial de São Paulo; o vice, João Domingues Sampaio, apresentado como "presidente da Companhia Ferroviária São Paulo-Goiás".[10] Havia um diretor de contabilidade (J. C. Belfrage, de um escritório londrino) e o capitão Hamilton, creditado por sua passagem pela diretoria da Southern San Paulo Railway. Arthur Thomas aparecia como diretor tesoureiro. A apresentação da lista detalhada, com os cargos em outras empresas dos diretores aparecendo como argumento de confiabilidade, segundo a praxe da época, torna evidente um empenho de explicar para o público londrino que, nesse caso, ia além do necessário para uma empresa de terras com balanço apenas patrimonial.

A atividade no setor ferroviário refletia-se no balanço da subsidiária brasileira. O capital total era de 7,4 mil contos, pouco menos de um terço da Companhia de Terras Norte do Paraná. Nele, os ativos operacionais representavam 5,5 mil contos, ou 75% do total. A empresa tinha atividade, não patrimônio, de modo que havia receitas operacionais (poucas, apenas 274 contos) e despesas para operar (668 contos); feitas as contas finais, o prejuízo operacional fora de 319 contos – e justificados: "Com apenas 29 quilômetros de linha e uma expansão em andamento, pode ser considerado razoável."[11] Toda essa preocupação em explicitar o que existia se estendia para a apresentação do que viria pela frente: uma obra ferroviária cuja extensão prevista passou de 120 para 153 quilômetros depois da primeira avaliação pelo empreiteiro contratado e cujas estimativas de custos foram multiplicadas.

Os balanços das subsidiárias apareciam consolidados naquele da holding, a Parana Plantations. A controladora tinha um capital de 1,5 milhão de libras, aplicado basicamente na Companhia de Terras Norte do Paraná (528.325 libras) e na Ferrovia São Paulo-Paraná (209.477 libras). Além disso, uma forte posição de caixa (487.033 libras, distribuídas entre São Paulo e Londres) para bancar a construção da ferrovia contratada. Havia também 240 mil ações em tesouraria, prontas para serem trocadas por ações da Brazil Plantations Syndicate – e pelos ativos, calculados em 175 mil libras, vindos deste, que seriam liquidados para gerar caixa para a ferrovia.

No início de 1929, em resumo, a Parana Plantations havia mobilizado, por todos os meios a seu alcance, recursos de capital de 1,5 milhão de libras, os quais foram aplicados no Brasil. Tinha apenas receitas irrisórias naquele momento, insuficientes até mesmo para cobrir os custos operacionais do pequeno trecho ferroviário legado pelos esforços do grupo de Cambará. Tudo era investimento de longo prazo. E, como às vezes acontece com projetos de longo prazo e grande complexidade, mesmo realizações maiores poderiam dar a impressão de que nada estava acontecendo. Por três anos, "nada aconteceu". Havia sentido na decisão de trabalhar em silêncio: ainda indefinido o trajeto da ferrovia que viria a ser a base de tudo, apenas os investimentos em demarcação e pesquisa mantiveram-se constantes. Mas essa política de discrição continuou mesmo depois de iniciadas as obras ferroviárias.

Na vertente norte da propriedade paranaense, a Estrada dos Ingleses foi deixada de lado, o hotel perdeu movimento, o porto do Nhonhô Moraes voltou a ser refúgio de pescadores. Enquanto isso, no lado leste, as coisas andaram depressa. O caminho entre Cambará e Jataizinho, que o fornecedor José Jorge Chedid levara seis dias para percorrer em 1925, foi transformado numa estrada, concebida não só para chegar nas terras, mas também para suportar a movimentação da obra ferroviária. O tempo de percurso foi reduzido para um dia, com apenas uma travessia de balsa no caminho. Automóveis, ônibus e caminhões começaram a circular.

Os levantamentos topográficos ganharam outra utilidade, passando a servir de base para o projeto de estradas, segundo um método: elas correriam sobre os divisores de água delineados por topógrafos como o negro José. Também foi planejada a localização das cidades: as maiores seriam separadas por 100 quilômetros; entre elas, em geral a cada 12 quilômetros, uma cidade menor; já os patrimônios (como são chamadas as vilas no Paraná) podiam ser erigidos com mais flexibilidade. E desses traçados nasciam as plantas de lotes, correndo sempre do alto dos divisores para os rios. A regra era que todo lote devia ter acesso a meios de transporte e ao abastecimento de água.

Os desenhos de lotes foram a primeira figuração da mercadoria que iria ser vendida: a pequena propriedade. Eles teriam em média cerca de 10 alqueires, concebidos para atrair compradores em massa. Era uma novidade – mas com raízes históricas profundas. A ideia da venda de pequenos lotes baratos como modo de facilitar o acesso de pessoas sem recursos à propriedade e ao mercado vinha, no Brasil, desde o momento em que se pensou em extinguir o instituto da sesmaria.

Já em 1821, José Bonifácio de Andrada e Silva escreveu: "Que de todas as terras não se deem mais sesmarias gratuitas, mas se vendam em porções ou lotes; que haja uma caixa ou cofre em que se recolham o produto dessas vendas, que será empregado para favorecer a colonização de europeus pobres, índios, mulatos e negros forros, a quem se dará pequenas porções de terreno para o cultivarem e se estabelecerem."[12]

Nessa concepção, a venda de terras passava a ser o objetivo central de uma política que seria exclusivamente de Estado: sairiam dele as terras de domínio público, viriam para ele receitas. Em vez de distribuir favores de concessão, o Estado implementaria uma política de crescimento do mercado. Enfim, José Bonifácio propunha uma política deliberada de vender terras, dar apoio para transformar a terra em mercadoria acessível – ou, dito de outra maneira, uma política de formação de um mercado amplo de pequenos proprietários.

Não era uma ideia comum quando o texto de José Bonifácio foi escrito – nem mesmo nos Estados Unidos, onde a política de comprar (como no caso da Louisiana, adquirida da França em 1803) e vender terras vinha desde a Independência, em 1776. Onde havia escravidão, no entanto, o interesse maior de grandes proprietários escravistas prevalecia nas políticas públicas, de modo que as vendas de terras dominiais privilegiavam os grandes territórios. Foi apenas em plena Guerra de Secessão, quando os estados escravistas do Sul abandonaram o Congresso, que as coisas mudaram radicalmente.

Em 1862 o presidente Abraham Lincoln conseguiu aprovar o Homestead Act [Lei das Terras Públicas]. Por ele se criavam duas opções: quem cultivasse uma área de até 26 alqueires por cinco anos receberia do governo um título de propriedade, pagando apenas uma pequena taxa para cobrir os custos de medição e registro; outro caminho para o título era pagar 1,25 dólar por acre e fazer por conta própria a medição. A execução de tudo isso não foi exatamente castiça. Muitos candidatos a donos de lotes não conseguiam sobreviver até que as plantações gerassem renda – algo possível apenas para lavradores experientes. E as brechas na lei permitiam que especuladores, pecuaristas e proprietários de ferrovias açambarcassem a maior parte da terra. Ainda assim, cerca de 1,5 milhão de títulos de propriedade foram emitidos e distribuída uma área equivalente a um décimo do território do país.

Nesse contexto histórico pode-se entender melhor o modelo de negócios montado por lorde Lovat, com o crucial apoio jurídico de Antônio de Moraes Barros e João Domingues Sampaio. A opção da compra e venda de terra dominial existia na legislação paranaense. Mas não era organizada no modo proposto por José Bonifácio ou praticado pelo Homestead Act. O governo estadual não dava subsídios para medição e registro, de modo que esses custos tinham de ser suportados pelos eventuais interessados – o que afastava quem não tinha dinheiro para bancar esses serviços. Também não havia uma política para ir atrás de interessados com poucos recursos, de modo que o candidato deveria procurar por sua conta a repartição vendedora e pagar todas as custas judiciais. Enfim, tal como no caso das sesmarias, a função do Estado se resumia a assinar o papel.

Essa imensa timidez de ação, essa pequena participação do Estado no processo de transformação da terra dominial em terra com destinação jurídica – fosse propriedade ou outra – mantinha os concessionários como os grandes agentes no processo, que então recebia o nome de colonização. Mesmo no caso da aquisição da gleba pela Companhia de Terras Norte do Paraná, o maior ganho financeiro havia sido o do concessionário, a Companhia Marcondes, que em pouco tempo vendeu as terras que recebera sem custos, sem grandes trabalhos de demarcação e preparo – e com grande lucro.

Lorde Lovat, apostando nas ideias de João Domingues Sampaio e Antônio de Moraes Barros, fez com que a empresa sob seu comando assumisse todos os custos inerentes ao processo de transformação de domínio em propriedade privada. Um desses custos era o da demarcação e medição, processos que estavam sendo concluídos em 1928, juntamente com um mapeamento da fertilidade do solo.

No modelo da sesmaria, esse custo ficava para o agraciado com a concessão – e apenas uns poucos tinham recursos para cumprir as exigências. Já no modelo proposto por José Bonifácio e adotado nos Estados Unidos, a despesa para demarcar e registrar era bancada pelo governo, no caso dos ocupantes produtores, ou pelo candidato, se a compra fosse de terra inculta. A Companhia de Terras Norte do Paraná tinha capital suficiente para bancar tudo isso por conta própria – e fazer mais.

Outro custo que ficaria para a empresa seria o da construção da infraestrutura de transportes. Tanto a ferrovia como a rede rodoviária seriam de responsabilidade das duas subsidiárias da Parana Plantations. Da mesma forma, a infraestrutura de obras municipais (ruas, praças, etc.) seria construída e financiada pela empresa – com a terra usada para essa finalidade revertendo gratuitamente ao poder público, em caso de êxito.

Em suma, o modelo de negócios de lorde Lovat era o de atuar numa área sempre conflituosa, a da passagem do regime de domínio público difuso e incondicionado de um território para aquele de um regime de propriedade privada demarcada, com fracionamento organizado. Só então haveria possibilidade de comercialização e fruição da propriedade assim organizada sob a forma de parcelas. Esse modelo, no Paraná, competiria com os lotes vendidos por concessionários sem escritura definitiva, de um lado, e com a eventual capacitação do Estado para administrar a passagem do domínio público para o controle privado por meio de política pública, como proposto por José Bonifácio ou executado nos Estados Unidos.

O lucro, se viesse, derivaria daquilo que Gastão de Souza Mesquita Filho expusera na sala de bilhar da Fazenda Água do Bugre em 1924: a capacidade de atrair gente capaz de cultivar terras e com recursos suficientes para pagar por uma propriedade e nela instalar algum tipo de produção, de um lado, e, de outro, nas receitas de uma ferrovia capaz de transportar a produção assim instalada e trazer os bens que os proprietários necessitassem, cobrando fretes.

Esse processo de fazer negócios a partir de um plano geral de aumento da produção e da riqueza já existia, especialmente em São Paulo. Pôde ser replicado no âmbito da legislação paranaense, com a vantagem da compra de terra dominial a preço fixado – algo inexistente no âmbito paulista. Ele garantiu escala – e viabilizou um caminho de fato excepcional.

Lorde Lovat tinha uma elevada capacidade de combinar o acesso a grandes volumes de capital, angariados a baixo custo e com longo prazo de utilização, com sua aplicação em circunstâncias nas quais ninguém entrevia a possibilidade de organização de um negócio lucrativo e estável a longo prazo. Esse tipo de investimento, estruturado em torno do capital de qualidade, só podia acontecer naquele momento em mercados de capital do porte do londrino. Ali, pessoas como lorde Lovat ou Friedrich Eckstein conseguiam mobilizar os recursos necessários, ainda que os investimentos fossem no Sudão ou no Brasil, locais inusitados de aplicação desse tipo de capital. Os lançadores do projeto funcionavam, para os investidores de longo prazo, como fiadores do êxito da empreitada.

No caso da Parana Plantations, um dos elementos centrais da confiabilidade no investimento veio de uma adequação da ideia às instituições legais brasileiras, realizada basicamente por João Domingues Sampaio –

e implementada em campo por Antônio de Moraes Barros. O trabalho discreto ao longo de três anos transformara a terra pouco processada da concessão em área delimitada e conhecida da propriedade. E isso graças ao modelo que combinava uma empresa operadora funcionando sob as leis brasileiras e, outra, atuando como holding, sob a legislação britânica. Com isso criou-se tanto a capacidade de reunir o capital como os elementos necessários para a sua aplicação – tudo girando em torno da confiança no futuro do Brasil, de onde, afinal, dando certo as coisas, viriam os lucros.

Tal modelo era totalmente inusitado, tanto na percepção do mercado londrino (onde valia a classificação de negócio especulativo pela revista *The Economist*) como na dos próprios brasileiros. Neste último caso, a variação de juízos podia ser gigantesca. Maurício de Lacerda, tribuno nacionalmente famoso na época, vocalizou um caminho para o negócio: "No ano findo indaguei de vós quem era esse lorde Lovat que estava adquirindo vultuosos latifúndios no norte do Paraná. Soube que o magnata está também adquirindo estradas de ferro. Pergunto, senhores, se conheceis lorde Lovat. Pois vos repito que foi o mesmo que comprou quase todo o Egito a peso de libras. [...] Ora, se o senhor Lovat compra terras e compra as estradas que percorrem essas terras, o que nos resta? Valeu a pena lutar tanto para conquistar as Missões, para depois entregar a um inglês?"[13]

A mesma situação instigava também avaliações opostas, como a do industrial ponta-grossense Flávio Guimarães: "A luta pela hegemonia econômica se travará entre os estados do Paraná e de São Paulo num futuro não muito remoto. Desse duelo de vida ou morte travado entre os princípios de alta visão econômica, de estudos, mediação e uma série complexa de solução de problemas, ficará o Paraná com a hegemonia. [...] De Cambará partirá a estrada de lorde Lovat, buscando o seio magnífico das formidáveis terras que o futuro nos mostrará."[14]

A mesma percepção de um projeto grande, feito por uma figura pouco conhecida na realidade local, permitia projetar tanto um futuro de miséria e exploração do Brasil quanto outro de grandeza e riqueza rápida, especialmente para o Paraná. E tudo isso antes mesmo de a Companhia de Terras Norte do Paraná obter sequer um centavo de receita por seu investimento – algo pouco comum na realidade brasileira. Se até mesmo o concessionário vendera terras para ela antes de regularizar a propriedade, por que a empresa ia gastando ano após ano sem faturar? A resposta está em poucos parágrafos, publicados em 29 de abril de 1929:

"Nos autos de medição das terras denominadas Pirapó, nos municípios de Tibagi e São Jerônimo, requeridas a título de concessão pela Companhia de Terras Norte do Paraná, o exmo. sr. dr. presidente do estado proferiu a seguinte sentença:

Vistos e examinados estes autos e etc. Considerando que foram obedecidas as prescrições técnicas para a demarcação das terras vendidas pelo estado à Companhia de Terras Norte do Paraná, por escritura do dia 16 de outubro de 1925,

Considerando que as terras a que se referem o presente processo têm por limites os consignados na referida escritura, com pequena diferença entre a Fazenda Floresta e o rio Bom, modificação advinda apenas de acidentes naturais só conhecidos depois de realizados os serviços técnicos de demarcação.

Considerando ainda que a extensão demarcada está de acordo com as estipulações da referida escritura e o mais que dos autos consta;

Aprovo o presente processado de medição e demarcação de 829697 hectares 68 ares e 48 centiares de terras situadas nos municípios de Tibagi e São Jerônimo e pertencentes à Companhia de Terras Norte do Paraná por escritura pública lavrada em Curitiba, no dia 16 de outubro de 1925."[15]

A partir desse ato foi lavrada a escritura definitiva e registrada em cartório – a novidade legislativa enfim introduzida pelo Código Civil de 1916. Esse instituto vinha sendo postergado desde a discussão da Lei de Hipotecas em 1864. Veio com o código que fez a última derrogação das Ordenações do Reino, que vigoraram por 416 anos no Brasil, deixando marcas profundas. O registro público veio a ser a garantia de que a cessão do título jurídico obrigava à cessão do bem real. Em outras palavras, alguém que emprestasse dinheiro ao dono podia executar o título e ficar com a propriedade, com apoio do poder público. Também era a garantia de que o proprietário poderia fracionar o bem, com o comprador dessa fração tendo a mesma garantia pública de que a propriedade privada nele descrita não apenas era desligada da supervisão estatal como merecedora de proteção por parte do governo.

Era a chave de abóbada, aquela que segura e remata toda uma construção. Foi esse o marco que encerrou a era da preparação silenciosa e inaugurou a etapa da ação ruidosa.

CAPÍTULO **11**

> *Londrina: boa organização, poucos compradores*

Em agosto de 1929, partiu afinal a excursão para marcar o início da era da venda de propriedades. Os tempos dos trabalhos discretos, da preparação silenciosa, da espera, haviam passado: agora era possível contar com a palavra do governo do Paraná. A escritura definitiva registrada em cartório permitia, enfim, o desmembramento seguro das glebas – ou seja, a venda dos lotes para os interessados. Havia muita terra para oferecer. E muita gente para atrair, cativar, exibir as terras, tentar transformar em compradores – sempre à maneira de lorde Lovat, o homem que acreditava em muito capital e muita organização. Chegara a hora do espetáculo cuidadosamente preparado para iniciar o contato com os clientes. Para isso dar certo, porém, a Companhia de Terras Norte do Paraná teria ainda muito trabalho pela frente.

George Craig Smith, o encarregado de comandar a nova etapa, lembra em detalhe do que caiu sob sua responsabilidade: "Fui chefe da primeira caravana. E comigo vieram as seguintes pessoas: o doutor Alexandre Razgulaeff, engenheiro agrimensor russo; Alberto Loureiro, que era português e empreiteiro da companhia, e vinha para fazer a primeira derrubada e construir os primeiros ranchos; depois veio o Erwin, encarregado da alimentação, da cozinha e tudo; o Joaquim Barbosa, falecido, que era sócio do Alberto Loureiro; veio o Spartaco Bambi, agrimensor auxiliar; depois, o Geraldo Maia, e vários outros trabalhadores braçais."[1]

Feita para ser comunicada ao mundo, a viagem ganhou lembrança detalhada: "A primeira caravana, da primeira expedição, que abriu a primeira clareira aqui no lugar onde é hoje Londrina, chegou no meio da mata virgem em 21 de agosto de 1929. Não havia nada, nada, nada. Nós viemos de Jataizinho até o que é hoje Londrina, que se chamava naquele tempo Patrimônio Três Bocas. Nós chegamos em lombo de burro, depois de atravessar uma picada escura, picada de caboclo. Levamos o dia inteiro para fazer essa viagem."[2]

Esse, aliás, era apenas o trecho final de um percurso maior: "Nós viemos de caminhão Ford, de Ourinhos até Jataizinho. O tempo era seco, viemos em agosto, não era época de muita chuva. Então fizemos uma viagem relativamente rápida, porque em tempo de chuva essa mesma viagem podia levar três dias, encalhando nos barros, nos atoleiros. E tinha que atravessar três rios: primeiro o rio das Cinzas, onde tinha uma pontezinha. O segundo rio era o Laranjinha, atravessado numa balsa muito precária; precisava muito cuidado para o caminhão entrar dentro da balsa. Se não tivesse breque bom, caía na água. O terceiro rio, o Congonhas, nós atravessamos dentro da água, porque não tinha ponte, nem balsa, nem nada. A gente saiu preparado, levava no caminhão tudo que era necessário, porque ninguém sabia quanto tempo ia demorar aquela primeira viagem. Então, a gente já ia suprido com tudo que era necessário: mantimentos, água potável, e um pouquinho de cachaça para esquentar na chuva. Tudo que era necessário para uma viagem pioneira assim."[3]

Viagem pioneira, sem dúvida – mas com planejamento que ia muito além da cachaça para os dias de chuva. Alexandre Razgulaeff era outro que fazia parte tanto da expedição quanto da equipe que realizara o trabalho

Enquanto se abriam as picadas, criando uma rede estradas e ruas, começaram as obras das duas primeiras edificações de madeira do Patrimônio Três Bocas (mais tarde Londrina): o escritório da CTNP e o hotel da companhia. "Construção de moradias no Patrimônio Três Bocas (Londrina)", Coleção George Craig Smith, Museu Histórico de Londrina, Universidade Estadual de Londrina.

prévio: "Trabalhei no traçado da estrada de ferro, com alguns companheiros meus que começaram em Cambará a fazer estudo até Cornélio Procópio, depois até Londrina, depois até Maringá. Aí trabalhava como agrimensor, acompanhando usualmente as ordens de estrada de ferro. Porque era a estrada de ferro quem escolhia mais ou menos os lugares onde iria ficar uma futura cidade, calculando distâncias com precisão topográfica. Aí, depois, me deixavam a incumbência de estudar as cidades."[4]

Não era bem uma delegação total, de modo que muitas vezes havia conflitos: "Tenho críticas de profissional. A cidade foi muito mal projetada, mas a culpa não é minha. Vou dizer de verdade. Quando eu projetei a cidade, como as avenidas iam sair do meio do mato, projetei avenidas e ruas com 24 metros de largura. Vieram me dizer: 'Não, não convém. Quem vai construir as ruas? Nós. Quem vai pagar imposto? Nós. Então me mandaram diminuir. Ruas de dezesseis metros, o mínimo que aceitei. Eles queriam doze. E, na minha ausência, o engenheiro que eles arrumaram diminuiu a largura das ruas de Cambé para doze metros, conforme ordem da Inglaterra, mas não aceitei."[5]

A referência às discussões mostra que houve um grande preparo técnico antes da definição do ponto final da caravana. O local fora escolhido porque ali iria passar a estrada de ferro em construção. E, também, por ser adequado para a instalação de uma cidade maior, capaz de impulsionar todo o desenvolvimento da região. E isso depois de muitas considerações, que levaram ao estabelecimento de uma hierarquia: não se tratava de construir apenas uma cidade, e sim de uma rede integrada de núcleos urbanos de dimensões variadas.

A menção a Cambé ilustra esse ponto. Esse é o nome atual de uma cidade próxima a Londrina, que seria a estação seguinte na linha ferroviária. Também havia sido projetada de antemão. A mesma preparação ocorreu ao norte de Londrina, com outra planta urbana traçada antes da expedição. O urbanista Nelson Yamaki sustenta que o partido urbanístico do Patrimônio [vila rural] Heimtal talvez seja o mais antigo desenhado por Alexandre Razgulaeff.[6]

O depoimento de outro pioneiro, Ludovico Surjus, vai também nessa direção: "Começaram abrir a colônia Heimtal antes de Londrina, porque não sabiam ainda por onde ia passar a estrada de ferro. Então não sabiam onde é que ia ficar a cidade. Começaram a cortar chácaras a partir da picada. De que jeito? Com picadas paralelas a essa. Limparam a picada do Joaquim [Palhano], alargaram para ir pro sertão. Chamava 'estrada do sertão' e comunicava com o Heimtal. Mas quando chegaram no caminho tinha um brejo lá, um brejo enorme, não deu para fazer pela reta, tiveram de contornar. Mister Thomas ficou danado. A picada era rumo norte-sul. Quando resolveram vir fundar Londrina, uma cidade de 30 mil habitantes, cortaram as outras ruas, norte-sul e leste-oeste, a partir dessa picada."[7]

Enfim: havia planejamento, mas também desvios em função das condições dos trabalhadores e do terreno. Feodor Talizin relembra sua rotina entre Jataizinho e as frentes de abertura de picadas: "Chegar num mato como o daqui era desagradável. Tinha muitos, muitos mosquitos. Chovia bastante. A gente morava num barraco coberto com folha de palmito. Assim foi a vida no começo. A gente saía de Jataizinho, pegava a roupa que a mamãe botava e vinha andando nessa estrada. Passava o Tibagi lá na balsa, mais ou menos uns dois quilômetros, depois entrava no mato. Aquilo parecia túnel. Gastava de cinco a seis horas para chegar no acampamento. Era uma barraquinha coberta com folhas de palmito. Aí eu deixava roupa de cama. Tudo guardadinho, coberto. Ficava a semana inteira fazendo limpeza de mato."[8]

Enquanto se abriam as picadas e estradas, criando redes de ruas, bases para o tráfego de automóveis e caminhões e acesso aos lotes rurais, a clareira desmatada pelos empreitados de Alberto Loureiro ia aumentando em torno das precárias construções: "Dois ranchos de palmito foram construídos onde hoje fica o marco zero de Londrina, ao lado da avenida Theodoro Victorelli, próximo à atual estação rodoviária."[9] Quase de imediato, começaram as obras das duas primeiras edificações de madeira da cidade: o escritório da CTNP e o hotel da companhia.[10]

Ao contrário da maioria das cidades brasileiras, ali não se estava começando com uma fazenda e uma igreja. Cada prédio tinha uma função específica no empreendimento da venda de lotes. No escritório havia um arquivo incomum nos negócios brasileiros da época. Parte dele eram mapotecas de boa qualidade, nas quais se guardavam tanto as cadernetas com registros topográficos colhidos em toda a propriedade nos anos anteriores como as plantas das estradas e cidades. Mas o destaque ficava para a planta individual de cada lote demarcado, uma forma de evitar eventuais disputas e desavenças em torno dos limites de dezenas de milhares de propriedades.

Outra seção armazenava os registros nos cartórios. Sendo cada lote

AQUI ESTAO OS PRIMEIROS PAULISTAS VINDOS EM GRUPO PARA ADQUIRIR TERRA NAS CERCANIAS DE LONDRINA. O GRUPO POSA PARA A OBJETIVA DO SR. CARLOS KRAEMER, ENQUANTO SE PREPARA A BOIA JUNTO O RANCHO

ATIVIDADE CRIADORA DE PROGRESSO LIGADA À HISTÓRIA DE LONDRINA

O ENGENHEIRO MABIO PALHANO DEMARCOU VASTÍSSIMA REGIÃO NORTE-PARANAENSE DESDE OS IDOS DE 1919

O engenheiro Mabio Gonçalves Palhano é não só um dos que acompanharam de perto o florescimento maravilhoso do Norte do Estado, como também dos poucos que tiveram a oportunidade de participar de forma direta, na fase prévia de seu desenvolvimento. Tanto é assim que, em 7 de janeiro de 1919, era designado pelo primeiro Comissariado de Terras do Norte do Paraná para servir como Engenheiro Comissário, num vasto setor que compreendia as, então, Comarcas de Jaguariaiva, São José da Boa Vista, Tomazina, Ribeirão Claro, Jacarezinho e São Jerônimo, indo as divisas dêste último até o rio Pirapó.

Daremos a seguir, uma relação das terras concedidas para fins de colonização, em que procedeu às respectivas demarcações: terras concedidas ao Sr. Nevio Luiz Viana, em março de 1922, as quais passaram a fazer parte posteriormente da "Concessão Alves de Almeida"; idem, idem, à Corain & Cia. (Colônia Primeiro de Maio), em junho de 1922; idem, idem, ao engenheiro Firmino de Almeida (Colônia Zacarias de Góis), em outubro do mesmo ano; idem, ao engenheiro Antônio Alves de Almeida (Colônia Nova Bahia), em fevereiro de 1923; idem quanto às terras concedidas ao Dr. Francisco G. Beltrão (Ibiporã), em 10 de agôsto de 1923, de acôrdo com a lei número 1809, de 11 de abril de 1918; o mesmo quanto às terras dadas também para fins de colonização ao Cel. Leopoldo de Paula Vieira (atualmente Sertanópolis), em 17 de agôsto de 1923.

Alguns anos mais tarde, ou precisamente no dia 21 de março de 1929, comprou as terras onde instalou sua propriedade agrícola, denominada "Fazenda Mabio Palhano", em Londrina.

Até aí, publicamos detalhes referentes aos trabalhos de abertura de divisas e confrontações de terras vendidas pelo Estado mediante concessão para serem colonizadas, e, — logo após os últimos trabalhos demarcatórios das propriedades em que se plantou esta civilização gigantesca, que todos conhecem, ou seja em 27 de setembro de 1927, — iniciou os trabalhos de uma estrada carroçável de Congonhas ao Jataí, a qual foi a primeira via de comunicação que ligou Jataí às demais cidades do Estado, das quais vivia isolada. A portaria de autorização para êsse serviço tomou o n.º 1.434, e tem a data de 27 de setembro de 1927, e compreendia o auxílio de dois contos de réis por quilômetro até o máximo de 40 contos.

Para atender os trabalhos de marcação das glebas e sua delimitação, na vasta Comarca de São Jerônimo, onde

O NOME DELE NÃO FICOU GRAVADO. PIONEIRO QUE AO INVÉS DE EXPLORAR A TERRA FOI ENCONTRADO NA REGIÃO EM DEMORADA BUSCA DE DIAMANTES, COMO SOLITÁRIO HOMEM DA GRANDE FLORESTA

se achavam tôdas as demarcações a princípio mencionadas, o engenheiro Mabio G. Palhano viajava da seguinte maneira: saía de Curitiba de trem, utilizando a Estrada de Ferro São Paulo-Rio Grande. Fazia baldeação em Boituva, e pela Estrada de Ferro Sorocabana ia até Paraguaçu. Dali, dirigia-se de automóvel a Conceição do Monte Alegre; de Conceição, precisava viajar a cavalo em território paulista, num percurso de 60 quilômetros até chegar defronte da confluência dos rios Tibagi e Paranapanema. Novo meio de transporte era então usado, nessa altura da viagem: atravessava-se o rio Paranapanema, numa distância de 200 metros, a canôa. Os animais vinham a nado. No tempo das enchentes essas travesias, visando a alcançar terras paranaenses, tornavam-se muito perigosas.

Além dessa vida de trabalho realmente com sacrifício, havia outros riscos

NA ESTRADA CAMBÉ—PRATA, COMPRADORES PAULISTAS TRAZIDOS POR JOÃO SCHIAVINATTO, SE ANINHAM NAS RAIZES DA FIGUEIRA BRANCA, PARA A POSTERIDADE FICAR SABENDO QUÃO GRANDE ERA ELA

10 — REALIZAÇÕES BRASILEIRAS

Os pioneiros enfrentavam os mosquitos e a mata colossal para se instalar nas propriedades recém--adquiridas na região. Livro *Documentário Histórico – Jubileu de Prata de Londrina 1934-1959*, p.12.

precisamente delimitado, a empresa teria condições de ir ao cartório e desmembrar cada escritura que fosse passar a um comprador. Havia uma ficha com os dados de cada transação realizada depois da primeira venda – tão completa que, com o tempo, funcionários de cartório iam conferir dados no arquivo da empresa.

Por fim, também estavam arquivados os recibos das transações financeiras – que eram bem complexas. A experiência da Brazil Plantations em Guatambu foi essencial nessa definição. Ali Arthur Thomas aprendeu que o fiado era a mais sagrada instituição econômica do país. Empenhada a palavra, não havia necessidade de contratos complicados, garantias formais impossíveis de buscar, nem querelas jurídicas de qualquer espécie. A venda a fiado era, basicamente, um empréstimo garantido pelo bem – no caso, o lote.

No Brasil anterior das concessões, esse esquema funcionava muito bem. Acordos verbais entre comprador e vendedor sacramentavam as transações. No Brasil da escritura definitiva ao final do pagamento, o fiado vinha a ser um adiantamento no uso de um bem da companhia, transformado em propriedade por escritura ao final do contrato. Um negócio com muito mais garantias que aqueles do mundo das concessões.

Desde muito cedo, o padrão adotado foi o da venda com uma entrada módica e pagamento do principal no prazo de quatro anos. Essas prestações eram ajustadas ao ciclo de instalação de um pequeno proprietário: no primeiro ano, quando o comprador tinha de investir em desmate e plantio das culturas alimentares, a cota era de 20%; depois, 30% nos dois anos seguintes, ao se iniciarem as colheitas comerciais; a liquidação do saldo ficava para o quarto ano. Ajustes derivados de acidentes climáticos ou de outra espécie podiam ser feitos. E cada alteração no termo inicial ou no pagamento era cuidadosamente anotada nas fichas arquivadas.

Em suma, mesmo na época em que havia apenas um escritório erguido na clareira aberta, uma clara estrutura de suporte (estradas, ruas, etc.), uma sistemática jurídica para garantir a propriedade (que incluía plantas e levantamentos topográficos) e uma política comercial consistente, era evidente a marca da organização buscada por lorde Lovat.

A política de comunicação e vendas exibia o mesmo grau de consistência – algo ainda mais raro no Brasil de então. O negócio só daria certo se houvesse dezenas de milhares de candidatos a compradores de lotes. Pensando neles, foi erguido o segundo prédio de madeira, o Hotel Campestre. Os possíveis compradores tinham direito a hospedagem paga pela CTNP. Havia uma estrutura pronta para atender esses clientes – que ia do transporte aos lotes disponíveis até o desenho sob medida da planta do terreno escolhido.

Desde o princípio adotou-se uma estratégia para criar argumentos focados e padronizados, o que exigia muita publicidade. O teor central desta já se definiu naquele que se considera o primeiro anúncio da empresa, publicado em *O Estado de S. Paulo* no sábado, dia 29 de março de 1930. Dois pequenos textos, em destaque, exaltavam a qualidade das terras: "A zona norte do Paraná é a maior, melhor e única terra roxa ainda existente e inexplorada para o café" e "A zona norte do Paraná oferece as seguintes vantagens: safras colossais, cafés de boa qualidade, saída mais fácil e despesas menores".[11] O argumento da fertilidade do solo, apresentado na sala de bilhar da Fazenda Água do Bugre por Gastão de Souza Mesquita Filho a lorde Lovat em 1924, nunca deixaria de ser repetido.

O segundo argumento vinha a seguir, também em destaque: "Terra roxa de primeira qualidade em lotes de dez alqueires para cima". Esse argumento para atrair os compradores era reforçado no corpo do texto com a informação do preço (400 mil-réis por alqueire) e das condições: "à vista ou a prazo, da forma conveniente ao comprador".

Esses eram os atrativos. Já a argumentação mais racional vinha no primeiro parágrafo do texto. Ali se informava sobre o gigantesco capital da empresa (18,5 mil contos de réis), assegurando a solidez do empreendimento. Em seguida, outro argumento repetido à exaustão nos anos seguintes: "A Companhia de Terras Norte do Paraná garante todos os títulos de propriedade das terras que vende, respondendo pela evicção dos mesmos em qualquer época, além do que todas as suas vendas são registradas e legalizadas pelo governo do Estado do Paraná."

Desde o início esse conjunto de argumentos foi reproduzido na totalidade em diversas mídias: folhetos para orientar os vendedores; panfletos a serem pregados em postes e distribuídos em estações de trem ou pontos de ônibus. Pouco mais tarde, toda a argumentação passou a ser divulgada juntamente com fotos da região, com especial ênfase nos produtos da terra e nos sinais de sua fertilidade. Mais tarde, outro ponto foi acrescentado: "Não há saúvas".

Essa complexa estrutura para atrair gente, cativar e vender foi montada num momento pouco promissor para os investimentos de longo prazo. Em 24 de outubro de 1929, quando nem sequer a clareira inicial havia sido inteiramente aberta, aconteceu o crash da Bolsa de Nova York. Em poucos meses a economia do mundo inteiro entrou em recessão. Numa época de comunicações lentas, o efeito não foi imediato no Brasil. Mas os dados, à medida que foram sendo conhecidos, apontavam todos na mesma direção.

O primeiro impacto imediato foi nas contas do governo. Mais da metade de seus recursos vinha de impostos sobre importações. Essa receita despencou de 928 mil contos de réis em 1929 para 626 mil no ano seguinte – uma queda de 36% num único ano; continuou caindo até 1932, quando chegou a 527 mil contos, 56% do que fora arrecadado três anos antes.

E, ao mesmo tempo, houve uma queda nas exportações, uma redução das divisas e uma pressão por maiores gastos públicos. Tudo junto resultou num enorme déficit governamental. Após um período de equilíbrio orçamentário no governo Washington Luís, a situação se inverteu. O saldo orçamentário de 174 mil contos de 1929 tornou-se um déficit de 832 mil contos em 1930 e de 1,1 milhão de contos em 1932.

O preço do café no mercado internacional desabou de 67,3 libras por saca, em 1929, para 26,2 em 1932 e 17,4 em 1935. Com ele despencou o valor total das exportações, que passou de 97,4 milhões de libras em 1928 para 36,6 milhões em 1932. As importações sofreram ainda mais, caindo de 90,6 milhões de libras para 21,7 milhões no mesmo período. Enquanto isso, a produção brasileira de café batia recordes, chegando a 31 milhões de sacas (mais do que o consumo mundial) em 1931.

Nada disso era boa notícia para quem pretendia vender terras para o plantio de café. E, no caso da Parana Plantations, as más notícias não se restringiam à queda da economia, mas também revelavam um aumento dos custos. O relatório de 1930 apresentou os investimentos realizados naquele ano: "A rodovia que parte de Jataí foi estendida por 36 quilômetros e agora corre no interior de nossa propriedade por catorze quilômetros";[12] "foi construído um ramal de seis quilômetros, partindo dessa estrada para o patrimônio Heimtal";[13] "ao longo do ano, três novas seções da ferrovia foram abertas ao tráfego: até o quilômetro 57 em Ingá [atual Andirá], no mês de abril; até o quilômetro 81,5, em Bandeirantes, no mês de julho; até o quilômetro 125, em Cornélio Procópio, no mês de dezembro";[14] "a empresa fez um novo contrato com o empreiteiro, para construir mais sessenta quilômetros até o rio Tibagi";[15] com a Brazil Plantations, "muitos compradores de lotes não tiveram condições de honrar seus compromissos, e tivemos de adotar uma política de moderação com relação às cobranças de atrasados".[16]

Basta esse pequeno resumo para se entender que os sinais econômicos do mundo e aqueles da empresa apontavam em direções opostas. E esses sinais divergentes estavam também na mente de todos aqueles que pensavam em investir no momento em que os terrenos estavam prontos para serem comercializados, a partir de março de 1930.

Para não dizer que o fracasso foi absoluto, pelo menos num caso a combinação de publicidade e boa receptividade no local funcionou segundo o modelo ideal: "O alemão Guilherme (Wilhelm) Kernkamp ocupa os primeiros cinco alqueires da colonização, o lote 58-A da Gleba Jacutinga, na futura Colônia Heimtal. Viera para o Brasil em 1924 e não se adaptando em Santa Catarina, já estava em Santo Amaro (SP) ao ver no jornal *Deutsch Zeitung* o anúncio da CTNP [Companhia de Terras Norte do Paraná]. Preço: 450 mil-réis por alqueire, total de 2 contos e 250 mil-réis, contrato assinado em 24 de junho de 1930. Kernkamp traz a esposa, Anne, e os filhos, Herta (catorze anos) e Erwin (dez anos); quem os recebe é o também alemão Carlos Strass, o abridor de picadas da colonizadora, que providenciou a construção do rancho no lote. Kernkamp introduz o primeiro gado leiteiro na região e se torna corretor da CTNP."[17]

Sinais tênues também apareceram na área urbana: "Expande-se a clareira para dez alqueires e, a 1,5 quilômetro a oeste, Razgulaeff inicia a demarcação do perímetro urbano, no qual o alemão Alberto Koch e sua esposa, Josefina, serão os primeiros moradores, em outubro de 1930. Numa das esquinas da rua Heimtal e avenida Paraná, Koch ergueu 'o primeiro rancho no mato virgem' da futura cidade (expressão dele em correspondência tempos depois). Pela fotografia, uma construção de troncos de palmiteiro, com portas e janelas, coberta de tabuinhas, moradia e o primeiro comércio no lugar. Rodolfo Koch, irmão de Alberto, é o motorista da 'jardineira' da CTNP."[18]

O primeiro lote rural foi formalmente vendido no dia 30 de maio de 1930, para Mitsuji Ohara,[19] que viera com um grupo de compatriotas japoneses estabelecidos anteriormente em Santo Anastácio (SP). Eles estiveram na clareira entre 27 de março e 1º de abril de 1930, levados pelo corretor Hikoma Udihara, que logo seria designado agente exclusivo para a colônia japonesa.[20]

Também ocorriam vendas mais ocasionais, derivadas da combinação de estrada de rodagem concluída, compra da jardineira para transportar os interessados – e a simpática capacidade de prover o cliente de meios possíveis para ver as terras. Isso aconteceu na recepção de Guilherme Guy: "Ele recorda que, no dia seguinte depois de chegar ao hotel da companhia, José Licha lhe entregou um burro, no qual montou para ir ao Heimtal escolher um lote."[21]

Veterano das primeiras incursões topográficas, José Licha havia se tornado um precioso faz-tudo. Seus catorze burros eram mandados com os arreadores para todas as partes: com eles Licha abastecia os topógrafos no sertão, trazia comida e mantimentos para o armazém, mostrava os lotes para interessados, servia de correio – e até dava de frente com novidades, nem sempre favoráveis:

"Um dia começou a não vir nada. Faltou sal. O George Craig Smith disse pra mim 'José, vai buscar dois sacos de sal lá em Jataizinho'. Então, arriei o burro, botei a cangaia e fui pra Jataizinho. Quando cheguei no Jataizinho, me chamaram: 'José, o negócio tá perigoso aqui, as tropas do Getúlio Vargas tão aí. Capaz de você não poder voltar'. Falei: 'Bom, tenho que ir; mandaram, eu tenho que ir. Eu tenho que buscar sal, senão vocês sabem, né?' Aí carreguei dois sacos de sal e cheguei na praça. Tava tudo com soldado e com fuzil: 'Daqui não passa. Tem que pedir licença pro capitão. Vai lá em cima, fala com o capitão, se ele dá licença para você passar, pode passar. Mas traz ordem por escrito'. Aí fui lá em cima e o capitão foi em cana comigo. 'Ô rapazinho, você leva munição pros contrários nossos'. Eu: 'Hein?' E ele falou pra mim: 'Os contrários nossos'. Então foram lá e olharam se tem sal mesmo. 'Ah, tem sal mesmo!' Me fez o bilhete e eu entreguei para o sargento. Aí, fui pro outro lado. Quando cheguei do outro lado, fiquei até cismado com tiro atrás de mim. Toquei no burro [sic]."[22]

O relatório para os acionistas sobre o ano de 1931, baixada a poeira dos combates, tentou fazer a descrição mais fria possível dos efeitos da revolução de 1930 na região: "A revolução estourou no dia 3 de outubro de 1930. No dia 13, o então governo de São Paulo tomou a ferrovia, recolheu todo o material rodante e destruiu uma seção da ponte sobre o rio Paranapanema. [...] A revolução trouxe queda no tráfego, inconveniências e ansiedades. Mas, considerando que os combates entre as forças dos revolucionários e aquelas do governo ocorreram na fronteira entre os estados de São Paulo e do Paraná – isso é, na nossa vizinhança – e que perdemos o comando da ferrovia por 41 dias, temos todas as razões para comemorar o fato de termos tido danos tão leves quanto os que tivemos."[23]

Na hora de fazer o balanço entre os esforços de organização comercial e o resultado das vendas, os números foram desanimadores: o balanço de 1930 da Parana Plantations não era nada positivo. A empresa contava ainda com uma pequena reserva de ações em tesouraria, exatamente para fazer caixa em hora de necessidade – mas ninguém manifestou interesse quando se tentou vender o estoque. Para manter a solidez financeira, a única saída encontrada foi a de apelar mais uma vez para o bolso dos grandes acionistas: foram emitidas 375 mil libras em debêntures, tomadas por eles sem reclamar.

Era o primeiro endividamento da companhia com tanta capitalização, mas não havia alternativa, como detalhava o relatório: "A Companhia de Terras Norte do Paraná, às voltas com despesas de infraestrutura e preparação das cidades, consumiu todo o seu caixa, de modo que a holding teve de fazer adiantamentos em dinheiro para manter as operações. Foram 735 contos de réis, para cobrir os investimentos de capital (437 contos) e as despesas administrativas (272 contos), além de outros itens secundários."[24]

Com a ferrovia, mais do mesmo. Para manter a combinação entre investimentos em obras e déficit operacional, a matriz viu-se obrigada a emprestar 62 mil libras esterlinas para a subsidiária. No que se refere ao balanço numérico das vendas, as informações pareciam muito mais de um empreendimento familiar que de uma grande empresa: minguados 97 lotes rurais, num total de 1.029 alqueires. E – acredite-se! – exatos nove lotes urbanos.[25]

Em meio a tanta preocupação, restou apenas uma nota animadora para os eventos de 1930 no relatório anual: "Na estrada de rodagem, num ponto a dois quilômetros de nossas divisas e ao lado de nossa sede administrativa, o espaço para uma cidade, no momento presente chamada de Londrina, foi estabelecido, e uns poucos lotes vendidos."[26]

Essa é talvez uma das primeiras referências publicadas ao novo nome de um local antes conhecido como Patrimônio Três Bocas. A data exata em que teria sido escolhido o nome da cidade tem todas as características de um relato de fundação lendário: muita gente repete a história, cada um se colocando como testemunha ocular do evento. Mas a substância deles é sempre a mesma, apontando para João Domingues Sampaio, que não se rogava para repetir o caso: "Propus e foi aceito, com aplausos de todos os presentes ao nosso jantar, que a cidade recebesse o nome de Londrina, como as filhas de Londres, em reconhecimento e homenagem ao valoroso

Graças ao grande investimento na infraestrutura de transportes, em 1935 a linha férrea chega a Nova Dantzig (depois Cambé), colônia fundada por alemães. Foto José Juliani, 1935. Museu Histórico de Londrina, Universidade Estadual de Londrina.

grupo dos ingleses que, através da Parana Plantations Company, financiavam, corajosamente, as realizações da Companhia de Terras."[27]

Se era preciso coragem para levar adiante o empreendimento, também era preciso cada vez mais coragem para enfrentar a tempestade econômica que assolava o Brasil. Com as receitas em queda, a redução das exportações de café num mercado cada vez mais caótico, as reservas em moeda forte evaporando, as pressões para gastos crescentes e um déficit crônico, esgotaram-se até mesmo os estoques das medidas de emergência. Em 11 de fevereiro de 1931, o governo federal parte para o desespero e publica o decreto 19.688, por meio do qual proibia o cultivo do café no Brasil nos cinco anos seguintes. Além disso, anunciava o confisco de 20% de toda a safra de café daquele ano – e adotava a política de queimar café para tentar manter um mínimo de organização do mercado.

A notícia não demorou para chegar a Londres. Até aquele momento, lorde Lovat mantivera-se firme no leme, espantando o pessimismo e reforçando o ânimo da sua equipe. Ele entendeu de imediato o significado da lei, pois todas as contas que vinham sendo feitas desde que foi medida a diferença de rendimento para os pequenos proprietários que plantavam café e algodão, em 1925, levaram-no a se render aos fatos. Encerrou o projeto algodoeiro e passou à venda de lotes destinados ao cultivo de café. O decreto rasgava fatalmente os cálculos em que se baseara o projeto. Então ele mesmo partiu para os recursos extremos.

CAPÍTULO **12**

> *Emergência e príncipes*

O IMPACTO DO DECRETO QUE VEDAVA O PLANTIO DE NOVOS CAFEZAIS NO BRASIL foi imenso para a Parana Plantations: "A taxação caiu como uma bomba entre nós, que estamos investindo tanto para abrir um vasto território de terra virgem a fim de produzir café com custos menores do que em qualquer outra região do território brasileiro. Nossa terra é boa para qualquer espécie de cultura, mas nossas perspectivas para a venda de lotes e a receita da ferrovia dependem muito da possibilidade de plantar café no norte do Paraná."[1]

A diferença de rentabilidade entre a cultura de café e outras – sobretudo a do algodão, centro do fracasso do projeto de 1924 da Brazil Plantations – estava na base de todo o cálculo econômico que fundamentava o projeto da Parana Plantations. Nesse cenário, o decreto de proibição de plantações foi interpretado como uma pá de cal lançada sobre uma empresa que tinha imobilizado muito capital e continuava acumulando prejuízos operacionais.

Mas aqueles eram tempos excepcionais. Formalmente, o poder do governo revolucionário de Getúlio Vargas estava sendo exercido por pessoas que poderiam ser consideradas muito próximas. Em São Paulo, o governo foi entregue a José Maria Whitaker – desde 1926, um dos dissidentes que ajudara a fundar o Partido Democrático, o maior apoiador da revolução no estado. A primeira providência do novo interventor foi nomear Erasmo Teixeira de Assunção, o presidente da Ferrovia São Paulo-Paraná, para o cargo de secretário da Fazenda.

As pressões foram intensas, como reconhecia o relatório anual da Parana Plantations: "O dr. Erasmo Teixeira de Assunção considerou necessário renunciar à presidência de nossa companhia ferroviária. Com a vitória da revolução ele se tornou secretário da Fazenda do estado de São Paulo. Mas essa tarefa adicional, somada às demais, colocou uma pressão extraordinária em sua saúde, de modo que ele precisou interromper suas atividades e iniciar um tratamento no exterior."[2]

Na realidade, a renúncia coincidiu com a convocação de José Maria Whitaker para o ministério da Fazenda do governo provisório, acompanhada da indicação de um interventor tenentista para São Paulo, que não era alinhado com o secretário – daí uma explicação razoável para a demissão. Assunção nem mesmo levou em consideração o fato de que seu amigo presidente do estado comandaria a política econômica federal. Intuíra claramente que as mudanças necessárias eram impulsionadas por fatos que exigiam bem mais que as ideias usuais.

José Maria Whitaker, o novo ministro, que fizera carreira como diretor do Banco Comercial, desde 1924 o agente financeiro do grupo da Corner House no Brasil, era um economista ortodoxo e com ideias liberais – e amigo íntimo de João Domingues Sampaio desde a faculdade. Em tese, seria alguém capaz de manter – em tempos normais – as posições que vinha adotando desde sempre, bastante próximas ao enfoque de lorde Lovat.

O modo anterior de enfrentar as situações normais também presidira a conduta do governo britânico para lidar com o Brasil na crise. Na segunda metade de 1920, quando o presidente era Washington Luís, e desde março de 1930, quando o presidente eleito para o suceder foi Júlio Prestes, o Ministério das Relações Exteriores britânico foi fazendo mais do mesmo: enviar uma missão técnica, supostamente a convite do governo brasileiro, para avaliar o estado da economia brasileira e sugerir medidas a serem cumpridas para a liberação de financiamentos externos. Seria a terceira missão nos moldes iniciados por Lovat e Montagu sete anos antes.

A troca de regime não levou a um novo formato, até porque Whitaker falava a mesma linguagem econômica dos interesses financeiros britânicos. Com isso, em janeiro de 1931 foi anunciada a visita de Otto Niemeyer ao Brasil. Tal como seus antecessores, o banqueiro tratou o ministro brasileiro com a soberba de sempre. Enquanto fazia seu trabalho, o ministro enfrentava as situações de fato.

Durante a presidência de Washington Luís o governo fizera um esforço adicional para aumentar a renda dos produtores de café, avaliado como errôneo pelo economista Marcelo de Paiva Abreu: "As autoridades cometeram um erro grave em relação aos métodos empregados para o financiamento da grande safra de 1927-28. Em vez de financiar a produção na base dos recursos requeridos pelos produtores para custear seus gastos correntes, decidiu-se que os pagamentos seriam na base do valor comercial oferecido como garantia. Essa decisão resultou em expansão substancial na área cultivada e no desenvolvimento especulativo das atividades comerciais induzido pelo aumento de liquidez do sistema."[3]

Como observa o autor, o colapso desse mecanismo começou ainda antes do crash de 1929. A tentativa de manter uma política de incentivo à expansão do café, num ambiente em que a compra a preços altos de uma safra recorde coincidiu com a recessão mundial em 1930, levou à deterioração das condições brasileiras e alimentou o movimento que levou à mudança do regime. Tendo de enfrentar essa tempestade, José Maria Whitaker não hesitou em publicar o decreto, nada coerente com seus princípios liberais, que praticamente proibia o plantio de café no Brasil – com Otto Niemeyer no Rio de Janeiro.

Assim como a realidade das safras impelia o ministro a agir conforme as circunstâncias, a leitura do decreto provocou uma reação inusitada de lorde Lovat. Ao longo dos anos ele se notabilizara por sua confiança nas instâncias regionais e locais de poder. Assim, ele organizara os investimentos de seu grupo com grande apoio nas leis brasileiras – e na contratação de dirigentes locais. O seu negócio mais relevante fora todo baseado na legislação paranaense que previa a venda de terras de domínio público; as decisões estratégicas sobre traçado ferroviário, nas medições de topógrafos e agrimensores; o enfrentamento da crise, na confiança no mercado brasileiro. As intervenções diretas e os apelos ao poder conspícuo do governo inglês simplesmente não aconteceram – até o decreto.

A reação foi imediata. Lovat escreveu para Niemeyer e instou o Banco Rothschild, grande credor do país, a pressionar o governo brasileiro. Com um plano em mente, reservou passagens para ele e o seu filho, Shimi Lovat, no primeiro navio que partia para o Brasil. Desde meados de 1930 estava sendo organizada uma viagem dos dois príncipes ingleses – Edward, o príncipe de Gales e herdeiro do trono, e Albert, o duque de York, seu irmão mais novo – para a América do Sul. Em agosto desse ano, o então presidente Washington Luís entregara o convite oficial ao governo britânico.[4]

As notícias da revolução instilaram prudência nos organizadores da viagem. Ainda em janeiro de 1931, o *Belfast Telegraph* indicava a passagem pelo Brasil como possibilidade dependente da conjuntura: "Como a situação política brasileira aparentemente se acalmou é possível que, não havendo perturbações futuras, os príncipes possam desfrutar do conhecimento de regiões importantes, visitando o Rio de Janeiro, Minas Gerais e São Paulo, as regiões mais desenvolvidas do país e que concentram imigrantes europeus chegados nos últimos anos."[5]

A viagem começou em 16 de janeiro de 1931. Sendo um tour completo pelo continente, o primeiro destino do navio foi Cuba, seguido das Bermudas e da Jamaica. Em cada escala, uma parada longa, com direito a recepção dos governantes, reuniões com empresários ingleses, visitas a pontos turísticos e jogos de golfe. Em seguida o navio atravessou o canal do Panamá e começaram a descer pela costa do Pacífico, sempre no mesmo ritmo. Depois das escalas no Peru, Equador, Chile e Bolívia, chegaram a Buenos Aires em meados de março.

Ali encontraram companhia: "A Parana Plantations estava em dificuldades. A demarcação do terreno levou mais tempo que o esperado, o custo de levar a ferrovia até o rio Tibagi (onde trabalhei ajudando a construir uma ponte) consumiu muito capital. Por fim, quando a terra estava pronta, não apareceram compradores. Nem mesmo uma visita do príncipe de Gales e do príncipe Jorge, os quais escoltei pessoalmente desde Buenos Aires, ajudou a dissipar os temores."[6]

Shimi Lovat foi enviado diretamente a Buenos Aires com a incumbência de colocar o Paraná no roteiro da viagem. Agiu com rapidez e eficiência. No dia 13 de março, o interventor estadual, general Mário Tourinho – um tenente nacionalista –, foi informado por telegrama de que os príncipes reais visitariam as propriedades da Parana Plantations no norte do estado. Respondeu dizendo que seu governo providenciaria uma recepção condigna.[7] Cinco dias depois, em 18 de março – e com apenas duas semanas de antecedência –, o governo brasileiro publicou o programa oficial da visita, com o Paraná incluído.[8]

A visita ao Brasil começou no dia 24 de março, quando o navio RMS *Alcantara*, vindo de Montevidéu, fez escala de algumas horas no porto de Santos. A notícia inicial era a de que não haveria desembarque, mas repórteres insistentes acabaram sendo premiados: "A sociedade santista, representada pelos seus elementos mais finos, acordou hoje ávida para ver o príncipe. Os jornais da manhã, porém, desiludiam-na. Todos noticiavam que o herdeiro da coroa inglesa não desembarcaria. O calor queimava a pele, por isso um a um, foi-se a multidão dispersando. De repente, um boato pega fogo. O príncipe de Gales iria desembarcar. Afinal, à uma hora e

32 minutos exatos, demos ordem ao fotógrafo da *Folha da Manhã* para que apressasse sua objetiva. Ainda se cobrindo com um chapéu de feltro de cor vinho escuro, surgiu S. A. R. o príncipe de Gales. Vinha de terno cinzento claro, sapato preto e branco, meia azul-clara, com frisos brilhantes horizontais, no pescoço um cachecol. Percebia-se sob o paletó a camisa amarela de esportista. Lépido desceu a escada, seguido do príncipe Jorge e de seu secretário particular, Loyd Thomas."[9]

A comitiva foi direto para o campo de golfe mais próximo. Ali aconteceu um quase milagre, que foi destaque até na imprensa inglesa: "No buraco 6 do percurso do São Vicente Golf Club, o príncipe de Gales fez um *hole in one*."[10] Acertar a bola no buraco na primeira tacada é algo que acontece raramente na vida de um golfista, de modo que o treino acabou em festa e o clube ganhou uma bola autografada. Depois desse bom início de visita, o grupo real foi tomar um banho de mar na praia do José Menino e retornou ao navio. Às cinco da tarde, o *Alcantara* zarpou para o Rio de Janeiro.

Chegaram à capital da república na manhã seguinte. As primeiras saudações foram de esquadrilhas de aviões e salvas dos navios da Marinha. No desembarque, foram recebidos pelo presidente Getúlio Vargas e um desfile de 10 mil militares. Era apenas o primeiro ato de uma programação intensa num dia quente. Após breve descanso no Palácio Guanabara, os príncipes seguiram para a recepção oficial no Palácio do Catete, com direito a discursos mútuos de saudação e troca de condecorações – tudo filmado pela Fox, num documentário de distribuição mundial.[11] À noite, festa na casa do empresário Rodolfo Siqueira; e, embora a bebida mais servida fosse champanhe, os príncipes preferiram cerveja para enfrentar o calor noturno.[12] E dançaram maxixe: o príncipe de Gales, com a senhora Carlos Guinle;[13] o príncipe Jorge, com Helena Guimarães, filha de um rico produtor de açúcar.[14]

As duas semanas seguintes foram passadas em ritmo forte de recepções, banquetes, jogos de golfe, voos panorâmicos e banhos de mar – no Rio de Janeiro – ou visitas ao Instituto Butantan – em São Paulo. Em meio a essa programação, Shimi Lovat, Harry Lynch (o representante do Banco Rothschild no Brasil) e João Domingues Sampaio (que, apesar de membro do Partido Republicano Paulista derrotado pela revolução, manteve cargos nas empresas que dirigia e contatos políticos em todas as áreas) iam tentando todas as possibilidades para contornar a proibição do plantio de café no Paraná.

O Paraná foi incluído na visita dos príncipes ingleses ao Brasil, como parte da estratégia para garantir o plantio de café no estado, que havia sido proibido por decreto federal. Ao lado do príncipe de Gales está Arthur Thomas. Acervo IIGMF.

Enfim chegou o momento. Na noite de 31 de março de 1931, o trem especial da Sorocabana recebeu "a bagagem dos príncipes, que tem cerca de cem volumes, com caixas de todos os tipos e formatos, sendo preciso vinte homens para carregar".[15] Enquanto o trem iniciava sua marcha, uma cena tensa acontecia em Cambará, onde o interventor Mário Tourinho chegara para receber os príncipes no dia seguinte: "À última hora, o interventor e o major Plínio Tourinho resolveram permanecer no hotel, recusando a hospedagem da Cia. Agrícola Barbosa. Causou má impressão o gesto dos amigos do sr. Barbosa, querendo oferecer um banquete na mesma hora do jantar oferecido pela prefeitura à comitiva. Conhecida a inimizade entre o prefeito Guizard e o sr. Barbosa Ferraz, o banquete deveria ter sido oferecido depois da passagem da comitiva."[16]

As diferenças e a ciumeira locais quase põem tudo a perder. Apenas no dia seguinte, na estação de Leoflora, o interventor e os hospedeiros são afinal apresentados, minutos antes das onze horas, quando chegou o trem com os príncipes. A cerimônia na estação foi singela, com a entrega de uma mensagem da Federação dos Escoteiros para ser transmitida a Baden

Lord Lovat acompanhando os príncipes na visita a Cambará. Acervo IIGMF.

Powell. Em seguida, todos embarcaram nos carros, na seguinte ordem: "Na limusine o príncipe de Gales e o interventor; no primeiro carro o príncipe Jorge, acompanhado de lorde Lovat. Entre outros, acompanham os príncipes o doutor Daniel Hamilton, superintendente da Companhia Ferroviária São Paulo-Paraná; Arthur Thomas, diretor tesoureiro da mesma companhia; João Sampaio, presidente da Ferrovia São Paulo-Paraná."[17]

Depois do almoço, os príncipes, os visitantes ilustres e a imprensa foram levados para acompanhar uma caçada. O programa havia sido cuidadosamente preparado, com manadas de catetos sendo atraídas por comida farta. O resultado foi largamente alardeado pela imprensa, com suas majestades preferindo fazer uso de câmeras fotográficas para registrar a vida natural e deixando de lado as espingardas – sinal de novos tempos.

Enquanto isso, apenas um repórter da *Gazeta do Povo* curitibana acompanhou atentamente o desenrolar da conversa que de fato interessava:

"Enquanto Suas Altezas Reais, acompanhadas de um filho de lorde Lovat e das comitivas empreendiam caçadas nas matas da fazenda da Cia. Agrícola Barbosa Ferraz, realizou-se numa das confortáveis salas da magnífica sede uma importantíssima conferência que vai ter imensa repercussão no futuro do Paraná e nos seus problemas da atualidade.

O general interventor Mário Tourinho descansava no hall depois do almoço oferecido quando dele se aproximou o sr. Arthur Thomas, dizendo que lorde Lovat o convidava para uma conferência confidencial sobre assuntos de interesse do Paraná. O general Mário Tourinho acedeu prontamente ao convite, que foi ouvido pelo repórter da *Gazeta do Povo*, presente no local.

Momentos depois descia lorde Lovat de seus aposentos, onde se recolhera enfermo, não tido sequer participado do almoço da comitiva. Reuniram-se então num salão os senhores: interventor Mário Tourinho, o senhor Plínio Tourinho, o senhor Arthur Thomas, os senhores Charles Murray e Doll, do banco Lazard Brothers, e Carvalho Chaves, secretário da Fazenda. A conferência durou cerca de duas horas, no mais absoluto sigilo.

Ao terminar a conferência, observamos que as fisionomias apresentavam a mais viva satisfação, quer das autoridades paranaenses, quer dos banqueiros ingleses. Apuramos que na reunião foram ventilados assuntos do mais alto interesse, quer administrativo quer econômico do estado, ficando esboçadas medidas importantíssimas, as quais, sem acarretar ônus para o Paraná, vão lhe trazer muitos benefícios. Podemos assegurar absolutamente que não se tratou de qualquer espécie de empréstimo. Logramos saber que a questão do café foi um dos assuntos debatidos na conferência, tendo os ingleses demonstrado simpatia pela posição do Paraná no caso recente do imposto proibitivo. Adiantaram mesmo que estão pleiteando junto ao governo central uma modificação no decreto que criou o imposto proibitivo, de modo a atender melhor os interesses da lavoura cafeeira paranaense."

E concluía: "De modo geral, pelo que conseguimos ouvir do general interventor, do secretário da Fazenda e dos banqueiros ingleses, a quem interrogamos, do memorável encontro vai resultar um período de grande prosperidade para nosso estado, através de grandes iniciativas que vão ser encaminhadas."[18]

NA PÁGINA AO LADO: As festas, os bailes e os jogos de golfe oferecidos aos príncipes no Brasil foram muito noticiados pela imprensa britânica. Jornal *The Bystander London*, 8 de abril de 1931, p 11.

WHERE THE PRINCE IS BEING ENTERTAINED

A view of the beautiful gardens of Sir Henry Lynch's magnificent house in Rio de Janeiro, where he is giving a reception for the Prince of Wales and Prince George to-day, April 8. Sir Henry, who is the ex-President of the Brazil Chamber of Commerce, is the Chairman of the Committee formed for the entertainment of the Prince, who is seen inset in a straw hat, the wearing of which promises to bring this style of headgear back into fashion

Keystone

A cobertura da visita pelo jornal, que começara ressaltando as diferenças políticas locais de Cambará, mudou radicalmente de tom depois da conferência. No dia seguinte, as reportagens dedicadas à visita dos príncipes às divisas das terras da Companhia de Terras Norte do Paraná descreviam uma aliança inabalável: "Cafezais que crescem dão frutos e dão fartura. Lugarejos se fazem cidades. Avançando sempre, interior adentro, o progresso vai buscar no âmago do sertão as fontes inesgotáveis da riqueza. E toda essa avançada de ingente labor, essa faina incansável de intensa organização, pararam, numa hora amarga para a vida econômica do estado, ante a ameaça de uma proibição a sua marcha incessante. Suas Altezas Reais, e tantos quantos se maravilharam com aquela gleba encantadora, hão de ter ficado estarrecidos com a monstruosidade de semelhante propósito, que rouba ao homem a possibilidade de aplicar seu trabalho, ao erário público a melhor fonte de receita, à produtividade da terra sua melhor oportunidade."[19]

O que veio depois aconteceu depressa, como narra Widson Schwartz: "O interventor Tourinho e o advogado João de Oliveira Franco, representante da Companhia Ferroviária São Paulo-Paraná, cooptam os interventores no Rio de Janeiro e Espírito Santo para a causa. E recorrem ao jurista Alfredo Bernardes da Silva, cujo parecer convence o ministro da Fazenda, José Maria Whitaker, a determinar a inserção, no Convênio Cafeeiro firmado em 24 de abril de 1931, da cláusula excluindo da proibição os estados que ainda não têm 50 milhões de cafeeiros, enquadrando-se o Paraná, Rio de Janeiro e o Espírito Santo, pelo decreto federal 20.003, que permitiu o livre plantio de café no norte do Paraná."[20]

Na data do decreto, os príncipes estavam ainda a bordo, na viagem de retorno a seu torrão natal. E, logo depois, lorde Lovat voltou à Escócia. No início de julho, os príncipes foram pessoalmente até o castelo de Beaufort para agradecer o empenho que transformou a viagem num sucesso de mídia e de oportunidades para as empresas inglesas – a Parana Plantations incluída.[21] Três semanas depois, lorde Lovat estava fazendo uma exposição aos acionistas da empresa sobre o êxito de sua empreitada.

Aos 60 anos, fez uma explanação ampla sobre o negócio e o modo como o encarava, depois de três décadas como empresário. Começou com a recente viagem: "Como os senhores sabem, viajei ao Brasil por requisição de nossa diretoria, a fim de dialogar com o governo paranaense e do país sobre as restrições impostas pela lei de fevereiro de 1931. Os prejuízos causados para o Paraná em geral, e a nossa companhia em particular, eram muito sérios. Nossa empresa constrói uma ferrovia nessa região, e o prêmio esperado é o incremento nas receitas com fretes trazidos pelo rápido incremento das plantações de café. Quando estávamos chegando ao ponto de obter nossa recompensa, o imposto sobre novas plantações de café, praticamente proibindo-as, atingiu a nós e ao governo. Aqui não é necessário descrever as árduas negociações que levaram ao acordo, mas apenas afirmar que tivemos sucesso quanto ao ponto principal. Gostaria apenas de agradecer ao zelo do governador do Paraná e a paciência com que o ministro da Fazenda, José Maria Whitaker, teve para com o assunto."[22]

Em seguida, ele tratou das terras da Companhia de Terras Norte do Paraná: "Nossa propriedade, agora aberta para o plantio, é capaz de produzir duas vezes e meia ou três vezes mais do que uma propriedade equivalente em São Paulo. Há muita conversa hoje sobre o excesso de produção de café e dos baixos retornos sobre os investimentos. Porém, no norte do Paraná, onde o café vai poder ser produzido a custos mais baixos, o produtor vai ter lucros – enquanto em São Paulo as margens serão muito mais baixas."[23]

E entrou na avaliação do negócio da venda de terras: "Para aqueles dispostos a plantar já, estamos dispostos a vender terras por menos de uma libra por acre, com pagamentos diluídos por vários anos. Embora talvez não estejamos dispostos a fazer isso por muito tempo, consideramos sábio adotar tal política agora, para acelerar a atração de pessoas dispostas a se instalar com rapidez – e enquanto necessitamos multiplicar as cargas na ferrovia."[24]

E relacionou a realidade paranaense com a do restante do mundo: "Duvido, dada a fertilidade do solo, a facilidade de acesso por estradas e rodovias, que haja terras melhores para instalar colonos brancos europeus. [...] No atual momento os Estados Unidos e o Canadá reduziram a imigração europeia a um nível mínimo. As partes habitáveis da Ásia estão superpovoadas e o custo para a instalação de colônias na África é tão alto que torna impraticável a sua realização em grande escala. Fica assim claro que as populações excedentes da Europa devem se instalar na América do Sul."[25]

E começava a conclusão: "Assim chego ao ponto central: a terra roxa do norte do Paraná é capaz de receber 200 mil famílias de agricultores, afora as pessoas que forem morar nas cidades, desenvolvendo atividades ligadas à agricultura. E praticamente toda esta terra vai ser servida por nossa ferrovia. Vai ser atraente para todos por causa do baixo custo."[26]

Vinha a hora das comparações: "É perigoso estimar o custo de instalação de uma família individual. Mas, falando com alguma experiência neste assunto, tanto em governos como em empresas, não hesitaria em dizer que o custo de instalação de uma família no Paraná não chega à metade, e provavelmente fica na casa de um terço daquele do Canadá, e é de um quinto do custo africano".[27]

Haveria ainda o potencial da migração interna: "No Brasil a história mostra migrações em ciclos. Logo chegará o tempo em que um proprietário de uma fazenda de café numa terra exaurida, na qual a produção é de 47 arrobas por mil pés, vai se sentir tentado a mudar para o norte do Paraná, onde a produtividade varia de 130 a 150 arrobas por mil pés. Quando as condições voltarem minimamente ao normal, muitos fazendeiros, que hoje não têm coragem nem disposição para mudar, vão querer migrar para o Paraná. E o mesmo vai acontecer com muitos colonos, atualmente negociando os atrasos em seus recebimentos com os patrões."[28]

Vinha a seguir um alerta: "O objetivo de nosso negócio é conseguir uma instalação ordenada, não o de juntar uma horda de famílias expulsas da Europa e lançada à própria sorte numa terra desconhecida. Vamos negociar com as empresas de colonização do continente. Mesmo correndo o risco de atrasos, temos de garantir uma emigração organizada."[29]

E, por fim, a conclusão: "Nossa companhia não é uma sociedade colonizadora. Seu negócio é avaliar a terra, providenciar transporte por rodovias e ferrovia, assegurar espaço para os compradores e suas famílias sem outros custos e, quando muito necessário, providenciar hospedagem por um breve período para os recém-chegados. Qualquer outro componente – transporte marítimo, financiamento, assistência técnica – deve ser coberto pelo proprietário individual ou pelo governo do país de origem do interessado."[30]

Essa foi uma das poucas versões integrais sobre o modo como lorde Lovat concebia o negócio que estava fazendo no Brasil. Fruto de longa experiência – e num momento de entusiasmo aos 60 anos. Como notou o biógrafo Francis Lindley, a viagem ao Brasil deixou outros efeitos positivos: "Lovat voltou mais convencido do que nunca de que a companhia tinha uma propriedade magnífica. [...] Em 1931 e 1932 fez várias viagens ao continente. Visitou Dantzig, Alemanha, Polônia, Áustria e Genebra, discutindo com agências oficiais e privadas sobre as condições da região para receber imigrantes. Conhecia todos os fatores: terra, custos de transporte e instalação, manutenção durante o período necessário para que o colono se tornasse autossuficiente. Ninguém mais qualificado que ele. Falava com conhecimento das condições locais, com a autoridade de sua experiência em colonização, e, acima de tudo, com a convicção de que nenhuma outra região do planeta oferecia condições tão excepcionais. Com alemães e em Dantzig conseguiu levar colonos; com a Liga das Nações, obteve a indicação de local apropriado para abrigar pessoas."[31]

Ao fim e ao cabo de tanto esforço, os resultados do ano de 1931 foram relativamente modestos: as vendas de lotes rurais totalizaram 1.842 alqueires. Já aquelas de lotes urbanos ficaram limitadas a 119 unidades.[32] Um aumento com relação ao ano anterior, sem dúvida, mas ainda muito longe de cobrir os custos do empreendimento. Como se não bastasse, as provações logo recrudesceram.

CAPÍTULO **13**
> *Trilhas, e mais além*

Em 1932, Arthur Thomas tinha já oito anos de Brasil. Começou na Brazil Plantations, no cargo de diretor superintendente, e acumulou a mesma função na Companhia de Terras Norte do Paraná. No desenho adotado desde o início dos negócios, tinha visibilidade menor – outros diretores, especialmente o presidente, apareciam na hora delicada das reuniões com governantes ou nas cerimônias públicas. Passava a maior parte do tempo nos escritórios da rua São Bento, em São Paulo, onde costumava repetir um ditado em inglês: "*Beaten paths are for beaten people*" (Trilhas batidas são para derrotados).

Mas então recebeu a ordem de transferir a sede da empresa para Londrina. Como símbolo, era importante mudar para onde os negócios deviam acontecer. Como realidade, não chegava a ser muito prático, nem mesmo para alguém como ele, que tinha dirigido negócios na Inglaterra e no Sudão – e nem titubeara para se instalar no Brasil. Afinal, uma coisa era morar em São Paulo, então com 800 mil habitantes e fumaças de civilização; outra, assentar o pé no sertão.

Naquele momento, o núcleo urbano de Londrina tinha algo como 250 casas, quase todas de madeira. Ruas de terra, onde os carros atolavam quando chovia. Vinte quilômetros em estrada precária, ligados quando muito por jardineira, até a balsa que cruzava o rio Tibagi – onde ao menos trafegavam composições experimentais da ferrovia em acabamento. Havia em Londrina um único telefone, instalado no escritório da empresa – com funcionamento também sujeito a chuvas e trovoadas. A água era de poço. Médico, nem pensar. Ao redor, somente mato e 3 mil alqueires comercializados como sítios nos dois anos anteriores.

Tudo estava por fazer, a começar da vida civil. Naquela altura, Londrina não passava de um loteamento no interior de uma imensa propriedade

NA PÁGINA AO LADO: Para visitar os lotes, os interessados em comprar as terras viajam por estradas barrentas e estreitas, no meio das matas. Foto José Juliani, 1937. Museu Histórico de Londrina, Universidade Estadual de Londrina.

privada, a maior parte da qual ficava no município de Jataizinho. O aglomerado tinha ruas e estradas, e uma coletividade de proprietários. Mas nem de longe era uma cidade com vida pública coletiva. Ninguém acostumado ao sertão ligava muito que as coisas fossem assim. Fazia parte do pacote aceitar o direito natural, a palavra empenhada, os contratos informais. Nesse sentido, Londrina era pouco mais que uma típica vila de sertão brasileira: a diferença ficava por conta da propriedade formalmente titulada, relevante para selecionar uma população com recursos poupados e trazidos na mudança para o norte do Paraná.

Transferido meio compulsoriamente para essa realidade, Arthur Thomas logo concluiu que precisava de auxílio qualificado, para não sucumbir num tumulto de detalhes e no convívio direto com os construtores de novas trilhas. Tentou a sorte com a melhor alternativa ao seu alcance: Carlota e Willie Davids. Os dois tinham vindo para o Paraná em 1912, nos tempos em que Jacarezinho não era muito diferente da Londrina de 1932. Mas tinham ido embora em 1928, para se instalarem entre São Paulo e Campos do Jordão – uma cidade de campo decente, ao lado da mesma metrópole que Thomas relutava em abandonar por completo, por mais que gostasse de trilhas novas. Mas quem sabe?

No final deu certo, como conta a própria Carlota Davids: "Em 1930 fomos pela primeira vez, saindo de Cornélio Procópio, de automóvel, para conhecer Londrina. Ficamos dois dias, o Willie me convidou para ver o lugar onde ia ser a cidade, e fiquei maravilhada com a majestade das florestas que havia naquela região. Pensei que fosse um buraco, porque as árvores eram tão grandes que parecia uma depressão. Ele disse: 'Não, senhora, é um promontório! No lugar onde se colocar a igreja, vai se ver todo o horizonte.'"[1]

Essa visão do novo num lugar já conhecido atraiu: no início de 1932, vinte anos depois de mudar para o sertão pela primeira vez, Willie Davids foi trabalhar em Londrina como gerente do escritório da Companhia de Terras Norte do Paraná (CTNP), deixando o amigo Gastão de Souza Mesquita Filho com os cuidados da companhia de eletricidade na qual eram sócios em Campos do Jordão.

Sua propensão a organizar as soluções coletivas ficou evidente desde o início. Aproveitando a abundância de excelente madeira de lei e a presença de carpinteiros capacitados, projetou um sobrado de madeira e encomendou a sua construção. E encontrou tempo para desmatar uma área de floresta que comprara para montar mais uma fazenda de café. Como sabia onde encontrar sementes de grande qualidade, convenceu Arthur Thomas de que valia a pena a CTNP investir na criação de uma fazenda experimental, capaz de fornecer sementes selecionadas, a preços módicos, para os compradores de terra.

O tempo que sobrava dedicou a conversas que deixavam lembranças especiais, como relembrou o farmacêutico Hilário Scharff: "Willie Davids foi um homem que sabia lidar com A ou B, rico ou pobre. Era um homem de visão, de ampla visão. Ele não tinha inimigos, qualquer hora do dia ou da noite ele nos recebia, se fosse necessário. Um homem com quem você podia ter um diálogo franco, tranquilo. E a dona Carlota? Como é que se pode descrever a personalidade dela? Passava e dizia: 'Oi Hilário, como é que vai?' Fazia visita, ela fazia visita [...] na minha casa."[2]

Enfim, o casal tinha uma predileção especial pela vida de cidade pequena em construção. Nada de mais para uma mulher curiosa e um marido que já tinha sido prefeito e deputado. Tudo era encarado com o otimismo dos que começavam: "Moramos no hotel até acabar a casa, que recebi já com luz elétrica, com todo o conforto."[3]

A luz elétrica vinha de um gerador instalado no escritório da Companhia de Terras Norte do Paraná. Servia ao prédio e a poucas casas – o suficiente para os moradores se encantarem com os recursos da vida moderna. Essa possibilidade de começar em escala pequena e ensaiar um futuro era uma marca registrada de Willie Davids. Até a chegada deste, todos os moradores se abasteciam de água de poços. Pensando no que viria pela frente, ele foi atrás das melhores nascentes, protegeu-as, instalou equipamentos de captação e uma rede de canos para levar até a malha urbana. Serviço pago com valores modestos de cobrança, de modo que logo havia um negócio a mais para ser organizado.

Outro progresso notável veio quando convenceu Arthur Thomas de que um médico e um pequeno hospital podiam perfeitamente ser enquadrados como um investimento razoável para atrair compradores de lotes. Fazia sentido, até porque não havia concorrência num raio de 200 quilômetros. Veio um médico e também o farmacêutico que fazia visitas. Nenhum candidato a comprar lotes deixava de notar esse diferencial conspícuo naquela boca de sertão.

Como gostava muito de percorrer estradas e trilhas, o novo gerente logo estava ditando normas de trânsito. Desde o início no porto do Nhonhô, a empresa considerava que a abertura e a conservação de estradas deveriam fazer parte do pacote de serviços oferecidos aos novos compradores de lotes, e para isso adquirira máquinas de terraplanagem e tratores. Mas as condições eram difíceis, pois a terra roxa virava um atoleiro depois de cada chuva. Para livrar o veículo valia tudo – no caso dos caminhões, o jeito era colocar uma corrente de ferro em torno dos pneus para ajudar na tração. O problema é que o procedimento abria uma fenda profunda no leito das estradas. Depois de alguns percalços, Willie conseguiu que o uso de correntes fosse proibido.

Na realidade, estava começando a agir mais como prefeito do que como gerente, mas aí apareceu alguém realmente disposto a conversar. Em 4 de maio de 1932, registrou-se no hotel um hóspede que era o homem certo para dividir assuntos pessoais, municipais – e estaduais.[4] Alguém para falar não apenas das novidades do vilarejo, mas capaz de recuperar as lembranças das transformações de duas décadas vividas no norte do Paraná, além das artes de três mandatos como deputado estadual, uma década como prefeito de Jacarezinho e conhecedor dos meandros da política paranaense.

Manoel Ribas nascera em Ponta Grossa, no Paraná, em 1873. Embora filho de fazendeiros tradicionais, mudou-se em 1897 para o Rio Grande do Sul, onde organizou uma cooperativa de funcionários ferroviários. Com base em sua bem-sucedida administração, elegeu-se prefeito de Santa Maria em 1927, com apoio unânime do Partido Republicano Riograndense e do Partido Libertador.

Num estado no qual a divisão partidária extrema era considerada marca de caráter – com direito a combates armados e degola de inimigos capturados para resolver as diferenças –, a união política em torno de quem quer que fosse era quase um milagre.

O inusitado chamou depressa a atenção do governador Getúlio Vargas. Não demorou nada para que os dois proseassem com intimidade, antes que o governador comandasse a deposição do presidente da República. No poder federal, Getúlio foi ficando calejado com uma situação de instabilidade: brigas internas entre facções produzem atritos, atritos produzem ruídos dos prejudicados pelo governo revolucionário junto ao dono de todo o poder. Mesmo um homem paciente não é insensível a tais ruídos – e trocas constantes do favorito indicado para o poder estadual começaram a ocorrer por todo o país.

Com o Paraná não foi diferente. O general Mário Tourinho durou um ano no cargo, e seu sucessor começou a meter os pés pelas mãos já nos primeiros dias de palácio. Os reclamantes se fizeram ouvir, e o chefe do Governo Provisório lembrou-se do amigo prefeito de Santa Maria. A aposta em Manoel Ribas, mais flexível, se pagou depressa. Não só ele tinha a capacidade de ouvir e decidir com pouco atrito, mas também o gosto, de prefeito que fora, para ver de perto o que estava acontecendo.

Manoel Ribas chegou a Londrina com alguns dias de antecedência em relação ao evento que o levara até lá: a inauguração do trecho de 59 quilômetros da ferrovia São Paulo-Paraná, que estendia a linha até Jataí, nos limites da propriedade da CTNP. Era, sem dúvida, o grande investimento na região. Em pouco mais de três anos, a subsidiária da Parana Plantations investira 53 mil contos para instalar 184 quilômetros de trilhos.[5] Uma soma três vezes maior do que a empregada na aquisição de terras – o que mostra o valor da visão de Gastão de Souza Mesquita Filho exposta oito anos antes na sala de bilhar da Fazenda Água do Bugre: um projeto para lucrar com o desenvolvimento. E um projeto que, em apenas sete anos, estava sendo concretizado pela combinação de capital e organização, o mantra de lorde Lovat.

Com o forte investimento em infraestrutura de transportes, a viagem de trem de Jataí até São Paulo, com baldeação em Ourinhos, passou a durar dezessete horas. E dava novo sentido para os investimentos menores no loteamento. A rede de estradas rodoviárias internas tinha 173 quilômetros, abertos e mantidos pela empresa.[6] O tronco principal era agora a rota que começava na balsa de Jataí e seguia até Londrina, na qual diariamente a jardineira da empresa trafegava com compradores e candidatos a novos lotes. Mas já incluía as ligações com três diferentes cidades em ocupação, localizadas todas em função do trajeto em expansão da ferrovia, cujas obras estavam sendo contratadas.

Além de Londrina e do Patrimônio Heimtal, também começava a ser instalado o núcleo de Nova Dantzig, 6 quilômetros a oeste da primeira. Os pioneiros ocupantes da área eram pessoas que lá chegaram graças aos esforços diretos de lorde Lovat. Em visita à cidade de Dantzig (atual Gdansk), então uma cidade livre e independente da Polônia e da Alemanha, ele conseguiu vender o seu projeto de fornecer terra fértil, barata e com propriedade segura ao conselho local – que subsidiou a viagem e a instalação de colonos.

Mas essa presença de imigrantes gerava apenas uma pequena parte do movimento local. Até maio de 1932, a Companhia de Terras Norte do Paraná havia vendido 2.211 alqueires de terras – mais do que o total do ano anterior.[7] Também encontrara o seu público, muito em função da propaganda local: "Os compradores são quase todos brasileiros ou colonos de outras nacionalidades já estabelecidos no Brasil. A imensa maioria possui experiência em outros estados brasileiros e está se estabelecendo rapidamente."[8]

Políticos experientes e acostumados a observar a realidade local, Willie Davids e Manoel Ribas puderam avaliar as realizações e as necessidades. Na primeira coluna, estava aquilo que o empreendimento era capaz de gerar por si mesmo: uma infraestrutura que incluía transportes (ferrovia e rodovias), um princípio de saneamento básico, urbanismo planejado e implantado, energia e iluminação, rudimentos de saúde pública, segurança contra disputas por limites e propriedade – tudo como investimento privado, sem custos adicionais para o Estado. A ser pago com o lucro do empreendimento, no caso da empresa, e impostos maiores recolhidos, no caso do segundo.

Naquele momento, esse lucro não chegara para a Parana Plantations, até então trabalhando apenas com capital imobilizado, balanços no vermelho e ainda com muitos investimentos a fazer. Tudo isso sustentado pelo otimismo de lorde Lovat, seu foco na atração de pequenos proprietários, sua confiança nos fundamentos do negócio mostrados por Gastão de Souza Mesquita Filho e postos em prática com capital e organização. Mas agora estava chegando a hora de realizar lucros, que dependeriam de suficiente geração de renda pelos compradores de lotes e do pagamento das prestações pendentes.

Tudo isso foi devidamente levado em conta por Manoel Ribas e Willie Davids. Acostumados ao mundo público e aos negócios privados, sabiam dos desafios que teriam pela frente. Por maior que fosse a simbiose entre esses dois mundos até então, uma coisa era um loteamento numa propriedade privada; outra, bem diversa, a tarefa de organizar a autoridade pública para além dos investimentos da empresa e dos esforços dos novos proprietários.

Depois de avaliar tudo com os próprios olhos, o interventor Manoel Ribas formulou um projeto para o futuro, expresso numa entrevista ao jornal *O Dia*, que foi reproduzida no relatório anual da CTNP: "O norte é a região rica do Paraná por excelência. A prodigiosa fertilidade do solo encanta e captura. O governo não pode negligenciar a necessidade de ligar esta região com o restante do estado. Precisamos dar um fim às ligações exclusivas, comerciais e intelectuais com São Paulo, convertendo-a, em todos os aspectos, em território do Paraná."[9]

Um bom projeto, mas logo interrompido com ímpeto. Em 9 de julho de 1932, dois meses depois da inauguração da ferrovia, eclodiu a revolução em São Paulo – e o Paraná permaneceu firme no campo oposto. Era, basicamente, uma ruptura dos antigos dissidentes com o governo federal, de modo que muita gente de Londrina se juntou aos paulistas, com rememoração em diálogo com direito a divisão de casais, missa fúnebre para a alma dos vivos – e palmitos:

George Craig Smith: "Durante a Revolução de 1932 parece que a senhora teve uma atuação muito importante lá em Londrina. Perdão. Quer dizer: não sei se a senhora estava em Londrina ou se estava em São Paulo, mas o doutor Willie estava em Londrina naquele tempo. A senhora lembra-se de algum episódio interessante daquele tempo?"

Carlota Davids: "Bom, eu propriamente não posso falar, porque fui chamada a São Paulo para servir como voluntária. Trabalhei muito, mas o Willie, coitado, ficou lá, só, e todo mundo sabe a atuação dele como foi, não é?"

George Craig Smith: "Foi extraordinária. Naquela época da Revolução parece que faltou tudo [...] até fósforo. Então, a maior preocupação daquele tempo era não deixar apagar o fogo! Manter o fogo aceso, porque ninguém tinha fósforo. E o doutor Willie mandava buscar a mercadoria, os mantimentos lá de Sertanópolis."

Carlota Davids: "Para isso ele precisava de dinheiro, mas não havia dinheiro. Então ele recortava uns papeizinhos e assinava o nome dele."

George Craig Smith: "Um vale?"

Carlota Davids: "Um vale, pronto. E muitas pessoas desconfiavam... 'Mas doutor Willie, esse dinheiro depois não vale.' E ele: 'Dou minha palavra de honra que vale.' E houve papelzinho descontado pelos bancos do Paraná, de Curitiba."

George Craig Smith: "Que história... Quer dizer, o vale dele tinha valor até nos bancos de Curitiba?"

Carlota Davids: "Devia ser inflacionário, não?"

George Craig Smith: "Ouvi dizer que ele manteve toda aquela turma de gente, trabalhando assim. Os operários construíam as estradas e, não havendo dinheiro, ele dava esses vales como pagamento de trabalho feito. E, dona Carlota, naquele tempo eu estava na Revolução também, como voluntário. Eu fui pra São Paulo, me lembro daqueles discursos inflamados que a gente escutava pelo rádio... E soube que mais tarde pensavam que eu tinha morrido e parece que até rezaram uma missa para mim. É verdade?"

Carlota Davids: "Recebemos a notícia com verdadeiro pesar porque você era nosso amigo. Então mandamos dizer uma missa por sua alma."

George Craig Smith: "Então posso morrer a qualquer hora que a minha alma já está garantida."[10]

Para os que ficaram em Londrina, como José Licha, as lembranças foram mais duras: "Passamos a palmito por aqui. Não tinha nada. Catava palmito no mato, para comer. Muito de vez em quando vinha uma coisinha aqui de Cornélio Procópio, uma outra coisinha lá de Jataí, mas coisinha de nada! Caminhão ia buscar, caminhão não achava. Então eu fazia sopa de palmito, palmito frito, palmito cozido, palmito cru, salada de palmito. Era só palmito."[11]

A redução do movimento de pessoas e de mercadorias essenciais para a subsistência se explica: entre 21 de julho e 17 de outubro de 1932 a ferrovia esteve sob controle das tropas paulistas – e foi suspenso o tráfego ferroviário entre os estados beligerantes.[12] Não passavam mercadorias nem colonos, de modo que as vendas de lotes voltaram ao zero por três meses. Mais uma vez, as expectativas de retorno dos investimentos foram abaladas.

Mas esses prejuízos podiam ser considerados toleráveis – em boa parte pela contenção dos riscos políticos, realizada por indivíduos como Willie Davids e Manoel Ribas. Ao ficar em Londrina enquanto a mulher e os amigos da vida inteira estavam combatendo do outro lado da divisa, Davids cumpriu suas funções de representante de uma empresa com sede em Londres e – por definição – sem envolvimento direto na política local.

Apesar da ligação econômica e cultural muito forte com São Paulo, não houve nem sequer uma pequena manifestação de apoio ostensiva – e isso ajudou no fortalecimento do interventor, como notam Natália Granato e Ricardo Oliveira: "Um evento marcante que atravessou o primeiro ano do mandato de Manoel Ribas foi a chamada 'Revolução Constitucionalista' em São Paulo, deflagrada em julho de 1932. Desde o início da revolta, Manoel

Ribas demonstrou apoio incondicional a Getúlio Vargas. O Paraná era um estado estratégico para a contenção do movimento contestatório em São Paulo, dada a sua localização geográfica que faz fronteira com o estado rebelado. Em nenhuma região do estado registrou-se apoio aos paulistas, ao contrário de algumas regiões do Rio Grande do Sul, e do estado de Santa Catarina, que reuniam oposicionistas ao governo, solidários aos paulistas."[13]

Esse silêncio e essa contenção mútua de manifestações partidárias, durante a luta, facilitou as coisas depois da paz. A ferrovia voltou a operar como se nada tivesse acontecido e foi retomado o movimento dos interessados em lotes. No final de 1932, as vendas totalizaram 3.373 alqueires, 85% a mais do que no ano anterior.[14] E, pela primeira vez em sua história, a Companhia de Terras Norte do Paraná obteve um pequeno resultado operacional positivo: 68 contos de réis – que representavam apenas 0,3% de seu capital. Era pouco para cobrir os prejuízos dos anos anteriores – e muito menos as exigências dos investimentos ferroviários –, mas era um sinal, muito tímido e muito aguardado, de uma virada na maré.

Quem mais esperava esse sinal, quem mais pregava com otimismo sobre a certeza de que ele viria, quem mais confiava na fertilidade das terras e nos fundamentos do negócio, entretanto, estava nesse momento imerso na realidade do declínio da nobreza, assim avaliado por Alexander Mac Ewen: "Os poderes dos chefes de clãs nas Highlands [Terras Altas da Escócia] desapareceram, seus territórios diminuíram, seus seguidores foram dispersados. Se lhes restou algum poder na terra de seus ancestrais, decorreu de sua capacidade de convencer e argumentar sabiamente. Mas no caso de lorde Lovat, sendo ele um homem de negócios, ainda era possível sentir a dignidade e a solenidade das grandes tradições. Tradições que não se mantiveram em nenhuma parte tal como na Escócia."[15] E a essas tradições lorde Lovat estava se dedicando no final de 1932. Seu primogênito, Simon Lovat, o Shimi, chegara à maioridade. Isso significava que precisaria apresentá-lo como sucessor a todos os membros do clã, em sucessivas festas rituais.

Mas os tempos eram bem outros, como lembra o seu biógrafo: "Fazia quarenta anos que ele tinha sido apresentado, em circunstâncias muito diferentes. Para ele, o dia significou a assunção de pesadas responsabilidades na sucessão das honras hereditárias de sua posição. Seu filho meramente cumpria o ritual de entrada na vida adulta, pelo que era natural que as cerimônias de 1932 fossem menos solenes que as de 1892. Afora essas diferenças, nuvens financeiras pesadas pairavam sobre a Casa, e não havia sinais relevantes de mudança. Mas seria contra a tradição e contra as expectativas dos membros do clã que a data passasse sem a devida comemoração. Dessa vez não houve festa no castelo, mas apenas apresentações nas grandes propriedades e reuniões com os notáveis locais. Na maior delas, quinhentas pessoas foram recebidas numa tenda, enquanto outras mil assistiam às competições esportivas no parque. O jovem Mestre de Lovat foi apresentado com um par de pistolas pelo mais idoso arrendatário de terras, então com 96 anos. Os discursos foram muito mais cordiais que aqueles da tradição guerreira, tudo transformado numa espécie de grande homenagem de afeto e admiração ao próprio lorde Lovat. Foi como se, nesse presente, houvesse um pressentimento do futuro, e algo precisasse ser demonstrado antes que fosse tarde demais."[16]

O pai orgulhoso fazia questão de assistir ao sucesso do filho. No dia 18 de fevereiro de 1933, apesar do frio e da neve, lorde Lovat decidiu participar da festa anual da Magdalen College, de Oxford. Razões afetivas não faltavam: quarenta anos antes, montando um dos cavalos que comprara com a fortuna amealhada no cassino de Montecarlo, ele havia vencido a prova de equitação – o momento alto do evento. Na última hora, resolveu ir sozinho e guiando o carro, para ver seu filho competindo. Conhecido e admirado pelos amigos pelo fenomenal senso de direção que desenvolvera como caçador, perdeu-se no caminho e chegou em cima da hora. Shimi Lovat estava em Londres, foi direto para Chipping Norton, vestiu-se na casa de um primo, montou... e ganhou a prova, como o pai.

O que veio em seguida foi narrado pelo *The Times*: "Simon Joseph Fraser Lovat, décimo quarto barão na linhagem escocesa e terceiro barão na linhagem britânica, postou-se na base da colina para assistir à última prova, que foi realizada sob a nevasca. Depois que os cavalos passaram, lorde e lady Lovat começaram a subir a colina. Ficaram poucas pessoas no percurso, pois todos correram para os carros depois de encerrada a prova. Enquanto subia lentamente a colina, lorde Lovat passou mal e desmaiou. Foi carregado para uma tenda, mas não havia nenhum médico nas redondezas. Colocado num carro, ele foi levado ao hospital de Chipping Norton. Lady Lovat e o Mestre de Lovat o acompanharam, mas na chegada ao hospital constatou-se que estava morto."[17]

Deixou o título para o filho, e uma herança de empresário constituída basicamente por ações da Sudan Cotton e da Parana Plantations – que não apenas não distribuíra nem um centavo de dividendos como ainda era um papel de baixa liquidez e difícil negociação no mercado. Essas ações ficaram intocadas até 1937, quando lady Lovat decidiu resgatar os papéis. Recebeu a seguinte carta do Banco da Escócia: "A participação nesta empresa mantida no banco em nome de lorde Lovat consiste em 41900 ações, de uma libra cada, e 2500 libras em debêntures. Os certificados foram enviados por nós à empresa há algum tempo, com instruções para nos enviarem os novos certificados em nosso nome."[18]

Poucos dias depois, a Parana Plantations enviou a lista de ações em nome do próprio lorde Lovat e de parentes relacionados: "5550 ações em nome do major A. J. Fraser; 324 ações continuam em nome de J. H. Fraser; 150 em nome do hon. Muriel Fraser; 600 ações em nome de B. C. Maxwell e 231 em nome de lorde Lovat".[19] O valor de mercado, naquele momento, foi estimado em 401 mil libras. Dinheiro muito necessário para pagar os impostos de transmissão de bens e permitir a continuidade do clã. Àquela altura, a família já não tinha mais as melhores lembranças da emulação nascida numa sala de bilhar em Cambará – enquanto qualquer outro acionista, naquele momento, provavelmente achasse que a riqueza estava cada vez mais próxima.

CAPÍTULO **14**

> *Crescimento da empresa – e da turbulência mundial*

A MORTE DE LORDE LOVAT COINCIDIU COM UM PERÍODO NO QUAL SE MANIFESTARAM duas tendências opostas, a partir dos desdobramentos da crise iniciada em 1929. A Parana Plantations havia sido estruturada como parte da globalidade do Império britânico: capitais reunidos inicialmente na África do Sul e acumulados em Londres foram depois reaplicados no Sudão – com os lucros se transformando em novos investimentos no Brasil. Tudo isso sob o comando empresarial de um homem capaz não apenas de comparar custos e circunstâncias políticas globais, mas também de levar em conta os movimentos mundiais de pessoas e o capital requerido para articular projetos de longo prazo.

Mais ainda, lorde Lovat reunira pessoas para financiar o empreendimento brasileiro com capitais investidos a longo prazo. No momento de seu falecimento, oito anos após a fundação da holding, toda a operação da Parana Plantations havia sido inteiramente bancada pelo capital de acionistas – portanto, capital de risco, com retorno dependente de lucros operacionais – e por uma emissão de debêntures também captada entre os acionistas –, ou seja, uma dívida da empresa para com os compradores de seus papéis, cujo retorno dependia inteiramente dos lucros. Londres era uma das poucas cidades do planeta nas quais se podia organizar um investimento desse porte sem qualquer tipo de empréstimo ou dívida que pagasse juros a terceiros.

Na concepção de Lovat, os lucros de longo prazo viriam de duas fontes: da comercialização de pequenas propriedades para residentes no Brasil e para interessados no exterior, atraídos por terras de excelente qualidade e custos de instalação mais baixos do que em qualquer outro lugar. Desde a crise de 1929, com os pífios resultados das vendas para o público brasileiro, ele passara a apostar fortemente no aspecto global do negócio, expondo as vantagens comparativas do projeto a possíveis clientes europeus – e nisso teve algum sucesso. Mas o momento de sua morte também coincidiu com a reversão de uma tendência globalizante secular que favorecia a concepção do negócio cuja montagem ele comandara. Agora uma vaga de nacionalismos e totalitarismos tomou o lugar do incentivo aos fluxos internacionais. Com isso, a dissociação entre as possibilidades das vendas no exterior e no Brasil acabou se refletindo em duas tendências opostas no direcionamento do negócio.

A aquisição de lotes por residentes no Brasil – cidadãos locais ou imigrantes vindos nos anos anteriores – acelerou depressa. As vendas de lotes rurais, que haviam aumentado de 1,8 mil para 3,7 mil alqueires entre 1931 e 1932 (aumento de 106%), cresceram para 5,5 mil alqueires entre 1932 e 1933 (aumento de 40%). Em 1934, as vendas dobraram de novo, chegando a 11 mil alqueires.[1] Esse último resultado era dez vezes maior que o das vendas de 1930. Uma explosão de crescimento estava em marcha. Para completar, a empresa estava conseguindo vender os lotes a preços mais elevados: no início de 1935, o preço médio de cada lote era 25% maior do que no início das vendas. Melhor ainda, a inadimplência entre os compradores era muito baixa, da ordem de 3%.

Essa baixa inadimplência era peculiar ao norte do Paraná. A Parana Plantations controlava também a Brazil Plantations Syndicate, proprietária desde 1924 da Fazenda Jangada, em Birigui. Ao longo de uma década, a mesma política comercial vinha sendo adotada pelas duas empresas, com o pagamento dos lotes em cinco parcelas, calibradas de acordo com os trabalhos de desmatamento e assentamento dos compradores. Em 1933, as vendas na Fazenda Guararapes, também de propriedade da Brazil Plantations, chegaram a 416 alqueires – mas nada menos de 260 (ou 62% do total) tiveram de ser retomados, com os contratos sendo cancelados por falta de pagamento.[2] Esse é um forte indicativo de que a combinação da qualidade das terras roxas e a possibilidade de plantar café (então inexistente em São Paulo) contava muito para o resultado econômico do empreendimento.

Além do sucesso nas zonas rurais, as vendas de lotes urbanos cresceram no norte do Paraná, embora em proporção menor. Ainda assim, até o final de 1934 haviam sido vendidos 1.088 lotes, a um preço médio de 903 mil-réis por lote. Em 1935, com o crescimento da demanda, o preço médio pedido subiu para 1,6 conto de réis – e as vendas aumentaram exponencialmente, chegando a 457 lotes urbanos. Esse preço não era o valor final, uma vez que a maioria dos terrenos urbanos era vendida em contratos com cláusulas que davam descontos relativamente elevados para quem começasse a construir em prazos curtos; mas o número era indicativo da valorização derivada de maior procura.

A aceleração das vendas levou a uma reconfiguração da área ocupada. Em apenas cinco anos acabaram sendo comercializados 22 mil alqueires de lotes rurais. Isso possibilitou uma expansão da abertura de novos núcleos urbanos. Depois de Nova Dantzig, veio o lançamento de Rolândia, em 1934. No ano seguinte começaram as vendas de lotes urbanos em Arapongas – onde, no final do ano, 43 casas já estavam sendo erguidas.

Esse crescimento tinha relação direta com a expansão da ferrovia. Depois da chegada dos trilhos até Jataizinho havia um obstáculo de grande porte: a transposição do rio Tibagi, que exigia a construção de uma ponte com quase 400 metros de vão. Para acelerar a ocupação, a empresa tomou uma decisão de compromisso: a partir de meados de 1933, ainda sem a ponte acabada, começaram a trafegar os trens na outra margem do rio, com a estação de Londrina entrando em funcionamento.[3] A decisão tinha também uma justificativa técnica: "Embora o tráfego neste trecho não deva gerar retornos econômicos durante algum tempo, indiretamente vai permitir economias consideráveis nas despesas com manutenção das estradas de rodagem, além de gerar estímulo para a venda de terras."[4]

Esse último aspecto era relevante. A exploração publicitária em torno do transporte ferroviário começou ainda antes da instalação dos trilhos. Em 2 de maio de 1933, *O Estado de S. Paulo* já estampava um anúncio mostrando que "está aberto ao público o tráfego na estação de Londrina, para o transporte de passageiros, encomendas e mercadorias".[5] A essa altura a CTNP publicava anúncios quase diários no jornal, reiterando as vantagens de sua propriedade. A segurança era um tema sempre repisado: "Exija do seu vendedor, sem a menor transigência, se quiser evitar dissabores futuros: títulos absolutamente seguros, clima salubre, boa água, meios de comunicação. Se porventura ele não puder satisfazer a sua exigência, não insista no negócio. Procure, sem demora, a Companhia de Terras Norte do Paraná, que possui terras roxas apuradas, vende áreas judicialmente divididas, compradas diretamente do governo do Paraná, em zona muito próspera e saudável."[6]

Uma variante era a de explorar a insegurança das compras em áreas de concessão, nas quais não era possível obter títulos de propriedade definitivos: "Não se iluda por uma simples propaganda, pois, qualquer precipitação poderá trazer-lhe dissabores e sérios prejuízos. Só depois de uma cuidadosa observação é que V. S. deverá decidir empregar o seu dinheiro."[7] Na via inversa, noutros dias se prometia abundância: "Batata-doce. A terra roxa produz em oito meses, por alqueire, de 20 a 30 mil quilos destes tubérculos."[8]

O passo seguinte, num país então com mais da metade da população constituída de analfabetos, foi a introdução de fotografias como parte dos argumentos de vendas. Um dos primeiros anúncios dessa espécie trazia um título forte: "Fertilidade!" Abaixo dele, a foto de uma gigantesca peroba e a informação de que o solo seria "uma fonte inesgotável de recursos naturais".[9] Mais adiante, veio a criação de peças publicitárias mais sofisticadas. Ricardo Leão Rego descreveu uma delas: "Em 1934, um folheto publicitário anuncia a venda de 1200 lotes de terras. Publicado em português, alemão, italiano, japonês e inglês, o folheto destacava as vantagens oferecidas aos compradores."[10]

A sofisticação não parou por aí. O passo seguinte foi criar uma central de produção constante de material, com o financiamento de um jornal capaz de gerar um fluxo renovado de material para divulgação. Os pesquisadores Paulo César Boni e Larissa Ayumi Sato fizeram um resumo detalhado: "Diante da ausência de veículos de comunicação, a CTNP lança o semanário *Paraná Norte*, sob edição e redação de Humberto Puigari Coutinho. O primeiro número circulou em 9 de outubro de 1934; em suas páginas, o rápido desenvolvimento de Londrina e região, com amplas – e apologéticas – coberturas de todas as inaugurações de casas comerciais, industriais e bancárias; de consultórios médicos, odontológicos, hospitais e toda sorte de assistência social; das melhorias de infraestrutura, como abertura de novas estradas, novos serviços de transporte, como o ferroviário. [...] o *Paraná Norte*, apesar de pequeno e de reduzida tiragem, circulava por hotéis, meios de transporte e casas comerciais e bancárias de alguns estados, com ênfase no estado de São Paulo que, além de ser o mais próximo do Paraná, era o que reunia mais pessoas com recursos suficientes para comprar um terreno urbano ou um lote rural do empreendimento."[11]

Desse material centralizado saía uma série de outros produtos de propaganda: "Além dos álbuns fotográficos em mãos dos agenciadores, a CTNP adotou a estratégia de pregar cartazes com informações e fotografias de seu empreendimento em lugares de grande circulação de pessoas, notadamente nos vagões de passageiros dos trens de São Paulo, Minas Gerais e em alguns estados da região Nordeste, principalmente Bahia."[12] Os resultados eram efetivos: "Muitos profissionais liberais, em depoimentos gravados e escritos, declararam que vieram a Londrina depois de haverem visto cartazes da região nos trens, armazéns ou confeitarias das cidades onde moravam ou que estavam visitando. Muitos agricultores também se deixaram atrair pelos 'reclames' da CTNP em trens, quando viajavam para visitar parentes."[13]

Esse esforço concentrado de propaganda coincidiu com a chegada da ferrovia a Londrina. Concluída a grande ponte sobre o rio Tibagi, em 28 de julho de 1935 os trens passaram a circular entre Londrina e São Paulo, com baldeação em Ourinhos, numa viagem que durava dezenove horas – bem menos que os seis dias empregados pela primeira caravana para ir de Cambará a Londrina em 1929. A essa altura já estava em obras o trecho seguinte da ferrovia, que passaria por Nova Dantzig, Rolândia e Arapongas.

Os colonos se estabelecem na região aberta pela Companhia de Terras Norte do Paraná. Aqui, membros das famílias Lapuse e Rosemberg. Foto George Craig Smith, "Família Lapuse de Nova Dantzig (Cambé)", década de 1930, Museu Histórico de Londrina, Universidade Estadual de Londrina.

Essa onda de progresso obrigou a Companhia de Terras Norte do Paraná a alterar os seus meios de esclarecimento dos acionistas. Até 1932, o ano em que se registrou o primeiro lucro contábil, apenas umas poucas despesas gerais entravam no relatório anual, até porque não havia muito mais a explicar. Em 1933 apareceu um primeiro adendo, com os relatos sobre as despesas de capital, que cresceram em decorrência das sugestões de melhorias propostas por Willie Davids: 234 contos de réis para implantar o hospital, a remuneração do médico e a construção de uma casa para a diretoria, ocupada por Arthur Thomas;[14] 145 contos para construir o sistema de captação e distribuição de água em Londrina; 40 contos para ampliar as pesquisas topográficas às áreas que, logo mais, seriam postas à venda; 105 contos para abrir mais 54 quilômetros de estradas e manter em boas condições a rede rodoviária; 40 contos para montar a Fazenda Coati, destinada a fornecer sementes de café de boa qualidade aos interessados.

Esses investimentos novos foram concomitantes com uma política de desinvestimento. Em 1929, uma das maiores aplicações de capital aconteceu com a construção do hotel que receberia os compradores de lotes. Fazia sentido, num tempo em que ali não havia nada – mas fazia muito menos sentido no contexto de crescimento previsível.

Para a instalação de um hotel em Rolândia, o procedimento adotado foi bem diverso, assim explicado por Eugênio Victor Larionoff: "A companhia criou um método muito rigoroso com os empregados. Não deixava os empregados, por exemplo, comprar terras ou lotes e construir algo. Mas permitiu e incentivou que eu construísse um hotel. Eu tinha algumas economias, e então ela me vendeu as primeiras quatro datas de Rolândia. Ainda tinha tucanos lá, às vezes você via até onça atravessar a primitiva estrada. Era mata virgem tudo ao redor, não tinha nenhuma casa. Contratei dois carpinteiros. Durante meses eles lutaram, faziam tudo à mão. Pouco a pouco o hotel surgiu, e foi o primeiro a receber os futuros compradores da cidade de Rolândia. E era, naturalmente, alugado. Eu não explorava o hotel porque continuava a ser empregado da companhia. Eu construí em 34, e em 36 vendi o hotel para construir a primeira casa de alvenaria na avenida Higienópolis, aqui em Londrina."[15]

Era claramente um negócio bastante lucrativo a curto prazo – mas já não mais compensava para a empresa gastar tempo em seu gerenciamento, numa época em que precisava avançar com rapidez as frentes de comercialização de terras e lotes. Uma opção semelhante ocorreu no caso das jardineiras, que continuaram sendo um negócio relevante, mas não estratégico. Por isso acabou sendo terceirizado: "A primeira jardineira ficou para Matias Heim, o mecânico da CTNP e a segunda para Celso Garcia Cid, que se tornaram sócios na precursora da Viação Garcia. A CTNP condicionou a cessão ao compromisso de os compradores serem os motoristas, que deveriam corresponder à exigência de boa receptividade para os interessados que transportassem. Os passageiros que fossem compradores de terra em potencial tinham as passagens no trem e nas jardineiras pagas pela colonizadora."[16]

Tais mudanças nos ativos eram necessárias para se manter o foco nas vendas de lotes. E não se restringiam apenas a detalhes na frente de comercialização. A partir de 1935 foi preciso, de novo, alterar bastante os procedimentos contábeis e as apresentações para os acionistas, por um motivo muito relevante: os tempos dos prejuízos de capital começavam a ficar para trás, e aproximava-se a hora de empregar os lucros operacionais para começar a cobrir os grandes investimentos feitos no passado.

O primeiro passo na nova direção veio com o cálculo atualizado dos custos de todo o projeto e sua cobertura por lucros – deixado de lado nos anos iniciais por falta de receitas relevantes: "O item 'Terras e Investimentos' do balanço foi recalculado com base na taxa de câmbio média pela qual esses investimentos haviam sido feitos. O valor obtido foi aplicado para os 2,48 milhões de acres [um milhão de hectares] ainda de propriedade da empresa. O número foi 574 mil libras esterlinas.[17] E é importante notar que nem todas as quantias que forem contabilizadas acima desse valor serão imediatamente lucro. Como se notou antes, é preciso levar em conta o tempo necessário para vender todas as terras, o pagamento das debêntures lançadas, e que a continuidade das vendas exige despesas em administração, pesquisas, construção de estradas, pagamento de comissão aos vendedores e propaganda."[18]

Cautelosamente, um novo foco era adotado. O tempo que Friedrich Eckstein havia definido como aquele "de trancar as ações no cofre e esquecer delas" estava começando a passar. Apesar disso, ainda não chegara a era da distribuição dos lucros para os acionistas, sob a forma de dividendos. Seria preciso antes empregar os lucros operacionais para ir saneando duas contas relevantes: o pagamento dos debenturistas e os adiantamentos de capital feitos pela holding para as subsidiárias – especialmente os necessários para financiar a construção da ferrovia.

Essas foram as prioridades para a aplicação dos lucros de 1935. As dívidas da Companhia de Terras Norte do Paraná para com a Parana Plantations, que haviam chegado a 71 mil libras em 1933, foram reduzidas para 9,5 mil libras.[19] Além disso, inaugurando uma nova política, os lucros restantes eram transformados em empréstimos para a Companhia Ferroviária São Paulo-Paraná; esse dinheiro, mais o lucro operacional dessa empresa, permitiram uma segunda redução da dívida com a holding, de muito maior porte: do máximo de 962 mil libras, em 1933, ela caiu para 462 mil libras dois anos depois. Além disso, outro dado relevante era a cuidadosa contabilização das prestações dos lotes vendidos e ainda pendentes: 57 mil libras marcadas como lucros diferidos, num ambiente de baixíssima inadimplência. Para completar as boas notícias, houve um aumento nas vendas em Birigui, com a área da Fazenda Jangada sendo reduzida a menos da metade (de 96 mil para 45,2 mil acres).[20]

Outra mudança relevante na contabilidade estava acontecendo na própria Londrina, com a criação de um serviço de estatística. Os dados para 1936 mostravam uma população total de 20.527 habitantes; 1.120 habitações urbanas e 2.357 imóveis rurais; a produção de 2.610 sacas de café de 60 quilos; 80,7 mil arrobas de algodão; 4,1 mil sacas de milho; 8,1 mil sacas de algodão e 3,1 mil sacas de arroz; 60 automóveis, seis ônibus, 280 caminhões e 281 carroças – mas, especialmente, 681 firmas comerciais e industriais, além de três agências bancárias. A arrecadação municipal dobrara entre 1935 e 1936, passando de 13 para 260 contos; a arrecadação estadual tivera um desempenho ainda melhor, passando de 440 para 990 contos.[21]

Tudo muito bom – mas havia um mercado com problemas cada vez maiores. Lorde Lovat tinha amplo conhecimento dos mecanismos internacionais de atração de compradores – e um gosto particular pela atividade. Sob sua direção, a Parana Plantations reagira à crise de 1929 com um forte esforço de propaganda na Europa. Era um esforço bem mais sofisticado que o da propaganda via folhetos: quase sempre dependia de contatos com governos ou instituições multilaterais; caso a proposta despertasse interesse, uma missão ou um representante governamental ou institucional avaliava a viabilidade; aí um acordo era assinado e só então as pessoas eram mandadas. Para alguém com a experiência política de lorde Lovat, tais procedimentos eram relativamente simples. Desse modo foram organizadas visitas ao norte do Paraná de representantes da Lituânia em 1930;[22] da Áustria, Tchecoslováquia, Dantzig, Alemanha e Polônia.[23] Todas resultantes do empenho do diretor, reconhecido no relatório de 1931: "Lorde Lovat devotou muito tempo e atenção visitando pessoalmente as autoridades de migração de vários países europeus e mostrando as oportunidades de colonização que podemos oferecer."[24]

E foram visitas proveitosas: "O engenheiro agrônomo alemão Oswald Nixdorf foi enviado ao norte do Paraná para estudar um local propício para os colonos da Alemanha. Em abril de 1932 embarcou com a família para o Brasil e com a ajuda do agrimensor chefe da CTNP, Alexandre Razgulaeff, Nixdorf embrenhou-se na mata. Após dois meses de intenso trabalho finalmente encontrou o local ideal para iniciar a colonização alemã, uma área que denominou Gleba Roland, onde foi erguido um rancho de palmito, com dez compartimentos, destinado a receber as famílias de imigrantes alemães."[25]

Com o falecimento de lorde Lovat, esse trabalho diplomático complexo ficou a cargo de Arthur Thomas – um ótimo executivo, mas sem a experiência política e social do antecessor. Enviado à Europa, visitou autoridades alemãs e trouxe boas notícias, consideradas promissoras no relatório anual da Parana Plantations: "Temos esperança de negociar nos próximos meses com autoridades alemãs um plano sério para a instalação em grande escala de colonos em nossas terras, mesmo sabendo que haverá dificuldades em lidar com as restrições hoje existentes em ambos os governos, mas não acreditamos que essas dificuldades sejam insuperáveis."[26]

O reconhecimento das dificuldades tinha bases reais. Durante a assembleia de aprovação do balanço de 1932, lorde Asquith fizera referência aos dados estatísticos sobre imigração espontânea publicados pela São Paulo Railway sobre o transporte de imigrantes estrangeiros entre Santos e São Paulo. Eles mostravam um declínio de 80 mil passageiros em 1929 para apenas 7 mil em 1931. Em 1932 houve um aumento, para 26 mil, interpretado pelo expositor como "uma verdadeira mudança da maré".[27]

Era uma avaliação de homem de negócios que lidava com números, mas não exatamente com a política brasileira. Em 1931, o governo federal criara o Departamento Nacional de Povoamento, com finalidades bastante específicas, assim descritas pelo historiador Antônio Marcos Myskiw: "Era um órgão encarregado da colonização, orientação das frentes migratórias, medição, demarcação, legitimação e distribuição das terras devolutas aos agricultores. Além da criação de instituições, foram sancionados vários decretos-lei, visando a colonização em proveito das populações nacionais."[28]

Nesse novo cenário de ascensão do nacionalismo e de um novo papel do governo no setor de colonização, foi concebido o mais promissor projeto tentado inicialmente por lorde Lovat. Com acesso a todas as portas do mundo diplomático, ele negociara com a Liga das Nações (o mais importante órgão multilateral da época) e apoio do governo britânico um financiamento para a instalação de 20 mil assírios nas terras paulistas e paranaenses da Parana Plantations – num tempo em que Londrina não tinha ainda essa população.

Como o acordo estava bem adiantado quando lorde Lovat faleceu, coube a Arthur Thomas concluir o desenho institucional do projeto, assim descrito no relatório de 1933: "O governo brasileiro informou à Liga das Nações que aceitaria receber os assírios em lotes de até quinhentas famílias por mês; o comitê da Liga enviou então uma comissão altamente qualificada para verificar a área e ela fez um relatório que não poderia ser mais favorável."[29] A aceitação pelo governo brasileiro condicionava a entrada à comprovação de que os imigrantes eram agricultores e que as passagens seriam pagas pela Liga das Nações.[30]

Fossem outros os tempos e maior a experiência política, não haveria problemas. Como notou Daniel Scandolara, "em outubro de 1932, Arthur Thomas, representante da empresa, apresentou um plano que previa a alocação e a empregabilidade dos imigrantes assírios na atividade agrícola das terras detidas pela empresa. Thomas enfatizou a veia agrícola 'natural' do grupo, sua cristandade e sua origem 'branca', uma combinação perfeitamente de acordo com aquilo que o governo de Getúlio Vargas buscava para o Brasil".[31]

Um detalhe relevante é a relação especial dos assírios com a cristandade. Esse povo é o último falante do aramaico, a língua usada pelo próprio Jesus na maioria de suas pregações – e tão disseminada na Palestina que até mesmo partes do Antigo Testamento foram escritas nela. Já nos primeiros anos da era cristã, os assírios se converteram e mantiveram-se submetidos à autoridade do pontífice romano desde quando esta existiu.

Em tempos de lorde Lovat, uma proposta como essa teria circulado em versão estrita para testes, para ser avaliada com fineza nos jantares e banquetes certos no Brasil, de modo a se corrigirem eventuais imperfeições e evitar oposições desnecessárias. Como não foi assim, os nacionalistas encastelados no governo souberam pela imprensa da publicação, em 3 de janeiro de 1934, do decreto oficial que aprovava o plano – e reagiram prontamente: "A chamada Sociedade dos Amigos de Alberto Torres, de notável influência na mídia e no Parlamento, foi o dínamo de uma campanha, que posteriormente foi engrossada pela Ordem dos Advogados do Paraná, para que o Brasil abandonasse o plano. Um fator importante que ecoou por meio das vozes políticas e das folhas jornalísticas foi o 'argumento' de que os assírios eram essencialmente bárbaros e indecentes, que os interesses do Brasil deveriam ser outros (como, por exemplo, assistir às famílias em necessidade no São Francisco) e que o plano de assentamento fazia parte do imperialismo britânico."[32]

A reação paranaense contou com o apoio da *Gazeta do Povo*, que passou a publicar quase diariamente longos artigos a respeito. Apenas as manchetes já davam uma ideia da virulência dos argumentos: "Grave ameaça" (15/02/1934); "Êxodo assírio rumo ao Paraná" (18/02/1934); "Terra de ninguém" (20/02/1934); "A invasão assíria" (22/02/1934); "Em prol da nacionalidade" (23/02/1934); "A taba estrangeira" (24/02/1934); "Projetada invasão estrangeira do norte do Paraná pelos assírios do Iraque" (27/02/1934). E assim diariamente, em tom cada vez mais elevado – até que a empresa foi obrigada a desistir do projeto. Como se ainda fosse pouco, o argumento do imperialismo fez entrada em Londrina pela porta da frente.

CAPÍTULO **15**
> *Pensadores visitantes, prefeitos – e um novo empresário*

Até o dia 3 de dezembro de 1934, Londrina nem sequer era um distrito administrativo de Jataí – apenas distrito policial. Mas nesse dia, por decisão do interventor Manoel Ribas, o decreto 2.519 transformou a incipiente cidade diretamente em sede de município. Assinado o papel, o interventor mandou chamar Joaquim Vicente de Castro, técnico da Secretaria de Obras, e o nomeou prefeito. Na memória do indicado, ficou essencialmente o plano que esboçou para cumprir a missão, baseado em suas crenças ideológicas e no modo como foi recebido na cidade da qual seria gestor: "Sou socialista, isso sim. Quer dizer, eu olho com simpatia o socialismo. E não tive apoio porque a mentalidade da Companhia de Terras, do sr. Thomas, era mais ou menos imperialista, e eu não me dava bem com esse negócio de imperialismo. Até hoje sou contra o imperialismo."[1]

A chegada do funcionário transformado em autoridade, com tais opiniões, não facilitou o contato. A cerimônia de instalação do município aconteceu no dia 10 de dezembro. Como diz a ata, "no edifício destinado provisoriamente para sede da prefeitura municipal".[2] Estavam presentes algumas poucas autoridades de cidades vizinhas e um representante do governador. A Companhia de Terras Norte do Paraná foi representada por Craig Smith e a Ferrovia São Paulo-Paraná pelo chefe das obras, J. L. Adamson. Presidida por um secretário nomeado *ad hoc*, a cerimônia foi breve, com apenas dois discursos: do prefeito e do representante do governo estadual.

Castro guardou poucas lembranças de sua administração. Como legislador, implantou inicialmente um plano genérico: "O Código de Postura Municipal era um código que era aplicado nos outros municípios. Era a ditadura do Getúlio, então tinha código para todos. Não havia eleição também."[3] Do ponto de vista das obras, fez o pouco que podia com sua atitude anti-imperialista: "A Companhia de Terras Norte do Paraná fazia os arruamentos todos. A única coisa que fiz foi a estrada que ligava Sertanópolis a Londrina, com uma turma que eu trouxe do Paraná."[4]

"Trazer uma turma do Paraná" é uma expressão reveladora da época: "[Em Curitiba] ninguém conhecia Londrina. Paranaenses aqui eram muito poucos."[5] Ainda assim, a posse do prefeito marcou o início de uma certa integração à autoridade paranaense. O traçado urbano de ruas e praças, as estradas, o abastecimento de água, a precária iluminação elétrica – tudo isso já existia. Mas eram as edificações que agora precisavam ser devidamente revertidas para a municipalidade. Também era necessário organizar a autoridade do prefeito numa área que, nessa altura, ia até a divisa com Mato Grosso, seguia pela divisa de São Paulo até Sertanópolis – e, ao sul, até Guarapuava. Bem além das terras de propriedade da Companhia de Terras Norte do Paraná.

Uma vez que essa realidade era encarada pelo prefeito na chave do combate ao imperialismo, representado pela companhia, não houve muita sinergia entre as partes para instalar a autoridade no vasto território. E, na ausência de uma câmara municipal eleita, as opções de diálogo entre os diversos interesses da comunidade – pois havia também aqueles dos proprietários e moradores – se tornaram escassas. Com a irrupção dos conflitos, as notícias chegaram a Curitiba – e as coisas mudaram depressa: em maio de 1935, depois de apenas cinco meses no cargo, Camargo foi indicado para a prefeitura de Jacarezinho e substituído por Rosalino Fernandes.

Esse início de administração, concebida como exercício de um projeto ideológico por uma pessoa nomeada pela autoridade central – e necessariamente levando ao confronto com os moradores, pois o enviado era estranho ao local –, era algo comum depois do movimento de 1930. Enquanto a única fonte de autoridade era o chefe do governo revolucionário, todo o baile da disputa pelo poder, desde as pequenas vilas do sertão, passando pelos estados e chegando até os arranjos negociados na capital federal, tinha um único processador.

Tanto quanto o nacionalismo, essa tendência de centralização acabou se refletindo no empreendimento da Parana Plantations. No primeiro caso, levou a uma mudança de composição na movimentação de gente na cidade. Antes do problema com os assírios, a precária Londrina em construção recebia cônsules e representantes diplomáticos estrangeiros – o que não era bem uma característica comum em núcleos implantados no sertão. Depois da desistência da publicidade internacional para atrair compradores, esse movimento de autoridades estrangeiras praticamente desapareceu.

Em tempos complexos, porém, os influxos têm várias direções. No caso da Londrina de 1935, um deles veio de São Paulo, num evento que merece ser explicado. Tanto quanto era capaz de esmagar um movimento armado contra seu governo, Getúlio Vargas mostrou-se capaz de ponderar suas relações com São Paulo. Do ponto de vista econômico, sua vitória trouxe dois ganhos muito relevantes: o controle do estoque nacional de café (exercido pelo governo de São Paulo desde que assumira as despesas das compras a partir de 1906) e, essencialmente, o controle do uso das reservas cambiais da nação (tendo de comprar e vender estoques de café, o governo paulista era o grande ator no mercado), logo reorganizadas como monopólio federal.

Tendo obtido o que lhe interessava, Vargas tomou uma atitude política inusitada. Os Dissidentes haviam amargado três décadas de frustração, desde que surgiram como grupo político em 1900. Até 1924, dividiram sua existência na função de apoiadores minoritários de alguns governos do Partido Republicano Paulista ou na de grupo de oposição fora do governo, com participação minoritária na assembleia estadual. De 1924 a 1930, organizaram-se como Partido Democrático – e deram seu apoio aos revolucionários. Tiveram José Maria Whitaker indicado como interventor por poucos dias, mas logo foram apeados pelos tenentistas.

Escorraçados do poder, juntaram-se aos antigos perrepistas para organizar a Revolução de 1932, cujo programa central era a volta do regime democrático. A derrota militar não afetou em nada o comando sobre essa força política – um fato evidente para o vencedor. Para recompor depressa as coisas, Vargas convidou Armando de Sales Oliveira – cunhado do líder máximo dos Dissidentes e da luta armada, Júlio Mesquita Filho – não apenas para ser interventor em São Paulo, mas para ali instalar um governo de porteira fechada. Além disso, Vargas encampou uma reivindicação nacional do partido, com a convocação de eleições para uma Assembleia Constituinte. Depois de três décadas de espera, a oportunidade não foi desperdiçada pelo grupo dos Dissidentes.

Armando de Sales Oliveira aproveitou a força da interventoria para organizar uma chapa única contra os candidatos varguistas nas eleições para a Constituinte de 1934. Como essa seria a primeira eleição brasileira com voto secreto, os instrumentos de pressão contra o eleitor foram muito atenuados. Como também era a primeira eleição com voto feminino, fazia parte da chapa a candidata Carlota Pereira de Queiroz, cuja campanha foi apoiada com entusiasmo por Gastão de Souza Mesquita Filho. Ele esteve na festa da vitória, juntamente com Esther Mesquita e Alfredo Mesquita, Guilherme de Almeida, Anita Malfati, Alcântara Machado, Pérola Byington, Carlos Botelho e Roberto Simonsen.[6]

E Armando de Sales Oliveira não perdeu tempo para implantar o maior projeto dos Dissidentes: a criação da Universidade de São Paulo. A ideia tinha sido amadurecida por Júlio Mesquita Filho e Fernando de Azevedo ao longo de uma década. Júlio Mesquita Filho não era apenas o líder político dos Dissidentes que, em 1924, aparecera na Fazenda Água do Bugre para dar ao major Barbosa Ferraz e a Gastão de Souza Mesquita Filho as notícias dos primeiros movimentos de lorde Lovat após visitar Cambará. Também elaborara um projeto claro para a universidade e tinha contatos no mundo acadêmico francês; em poucos meses, contratou pessoalmente os professores mais importantes.

E era ainda o dono do jornal de maior circulação em São Paulo, no qual introduzira uma inovação: um suplemento impresso em papel de boa qualidade que circulava aos domingos e estampava artigos longos. Júlio Mesquita Filho teve uma grande ideia ao se dar conta de que alguns dos contratados no exterior para lecionar na universidade queriam conhecer o Brasil para além dos bairros de São Paulo. Sem titubear, transformou uma expedição desses professores ao sertão paranaense em pauta para o suplemento, exigindo em troca de sua participação que escrevessem artigos para o suplemento.

Os três professores afinal escolhidos levavam uma bagagem intelectual semelhante: treino universitário para observar com método e descrever o observado com conceitos – e a experiência comum de estarem no sertão pela primeira vez. O resultado, publicado na edição do dia 29 de julho de 1935, trouxe análises marcadas pela formação universitária aplicada ao entendimento da realidade do norte do Paraná.

O geógrafo Pierre Monbeig abriu o seu artigo descrevendo um espaço e recorrendo a um conceito: "O ponto onde o esforço humano se detém, diante da natureza ainda virgem, é sempre profundamente emocionante. Mas se é um encantamento para o espírito humano contemplar aqui o humano, a terra submissa, e mais além o domínio da rocha, da mata, do animal, o contato entre os dois, a zona de luta e experiências oferece também grande interesse científico. Recentemente, a American Geographical Society publicou dois belos volumes, onde são estudadas as 'zonas pioneiras' ou de 'colonização pioneira'."[7]

Com base no conceito de pioneirismo, trazido da literatura acadêmica anglo-saxã, Monbeig propõe ao leitor uma descrição ordenada da vida ainda desordenada de Londrina. Mas a ser ordenada pela ação do pioneiro, que cria o que ele definiu como uma civilização: "Os colonos alemães, vindos das areias e brumas hanoverianas, parecem ter encontrado a Terra Prometida. Já não são necessários adubos e amanhos: dir-se-á que é suficiente atirar um grão em terra para que tudo cresça. Os italianos esquecem suas ingratas colinas calcárias, onde a água se vende a preço de ouro. Os japoneses encontram, finalmente, a vastidão do espaço e os poloneses entreveem o fim de sua miséria. Ao calor das derrubadas, as disputas de raça e os preconceitos europeus se fundem numa nova comunhão, a da pátria brasileira."[8]

Não deixa de incluir nessa comunhão os brasileiros natos: "A falta de braços para os trabalhos determinou a alta dos salários e estes atraíram os mineiros, que podem ganhar, no norte do Paraná, três vezes mais que em Minas, inclusive as mulheres. Numa caravana de 1934, com sessenta pessoas, apenas dois elementos eram do sexo forte. Muitos vêm da Bahia, tendo, não raro, concluído o trajeto a pé."[9]

Boa parte dessa nova civilização era atribuída por ele à Companhia de Terras Norte do Paraná, pelos seguintes motivos: "O desenvolvimento da pequena lavoura, e, portanto, da policultura, tem sido um dos principais objetivos da companhia de colonização. [...] A justaposição de culturas tropicais, temperadas, e também da criação é extremamente difícil. [...] Mas nos arredores de Heimtal, perto de ricas pastagens, prosperam, vizinhos, o trigo e a cana-de-açúcar, o linho e a grapefruit – com a manutenção da mata funcionando como traço de união entre as flores rosadas dos pessegueiros, que desabrocham ao lado do algodão e dos cafezais."[10] Com isso, concluía otimista: "Ação do homem no interior do meio, eis o que nos ensina a 'franja pioneira', do norte do Paraná. Mas também esforço dos homens para 'abrir a terra', no dizer de um romancista de outro país desbravador, o Canadá."[11]

Já o sociólogo Paul Arbousse-Bastide começa seu artigo postulando um contraste conceitual entre o trem europeu e o sertão: "Permanecemos, na primeira parte do trajeto [o trem] num mundo europeu, jogando-nos na segunda, de supetão, na zona de colonização, com justiça qualificada de pioneira."[12] Era, em outro registro, o mesmo recurso a argumentos conceituais empregado por Monbeig. Porém, ao contrário deste, Arbousse-Bastide constatava a formação não de uma nova unidade, mas de uma hierarquia. No topo desta estava a figura do colonizador: "O colono, aparentemente isolado, está na verdade enquadrado por uma civilização inteira, que avança como uma caudal não somente material e técnica, mas ainda espiritual e moral. O esforço imponderável e valoroso do colonizador não somente desbasta com o machado e o fogo, mas ainda com vários séculos de colonização."[13]

Com esse primeiro tipo ele contrasta o do caboclo, que vai encontrar nos territórios vizinhos aos da área da Companhia de Terras Norte do Paraná; capaz de ocupar, mas não de civilizar: "Dirão talvez apático, indolente, preguiçoso, mas ele é tão somente calmo, porque sente, diariamente, o peso do inimigo: a floresta com seus insetos, seus animais roedores, suas aves de rapina. O caboclo é de uma hospitalidade generosa, uma finura de linguagem e não raro de fisionomia, num espírito de paixão pela solidão e um nível de vida realmente miserável. Instalado gratuitamente numa terra que poderia lhe dar em abundância grandes variedades de produtos, planta apenas milho, arroz e feijão, além de criar alguns porcos. [...] Em todo o caboclo existe um traço de colono: é suscetível de ingressar na civilização técnica de que é oriundo."[14]

Com essas figuras, mais a do índio, cria uma hierarquia: "Estamos de fato em face de três tipos humanos e três modos de instalação. De um lado o colonizador que chega para desbravar e valorizar a terra. Vem armado de civilização, que traz consigo, com sua potência técnica, seus modos de vida, seus processos de concentração demográfica. [...] Temos por outro lado o caboclo, pioneiro sem ser colonizador. Não traz consigo a civilização. Não pensa na conquista da floresta; recorta dela, somente, um lugarzinho para viver paralelamente. [...] Finalmente o índio, que não destrói a

NA PÁGINA AO LADO: Artigo de Claude Levi-Strauss sobre suas impressões do norte do Paraná, onde encontrou indígenas pela primeira vez na vida. Claude Levi-Strauss "Com os selvagens civilizados", *O Estado de S. Paulo*, Suplemento em Rotogravura, Ano V, n.72, julho de 1935.

O ESTADO DE S. PAULO

COM OS SELVAGENS CIVILISADOS

INDIOS? De verdade? Selvagens? São as perguntas que nos fazem desde que chegamos. Talvez tenham os curiosos a secreta esperança de uma iniciação em estranhos costumes de primitivos nús, enfeitados de pennas e dansando, com berros exquisitos, ao luar. A realidade ethnographica é muito mais complexa do que estas imagens cheias de poesia. Os indios do Tibagy são mais civilisados do que se espera e mais selvagens do que se imagina. Realisam plenamente essa experiencia sociologica — tão frequente sem duvida no Brasil, porém tão mal estudada — de primitivos a quem se impoz uma civilisação para, a seguir, abandonal-os a si mesmos. Formada, por um lado, de antigas tradições resistentes á influencia dos brancos e, por outro, de emprestimos tomados á civilisação moderna, constitue sua cultura um conjunto original, cujo conhecimento e estudo são tão essenciaes e difficeis quanto os dos primitivos puros. Principalmente depois que se viram estes indios entregues a seus proprios recursos, é-nos dado assistir a uma estranha mutação do equilibrio superficial entre a cultura moderna e a primitiva. Resurgem antigos modos de vida, velhas technicas, oriundos de um passado cuja proximidade viva erradamente se olvida. Donde provêm essas mãos de pilão de pedra escura, admiravelmente polidas, que encontramos nos casebres indigenas de permeio com pratos grosseiros de louça esmaltada, colheres ordinarias e até — ás vezes — restos esqueleticos de velhas machinas de costura? Trocas commerciaes, no mysterio da floresta, com populações de mesma raça, que permaneceram selvagens e cuja actividade bellicosa torna ainda inaccessiveis certas regiões do norte do Paraná? Fôra preciso, para responder, conhecer exactamente a odyssêa desse indio "bravo", que ora goza sua aposentadoria nas colonias governamentaes. Mais provavelmente, porém, esses objectos que nos enchem de devaneios subsistem nas tribus como testemunhos de uma época em que o indio não conhecia nem casa, nem vestimentas, nem utensilios metallicos. E, na lembrança semi-inconsciente dos homens, tambem se conservam as velhas technicas. Aos phosphoros, conhecidos mas caros e difficeis de obter, ainda preferem os indios a rotação ou attrito de dois pedaços de madeira molle de palmito. Não raro se encontram, tambem, pendurados na casa abandonada os fuzis vetustos e as pistolas antiquadas fornecidos pelo governo, emquanto, na floresta, o homem caça de arco e flecha, ambos de uma technica tão perfeita e segura quanto a dos povos que nunca viram arma de fogo. Os antigos modos de vida, summariamente escondidos pelos esforços officiaes, retomam assim seu logar preponderante, com a mesma lentidão e segurança com que essas columnas de indios, que cruzamos, sulcam, durante semanas, as minusculas picadas da floresta, emquanto ruem os tectos da aldeia hoje deserta.

* * *

Vivem os indios do Tibagy dispersos pelas terras altas que dominam as margens do rio. Eram antigamente chamados Coroados por causa do penteado, hoje abandonado, que surprehendera os exploradores. São Kaingang pertencentes ao grupo Gé. E' sabido que este grupo constitue a mais antiga população do Brasil, submergida, talvez pouco antes da conquista, pelas invasões tupi-guarani. Dos invasores, receberam os Kaingang a peneira de palha de taquara trançada em marchetaria, com admiravel regularidade e de que são communs, nas feiras de São Paulo, copias degeneradas de fabricação branca. Talvez tenham tambem recebido esses potes de gargalo, levemente decorados a dedo com desenhos estilisados de flores e ramagens feitos de argila vermelha. Encontram-se na região os mesmos modelos, embora de origem brasileira. Em ambos os casos a technica é identica: a massa de argila é formada e escavada a mão e alisada depois com um pedaço de pau redondo ou uma garrafa. Em ambos os casos parece ser o trabalho de preferencia feito pelas mulheres.

Actualmente 438 indios vivem numa extensão de 36.000 alqueires, theoricamente divididos em cinco acampamentos, collocados sob a direcção do sr. Galdino Gluck, chefe do serviço de protecção, cuja séde está situada em São Jeronymo (84 km. de Jatahy). Eis a situação aproximativa dessas colonias:

Distancia aproximada de São Jeronymo	COLONIAS	HOMENS	MULHERES	CRIANÇAS	TOTAL
3 kilometros..	José Bonifacio	15	18	21	54
15 kilometros..	Rod. Miranda.	30	33	32	95
51 kilometros..	Apucarana ...	52	48	48	148
81 kilometros..	Rio Preto....	31	33	29	93
120 kilometros..	Salto Mauá...	43	?	?	?

Dão estas cifras apenas uma idéa vaga do estado real da população. Encontra-se esta dizimada pela malaria, pelo alcoolismo e a tuberculose. A tremenda diminuição dos nascimentos accusa nitidamente estas taras: Anno 1924, 42 nascimentos; 1926, 26; 1927, 22; 1928, 15; 1929, 11; 1930, 29, e 1933, 14.

Não attinge o total 170 individuos em 10 annos, emquanto a mortalidade infantil é de 141, em dois annos. Mal alimentado, mal protegido, é o indio uma presa facil para todos os males. Os collares de sementes ou os canudos de penna de urubú protegem-no insufficientemente contra a coqueluche, e os emplastros de barro vermelho nas feridas são mais desinfectantes. Serão mais efficazes as hervas e favas do mato, preciosamente conservadas em recipientes fechados com rolhas de palha de milho? Quando o enfermo se sente demasiado fraco, fica muitas vezes sozinho na aldeia abandonada.

* * *

Visitamos as casas de madeira construidas pelo governo federal, agrupadas em aldeias de 5 a 10 fogos, á beira dos rios; vimos as casas mais isoladas, que constróem ás vezes os indios: uma cerca quadrada de troncos de palmitos amarrados por cipós, coberta com um tecto de folhas de palmeira ligado ao muro pelos quatro cantos apenas. Penetramos, emfim, debaixo desses alpendres de folhagens, collocados ao rez do chão, onde vive ás vezes uma familia ao lado da casa inutilisada... Por toda parte o aspecto é o mesmo.

Reunem-se os habitantes em volta de uma fogueira accesa no chão e que queima dia e noite. Os homens vestem, geralmente, uma camisa em tiras e um par de calças velhas; as mulheres, um simples vestido de algodãozinho por cima da pelle, quando não apenas uma coberta enrolada por baixo das axillas; as crianças, o mais das vezes, andam completamente nuas. Usam todos, como nós mesmos durante a viagem, largos chapeus de palha, unica industria e recurso unico dos indios. Nos dois sexos e em qualquer edade é o typo mongolico patente: estatura pequena, face larga e chata, maçans salientes, olhos alongados, pelle amarella, cabellos negros e lisos — que as mulheres usam indifferentemente longos ou curtos — pêlos raros e muitas vezes inexistentes. Um só commodo é habitado. Nelle se comem, durante o dia inteiro, batatas doces assadas na cinza, donde são retiradas por meio de pinças compridas de bambú. Nelle dormem os indios sobre uma camada fina de samambaias ou uma esteira de palha de milho, estendidos com os pés voltados para o fogo. Alta noite, são as raras brasas subsistentes e a parede de troncos de palmitos, mal unidos, uma fraca defesa contra o frio glacial de mil metros de altitude.

Reduzem-se a este unico commodo as casas construidas pelos indigenas; e, nas do governo, apenas uma sala é igualmente utilisada. Ahi se encontra, esparramada pelo chão, toda a riqueza mobiliaria do indio, numa desordem que escandalisava nossos guias, caboclos do sertão vizinho. Nesta desordem miseravel, distinguem-se difficilmente os objectos de origem brasileira dos de fabricação local. Entre os primeiros, acham-se, em geral, machados, facões, pratos de esmalte e recipientes metallicos, trapos, agulhas e linha de costura, ás vezes garrafas e até guarda-chuvas. É igualmente rudimentar o mobiliario indigena: alguns banquinhos baixos de madeira, de origem guarani provavelmente, tambem usados pelos caboclos; grande quantidade de cestas de todos os tamanhos e para todos os usos, repetindo a technica do "trançado em marchetaria", tão frequente na America do

Sul, peneiras para farinha, pilões de madeira, mãos de pilão de madeira ou pedra, alguns potes e, finalmente, uma quantidade prodigiosa de recipientes de variadas dimensões e formas e de empregos differentes, confeccionados com a abobora moranga esvaziada e seccada. Nenhum movel verdadeiro. E que difficuldade para se conseguir qualquer um desses objectos! A distribuição preliminar, a toda a familia, de nossos aneis, collares e broches de missangas foi por vezes impotente para estabelecer o indispensavel contacto cordial. Mesmo a offerta de uma grande quantidade de milreis, absolutamente em desproporção com a indigencia do utensilio, deixava-os totalmente indifferentes. "Não podia. Se tivesse sido fabricado por elle (o indio), dal-o-ia de bom grado; comprara-o, porém, elle mesmo, de uma velha que é a unica a saber confeccionar este genero de coisas. Se nol-o desse, como o substituiria?" Naturalmente, a velha nunca está presente. Onde está? "Não sabe — gesto vago — no mato"... Em verdade, que valem nossos milreis para esse velho indio tremendo de febre, a 100 kilometros do armazem mais proximo dos brancos? Fica-se envergonhado de estar alli a tentar arrancar desses homens, tão desprovidos de tudo, um insignificante instrumento cuja perda será uma irreparavel diminuição...

Mas ás vezes varia a historia. Quererá esta india vender-me um pote? "Sim, ella quer. Infelizmente não lhe pertence". De quem é então? De seu marido? "Não". De seu irmão? "Tambem não". De seu filho? "Ainda menos".

E da menina...

A menina possue, fatalmente, todos os objectos que desejamos comprar. Olhamol-a — tem muitas vezes tres ou quatro annos — agachada junto do fogo, completamente absorvida na contemplação do anel que ha pouco lhe enfiei no dedo. Succedem, então, longas negociações com a "senhorita", negociações em que não tomam parte os parentes. Um anel e quinhentos réis não a convencem; um broche e quatro centos réis a decidem.

Foi-nos impossivel, em tão curta estadia, esclarecer as razões da propriedade infantil. Mas o problema merece estudo attento, de que nos limitamos, por ora, a assignalar o interesse. Parecem as crianças representar, na vida social, um papel de certa importancia, que se explica, em parte, pela precocidade dos casamentos. Livres e desembaraçadas de qualquer trabalho, gosando de larga independencia, são sem duvida as crianças os menos infelizes da familia.

* * *

Os Kaingang praticam a agricultura, mas a pesca, a caça e a apanha de frutos silvestres são suas occupações essenciaes. Os processos de pesca são tão pobremente imitados dos brancos que sua efficiencia nos parece bem diminuta: um galho flexivel, um anzol brasileiro fixado com um pouco de resina na ponta da linha, ás vezes um simples trapo á guisa de rêde, eis o apparelhamento dos indios do Tibagy. A influencia da civilisação fez-lhes perder aquella technica impeccavel da pesca com a flecha que attinge o peixe sempre no mesmo logar e que ainda conservam os indios do rio Laranjinhas. A caça e a colheita regulam esta vida nomade da floresta, onde durante semanas as familias desapparecem e ninguem as acompanha a seus esconderijos secretos e nem nos seus itinerarios complicados. Não raro encontramos, numa curva da picada, um desses grupos, emergidos repentinamente da mata para nella entrar logo a seguir, homens na frente, armados de bodoque, arco pequeno para projecteis, usado na caça de aves, de aljava de palha trançada, para as balas de barro, a tiracollo; mulheres atrás, transportando toda a riqueza da familia por meio de uma cinta de tecido ou uma larga faixa de casca de arvore apoiada na testa, modo de transporte typicamente indigena, que se observa do norte ao sul do continente americano (tumbline). Assim viajam crianças e objectos domesticos. Algumas palavras trocadas, retendo nós os cavallos e elles diminuindo levemente a marcha compassada, e volta a floresta ao silencio. Apenas sabemos que a proxima casa estará — como tantas outras — hermeticamente fechada e vazia. Por quanto tempo?

Esta vida nomade pode durar dias ou semanas. A estação da caça e a dos frutos-jaboticaba,laranja e lima — provocam deslocamentos massiços da população. Em que abrigos vivem no fundo da mata? Em que esconderijos vão buscar os arcos e as flechas de que só se encontram por acaso raros exemplares esquecidos num canto de casa? De que tradições, de que ritos, de que crenças ancestraes reatam os laços? São problemas a que somente uma estadia prolongada e pacientes esforços poderão dar resposta.

Nessa economia primitiva, a agricultura occupa o ultimo logar. Em plena floresta depara-se, ás vezes, com insignificantes desbravamentos * indigenas.

Por entre as muralhas altas das arvores uma verdura pobre se espalha por dezenas de metros quadrados: bananeiras, batatas doces, mandioca e principalmente milho, base fundamental de toda a alimentação. E o grão primeiramente torrado e socado, a seguir, no pilão, por mulheres trabalhando sozinhas ou aos pares. A farinha é comida simples (mén'hu) ou juntamente com banha sob forma de bolo compacto (pis'he). Os feijões completam a alimentação e a caça ou carne de porco constituem o elemento carne, obtido tão somente de quando em quando. A carne é sempre assada num espeto de pau, pedaço de galho suspenso em cima do fogo.

Accrescentemos ao cardapio os "koro", vermes brancos, os indios não confessam mais sua predilecção por esses animaezinhos e negam-se mesmo a comel-os. brancos, não confessam mais sua predilecção por esses animaezinhos e negam-se mesmo a comel-os. Basta entretanto percorrer a floresta para deparar, por terra, numa extensão de vinte a trinta metros, com restos de pinheiros abatidos pela tempestade, em pedaços reduzidos ao estado de fantasmas de arvores. Por alli passaram os amadores de "koro". E quando se entra de improviso num casebre indigena, percebe-se ás vezes, antes que a mão lesta a dissimule, uma cabaça repleta da preciosa guloseima. Não é, por isso, facil assistir á extracção dos "koro". Longamente meditamos um plano, como conspiradores. Um velho indio febril, abandonado na aldeia, pareceu-nos presa accessivel. Puzemos-lhe o machado nas mãos, sacudimol-o, empurramol-o. Inutilmente. Parecia ignorar o que queriamos delle. Mais um revés? Não importa; jogamos nossa ultima cartada: queremos comer "koro". Esta garantia de solidariedade parece mais efficaz; conseguimos arrastar a victima até defronte de um tronco apodrecido. A machadada abre milhares de canaes furados no cerne da madeira. Em cada um delles, um animal gordo, côr de creme, bastante parecido com um bicho de seda. Mas agora é imprescindivel cumprir a promessa! Sob o olhar impassivel do indio, decapito cuidadosamente a caça; do corpo escorre uma bacha esbranquiçada. Provo-a: é ensosso e enjoado.

* * *

Representa a fabricação dos chapeus a unica actividade que liga os indios, de maneira muito vaga, á civilisação; é tambem a unica fonte de lucro, immediatamente transformada, infelizmente, em pinga. As mulheres colhem o crissiuma na mata: delle retiram com cuidado laminas flexiveis, deixando de lado as partes duras e inutilisaveis. Estas cintas, de vinte a trinta centimetros, são a seguir trançadas numa fita comprida da largura de um dedo mais ou menos. A isto se limita o trabalho da mulher; ao homem incumbe armar o chapeu. Forma com a fita de palha uma espiral mantida por grosseira costura.

Para todos os outros actos da existencia, vivem os indios num mundo á parte, totalmente isolados dos brancos. O Serviço de Protecção tentou, ha tempos, enorme esforço para integral-os na vida moderna. Houve, em São Jeronymo, serralharia, serraria, escola, pharmacia. Recebia o posto com regularidade instrumentos de trabalho: machados, facões, pregos; havia roupas e cobertas. Hoje estão todas estas tentativas abandonadas. Os indios resistiram ao esforço civilisador. E o Serviço de Protecção, deixando-os, agora, entregues aos seus proprios recursos, parece experimentar um novo methodo, que os incite a revelar alguma iniciativa, que os obrigue, em summa, a retomar sua direcção propria.

* * *

Devemos lamental-o? Não cremos. O enorme interesse dos indios do Tibagy reside no facto de terem realizado completamente uma experiencia de "civilisação". Esta experiencia falhou. Della conservaram apenas o machado, o facão e agulha de costura. Construiram-lhes casas e elles vivem fóra dellas. Localisaram-n'os em aldeias e elles permanecem nomades. Quebraram os leitos para accender o fogo e dormem no chão. Algumas de suas actividades continuam identicas ás do estadio primitivo. A alimentação, por exemplo. Os rebanhos de vaccas enviados pelo governo vagam a esmo porque os indios rejeitam com nojo o leite e a carne; os monjolos tocados a agua, construidos pelo Serviço, apodrecem, apenas servindo-se os indios, assim mesmo raramente, do monjolo tocado a pé, mais proximo de suas casas, constituindo regra geral o simples pilão. E que crenças subsistirão debaixo da christianisação superficial? Ingenuo seria quem acceitasse sem controle a explicação hygienica da limagem e incrustação dentarias. Sem duvida a melhor conservação da bocca é uma consequencia destes actos, mas será possivel suppor tal previdencia num menino de doze a quinze annos, que se presta, voluntariamente, á dolorosa operação? Tal pratica é bastante commum. Não somente resistiram os indios, como ainda reagiram. Já sublinhamos, neste artigo, com que segurança esses povos, ditos degenerados, voltam ao comportamento ancestral quando a civilisação lhes retira o amparo.

A experiencia brasileira confirma, pois, a africana, a asiatica, a norte-americana. Destroem-se os povos primitivos, tentando civilisal-os. Ora — deixando de lado qualquer aspecto humanitario — nem sempre se imagina o capital precioso que representam para a sciencia essas populações desdenhosamente consideradas como civilisadas e degeneradas ao mesmo tempo. O preconceito da pureza não existe para o ethnographo. Quantos indigenas não conservarão, embora vestidos e vivendo como brancos no seio mesmo do Estado de São Paulo, nos infimos pormenores technicos, na escolha mysteriosa por elles operada na civilisação, as soluções de problemas ainda sem resposta! Para todos esses, semelhantes aos que visitamos, que se deve fazer?

* * *

Em primeiro logar preserval-os de todo e qualquer contacto com os brancos. Os territorios federaes, em principio attribuidos aos indios, são muitas vezes habitados por numerosos caboclos que se mostram, para com o indigena, extremamente gentis, não raro generosos. O contacto, porém, com a população mais solida, mais barulhenta, muitas vezes embora sem maldade, affeita á caçoada, colloca o indio numa attitude de insegurança moral e provoca nelle um lamentavel sentimento de inferioridade. E um exemplo typico o caso dos "koro": os motejos dos brancos inspiraram no indio o sentimento de vergonha pelo alimento; escondem-no alguns, já o desprezam outros e, progressivamente, o abandonarão. Ora, a predilecção pelos "koro" representa uma solução alimentar muito satisfactoria para os povos primitivos que vivem na floresta. Aos indigenas, exclusivamente alimentados de milho, fornecem em abundancia a graxa necessaria á constituição das reservas organicas. E, por outro lado, vestindo-os, agiu-se com maior sabedoria? Desta maneira diminuem-lhes tambem a resistencia physica e os habitos de hygiene.

Apenas duas categorias de brancos deveriam ter accesso ás reservas indigenas: os medicos e os ethnographos. E seu papel seria ao mesmo tempo pratico: não se contenta o medico com o estudo do typo physico do individuo, procura ainda mantel-o. Não deve tão pouco o ethnographo limitar-se a colleccionar as technicas e os ritos; é ainda imprescindivel que ajude o indigena a conserval-os, que os reconstitua quando se houverem extinguido. Mostrou o dr. Rivet a solidariedade intima que une as technicas primitivas e as crenças religiosas. Destruindo estas, retiram-se as proprias bases de uma civilisação respeitavel em si, cuja impossibilidade de transformação a experiencia demonstrou e que representa, para a sciencia, uma fonte infinitamente preciosa de conhecimentos theoricos e praticos.

Este esforço para restabelecer a originalidade das civilisações primitivas já foi iniciado nos Estados Unidos. O "New Deal" contém, sobre o assumpto, medidas que merecem ser meditadas e já vêm produzindo felizes resultados. Sabemos que os especialistas brasileiros não as ignoram e comprehendem plenamente o seu alcance. Deveria pois o esforço de cada Estado desde já adoptal-as. Não existe população indigena, por mais degenerada e "falha de cultura" que possa parecer aos olhos profanos, que não mereça ser salva, em seu proprio beneficio e no da sciencia. Os methodos antigos revelaram-se concomitantemente perigosos e inefficientes. Uma grande experiencia pode começar.

CLAUDE LEVI-STRAUSS

floresta como o colonizador nem vive ao lado dela como o caboclo: vive dentro dela."[15]

A figura do índio, que interessa pouco a Bastide, será o tema central do artigo do terceiro professor, que viveu um momento muito especial durante a viagem a Londrina. Claude Lévi-Strauss não o descreveu no texto que escreveu para o suplemento, mas apenas anos mais tarde, quando o reelaborou como um capítulo do livro *Tristes trópicos*: "Nas terras que dominam as duas margens do rio Tibagi, cerca de mil metros acima do nível do mar, tive meu primeiro contato com os selvagens, quando acompanhei em sua visita um chefe de distrito do Serviço de Proteção aos Índios."[16]

Depois de anos como etnógrafo de gabinete, cuja experiência era inteiramente derivada da leitura de livros e análise de objetos de grupos indígenas do mundo inteiro, o contato com o índio real tinha muito de fantasia – que a experiência efetiva não confirmou: "Índios? De verdade? Selvagens? São as perguntas que nos fazem desde que chegamos. Talvez tenham os curiosos a secreta esperança de uma estranha iniciação dos costumes de primitivos nus, enfeitados de penas e dançando, com berros esquisitos ao luar. A realidade etnográfica é muito mais complexa que essas imagens cheias de poesia. Os índios do Tibagi são mais civilizados do que se espera e mais selvagens do que se imagina. Realizam plenamente esta experiência sociológica – tão frequente no Brasil, mas tão mal estudada – de primitivos a quem se impôs uma civilização para, a seguir, abandoná-los a si mesmos."[17]

Esse modo de contrastar derivou da única observação que conseguiu fazer – aquela da vida tradicional numa oca, ao lado de uma casa construída pelo governo e não utilizada como moradia: "Penetramos, enfim, debaixo desses alpendres de folhagens, colocados ao rés do chão, onde vive às vezes uma família ao lado de uma casa inutilizada. [...] Reúnem-se os habitantes em torno de uma fogueira acesa no chão e que queima dia e noite. Nesse único cômodo comem, durante o dia inteiro, batatas-doces assadas na cinza, donde são retiradas por meio de pinças compridas de bambu. Nele dormem os índios sob uma cama fina de samambaias ou de uma esteira de palha de milho, estendidos com os pés voltados para o fogo."[18]

Mas toda a vida social na mata passou ao largo do observador, para sua frustração: "A caça e a colheita regulam a vida nômade na floresta, onde durante semanas as famílias desaparecem e ninguém as acompanha a seus esconderijos secretos nem conhece os seus itinerários complicados. Não raro encontramos, numa curva das picadas, um desses grupos, emergidos repentinamente da mata para nela entrar logo em seguida. Na frente os homens, armados de bodoque e arcos pequenos para a caça de aves; atrás as mulheres, transportando toda a riqueza da família por meio de uma cinta de tecido ou uma larga faixa de casca de árvore."[19]

A conclusão dessa breve experiência não foi a da persistência dos hábitos da vida na selva, mas de uma falha no trabalho de mudar a cultura original: "O enorme interesse dos índios do Tibagi reside no fato de terem realizado uma experiência de civilização. Esta experiência falhou. Dela conservam apenas o machado, o facão e a agulha de costura. Construíram-lhes casas e eles vivem fora delas. Localizaram-nos em aldeias e eles permanecem nômades. Quebram os leitos para acender fogo e dormem no chão. Os rebanhos de vacas enviados pelo governo vagam a esmo, porque os índios rejeitam com nojo o leite e a carne."[20]

Essa rápida impressão inicial pareceu suficiente para uma conclusão normativa: "O que se deve fazer? Em primeiro lugar, preservá-los de todos os contatos com os brancos. Os territórios federais, em princípio reservados aos índios, são muitas vezes habitados por caboclos, que se mostram para os indígenas muito gentis, e não raros generosos. O contato, porém, com uma população mais sólida, mais barulhenta, embora sem maldade muitas vezes provoca nele um sentimento de inferioridade. [...] Apenas duas categorias de brancos deveriam ter acesso às reservas indígenas: os médicos e os etnólogos. [...] Não existe população indígena que não mereça ser salva, em seu próprio benefício e no da ciência. Uma grande experiência pode começar."[21]

A reivindicação de um lugar para a ciência na construção da experiência pioneira no sertão, no ato de sua instalação, era uma marca distintiva de um tempo que começava na educação brasileira – e da própria região, na qual, mesmo depois de encerradas as visitas de estrangeiros interessados em colonização, prosseguiram os fluxos de contato com as novidades da vida nas cidades.

Outra mudança relevante dos fluxos de contato de Londrina com o mundo ocorreu depois de promulgada a Constituição de 1934, que trouxe de volta as eleições municipais – uma tradição que vinha desde o século XVI. Com o pleito, os interesses locais ganhariam representação organi-

Até a construção da ponte, em 1935, a travessia do rio Tibagi era feita por balsa. Foto José Juliani. Balsa usada para atravessar o rio Tibagi, 1933. Museu Histórico de Londrina, Universidade Estadual de Londrina.

zada na Câmara dos Vereadores – e, também, uma delegação centralizada de autoridade, na figura do prefeito eleito. Não bastasse isso, voltaria a se reunir uma Assembleia estadual, repetindo a criação de um espaço de representação na esfera regional de governo.

Esse ambiente mais complexo de governo era perfeitamente conhecido pelo interventor Manoel Ribas, ele mesmo um ex-prefeito eleito. Assim como soube se manter no poder como interventor nomeado para dirigir sem contraste – até mesmo indicando prefeitos anti-imperialistas –, ele pôde ir se preparando para tocar seus planos de governo em outra realidade. E uma demonstração clara da renovada atitude aconteceu no momento simbólico de inauguração da grande ponte sobre o rio Tibagi, em ato realizado no dia 1º de agosto de 1935.

O tema central do discurso de João Sampaio, na presença do interventor, foi o das novas relações com o estado, criadas a partir da fundação do município de Londrina: "O previdente governo de sua excelência, sr. governador, instalou o município. Atendidas as comodidades do povo, pôde nossa companhia dedicar-se aos cuidados da administração pública. Não como um ônus de que se liberte, mas restituindo ao patrimônio do estado um trato de selva que adquirira, transformado em nova gema no diadema das cidades paranaenses, levando renda para sua própria vida e uma contribuição para o erário público superior a 350 contos de réis."[22]

Esse argumento, somado ao do batismo da grande ponte com o nome de Manoel Ribas, ajudou muito o interventor a alterar os seus planos de integração. Em vez de combater, uniu, dando início em 1935 às obras da chamada Estrada do Cerne, o maior projeto do seu período como administrador. Apostava na ligação rodoviária entre Curitiba e o norte do Paraná – indo adiante das frustradas tentativas de duas décadas para construir um eixo ferroviário.

Esse novo rumo permitiu uma fácil adaptação à nova realidade eleitoral. Em setembro de 1935, Willie Davids ganhou a primeira eleição para prefeito de Londrina, tomando posse em dezembro. Tinha preparado um programa completo: construção de oito escolas municipais; cemitérios em todos os núcleos já abertos; municipalização do matadouro; ampliação da rede de água; construção de um aeroporto com três pistas de pouso, a maior com mil metros de extensão (o que permitia o pouso dos maiores aviões da época); ajardinamento de ruas e praças; organização de todos os serviços municipais, com ênfase no saneamento.[23]

Por sua vez, o governo estadual agiu de maneira complementar. Em pouco tempo estavam instalados quatro ginásios estaduais, um maior em Londrina e três outros em núcleos vizinhos. Também fazia parte da rede de ensino um conjunto de escolas privadas das várias etnias (entre elas, três alemãs e três japonesas)[24] e de uma pluralidade de confissões religiosas – no total, Londrina logo teve 26 escolas em funcionamento.[25]

Monbeig entreviu uma relação entre o movimento maior e a estrutura de distribuição de propriedades implantada pela Companhia de Terras Norte do Paraná: "Neste canto do norte do Paraná, apenas duas fazendas atingem os duzentos alqueires. A propriedade média não abrange senão doze alqueires, cifra que desce muitas vezes a cinco somente. O desenvolvimento da pequena propriedade dá a impressão de um plano razoável."[26]

O argumento analítico do professor universitário era apresentado com uma retórica bem mais otimista pelo repórter encarregado de cobrir a inauguração da ponte: "Londrina é uma maravilha. Delineia-se como o índice mais rápido da colonização. Ontem, por assim dizer, não havia sobre aquela colina senão a densidade farfalhante da floresta virgem. Hoje retraça-se, numa metamorfose de mágica, em avenidas cheias de lindas casas particulares e grandes estabelecimentos comerciais. Várias indústrias erguem para os ares as suas chaminés. A vida estua por todos os cantos. Há clubes. Há cinema. Há hotéis. Há templos. Há vida. Cidade-eclosão, não pode ainda afastar todos os casulos que rompeu: sobram toras pelas ruas."[27]

O movimento para atrair gente de outros cantos do Brasil ganhara tração. A administração pública consolidada trouxera uma nova divisão de tarefas: rapidamente, as questões relacionadas à construção da infraestrutura de suporte aos novos proprietários deixavam de ser preocupação da empresa e se tornavam, cada vez mais, encargos da autoridade constituída. Essa nova situação levou a CTNP a repensar, mais uma vez, as prioridades de sua ação.

A partir de 1933, uma série de atividades, como hospedagem e transporte, foram repassadas a empresários. Dois anos depois, deu-se a transição para uma administração regular. Fez parte dessa mudança um acelerado incremento da arrecadação estadual, que praticamente dobrava a cada ano[28] – enquanto a prefeitura de Londrina também organizava depressa sua receita. Essa era uma situação muito conveniente para o governo estadual: um dos maiores itens das despesas típicas de sua esfera – a construção e manutenção de estradas de rodagem – continuou sob a alçada da empresa, por decisão estratégica, dada a relevância da atividade para orientar a ocupação e venda dos lotes. Com isso, o governo estadual arrecadava mais do que gastava na região, investindo a diferença em outras regiões do estado.

No caso dos serviços de fornecimento de eletricidade, porém, a decisão estratégica foi outra. Não se tratava mais de atividade auxiliar, mas uma obra de infraestrutura urbana. Como essa era na época uma atividade de âmbito quase inteiramente municipal (apenas nas grandes cidades havia áreas de concessão maiores), a Companhia de Terras Norte do Paraná procurou regularizar seu serviço como concessão da prefeitura. Mas logo veio a consideração: como estava abrindo frentes de vendas de lotes a mais de 50 quilômetros da sede – e os potenciais municípios já chegavam à casa das dezenas –, havia sentido em ir criando companhias de eletricidade?

Nesse caso, a resposta foi negativa. E a solução encontrada foi simples: repassar a concessão para um empresário interessado em investir no setor. Foi assim que, sete anos depois de vender parte de suas ações na ferrovia, Gastão de Souza Mesquita Filho voltou a atuar no Paraná.

CAPÍTULO **16**

> *Luz e sombras*

DESDE O FALECIMENTO DE ANTÔNIO DE MORAES BARROS, EM 1931, GASTÃO DE Souza Mesquita Filho acumulou responsabilidades adicionais perante toda a família Moraes Barros. A mais visível delas foi a crescente participação no negócio que unia o falecido sogro aos demais irmãos e primos, a Companhia Cafeeira do Rio Feio, um empreendimento de colonização nos moldes da Companhia de Terras Norte do Paraná, dirigido por João Domingues Sampaio e situado nas vertentes dos rios Feio (Aguapeí) e Tibiriçá, na região de Bauru, estado de São Paulo. Em 1934, por ocasião de uma reorganização societária, ele passou a participar das assembleias de acionistas;[1] em 1937, foi eleito diretor.[2]

A essa altura a empresa tinha vendido as terras nas quais não plantava café, ficando reduzida a uma fazenda cafeicultora na comarca de Pirajuí, com todas as dificuldades de comercializar a produção em época de crise: "Graças aos nossos próprios recursos e ao crédito que nossa companhia goza na praça, apesar da demora de mais de um ano para nossos cafés chegarem a Santos, tem nos sido possível superar as dificuldades. Embora nos acarrete grandes perdas com juros, tem sido melhor que vender café na porta."[3]

Nessa situação, a posição como diretor, ao lado dos membros mais velhos da família, todos da geração de seu sogro, exigia um trato empresarial sofisticado com bancos e fornecedores. A negociação constante, no entanto, era uma arte que Gastão de Souza Mesquita Filho logo passou a dominar. Além disso, administrou o espólio pessoal de Antônio de Moraes Barros, cujo bem principal era uma residência com terreno de quase 800 metros quadrados na esquina das ruas Sete de Abril e Bráulio Gomes, no centro de São Paulo: com apoio dos cunhados, cuidou da transformação do imóvel em um prédio – e da aplicação das receitas que a obra acabou gerando.

A fim de manter o caráter patrimonial desses rendimentos, ampliou os seus empreendimentos imobiliários no bairro do Pacaembu: construiu oito casas na praça Vilaboim e outra na rua Itápolis, além de comprar terrenos nos quais mais tarde iria erguer mais quatro residências.[4] Como também recebeu uma herança com a morte de seu pai, conseguiu assim uma base muito maior de liquidez.

Essa situação financeira permitiu-lhe um salto no negócio de eletricidade. A Empresa de Eletricidade de Avaré tinha sido criada em 1909; seis anos depois, construiu a barragem do rio Novo, que tinha características peculiares: "A barragem, do tipo gravidade, foi construída em alvenaria de pedra e concreto, tendo suas fundações em solos de rochas basálticas de boa qualidade geotécnica. Tem 120 metros (na crista) de comprimento e altura máxima de seis metros. O canal de adução, construído na margem esquerda do rio Novo, foi edificado em alvenaria de pedra, com a parte interna argamassada. Seu comprimento total é de cem metros. A alimentação dá-se através de comporta de madeira, instalada na estrutura de controle do canal de adução na ombreira esquerda. [...] A queda bruta é de 21 metros. A usina opera desde 1909 e foi construída pela empresa Valle Castro & Cia., sendo sucedida em 1913 pela Empresa de Eletricidade de Avaré."[5]

Tal era a qualidade da obra que a usina continuava em operação em 2024. Diante da oportunidade de adquirir o negócio, Gastão de Souza Mesquita Filho não pensou duas vezes. Assim, em 1937 ele estava ampliando sua atuação no setor de eletricidade – e passou a avaliar opções em outras cidades no interior de São Paulo. A essa altura, dois de seus cunhados começaram a investir nos negócios bem administrados por ele.

Enquanto isso, desde meados da década de 1930 a Parana Plantations vivia um doce dilema. O relatório anual de 1937, referente às atividades do ano anterior, trazia notícias positivas há muito desejadas: "Os resultados da companhia de terras e da empresa ferroviária mostraram um substancial incremento em relação a 1935. [...] Os lucros da companhia de terras vão permitir o pagamento de um dividendo de 15% sobre o ano de 1936."[6] Mas esse dinheiro não iria chegar aos acionistas – os quais nunca tinham recebido dividendos desde a fundação da empresa.

Como a moeda brasileira continuava muito desvalorizada desde a crise de 1929, os muitos mil-réis de lucros apontados no balanço da brasileira Companhia de Terras Norte do Paraná seriam transformados em poucas libras para distribuir em Londres – caso a empresa tivesse autorização do governo para tanto, pois, num momento de centralização do câmbio e grande escassez de divisas no país, tais licenças para remessas eram liberadas a conta-gotas. Por tudo isso, o bom resultado foi aplicado numa série de melhorias contábeis: pagar o principal e os juros das últimas debêntures, cancelando dívidas com os acionistas; concluir a liquidação da Brazil Plantations Syndicate, a empresa pioneira de 1924 – a Companhia de Terras Norte do Paraná ficou com os ativos e cobriu um prejuízo contábil de quase 80 mil libras.[7]

Esse bom resultado tinha duas fontes. Primeiro, as vendas de lotes, que chegaram a um total de 13 mil alqueires, batendo um recorde histórico[8] – e isso mesmo com um aumento significativo no preço médio dos lotes, que passou de um conto de réis por alqueire a 1,6 conto.[9] Esse valor era o triplo do praticado no início da década, num indício bastante claro do forte crescimento da demanda. Essa aceleração permitira a consolidação das vendas em quatro núcleos (Londrina, Nova Dantzig, Rolândia e Arapongas) e a abertura de outros dois: Lovat (atual Mandaguari) e Apucarana.

Era um êxito quase todo derivado do mercado interno brasileiro. As denúncias contra os assírios fizeram mais que frustrar um negócio pronto. A Constituição de 1934 acabou legalizando impedimentos para a chegada de imigrantes ao Brasil. Com isso, o relatório reconhecia que "as chegadas foram muito poucas, mesmo entre aqueles com dinheiro para pagar pelo estabelecimento".[10]

Uma publicação local afirmou os seguintes números para a população da cidade de Londrina, o maior núcleo do conjunto, nesse período: 4.746 habitantes, sendo 1.823 brasileiros (38% do total); 611 italianos (12,8%); 533 japoneses (11,2%); 303 espanhóis (6,3%); 218 portugueses (4,4%). Os restantes 27,3% eram pessoas de outras 26 nacionalidades diferentes.[11] Apesar da predominância de gente nascida fora do país, cabe notar que a maior parte desse contingente era de pessoas que tinham migrado para o norte do Paraná vindas de outros pontos do Brasil, depois de amealharem alguma poupança em outra atividade.

As estatísticas da empresa ferroviária refletiram o afluxo dessas pessoas interessadas na região. Em 1936 foram transportados 181 mil passageiros; no ano seguinte, 201 mil; em 1938 houve uma queda, para 197 mil passageiros – num ano em que também não houve aumento nos 236 quilômetros de linhas.[12] Esses números sugerem uma estabilidade na movimentação de pessoas – mas contrastam bastante com outra estatística.

Em 1936 foram transportadas por trem 86 mil toneladas de carga; no ano seguinte houve um salto de 49%, para 124 mil toneladas; em 1938, outro incremento similar, com o total chegando a 188 mil toneladas – um aumento de 118% em apenas três anos.[13] A composição das cargas revelava algo sobre as atividades econômicas da região: um terço de todo o movimento, em toneladas, era de madeira serrada; a segunda carga mais transportada era o milho – cujo volume quadruplicou nesses três anos, chegando a 25% do total; os embarques de porcos (a principal atividade econômica anterior ao projeto do loteamento e da ferrovia, e que se manteve o tempo todo) representavam 16% do total das cargas de 1938. Os embarques de café, embora tivessem quintuplicado em três anos, representavam, em volume, menos da metade das cargas de porcos. Esse era um indício da realidade reconhecida no relatório de 1938 da companhia: "Boa parte do desenvolvimento se deve a indústrias que trabalham com produtos locais, algo claramente perceptível no caso da madeira. Existem cerca de quarenta serrarias operando na região e duas fábricas produzindo madeira laminada e peças preparadas para as fábricas de móveis das grandes cidades."[14]

Essa diferença entre as movimentações de pessoas e de mercadorias na região permite entender a decisão tomada em 1937. A CTNP operava um gerador a óleo que fornecia eletricidade para Londrina; ainda que suficiente no início das vendas de lotes, era mais do que precário diante do crescimento das atividades na região. Uma solução para o problema seria aplicar o lucro para melhorar o abastecimento de energia – o que implicaria um desvio de recursos a longo prazo. E afetaria tanto os investimentos para manter os 815 quilômetros de estradas existentes em 1938 como os requeridos para abastecer de água os seis núcleos urbanos nos quais prosseguiam as vendas de lotes.

De novo, portanto, era preciso tomar uma decisão estratégica. O crescimento da receita com as cargas ferroviárias era a forma pela qual a empresa começava a captar lucros com o aumento da produção em Londrina. Desde algum tempo ela vinha terceirizando atividades como transporte ou hospedagem – embora lucrativas, não faziam sentido no cenário maior das vendas de terras em muitos pontos da propriedade e das receitas ferroviárias disseminadas – afinal, as atividades que justificavam a existência da Parana Plantations.

As perspectivas no setor de eletricidade traziam a necessidade de uma decisão em torno da atividade: valia a pena como investimento direto?

Ainda que bem-sucedido, significaria uma nova frente de negócios, que não estava baseada no êxito da Parana Plantations, e sim nas atividades empresariais desenvolvidas pelos compradores de lotes. Era, enfim, o início de uma era na qual a produção de riqueza regional adquiria um ritmo próprio.

Essa geração de riqueza ocorria fora das áreas de atuação da empresa, num espaço territorial em que tendia a diminuir a venda de lotes nas regiões agora ocupadas por cidades e sítios e fazendas nas mãos de terceiros. Para a Companhia de Terras Norte do Paraná, a receita futura dependia cada vez mais de aproveitar o fluxo e vender terras e abrir novas cidades em novas regiões. Essa era a lógica por trás da decisão tomada em 1937: "A concessão do suprimento de eletricidade que a companhia possui vai ser repassada a uma empresa local em organização, em troca de um royalty sobre as receitas totais."[15]

A "empresa local em organização" tinha como sócios Rolando Davids e Gastão de Souza Mesquita Filho. O repasse de uma concessão já obtida tinha um alto grau de informalidade, sendo feita para um irmão e um velho amigo do prefeito. Essa situação era uma exigência imperiosa do novo quadro institucional. A promulgação do Código de Águas, em 1934, havia federalizado as autorizações de outorgas – e esse poder foi repassado a alguns interventores. O processo começou a demorar, de modo que a transferência envolvia o risco de adiamentos no trâmite legal. A alternativa da informalidade permitiu tocar obras antes de concluídos todos os processos formais.

Enquanto a papelada corria, Gastão de Souza Mesquita Filho iniciou a instalação da rede de distribuição e as obras da usina hidrelétrica do rio Cambé. Fazia isso na condição de empresário tomador de risco – uma figura inusitada na cidade: alguém que vinha de fora trazendo capitais de certo vulto para montar um empreendimento. Tal posição, em seu caso, não deixava de ser significativa. Treze anos antes, em 1924, ele era um engenheiro com a visão do que poderia render a combinação de loteamento de terras com uma ferrovia. Percorrera as matas para determinar o traçado da ferrovia em função da qualidade das terras. E depois acompanhara a criação de um negócio com base em sua visão.

Agora ele se tornava um empresário paranaense no exato momento em que as duas pontas do negócio – venda de terras e transporte da produção – estavam se juntando em função do acelerado crescimento de Londrina. Filha da loteadora e da ferrovia, a cidade ganhava uma dinâmica própria, capaz de justificar investimentos de alto risco num negócio industrial e de serviços, o da eletricidade, em escala local e com promessa de lucros futuros.

A precariedade contratual foi encarada de modo peculiar por Gastão de Souza Mesquita Filho: a partir de setembro de 1937, já estabelecido na cidade, aproveita a existência do aeroporto para exercitar sua paixão por máquinas e começa um curso para tirar um brevê de piloto. Metódico, compra mais uma de suas inúmeras pequenas cadernetas de anotação e vai registrando nela o tempo de cada aula – não demora muito e já está fazendo acrobacias.

Entre uma aula e outra, vai acompanhando os discursos de seu vizinho de Campos do Jordão, o engenheiro elétrico Armando de Sales Oliveira. Este deixara o governo de São Paulo para se dedicar a uma desesperada campanha como candidato à Presidência da República, pregando a união dos brasileiros contra a iminência de um golpe de Estado. Todo aliado que conseguia era perseguido: em abril, o governador gaúcho Flores da Cunha foi afastado por um decreto de Vargas, com o poder sendo transferido a militares; o presidente da Câmara dos Deputados, Antônio Carlos, aliado histórico de Getúlio Vargas, acabou sendo afastado da presidência da Câmara.

O último ato da agonia democrática deu-se no dia 9 de novembro: Paulo de Moraes Barros, sobrinho de Prudente de Moraes e tio de Isa de Moraes Barros Mesquita, leu um discurso escrito a quatro mãos com Armando Sales, no qual dizia: "Só não vê claro quem não quer. Está em marcha um plano longamente preparado, que um pequeno número de homens ideou para escravizar o Brasil. A subversão das instituições brasileiras está sendo idealizada do alto, com todas as armas de que dispõe o poder."[16]

No dia seguinte vem o golpe antes da eleição. No discurso pelo rádio, ao anun-

Apreciador das novidades tecnológicas, Gastão Mesquita Filho aprendeu a pilotar avião no Aeroclube de Londrina. Talão de hora de voo de Gastão Mesquita na escola de pilotagem de Londrina, acervo IIGMF.

ciar o Estado Novo, Vargas comenta: "Ainda ontem, culminando nos propósitos demagógicos, um dos candidatos fazia ler um discurso sedicioso." No novo regime, uma instituição teria o seu estatuto alterado radicalmente: "A democracia dos partidos, no lugar de oferecer segura oportunidade de crescimento e de progresso, subverte a hierarquia, ameaça a unidade da pátria e põe em risco a existência da nação. [...] O sufrágio universal passa a ser instrumento dos mais audazes e máscara para apetites pessoais e de corrilhos."[17]

De um dia para outro, os Dissidentes passam a ser presos como subversivos, jogados de cela de cadeia em cela de cadeia. Armando Sales é confinado em Nova Lima, Minas Gerais; Júlio Mesquita Filho, trancafiado na polícia central do Rio de Janeiro – antes de serem ambos exilados. Armando de Sales Oliveira vai para Nova York; Júlio Mesquita Filho, depois de ter o seu jornal invadido por tropas e expropriado pelo governo a fim de ser entregue a favorecidos, acaba em Buenos Aires.

A ditadura mudou de imediato a vida política de Londrina. Em 1936, quando houve eleições para vereadores, os aliados de Willie Davids receberam 178 votos; os maiores adversários, do Partido Integralista, ficaram com 23.[18] Esse resultado era um reflexo das dificuldades dos nacionalistas e regionalistas mais radicais de se firmarem num ambiente dominado por imigrantes – e se tornou um problema agudo depois do fechamento da Câmara Municipal e da concentração completa da autoridade política na figura do interventor.

A oposição integralista em Londrina sempre foi ruidosa – e predominava no grupo a posição do primeiro interventor municipal, de encampar, em 1934, o uso da autoridade como forma de governar contra a maré de pequenos proprietários vindos de fora. Nos tempos de existência da Câmara Municipal, as possibilidades de poder dessa oposição eram limitadas, como notou Widson Schwartz: "Havia oposição, porém. O líder Afonso Barbosa de Góis mora no Hotel Fonseca, 'foco de grandes atividades hostis à companhia', como notou. O português Jacinto Fonseca, o dono, 'pessoa de poucas letras, mas inteligente e afeito a ações subreptícias, mantinha um pequeno grupo de falsos corretores, cuja função era desnortear os potenciais compradores de lotes urbanos ou rurais da grande Companhia de Terras'." Góis tinha a pretensão de ser apenas médico em Londrina, mas viu seu inato senso político ressurgir, "trabalhado por elementos nativistas, nacionalistas, fascistas. Estava ali o quartel-general dos integralistas juramentados e atuantes".[19]

Com o Estado Novo e o fechamento da Câmara Municipal, o grupo ganhou uma linha de comunicação direta com o interventor Manoel Ribas. Este, porém, decidiu manter Willie Davids no comando, nomeando-o interventor no município. Como em 1932, os dois procuraram deixar de lado as crenças pessoais a fim de manter o foco, tanto quanto possível, no desenvolvimento regional. Por essa brecha estreita se acertou institucionalmente o negócio da empresa de eletricidade, como noticiou o jornal *Paraná Norte* pouco mais de um mês depois do golpe: "Não foi sem fundamentos que fizemos um apelo ao ilustre e honrado interventor Manoel Ribas, no sentido de intervir S. Exa. no momentoso assunto da luz elétrica. A ação sempre enérgica e pronta de S. Exa. se fez sentir eficientemente; pois, segundo um telegrama que gentilmente nos foi mostrado, a interventoria acaba de oficiar o prefeito, autorizando-o a assinar o contrato respectivo, registrando-o onde necessário, tudo dentro da Constituição de 10 de novembro."[20]

Desse modo, a Mesquita, Davids & Cia. pôde legalizar parcialmente o negócio já em andamento. Com base no contrato de concessão registrado em seu nome, Gastão de Souza Mesquita Filho começou a instalar a fiação pelas ruas e providenciar as ligações com as casas e as empresas da cidade. Isso sem levar em conta um relevante detalhe, também descrito pelo jornal – juntamente com a solução informal: "Assinado o contrato, outro processo iria começar: o da licença para ser utilizada a queda-d'água. Somente depois de recebida uma licença ministerial se poderia dar começo aos trabalhos de instalação da usina hidrelétrica. Era mais uma demora. Entretanto, Londrina não poderia continuar às escuras: não poderia ter seu progresso entravado com suas 1600 casas mergulhadas nas trevas, sem vida e às cegas. Entretanto o prefeito resolveu o assunto num subcontrato, até a instalação da usina."[21]

A luz vinha de um gerador de pequena capacidade, para ser usado apenas nas emergências. Ficava ligado por poucas horas, entre o anoitecer e a meia-noite. Ainda assim, o evento da inauguração foi uma festa que mereceu uma edição especial do jornal e uma reportagem caprichada: "Às dezenove horas era tal a aglomeração de povo na avenida Paraná que o trânsito de veículos foi interrompido. Aproximadamente 4 mil pessoas se aglomeravam. No estrado armado em frente ao jardim, onde foi colocada a chave de ligação, tomaram lugar os srs. Willie Davids, prefeito municipal; sr. Faria da Rocha, juiz de direito; drs. Rolando Davids e Mesquita Filho, da empresa elétrica. [...] Às vinte horas, depois de um viva aos senhores Manoel Ribas e Willie Davids, este, empunhando a chave de ligação, num gesto rápido, fez a ligação. E Londrina iluminou-se, sob uma brilhante, prolongada e entusiasmada salva de palmas."[22]

Depois da cerimônia teve lugar o ritual de praxe em tais ocasiões: um banquete para cem pessoas, num pavilhão mantido pela empresa. E, tal como faziam todos os seus congêneres, o jornal não deixou de estampar a lista dos presentes, na qual constava o nome de Isa de Moraes Barros Mesquita. No dia seguinte, outro ritual: o prefeito, acompanhado de várias mulheres que haviam vindo de São Paulo para o evento, visita a redação – e o ato merece outra nota no jornal. Assim a boca de sertão ia ganhando ares mais animados. E as parcerias com o jornal bancado pela empresa foram se multiplicando.

Em setembro, pouco depois da inauguração, um repórter do jornal visitou as obras da usina: "Graças à gentileza de um convite dos srs. Mesquita & Davids, ontem visitamos os trabalhos de construção e montagem da usina hidráulica que os mesmos estão fazendo no rio Cambé. [...] Os trabalhos estão sendo atacados com vigor. Cinquenta operários se concentram nas fainas de remover terra, abertura de canais, fundações, derrubada de matas etc. O serviço atacado, no momento, é o seguinte: 500 metros de estradas, rancho, 950 metros de canais, 1.050 metros de esplanadas, 36 mil metros quadrados de desmatamento para a represa. Logo que estejam concluídos esses trabalhos a empresa cuidará imediatamente da instalação dos maquinismos, que já se acham em Londrina."[23]

Com a inauguração da usina no rio Cambé em 9 de janeiro de 1939,[24] foi afinal resolvido o problema no mundo real. Não, porém, no mundo legal, pois a outorga somente seria formalizada em julho de 1939.[25] Apenas nesse momento o negócio saiu da informalidade – o que ajuda muito a entender por que a CTNP optou por esse caminho quase dois anos antes. Não fosse pela forte relação de confiança entre as partes, com os concessionários assumindo riscos adicionais, tudo poderia ter dado com os burros n'água. Os caminhos oficiais de relacionamento entre a empresa, o prefeito de Londrina e o interventor estadual, sempre elogiados nos momentos rituais e mantidos ao final do processo, nem por isso eram tranquilos ou isentos de conflitos.

José Antônio Pedriali faz uma descrição dos elementos culturais que estavam por trás das disputas políticas locais, empregando o conceito de pé-vermelho, quase o exato contrário do paranista: "Pé-vermelho é mais do que um comportamento ou uma cultura. É um estado de espírito: o orgulho de pertencer a uma coletividade que se expandiu e consolidou em função do trabalho, com quase nenhum apoio dos governos estadual e federal. O norte do Paraná levou décadas para vergar-se ao poder político emanado de Curitiba, rejeição derivada da origem dos migrantes – os brasileiros eram em maioria paulistas ou mineiros -- e da ausência da ligação rodoviária com a capital em contraposição com as facilidades de acesso a São Paulo e ao descaso, quando não hostilidade, do governo estadual com a região em seus primórdios, apesar de ela ser a segunda maior geradora de rendas. Descaso ou hostilidade derivado em parte de a região ter sido colonizada por uma empresa privada, de capital inglês."[26]

Não era apenas uma questão cultural. Ele cita um exemplo de conflito não tão bem resolvido quanto foi aquele da eletricidade: "O primeiro embate do norte do Paraná com o governo estadual teve como foco a Santa Casa de Londrina, que estava sendo construída com os recursos da comunidade e materializava a necessidade de um hospital de porte condizente com a população que crescia. [...] Manoel Ribas não cumpriu a promessa de incluir recursos para a construção da Santa Casa no orçamento do estado e, mais grave ainda, impediu que a prefeitura, que havia criado uma taxa de 10% sobre os impostos municipais para financiar a obra, repassasse o que correspondia a este hospital."[27]

Claro, esse precário jogo político entre cidade e estado não vinha a ser fruto de uma decisão local. Era apenas o reflexo de um ordenamento nacional – e mundial. A ditadura brasileira acontecia num momento de desafio global aos princípios liberais e da democracia. A partir de setembro de 1939 esse desafio ganhou a forma de uma guerra mundial. Num primeiro momento, esse conflito se desenrolou no espaço continental da Europa Ocidental – mas, em questão de dias, após a invasão da França, a Inglaterra ficou no centro dos combates contra a Alemanha e a Itália, dois regimes fascistas.

A Parana Plantations, empresa inglesa, foi engolfada por esse cenário, que tinha significado imediato no Brasil. A ditadura Vargas tinha muitos negócios e afinidades com as ideias fascistas; a primeira reação do governo brasileiro foi de neutralidade – o que estava longe de significar inação com relação aos empreendimentos ingleses no país. Tal realidade pesava nas decisões, até mesmo onde havia empatia.

A afinidade em relação ao desenvolvimento regional, apesar das diferenças ideológicas, que por muito tempo unira Willie Davids a Manoel Ribas, não resistiu ao quadro geral. Em 30 de outubro de 1940, o interventor fez valer o apelido com que era tratado: Mané Facão. Empregou o seu poder discricionário para exonerar o interventor de Londrina. Como sempre se dá nessas ocasiões, o ato foi justificado por um argumento mal-ajambrado em torno de uma reportagem publicada sobre um funcionário viciado em jogo que teria desviado dinheiro da prefeitura. A exoneração não chegou a resolver as diferenças sociais, econômicas e políticas que caracterizavam os agrupamentos políticos paranaenses no momento anterior ao golpe. Apenas inverteu a fila de queixosos no palácio do governo estadual – os substitutos da oposição regular nos regimes democráticos. Ouvindo uns e outros, nos cinco anos seguintes à destituição, o interventor nomearia para Londrina nada menos que onze prefeitos – um deles, Guilherme Ribeiro Soares, ficou no cargo por apenas dois dias. Mas tudo isso não passaria de um detalhe em meio a toda a turbulência no mundo.

CAPÍTULO **17**
> *Destinos opostos*

ENTRE 1939 E 1941, A CONJUNTURA DE GUERRA MUNDIAL, DITADURA NACIONAL, interventoria estadual e municipal afetou tanto a empresa de eletricidade de Gastão de Souza Mesquita Filho como a Parana Plantations. Ambos os empreendimentos concentravam os seus negócios em torno do município de Londrina. Mas as perspectivas deles não poderiam ser mais diversas: progresso acelerado, no primeiro; acúmulo de problemas, no segundo.

Tal diferença pode ser explicada em termos de escala. A Empresa Elétrica de Londrina era uma operação inteiramente local: toda a sua receita vinha do pagamento mensal de contas de luz pela clientela conectada à rede de abrangência municipal – ou seja, uma receita bastante fragmentada, advinda de muitos consumidores locais. Era uma operação muito pouco dependente da Companhia de Terras Norte do Paraná, para a qual apenas pagava royalties. A rentabilidade dependia, isso sim, dos proprietários que haviam se instalado na cidade e dos negócios que eles faziam.

Já a Parana Plantations atuava com uma estrutura de âmbito global, o que até então tinha lhe trazido imensas vantagens: captação de recursos de risco na praça londrina, especialmente a partir de lucros operacionais obtidos por um empreendimento no Sudão (com acionistas que lucravam com mineração por toda a África e outros que eram empresários têxteis de Manchester); grande imobilização de capital no Brasil, sem dívidas a pagar, o que lhe proporcionou fôlego para tocar um projeto de longo prazo e grande escala. Essa solidez havia permitido à empresa resistir, sem maiores abalos, a todas as tormentas da década de 1930.

Desde meados dessa década, a solidez de capital permitira-lhe adotar uma política adequada diante de um bloqueio mundial das remessas de capital. Os lucros operacionais da companhia de terras foram repassados como empréstimos em moeda brasileira para a companhia ferroviária e financiariam o investimento mais pesado do grupo. Em contrapartida, os acionistas ingleses ficavam sem retornos. Apesar da restrição, até a Segunda Guerra nenhum obstáculo, por maior que fosse, havia desviado do seu rumo o negócio de longo prazo.

Para se entender essa divergência das perspectivas, favorecendo o empreendimento local em detrimento dos lucros do grande negócio global, é preciso levar em conta a grande novidade econômica do momento: o desempenho das atividades no Paraná. Um dos primeiros a ressaltar isso foi o geógrafo Pierre Monbeig, que esteve pela primeira vez em Londrina no ano de 1935 a serviço do suplemento de *O Estado de S. Paulo*. Ele ficou tão interessado que decidiu voltar para tentar entender o que estava acontecendo.

Monbeig escreveu alguns textos, que juntou no livro *Ensaios de geografia humana brasileira*, publicado em 1940. Num deles dizia: "A partir de Jataí observa-se coisa diferente, com a entrada em jogo da Companhia de Terras Norte do Paraná; não que esta companhia tenha desprezado experiências anteriores, mas procurou sistematizar aquilo que seus vizinhos praticavam empiricamente; ela introduziu o tipo de empresa colonizadora anglo-saxônica, com capital elevado, numa empresa que conhecia apenas grupos associados. [...] Fundaram-se duas companhias, uma para os trabalhos da estrada de ferro, outra puramente imobiliária, cuja publicidade é tão hábil como frutífera. Uma empresa 'concertada' de colonização e estrada de ferro de penetração, o que é absolutamente novo no Brasil."[1]

Essa novidade em escala ampla gerou outra, que se revelaria crucial na formação da economia local. Com a primeira foi possível obter uma clientela específica, assim descrita pelo geógrafo em outro texto: "A clientela é composta de chefes de família, de recursos modestos. O antigo assalariado de uma fazenda, o colono, só pode fazer umas poucas economias; o imigrante, que acabou de desembarcar, não conta com um pecúlio muito grande. Os pequenos pioneiros não possuem, em geral, o mínimo para investir na assinatura do ato de compra da propriedade: o restante dependerá das colheitas e dos créditos que obterão a prazo. Possuem apenas o montante para as compras das ferramentas indispensáveis. Uma vez instalados, poucos deles poderão contar com o apoio de diaristas: a mão de obra do sítio é a própria família. As terras que estes pequenos pioneiros poderão comprar devem ter dimensões limitadas."[2]

Essa clientela não era assentada no isolamento dos sertões, mas numa rede de negócios interligados, com grande peso das áreas urbanas: "O pioneiro moderno não é isolado; faz parte de um grupo e não saberia viver e muito menos prosperar afastado desse grupo, tanto por motivos econômicos como sociais. A proximidade de uma cidade é condição essencial para que um pioneiro decida comprar um sítio; uma estrada transitável por caminhão liga seu lote a um centro comercial e, contando com que a distância não seja muito grande (o frete seria muito alto), o sitiante poderá facilmente encontrar comprador para suas colheitas. O comprador terá, a uma distância razoável, máquinas para descaroçar algodão, descascar o arroz e classificar o café, isto é, comerciantes que comprarão a colheita e serão, ao mesmo tempo, banqueiros indispensáveis para financiar a produção. Ao mesmo tempo o pequeno proprietário desejará frequentar uma igreja; apraz-lhe saber que um farmacêutico ou um médico estão instalados ou pretendem instalar-se no núcleo urbano. A grande empresa de loteamento procura lutar contra o isolamento do sitiante e faz uma rede de estradas e de estabelecimentos urbanos. Seus escritórios elaboram uma estrutura agrária planejada."[3]

Somando tudo, era reconhecível a marca de uma nova era: "Muito empirismo aplicado em grande escala e aplicado racionalmente: é uma colonização 'planificada', para aplicar-se o termo em voga. É também uma colonização – não mais de franco-atiradores ou de associação familiar – mas do tipo de capitalismo moderno."[4]

Tal como a trajetória dos proprietários pioneiros, nota-se o mesmo tipo de evolução desde a base da pirâmide demográfica. Um exemplo, entre milhares de histórias similares, é o de Feodor Talizin. Russo de nascimento, ele acabou aprendendo a falar português com sotaque caipira: "Eu cheguei no Paraná com a família em 1929. Arrumamos serviço aqui na Companhia de Terras, limpando terreno. A gente vinha a pé de Jataí até Londrina, são 22 quilômetros. Saía segunda, sábado voltava. Era puro mato. Não era bom não. Tinha muito mosquito. A gente morava num barraco de folha de palmito. A gente pegava a roupa que a mamãe punha lá e vinha. Aquilo parecia túnel, o mato todo fechado."[5]

Em seguida ele foi promovido a ajudante de topógrafo: "Acabou o serviço de limpeza e entrei para trabalhar com o doutor Alexandre [Rasgulaeff], para contar lotes. O primeiro acampamento nosso [...] foi ali onde está a barragem do Igapó. Naquelas pedras lá, a gente ficava num barraco [de] lona, e dormia e trabalhava lá. O doutor Alexandre trazia comida, tinha cozinheiro, tinha tudo, tinha arroz, tinha feijão, tinha carne, aquela carne seca. A gente tomava café, saía para o serviço e voltava só de tarde. Não comia nada durante o dia, não bebia nada de água durante o dia no serviço, nas picadas. Só comia depois, de noite. De manhã tomava café gordo, com farinha de mandioca e café e coisa, e jabá. Era já um almoço."[6]

Com o tempo, acabou se especializando: "Comecei a trabalhar na carpintaria. Trabalhei na ponte de Tibagi, a da estrada de ferro. Depois de lá, terminando o serviço, vieram treze famílias da Índia, mandadas pela Liga das Nações. O pessoal da Liga das Nações comprou para cada família cinco alqueires de terra, não sei se depois elas pagaram. E eu, então, fui intérprete deles, porque não sabiam falar o português. E eu, então, fiquei sete meses, a Liga das Nações mandou dinheiro pra pagar."[7]

Depois de uma década de trabalho, outro passo: "Aí trabalhei na empresa elétrica como carpinteiro, o primeiro serviço que foi feito por mim na carpintaria da empresa foi essa barragem no Cambé. Fizeram a barragem com três metros de altura, mas depois queriam aumentar o volume da água, aumentaram para cinco metros de altura, e foi aí que eu entrei para trabalhar naqueles dias. E logo no terceiro dia, o doutor André, que era o engenheiro, já me passou como encarregado do serviço. E de lá para cá, fomos trabalhando, fizemos o Cambezinho. Aí a companhia comprou motor a óleo lá em Piraju. Acabou aquele serviço lá, fomos fazer Usina de Três Bocas. Eu fiquei do começo ao fim, já era mestre de obra [...]. Acabou Três Bocas, fomos para Apucaraninha."[8]

A vida de trabalhador especializado permitiu aproveitar as oportunidades da cidade: "Depois que começaram a vender terrenos aqui na cidade é que a gente comprou sim. Somos pobres, temos só um filho homem. Hoje é médico, trabalha no hospital, ginecologista. Doutor Paulo Talizin."[9]

Nem todos tiveram esse tipo de trajetória ascensional, mas ela ajuda a entender um momento. Os compradores de lotes urbanos e rurais eram os empreendedores que iam formando um mercado – alguns contratando trabalhadores, outros não. Para muitos não se tratava apenas de ganhar o suficiente para pagar os lotes, mas, sempre que possível, de ir melhorando de vida. Os comerciantes/industriais urbanos, por sua vez, lucravam sobre a produção de muitas propriedades pequenas – e enriqueciam em escala ainda maior. Já os empresários, como Gastão de Souza Mesquita Filho, com capital para pagar pelo trabalho de Feodor Talizin, logo passaram a ter lucros sobre todo esse conjunto de atividades locais dos pioneiros assentados.

A taxa de crescimento foi, no final da década de 1930, bem maior que a da Companhia de Terras Norte do Paraná ou da Ferrovia São Paulo-Paraná, que já era muito boa. O indicador mais evidente desse incremento maior da atividade local vinha dos ganhos estatais sobre ela – que eram da mesma natureza que os ganhos da companhia de eletricidade: recolhimento de receitas sobre o conjunto das atividades londrinenses. Assim, as receitas estaduais tiveram a seguinte evolução no município: 81 contos de réis em 1934; 406 contos em 1935 (multiplicadas por cinco); 990 contos em 1936 (aumento de 123%); 1,6 mil contos em 1937 (aumento de 61%); 2,5 mil contos em 1938 (aumento de 53%). Em apenas cinco anos, elas multiplicaram-se por trinta. Já a arrecadação da prefeitura cresceu de forma mais modesta, multiplicando-se "apenas" por seis, atingindo 769 contos em 1938.[10]

Dadas as contingências de riscos institucionais da Companhia de Terras Norte do Paraná, a transferência da concessão para a pequena empresa de Rolando Davids e Gastão de Souza Mesquita Filho propiciou, para os recebedores, um crescimento tão espetacular quanto o da arrecadação es-

Primeiro de maio festejado à sombra da figueira-branca. Livro *Documentário Histórico Jubileu de Prata de Londrina: 1934-1959*, p.27.

DE CIMA PARA BAIXO:

Londrina: parada de ônibus, com o prédio da Companhia de Terras Norte do Paraná ao fundo. Foto George Craig Smith, "Londrina 1930". Museu Histórico de Londrina, Universidade Estadual de Londrina.

Avião na inauguração do campo de pouso em Londrina. Foto José Juliani. Primeiro avião de Londrina na inauguração do campo de pouso conhecido como "Aviação Velha", 27 de novembro de 1938. Museu Histórico de Londrina, Universidade Estadual de Londrina.

tadual. Organizada em 1936 como empreendimento pessoal, com capital de apenas 100 mil-réis, a Empresa Elétrica de Londrina foi transformada numa sociedade anônima com capital de 4 mil contos de réis (quarenta vezes o capital inicial) em 1941, apenas cinco anos depois da fundação.

A reorganização levou a empresa a outro patamar. A operação de abertura do capital foi comandada por um velho amigo – e banqueiro recente. Desde 1928, em Campos do Jordão, Gastão de Souza Mesquita Filho fornecia energia elétrica para vários membros da família Vidigal, além de frequentar com eles o clube de tênis local. Os negócios de ambas as famílias estavam indo bem. Em janeiro de 1939, Gastão Vidigal fundou o Banco Mercantil, com um capital realizado de 9 mil contos de réis. Em abril, o banco estava funcionando sob a direção geral dele.[11]

Para um banco recém-criado, a abertura do capital da empresa do vizinho e amigo, com um porte de quase metade do capital realizado do novo banco, foi uma ocasião relevante. Mais do que lidar com o projeto de um cliente, a operação resultou numa aliança familiar. Além de ter ele próprio adquirido mil ações no lançamento, Gastão Vidigal levou o filho Luís Eulálio de Bueno Vidigal, que comprou 175 ações.[12] Por outro lado, o negócio do qual Gastão de Souza Mesquita Filho se tornava o maior acionista, com 5.750 ações, atraiu muitos investidores de sua própria família: Francisco de Moraes Barros (1.075 ações); Hermann de Moraes Barros (175 ações); Manoel de Moraes Barros (1.750 ações).

A operação ampliou exponencialmente a disponibilidade de capital de Gastão de Souza Mesquita Filho, permitindo-lhe acelerar as obras da barragem de Três Bocas e começar os estudos para a de Apucaraninha. Com isso, poderia atender uma demanda que explodia e multiplicar as receitas. Mas também deu origem a uma importante aliança de negócios, pois a Empresa Elétrica de Londrina tornou-se não apenas um grande cliente do Banco Mercantil (e este, um fornecedor de crédito para a empresa) como um empreendimento no qual os controladores das agora duas sociedades anônimas investiam uma na outra como pessoas físicas.

Havia, portanto, muita mobilidade e muita atividade de geração de riqueza na região de Londrina. Todavia, só parte desse crescimento era passível de ser transformada em ganhos monetários pela Parana Plantations: a venda de lotes e os fretes ferroviários. Na segunda metade da década de 1930, ambas as fontes de receita passaram a enfrentar alguma espécie de restrição. Desde o episódio da imigração dos assírios, todo relatório anual agora trazia um parágrafo explicando as restrições a imigrantes estrangeiros, seja por causa das críticas na imprensa, seja pelo texto da Constituição de 1934, com suas cláusulas restritivas – até chegar a guerra. A frase do relatório de 1940 foi: "Como em 1939, a imensa maioria dos compradores foram pessoas já residentes no Brasil, uma vez que a imigração da Europa está severamente limitada por uma política de cotas."[13]

Crianças brincam perto dos dormentes da estrada de ferro. Livro *Documentário Histórico – Jubileu de Prata de Londrina: 1934-1959*, p.27.

A repetição da frase era um sinal de que a empresa não desistia de sua visão de longo prazo, que via os europeus como um público relevante de compradores de lotes. Com esse público impossibilitado de se radicar na região, a dependência da clientela brasileira se mostrou total, ainda que não constante. As vendas de lotes começaram a flutuar fortemente de acordo com a conjuntura, com um máximo de 10,6 mil alqueires em 1934 e um mínimo de 3,6 mil alqueires em 1940.[14] Para recuperar as vendas no período de guerra foi preciso baixar muito o preço dos lotes – e assim, em 1941, elas chegaram ao patamar de 11 mil alqueires.

Nada disso aparecia na contabilidade. Dada a forma de contabilizar da empresa, preservando na escrituração o valor da aquisição de 1925, quase todas as receitas com vendas, com preços mais altos em moeda nacional, entravam no balanço como lucros. E esses eram quase sempre repassados como adiantamentos para a empresa ferroviária – que começava a registrar um crescimento da receita de fretes (reflexo do aumento da atividade econômica local) superior à receita da venda de terras.

Em apenas quatro anos, entre 1938 e 1941, a tonelagem de carga transportada mais do que dobrou, de 187 mil para 388 mil toneladas, um aumento de 104%.[15] Também nesse caso, isso se devia ao aumento da produção destinada ao mercado interno. A principal mercadoria transportada continuou sendo a madeira (32% da tonelagem total, em 1941), seguida do milho (20% do total) e dos porcos (19%). Nesse período, o maior crescimento proporcional foi o das cargas de feijão, que passaram de 2% do total em 1938 para 8,2% em 1941. As cargas de café variavam de ano a ano, de acordo com as safras, mas sempre representaram uma proporção pequena em termos de tonelagem – em 1941, apenas 5%.

Somando tudo, os lucros de balanço da Parana Plantations, em que tudo era consolidado, foram sempre modestíssimos nesse período. Em 1939, foram de 0,01% sobre o capital de 1,8 milhão de libras; no ano seguinte, chegaram a 0,8% do capital – e, no ano de recorde de vendas de terras de 1941, atingiram 1,2%. Esse resultado minguado era apenas parte dos problemas de longo prazo a enfrentar, pois o conflito mundial havia intensificado outro: o risco cambial.

Quando a Parana Plantations foi criada, em 1925, o mercado de câmbio de réis e libras era inteiramente livre. Nas duas décadas anteriores, desde o Plano de Valorização do Café, as flutuações eram de pequena monta – proporcionando relativa previsibilidade aos investimentos de capital externo e à transferência de lucros. Após a crise de 1929, houve uma desvalorização da moeda brasileira (em consequência, os ativos denominados em réis das filiais passaram a valer menos libras); nessas condições, as remessas de lucros geravam prejuízos cambiais para a matriz. Em relação ao patamar das remessas de capital na época da formação da empresa, tal desvalorização perdurou durante toda uma década.

Essa realidade permanente levou a uma mudança relevante. Em 1933, a diretoria londrina permitiu que o pagamento das debêntures deixasse de ser feito via remessa cambial e fosse sendo saldado em mil-réis.[16] Era uma forma de aproveitar os lucros em moeda brasileira da companhia de terras, transferindo-os como empréstimos para a empresa ferroviária, todos em réis. Esta, por sua vez, acumulou uma dívida significativa com a matriz – uma dívida que passou a ser abatida nos balanços brasileiros sem operações de câmbio. Quando esse recurso se esgotou, em 1935, as debêntures, então com um valor residual, foram trocadas por ações, e o capital, elevado para 1,85 milhão de libras.[17]

Esses artifícios tinham limites, porém. O resultado da constante deterioração das remessas cambiais apareceu nos balanços londrinos de uma holding que não dava lucros em libras, dona de duas empresas que davam agora lucros em mil-réis. Não deixava de ser uma decisão inteligente, mas o fato é que a política de esperar um câmbio melhor para remeter lucros e dividendos transformara o investimento de longo prazo numa aplicação sem nenhum retorno para os investidores londrinos – e isso por um período de quinze anos.

No caso da ferrovia, os riscos cambiais crônicos acabaram gerando também riscos operacionais agudos – à medida que as vantagens globais para a montagem de negócios iam se transformando em dificuldades internacionais ao longo da década de 1930. Em 1935, sem consulta às filiais brasileiras, firmou-se um complexo acordo com os alemães, já sob o regime nazista, assim explicado por Arthur Asquith na assembleia de acionistas: "Locomotivas e material rodante adicional, consistente em trinta vagões, foram adquiridos por troca na Alemanha. Esse acordo foi negociado pela diretoria londrina, em nome da companhia ferroviária. Não vou incomodar os senhores com as complicações, que são consideráveis. De maneira resumida, a companhia ferroviária vai trocar terras brasileiras por material ferroviário alemão, enquanto alemães que, de outra maneira, não poderiam retirar seu dinheiro da Alemanha, obterão terras para se estabelecerem no norte do Paraná. Caso as terras desejadas por esses alemães excedam aquelas possuídas pela empresa ferroviária, esta fará uma troca de ativos com a companhia de terras para obter as que forem necessárias."[18]

Numa empresa na qual o maior acionista havia nascido na Alemanha e se naturalizado inglês, a lógica do acordo era salvar bens e pessoas do regime nazista, levando os que pudessem – naquele ano, a cota de imigrantes alemães para o Brasil foi fixada por lei em apenas 3 mil pessoas – para se tornarem proprietários de terras no Paraná. Era uma porta estreita, e que se tornaria ainda mais estreita. Em 8 de junho de 1938, Leopold Oppenheimer foi um dos últimos a tentar. Assinou um contrato pelo qual se comprometia a depositar 20 mil marcos-ouro em uma conta da Parana Plantations. Era o quinquagésimo nono a fazer esse tipo de operação.

Os créditos na conta só poderiam ser usados para o pagamento de equipamentos ferroviários encomendados de fornecedores alemães e usados pela Companhia Ferroviária São Paulo-Paraná. Após a entrega dos equipamentos, o depositante teria o direito de escolher uma propriedade da Companhia de Terras Norte do Paraná no valor declarado e em câmbio estabelecido, recebendo a titulação provisória da terra até que os equipamentos fossem entregues no Brasil.[19]

A compra ferroviária de Oppenheimer acabou não sendo aprovada pela burocracia alemã, a encomenda não foi efetivada – e o dinheiro não foi devolvido nem oferecida qualquer explicação pelas autoridades. A empresa ferroviária ficou sem os trens (em 1939 foi feita uma encomenda de material ferroviário norte-americano; ele foi fabricado – porém, dada a situação de guerra, como diz sucintamente o relatório da diretoria, "as locomotivas foram requisitadas pelo governo de Sua Majestade").[20]

Atos extremos como esse se tornaram norma na crítica situação vivida pela Inglaterra naquele momento. Com o país sofrendo derrota atrás de derrota e o esforço de guerra consumindo a produção, financiar o conflito exigiu proezas – inclusive a de tornar o Brasil credor financeiro, deixando de lado a secular posição de devedor que vinha desde a Independência. Mas isso foi feito em modo de guerra: um acordo bilateral, segundo o qual a Inglaterra comprava mercadorias no Brasil, especialmente algodão e carne. Pagava numa conta especial em libras, "que só poderiam ser utilizadas para regularizar obrigações comerciais e financeiras na área da libra esterlina".[21] Para a Inglaterra, era uma dívida de crescimento constante – e grande dificuldade de liquidação. Um funcionário do governo britânico, preocupado com a dívida inglesa que se acumulava, sugeriu alternativas: "Os brasileiros estão na feliz posição de ter recursos para gastar em outras coisas, como o resgate de suas dívidas ou a compra de investimentos britânicos no Brasil."[22]

Nesse momento crítico, Shimi Lovat, o décimo sétimo lorde Lovat, tomou uma decisão: "Nada exaspera mais um jovem que saber que as coisas não estão como deveriam estar. Assim eu me sentia em 1939, quando comecei a história dos comandos. Surgidos em 1940, no período de crise que se seguiu a Dunquerque, os homens de boina verde fizeram sua parte num cenário sangrento. [...] Eu seria presunçoso se apresentasse com documentos esses soldados intensamente individuais, recrutados em todos os segmentos das forças armadas. Cada um entrava radicalmente numa vida nova. Não havia padrões de comportamento. Alguns eram bons, outros menos: os inadequados eram rudemente eliminados."[23]

Numa época de total domínio dos nazistas, os comandos chefiados por Shimi Lovat obtiveram as primeiras vitórias inglesas em ações ousadas contra os inimigos. A primeira operação aconteceu em março de 1941, quando os comandos atacaram as ilhas norueguesas de Lofoten, destruindo as fábricas de óleo de peixe, os depósitos de combustível, afundando onze navios e capturando máquinas de codificar mensagens – além de aprisionar 216 soldados alemães; no mês seguinte, atacaram a vila francesa de Hardelot. A cada ataque, o comandante Lovat recebia uma promoção e uma condecoração – tornando-se um herói de guerra adorado pela população que amargava derrotas e agruras sem fim.

A fama, na via inversa, tornou-se fúria, como notou Hilary Saunders: "Tornaram-se conhecidos entre aliados e inimigos. Vinham de todas as classes: entre eles havia malandros e bonachões; batedores de carteira e caixas de banco; apostadores e universitários de alta graduação. Cumpriam os requisitos de Hobbes, pelos quais 'força e fraude são virtudes cardeais na guerra'. E assim instigaram tal paixão de ódio e medo entre os inimigos que Hitler ordenou pessoalmente a morte de todos os que fossem capturados, até o último homem."[24] Além de prometer uma recompensa de 100 mil marcos para quem capturasse o comandante [Lovat], vivo ou morto.

Com até mesmo um de seus principais acionistas vivendo tais momentos extremos e a guerra desarticulando as possibilidades globais, as perspectivas da administração de uma empresa internacional iam se tornando cada vez mais complicadas. A grande eficiência propiciada por essa estrutura na década de 1920 tornava-se cada vez mais um obstáculo para continuar tocando o negócio. Claro, ainda restava a base imensa de capital e a ausência quase completa de dívidas – as marcas que vinham desde a criação da empresa, em 1925 – para manter as coisas andando, apesar dos problemas. Mas agora era preciso remar cada vez mais contra uma maré montante. O mundo global, as trocas entre nações, a democracia e o liberalismo pareciam condenados a submergir a qualquer momento.

Os contrastes foram aumentando inclusive dentro do Brasil. Até o momento do repúdio aos assírios, incitado pelos nacionalistas, nenhuma das filiais operacionais brasileiras enfrentara qualquer tipo de problema. Entre outros motivos, porque João Domingues Sampaio continuava na presidência, negociando com competência os conflitos que surgiam. Antes da implantação do regime ditatorial, ele foi capaz de encontrar caminhos e apoios para lidar com as pressões internas dos adversários ideológicos de uma empresa estrangeira atuando no país. Porém, depois que os Dissidentes foram para a cadeia e o exílio, muitos dos seus adversários chegaram ao poder. O contraste entre o destino otimista da atividade local e as dificuldades da empresa global chegou ao ápice.

CAPÍTULO **18**
> *Negócio com futuro?*

A DESPEITO DA CONJUNTURA OPRESSIVA DA DÉCADA DE 1930, OS ACIONISTAS DA Parana Plantations tinham de pensar no futuro estratégico dos negócios, no longo prazo pelo qual calibravam os investimentos, mesmo quando a guerra se tornou uma realidade. Não era uma tarefa fácil. A geração dos fundadores do empreendimento havia morrido; em 1942, os principais dirigentes eram Bernard Eckstein, filho de Friedrich Eckstein, e o conde Eldon, sobrinho de lorde Lovat. E, na sede da empresa em Londres, os arquivos haviam sido destruídos num bombardeio alemão.

Mas havia também aspectos positivos. A principal fonte de ganhos econômicos do grupo ainda era a Sudan Plantations Syndicate, que produzia ótimos dividendos anuais em qualquer conjuntura: os de 1939, já em plena Segunda Guerra, foram de 8% sobre o capital – e isso com a empresa construindo mais reservas em títulos.[1] Quatro décadas de investimento no exterior, com resultados desse porte, eram um lembrete de que os retornos maiores que a média do mercado londrino podiam compensar os riscos maiores de atuar no exterior, como a holding fazia.

Mas as semelhanças paravam por aí. No Sudão, os riscos eram inexistentes numa área importante: o câmbio. Tanto a economia sudanesa como a britânica funcionavam em libras esterlinas, de modo que as remessas de investimentos e lucros não enfrentavam restrições de divisas. Porém, no caso dos investimentos brasileiros do grupo, a realidade era outra: a partir de meados da década de 1930 os negócios começaram a dar lucro, mas a desvalorização da moeda brasileira acarretou a decisão de reaplicar todos os lucros no país, deixando as remessas de dividendos para um momento favorável posterior.

Até certa altura, essa limitação não chegou a ser um problema: a Companhia de Terras Norte do Paraná tinha lucros muito maiores do que suas necessidades de investimento; já a Companhia Ferroviária São Paulo-Paraná tinha lucros operacionais, mas requeria investimentos que iam muito além desses lucros. A transferência dos ganhos da CTNP para a ferrovia, em moeda brasileira, chegou ao ponto em que não apenas os investimentos passaram a ser custeados pela filial brasileira como as transferências puderam ser usadas para abater as dívidas da Parana Plantations com os acionistas que haviam comprado debêntures da holding.

Era óbvia a perspectiva de longo prazo, caso fosse mantida a restrição cambial: a ampliação dos negócios no Brasil. No início da década de 1940, a situação da Companhia de Terras Norte do Paraná era a seguinte: embora o seu capital continuasse o mesmo desde a década de 1920 – 18,5 mil contos de réis –, agora representava apenas 34% do total dos ativos da empresa (no momento da fundação, a proporção era de aproximadamente 90%), que atingiram 53,2 mil contos; as terras eram 42% do total de ativos – e os adiantamentos para a companhia ferroviária, 43%; os lucros com vendas de lotes chegavam a 6,8 mil contos (nada menos que 37% do capital, numa empresa sem dívidas).[2]

A Companhia Ferroviária São Paulo-Paraná tinha um capital de 7,4 mil contos de réis (40% daquele da CTNP); ativos totais de 91,9 mil contos (cinco vezes mais que o capital da companhia de terras); mais da metade deles (59%) representavam adiantamentos das demais empresas do grupo; 90% dos ativos operacionais eram imobilizações em linhas e equipamento; e os lucros operacionais foram de 6,9 mil contos – apenas 7,2% sobre os ativos e 12% da dívida com as empresas do grupo. Em suma, a Companhia de Terras Norte do Paraná era um negócio menor (seus ativos eram 30% do total das subsidiárias da holding), mas bastante rentável. Já a Ferrovia São Paulo-Paraná tinha ativos que compunham perto de 70% do negócio, mas ainda estava longe de chegar ao ponto de pagar dividendos de maneira sustentável, dadas as necessidades de investimento na continuidade da linha.

Projetando as coisas para o futuro, no entanto, as perspectivas eram inversas. A curto prazo, o investimento em terras era rentável e o ferroviário não gerava lucros. Mas a ferrovia ia tendo receitas crescentes, com perspectivas de expansão a longo prazo. Bastava avançar com os trilhos para além da gleba da companhia de terras. Já o negócio das terras tinha um horizonte bem mais acanhado: para ir adiante, em algum momento dependeria de novas terras para lotear. Levando em conta esse horizonte, as perspectivas de expansão eram bem melhores no caso da ferrovia.

Antes mesmo de Gastão de Souza Mesquita Filho abrir seu mapa na mesa de bilhar do major Barbosa Ferraz e desfiar sua visão de longo prazo sobre a ferrovia para lorde Lovat, em 1924, o valor estratégico da obra já havia sido delineado por Cincinato Braga: levar os trilhos até Guaíra, na fronteira com o Paraguai, de modo a interligar as duas economias e abrir o mercado para o Brasil. Quase duas décadas depois, a validade desse objetivo ia ficando cada vez mais óbvia.

Saber aonde ir é importante. Mas construir caminhos é basicamente uma questão de como chegar lá. E, nesse caso, objetivos menos ambiciosos, porém viáveis, se impunham. Os primeiros a abrir o caminho foram os associados do major Barbosa Ferraz. Começaram com uma pequena concessão do estado de São Paulo para uma obra de apenas 6 quilômetros entre Ourinhos e as margens do Paranapanema. Conseguiram outra, em 1922, para fazer um ramal de uma planejada estrada de ferro paranaense, obtida da Assembleia estadual e do governador. Com isso conseguiram instalar 29 quilômetros de vias férreas até 1928.

Nesse ano, uma nova regra do jogo foi acertada entre o governo paranaense e os novos proprietários do empreendimento. Entre outros motivos, isso se deu porque a construção de uma ferrovia exige um recurso ao uso do poder de Estado para que o concessionário atravesse propriedades e passe por cima dos direitos de seus donos, pagando um valor pela desapropriação, se for o caso.

Governos também têm outros poderes relevantes. No caso da Companhia Ferroviária São Paulo-Paraná, que havia adquirido duas concessões ferroviárias (a da Companhia Marcondes e a do grupo do major Barbosa Ferraz), foi realizada uma recombinação que gerou o traçado da ferrovia. De maneira geral, o governo paranaense incentivava os investimentos ferroviários de longo prazo com concessões de terras a serem vendidas pelos construtores. Como nesse caso as terras já haviam sido vendidas pelo próprio governo estadual, o acordo girou em torno de um abatimento nas prestações da venda para cada quilômetro construído. Era um acordo razoável, capaz de levar os trilhos 200 quilômetros adiante. Isso ajudou nos arranjos contábeis entre as filiais: o contrato de aquisição das terras permitiu abater paulatinamente os pagamentos com a construção da ferrovia.[3]

Tudo isso fazia sentido para a Parana Plantations no horizonte da combinação entre as receitas obtidas com fretes e com a venda de terras próprias. Mas deixava de fazer sentido para além da divisa oeste da propriedade, pois dali em diante cessariam as receitas de loteamento que ajudariam

Com o acirramento da guerra, o governo britânico solicita que empresas com ativos fora do país, como a Parana Plantations, sejam vendidas para ajudar no financiamento do conflito. "Vista de Londres após primeiro ataque aéreo nazista", 7 de setembro de 1940, *New York Times* Paris Bureau Collection, domínio público.

Graças a homens como Hikoma Udihara – que vendia terras para os imigrantes japoneses –, no início de 1940 a Companhia de Terras Norte do Paraná atingiu o equilíbrio financeiro. Museu Histórico de Londrina / Acervo Londrina Histórica.

a pagar os trilhos. Em 1941 completaram-se treze anos de investimentos para chegar até perto dessa divisa oeste – e o capital nem sequer começara a dar retorno.

Seguir adiante sem a possibilidade de saldar parte da conta com a venda de terras era agora impossível: a maior parte desse território já havia sido disponibilizada a terceiros pelo governo paranaense. A alternativa de obter apoio financeiro desse mesmo governo para substituir as cessões de terra era totalmente inviável: o orçamento estadual era uma fração dos recursos necessários. Diante disso, a única possibilidade de um arranjo para se obter prazos de retorno minimamente viáveis era a de negociar com o governo federal.

Como essa fonte de financiamento era interessante tanto para a empresa como para o governo do Paraná, já em 1934 as duas partes se juntaram para apresentar o projeto ao governo central: "A direção da empresa ferroviária, com apoio do doutor Ribas, apresentou ao doutor Getúlio Vargas, eleito na semana passada presidente do Brasil, um memorando contendo as considerações em favor da extensão, com recursos do governo federal, dos trilhos da ferrovia até as margens do rio Paraná."[4]

A essa altura os trilhos ainda não haviam chegado até Londrina. Como é comum em assunto de prazo muito longo, as coisas andaram devagar. Dois anos depois, em 1936, o relatório anual informou aos acionistas que "autoridades brasileiras nos abordaram para discutir as possibilidades de estender a linha com uma subvenção para cada quilômetro construído".[5] Nessa altura, Arapongas era o ponto final da linha.

Com a instauração da ditadura e o ambiente de conflito mundial, mudou o tom dessa amena conversa sobre um futuro distante. Em 1939 o governo federal publicou um decreto criando uma rede ferroviária federal nos estados do Paraná e de Santa Catarina – nela incluindo a Ferrovia São Paulo-Paraná. Como logo ficou patente, não era uma lei para ser levada a sério, mas uma declaração clara de que a regra do jogo tinha mudado. A posição de colaborador num projeto privado foi substituída por aquela de um poderoso caçador avisando à presa que os trilhos poderiam ter outro destino. Nessa posição estavam as possibilidades futuras da empresa ferroviária quando eclodiu a Segunda Guerra.

O conflito também acarretou mudanças no horizonte de longo prazo no negócio de terras. Não foi bem um rompimento das regras, mas uma consequência do êxito da Companhia de Terras Norte do Paraná na aplicação das regras originais. Estas haviam sido estabelecidas em 1925, de acordo com leis previamente existentes no estado do Paraná. As relações da empresa com o governo estadual aconteceram sem que se alterassem leis. A única atitude incomum tomada pela CTNP fora o cuidado de escolher um caminho entre os dois previstos na legislação: o de investir para converter a concessão em propriedade, devolver uma concessão existente e pagar de novo para adquirir uma terra registrada em escritura pública, pelo valor determinado pela lei vigente – além de comprar uma terceira vez, daqueles detentores de títulos oriundos de sesmarias. Com isso, conseguiu ter uma propriedade sem contestação jurídica – e revender frações dessa propriedade em lotes pequenos para clientes que passaram a desfrutar da mesma proteção.

O grande sucesso desse procedimento foi observado atentamente pelo interventor Manoel Ribas. Ele comandava um governo capaz de fazer concessões ou vender propriedades, ambos dentro da lei. Tinha larga experiência em lidar com consumidores de pequeno poder aquisitivo, adquirida nos anos em que dirigira uma cooperativa mantida por uma empresa ferroviária no Rio Grande do Sul. Mas governava um estado no qual a política de concessões de terras dominiais predominava entre as opções dos governantes. A bem dizer, década e meia depois da opção pioneira feita pela Companhia de Terras Norte do Paraná, a aquisição de terras devolutas por uma empresa ainda era uma exceção no estado do Paraná.

O caminho expedito encontrado pelo interventor para transformar essa exceção em regra sem alterar a legislação foi detalhadamente narrado por Fernando Fontana, biógrafo de Ribas: "Nos idos de 1933, o interventor verificou que quase 6 milhões de hectares do estado haviam sido 'concedidos', em governos anteriores, para empresas 'colonizadoras'. Essas terras, em mãos de empresas privadas que não cumpriam seus compromissos, eram o maior empecilho para o povoamento do 'sertão'. Ribas foi informado que Marins Camargo era quem mais entendia da problemática. Apesar das diferenças políticas [Marins era irmão de Afonso Camargo, deposto em 1930], decide consultá-lo e convida-o para ir ao palácio. Mas Marins estava entrevado, em cadeira de rodas, e sugeriu que o encontro fosse em sua residência, 'à noite, para evitar maledicências'. Ribas aceita, mas em seu estilo direto diz que vai de dia, pois quando se tratava de interesse do Paraná, nada precisava ser feito às escondidas. Visita Marins em sua casa e pergunta o que podia ser feito. Responde o interlocutor: 'Execute os contratos.' Era a chave para a solução rápida. As concessões tinham cláusulas que obrigavam os concessionários a tomar, às suas custas e em prazos definidos, providências como construir estradas, escolas, etc. Todos simplesmente esperavam o poder público fazer as obras. [...] Acionando o aparato legal, retornaram à posse do governo do Paraná aqueles 60 mil quilômetros quadrados – um terço do território do Estado. [...] Marins passou a compor o Conselho de Estado."[6]

A mudança imensa, tão rápida quanto a assinatura de um decreto, não deixava de ser uma homenagem à sabedoria dos legisladores que haviam desenhado as instituições quatro décadas antes – cujas vantagens se tornaram visíveis num caso bem-sucedido, o da Companhia de Terras Norte do Paraná. Mirando nesse exemplo, o interventor Manoel Ribas, ao retomar o controle das terras, também deu o passo seguinte para lidar com essas terras, visando criar condições estratégicas inovadoras para o transporte do que ali eventualmente se produzisse.

Em 1924, na sala de bilhar do major Barbosa, essa estratégia era centrada na ferrovia. Naquela altura, essa era o único modal de transporte capaz de afetar os custos de produção numa região inteira. O automóvel e o caminhão não tinham então muita relevância nos cálculos econômicos de longo prazo. Porém, como a construção de ferrovias era dispendiosa demais para o governo do Paraná, Manoel Ribas resolveu apostar no que estava ao seu alcance e investir numa grande rodovia.

Iniciada em 1935, a Estrada do Cerne (atual PR-090) era uma rodovia construída com objetivos claros de longo prazo, assim descritos por Mario Albuquerque: "Tinha duas finalidades: quebrar a forte influência paulista, devida ao forte isolamento em que vivia o norte do Paraná em relação ao sul, o centro e o oeste do estado; fazer circular dentro do próprio Paraná a riqueza do café, exportando-o por Paranaguá, no lugar de pagar taxas a Santos."[7]

A obra acabou conhecida pela alcunha de "Rodovia do Mané", referência ao estilo rude com o qual o interventor, cujo apelido era "Mané Facão", conduziu o andamento das obras. Ia de Curitiba a Piraí do Sul, num trecho de 150 quilômetros; ali se bifurcava, com um ramal seguindo para Jacarezinho e outro para Londrina; ao todo, 700 quilômetros. Era revestida de macadame e, portanto, trafegável o ano inteiro. Sem chegar propriamente a competir pelas cargas de café num primeiro momento, tornou viável o tráfego de pessoas e ideias, de modo que paranistas de Curitiba e pés vermelhos do norte começaram a se cruzar com mais frequência.

Com a estrada pronta, foi possível dar um novo passo: a sua inauguração, em 1940, coincidiu com a entrada do governo do Paraná no mercado de venda direta de terras dominiais, sob a forma de pequenos lotes para pessoas com poucos recursos. Até então, embora a lei permitisse esse tipo de venda, nenhum governante paranaense havia pensado em facilitar a vida dos possíveis compradores. A terra/propriedade só podia ser obtida na capital por quem soubesse como chegar até a sede da repartição encarregada – e tivesse dinheiro suficiente para pagar por serviços como demarcação, registro e infraestrutura básica. Enfim, era um negócio para poucos e ricos.

A Companhia de Terras Norte do Paraná criou o modelo de obras e procedimentos para prestar todos esses serviços a pessoas de menos posses, rateando a conta entre muitos compradores: comprar; medir e demarcar; providenciar escritura; construir infraestrutura de transportes e abastecimento de água; planejar e instalar cidades; atrair interessados – e vender muitos lotes a preço acessível.

O pacote foi adotado quase integralmente pelo governo estadual, com funcionários públicos substituindo os técnicos privados, como descreveu Odah Regina Guimarães Costa: "A diretoria do Departamento de Terras e Colonização, tendo à frente o engenheiro Antônio Batista Ribas, estabeleceu normas dentro dos seguintes princípios: levantamento topográfico da linha de perímetro, das águas internas, das sedes e benfeitorias existentes e dos principais divisores de águas, determinação do local para a sede do patrimônio, projeto de loteamento da área escolhida, demarcação dos lotes, elaboração do projeto de estradas gerais e vicinais e da sede, memorial com descrição e justificação dos trabalhos realizados e outros. Seria levado em consideração o aspecto do urbanismo, no que se refere à constituição das sedes com lotes urbanos, situadas em posição adequada, atendendo-se os futuros serviços de água e luz, e prevendo-se o adensamento da população rural e o desenvolvimento econômico."[8]

Enfim: o modelo de negócios da CTNP foi transposto também para a administração pública, o que era um grande avanço em relação à realidade vigente no momento da compra de 1925. E essa não foi a única parte do projeto aproveitada, como nota Odah Costa ao descrever as colônias

Içara e Jaguapitã, as duas primeiras do projeto: "Gozavam das vantagens da proximidade da área de colonização da Companhia de Terras Norte do Paraná, que dispunha de estradas, vias férreas e cidades, mercados consumidores de produtos agrícolas fornecidos pela região. Para a constituição da colônia Içara, levou-se principalmente em consideração a sua localização próxima a Arapongas e Rolândia, na Estrada de Ferro São Paulo-Paraná, respectivamente a 33 e 25 quilômetros, fazendo-se a ligação por meio de estrada de rodagem."[9]

Os percalços enfrentados pelo governo estadual foram muitos e variados – do ponto de vista econômico, o maior deles foi a alta inadimplência, mesmo com o hectare de terra sendo vendido a 70 mil-réis – um sexto do preço cobrado nos lotes da CTNP –, parcelados em seis prestações. Mas, por isso mesmo, o interesse foi grande, e a experiência inicial foi sendo reproduzida em outras áreas retomadas de concessionários. Em suma, sem alterar as leis, o governo do Paraná soube mudar os métodos, as prioridades e a situação estratégica. Com isso, os procedimentos pioneiros adotados na década de 1920 acabaram virando padrão regional. A distância entre a organização pelo grande capital e pelos recursos locais se tornou muito menor – e a competição no setor de transformação da terra dominial pública em pequenas propriedades privadas deixou o terreno do ideal para entrar no da prática corrente no Paraná.

Em conjunto, essas duas soluções para o mesmo objetivo se aproximavam daquela visada pelo Homestead Act norte-americano: transformar a terra dominial num conjunto interligado de pequenas propriedades com preços acessíveis. Essa estrutura (providenciada pela empresa ou pelo governo estadual) permitia que os compradores se concentrassem na produção para o mercado – afinal, tinham de pagar pela propriedade. No caso do governo estadual, havia ainda outra vantagem direta: mercado crescente significava arrecadação crescente. A Companhia de Terras Norte do Paraná só tinha benefícios indiretos dessa situação: seus novos lotes podiam ser vendidos a preços maiores.

A coexistência desses dois modelos, do ponto de vista do longo prazo, era um indicativo de que as vantagens da inovação nos procedimentos tenderiam a se tornar menos relevantes para o negócio de terras da Parana Plantations. Mas a aparição do concorrente estadual coincidiu também com a implantação de um projeto federal para lidar com a questão. No dia

1º de maio de 1941, enquanto eram vendidos os primeiros lotes em Içara, o ditador Getúlio Vargas, em seu discurso para os trabalhadores, anunciou a entrada do governo nacional na área da obtenção de propriedade rural: "Temos de enfrentar, corajosamente, sérios problemas de melhoria de nossas populações para que o conforto, a higiene e a educação não sejam privilégio de regiões ou de zonas. Os benefícios que conquistastes devem ser estendidos para os operários rurais, aos que, insulados nos sertões, vivem distantes das vantagens da civilização. [...] Não é possível mantermos anomalia tão perigosa como a existência de camponeses sem glebas próprias, num país onde vales como o da Amazônia permanecem incultos e despovoados de rebanhos."[10]

A palavra "propriedade" não aparece nesse discurso – e não à toa. Alcir Lenharo, que estudou as políticas do Estado Novo, mostra o peculiar enquadramento que a ditadura buscava: "O Estado Novo imprimiu uma diretriz estatal, centralizada e nacionalista em seus ambiciosos projetos de ocupação dos 'espaços vazios' do Oeste e da Amazônia. Tal opção era orientada para criar, no 'novo' espaço do país, a nova ordem econômica, lastreada no fazer coincidir as fronteiras políticas com as econômicas e no estabelecimento de uma ordem original de relações sociais, ancoradas na pequena propriedade e na organização cooperativa dos associados – uma realidade nova e oposta às formas sociais de exploração do trabalho e do trabalhador do campo."[11]

Essa, a teoria. Na prática, o modelo não era bem o da venda definitiva para um proprietário que então se tornava independente: "As Colônias Agrícolas Nacionais, as meninas dos olhos da política de colonização do Estado Novo, foram planejadas de modo a se submeterem a uma administração centralizada e permanecerem diretamente subordinadas ao Ministério da Agricultura. Estruturadas em pequenas propriedades, seus lotes deveriam ser distribuídos preferencialmente para trabalhadores brasileiros sem terra."[12]

O pequeno "proprietário", numa estrutura hierárquica ligada à burocracia federal, estava numa situação muito precária, pois tinha de seguir os seguintes regulamentos: "Seria desempossado do lote o colono que deixasse de cultivá-lo, ou o desvalorizasse, e o que 'por sua má conduta tornar-se elemento de perturbação para a colônia'. Ao colono excluído, nenhuma indenização seria concedida pelas benfeitorias que acaso houvesse no lote. [...] A disciplina médico-sanitária também foi regulamentada e merece ser conhecida. [...] A inobservância voluntária do colono de qualquer exigência médico-sanitária ou 'qualquer ato de rebeldia à sua execução' implicará na expulsão do colono, que será determinada pelo diretor."[13]

Os poderes absolutos da burocracia se aplicavam para além das cercas das propriedades: "Também os costumes eram severamente vigiados e punidos, a julgar por estas determinações: os estabelecimentos comerciais só podiam obter licença, a título precário, do administrador. Tais estabelecimentos não podiam funcionar depois das dezoito horas e eram proibidos de 'expor ou vender bebidas alcoólicas de baixo preço, como aguardentes ou produtos semelhantes'. Os estabelecimentos que infringissem as instruções ou 'concorressem para favorecer o vício e provocar desordens', seriam fechados. O item VII do regulamento é particularmente específico: 'no recinto ou imediações desses estabelecimentos são expressamente vedadas discussões, particularmente de assuntos políticos ou atos emanados das autoridades.'"[14]

Diante dessas severas restrições entende-se que a expressão "pequena propriedade", numa Colônia Agrícola Nacional, referia-se a uma porção de terra sujeita ao diretor, que podia ser retomada a qualquer momento, sem indenização, contra a vontade do ocupante; que obrigava este a seguir regulamentos burocráticos em diversas áreas – que se estendiam até ao comportamento nos estabelecimentos que, em outros espaços, poderiam ser chamados de botecos. Enfim, poderia ser muito bom para o projeto ditatorial de se criar uma nova ordem – mas não era uma ordem atraente para muita gente. Com isso entende-se por que as colônias demoraram a ser estabelecidas e, uma vez instaladas, não foram um imenso sucesso de mercado.

Ainda assim, elas assinalaram uma mudança estrutural que não poderia ser desprezada nas avaliações sobre o futuro estratégico da Parana Plantations. Pois significaram a entrada do governo federal como agente direto no processo de fornecimento de pequenas propriedades a partir de terras dominiais. Não como um agente a mais, mas como aquele que buscava um monopólio na área – embora não soubesse como impor tal posição desde o início.

As questões estratégicas da ferrovia e da empresa de terras, mais a combinação de guerra mundial e ditadura brasileira, compunham um cenário que tornava nebuloso o futuro de uma empresa de capital estrangeiro atuante em mercados nos quais era evidente a intenção do Estado em se tornar, mais do que um regulador, um competidor direto – e adversário da presença do capital privado nessas áreas. Não eram apenas os problemas operacionais de uma empresa global em momento de recessão e nacionalismo. Havia também uma perspectiva de longo prazo muito diversa daquela em que se tomara a decisão de investimento e se montara a estrutura de alta capitalização e retornos de longo prazo. A empresa estava consolidada, a época dos lucros parecia se aproximar – mas o mundo não ajudava.

Também não era um bom momento na vida inglesa. Em 1941, com quase toda a Europa tomada pelos exércitos nazistas e Londres sendo bombardeada quase diariamente, as perspectivas eram muito ruins – e a conta econômica a pagar, muito pesada. Nem mesmo a invasão da Rússia pelos nazistas ou a entrada direta dos Estados Unidos no conflito, em dezembro desse ano, provocaram alívio suficiente na situação do Tesouro britânico. Para financiar o conflito, tornaram-se necessárias medidas desesperadas. O governo de Sua Majestade, conhecido por sua férrea disciplina para proteger empresas inglesas ao redor do mundo, chegou ao ponto de publicar listas de empresas privadas britânicas no exterior, anunciando que poderia ajudar na venda delas. Certo dia de 1942, o nome da Parana Plantations apareceu numa dessas listas – e acabou sendo notado por alguém que entendeu de imediato o tamanho da oportunidade.

CAPÍTULO **19**
> *O negócio de uma vida*

O ESCRITÓRIO LEVY ERA UM PONTO DE ATRAÇÃO ÚNICO NO CENTRO DE SÃO PAULO. Sede de uma corretora de câmbio especializada no comércio internacional do café, acabou se tornando também um centro de informações sobre os mercados financeiros internacionais. Desde 1920, parte das muitas notícias que passavam por ali passou a ser publicada num boletim em formato ofício, logo batizado de "Gazeta Mercantil". De boletim a jornal foi um passo, com a mesa de operações do escritório de câmbio e a redação convivendo lado a lado – e atraindo visitantes interessados naqueles assuntos.

Num dia de 1942, Gastão de Souza Mesquita Filho, colega de Eduardo Levy no Tênis Clube de Campos do Jordão, passou por lá. E topou com o nome da Parana Plantations numa lista que o governo britânico publicava regularmente naqueles tempos difíceis de guerra, com a relação de empresas com ativos fora do país e passíveis de serem vendidos – e ainda com a recomendação de que o dinheiro apurado fosse aplicado em bônus de guerra. Não era algo compulsório – ninguém estava obrigado a vender –, mas não deixava de ser um sinal.

Esse sinal teve um efeito tremendo sobre o leitor da lista. De repente ele se viu diante de uma oportunidade única: "Dirigi pessoalmente a obra da ferrovia, desde a primeira escavação até os cortes, bueiros, assentamento de trilhos, pontes e estações. Quando os ingleses se interessaram em comprar a estrada de ferro – ao invés de financiá-la, como pretendiam os fazendeiros seus acionistas –, eu fui a pessoa procurada para servir de intermediário, porque era amigo tanto de lorde Lovat como do major Barbosa Ferraz, as duas grandes figuras de um e outro lado. Consegui realizar a contento os entendimentos, fechou-se o negócio e eu recebi a minha comissão, que foi o primeiro dinheiro livre dos compromissos do lar que ganhei. Mas, para tristeza minha, perdi a obra a que me devotava com tanto entusiasmo, pois os ingleses decidiram prosseguir os trabalhos com uma empresa sediada em Londres. Todos venderam suas ações da companhia, menos eu, que tinha um quase nada: 30 mil-réis. E assim fiquei acionista junto com os ingleses, que demonstraram interesse na minha permanência na empresa, para contarem com ao menos um sócio brasileiro. [...] Dessa forma continuava muito bom o relacionamento com a companhia, mas nada me fazia supor que um dia ela viesse a ser vendida para mim e a outros brasileiros."[1]

O banqueiro Gastão Vidigal foi sócio de Gastão Mesquita Filho na aquisição da Companhia de Terras Norte do Paraná. Álbum fotográfico Companhia de Terras Norte do Paraná – Companhia Melhoramentos Norte do Paraná, acervo IIGMF.

A visão do negócio, que expusera na sala de bilhar em 1924, esteve separada da possibilidade de ser dono dele até o momento em que topou com a lista. Então, num átimo, Gastão de Souza Mesquita Filho vislumbrou uma oportunidade excepcional – e um caminho para se tornar proprietário do negócio, apesar das dificuldades evidentes.

Grandes empresas requerem grandes capitais, e estes se concentravam nos grandes centros da economia mundial. A formação do negócio seguira fielmente essa escala, com as disponibilidades londrinas proporcionando uma base sólida para a sua consolidação. Esse andamento reiterava uma regra quase absoluta: compradores estrangeiros com dinheiro ampliavam a possibilidade de ditar as condições, lidando com vendedores brasileiros muito menos capitalizados. Foi exatamente o que ocorrera em 1928, e Gastão de Souza Mesquita Filho havia acompanhado de perto o processo. Mas a brecha de 1942, aberta com a venda induzida pelo esforço de guerra, permitia algo até então improvável: a reunião, no mercado brasileiro, dos recursos para a aquisição de uma empresa inglesa.

E não só surgira essa oportunidade como havia alguém capaz de aproveitá-la. Gastão de Souza Mesquita Filho, que aprendera a negociar por ocasião da primeira venda, continuou aprendendo depois. Ao optar por manter suas ações na ferrovia – e, desde 1931, administrando também as ações que Antônio de Moraes Barros recebera da Companhia de Terras Norte do Paraná –, também manteve seu direito de receber os relatórios anuais, analisar os balanços, conhecer as decisões que iam sendo tomadas. Com isso estava familiarizado com a gestão de um empreendimento altamente capitalizado e a manutenção de objetivos de longo prazo, mesmo que para isso tivesse de sacrificar oportunidades de ganho com outros negócios. Assim, beneficiou-se das decisões tomadas pela companhia ao se tornar proprietário da Empresa Elétrica de Londrina, que crescia na velocidade da região – numa área que deixara de ser estratégica para o progresso a longo prazo da Parana Plantations.

Em quase duas décadas, acumulara uma experiência única sobre o negócio, desde os seus primórdios, em que este era apenas um singelo desenho no mapa aberto sobre uma mesa de bilhar, até a etapa em que se estendia, cada vez mais, por uma área de acelerado desenvolvimento no norte do Paraná. Esse conhecimento alimentou a forte intuição de que o nome da empresa naquela lista, e naquele momento, renderia negócio no caso de uma oferta que fosse interessante para os acionistas. A solidez da empresa era indiscutível, mas também eram evidentes para ele os sinais indicativos – e possivelmente só ele fosse capaz de interpretá-los – de que os ingleses talvez não tivessem pela frente um grande horizonte estratégico.

Pontos para Gastão de Souza Mesquita Filho, mas que não resolviam o principal. Ainda era preciso juntar capitais brasileiros, muitos capitais, antes mesmo de poder entrar na negociação. Ele mesmo tinha apenas uma pequena fração do necessário. Mas, de sua experiência anterior como agente de um negócio desse porte, tirou a lição fundamental do duro papel desempenhado na ocasião pelo Lazard Bank. Com a possibilidade de ousar e aproveitar aquela oportunidade única, veio também a lembrança de quem procurar primeiro – um banqueiro: "Faço questão de salientar o nome de meu particular amigo, Gastão Vidigal."[2]

O "particular", no caso de Gastão Vidigal, é um adjetivo que se pode empregar em mais de uma acepção para definir a pessoa. Nascido em 1889, Gastão Vidigal tinha sete irmãos, dois dos quais (Sílvio, o mais velho, e Cássio) eram companheiros de Gastão de Souza Mesquita Filho no Tênis Clube de Campos do Jordão – sendo Cássio o seu sócio nas compras de gado para engorda. Até aí, nada de extraordinário. As peculiaridades começavam pelo fato de o banqueiro manter um diário detalhado, onde anotou que, no dia 14 de novembro de 1905, conhecera Maria Amélia Bueno na casa de um tio.[3] Outra peculiaridade era de comportamento: levava uma vida social animada, tinha certas qualidades de convencimento: "Notável dançarino, animava qualquer reunião de jovens por sua habilidade no salão."[4] Ainda assim, Gastão Vidigal conseguiu proeza de gente séria: formou-se em direito em 1908, com apenas 19 anos. Em maio do ano seguinte, estava casado com Maria Amélia.

Foi trabalhar num escritório de advocacia, mas logo assumiu um cartório, herança de um tio. Passou a cuidar do andamento regular da burocracia, permitindo-se, no máximo, participar de uma ou outra querela menor pela imprensa a respeito dos ritos de registro cartorário – nada que indicasse uma trajetória de empresário tomador de riscos. Em 1933, contudo, recebeu uma oferta para sair da rotina: trabalhar como diretor do Banco de São Paulo, ajudando um novo proprietário a colocar "a casa em ordem". Entre as suas tarefas estava a de representar a instituição nos órgãos de classe, e logo estava presidindo a associação estadual dos bancos.

Gastão Vidigal estava no cargo certo no momento certo: a Constituinte de 1934 criara o deputado classista, indicado por associações como a que presidia. Acabou deputado e fez o que os banqueiros esperavam nas comissões especializadas. Com o golpe do Estado Novo e a indicação de Cardoso de Melo Neto para interventor em São Paulo, foi convidado para a Secretaria da Fazenda – e ocupou o cargo por apenas cinco meses, saindo do governo com a troca de interventor, em maio de 1938.

Às vésperas de completar 50 anos, decidiu afinal se lançar como empresário – a seu modo. O Banco Mercantil de São Paulo foi criado com uma estrutura pouco comum na época, segundo uma filosofia assim descrita por Antônio Carlos Vidigal: "O capital total necessário seria dividido em partes de 12,5%, e cada um dos oito acionistas teria a incumbência de angariar capital, colocando no mercado a parte do capital que não pudesse subscrever sozinho. Nesse esquema de pulverização do capital está a fórmula que Gastão usaria nos empreendimentos que lideraria no futuro: participações iguais entre os sócios, sem controladores ou acionistas mais fortes do que os outros; convite a grandes grupos para participarem, trazendo com isso experiência e prestígio para o negócio; ausência de qualquer preocupação com 'controle'. Gastão Vidigal nunca buscou ser o acionista controlador de nada. Ele teve ideias, viabilizou negócios e os liderou por escolha de parceiros que confiavam na sua competência e seriedade. E nunca, até o fim de sua vida, teve acionistas queixosos."[5]

Com esse esquema, o banco, que começou a operar em 9 de janeiro de 1939, teve oito multiplicadores de atividades – e um crescimento muito acelerado. Em 10 de julho deu início às operações de câmbio; três dias depois, abriu uma agência em Santos; em setembro, outra em Sorocaba; em outubro, a terceira em Itapeva; antes do final do primeiro ano, estavam quase concluídas as instalações das agências de Pindamonhangaba e de Garça. Os depósitos, que totalizavam 7 mil contos de réis ao fim do primeiro mês, atingiram 57 mil contos em dezembro. E o ritmo de crescimento continuou nos anos seguintes: em 1943, os depósitos atingiram 555 milhões de cruzeiros (nova moeda, introduzida em 1942); o valor equivalia a 555 mil contos de réis, quase dez vezes o total do primeiro ano.

Esse sucesso dos seus métodos pessoais era resumido por Gastão Vidigal num lema que costumava repetir: "A gente não ganha dinheiro dos sócios; a gente ganha dinheiro com os sócios." Outra comprovação disso foi a transformação da Empresa Elétrica de Londrina em sociedade anônima, em 1941. A passagem de banqueiro a sócio, como acionista da empresa de eletricidade de seu cliente, significou também a conquista de uma grande conta bancária – e a lembrança, pelo titular dessa conta, de onde poderia buscar ajuda para adquirir a Parana Plantations.

Sem demora e sem problemas, os dois xarás se entenderam e se associaram na empreitada. Gastão de Souza Mesquita Filho tinha o conhecimento da situação da companhia que pretendia comprar, a capacidade para conduzir a parte técnica da negociação, o entendimento de como a futura propriedade poderia ser tocada no caso de serem bem-sucedidos – mas não tinha o dinheiro, de modo que precisava de sócios. Gastão Vidigal era um raro especialista na arte de reunir sócios capitalistas – e de não interferir no andamento dos negócios de que participava, como fora o caso da Elétrica de Londrina. Não foi preciso muita conversa para que a dupla se afinasse. Gastão de Souza Mesquita Filho ficou encarregado das negociações de compra, que seriam complexas – e de comandar a empresa comprada. Gastão Vidigal buscou sócios com dinheiro e sem pretensões de cuidar do dia a dia da empresa.

Um fato ampliou as possibilidades. Uma das várias atividades de Gastão Vidigal era a de diretor da Associação Comercial de São Paulo – e nessa condição participou de um evento: "Em 6 de junho de 1942, o ministro da Fazenda Arthur de Souza Costa, juntamente com o ministro do Trabalho, Indústria e Comércio Alexandre Marcondes Filho, visitou a Associação Comercial. Na oportunidade, Gastão Vidigal fez suas as reclamações sobre a morosidade e burocratização da Carteira de Exportação e Importação do Banco do Brasil (Cexim). Dias depois, Gastão Vidigal foi nomeado pelo presidente Getúlio Vargas para comandá-la."[6]

Para relembrar os usos e costumes dos negócios naqueles tempos: o acúmulo de funções, hoje visto como conflito de interesses, era encarado como inevitável numa época em que não havia faculdades para formar executivos, normas para os ocupantes de cargos públicos – ou mercado de trabalho regular para economistas. O exemplo de João Domingues Sampaio, presidente da Companhia Ferroviária São Paulo-Paraná, diretor das ferrovias Mogiana e São Paulo-Goiás, diretor da Companhia Cafeeira do Rio Feio e advogado com escritório próprio, era visto como um sinal de enorme competência.

Nesse sentido, a praxe então corrente tinha outro papel positivo. Não fora a Parana Plantations que se oferecera à venda, mas o governo britânico que viera a público sugerir tal venda, no âmbito de uma política de exceção. Esse gesto deixava claro que não se tratava de um negócio a ser decidido na esfera privada, mas de um ato que teria supervisão governamental britânica. E, claro, supervisão governamental também do lado brasileiro: todos os trâmites teriam de ser aprovados pelas autoridades de ambas as nações.

A parte propriamente privada de toda a negociação se resumia à reunião de gente disposta a fazer uma oferta. Essa parte foi cumprida com relativa brevidade pelo grupo formado no Brasil – e desde o início ficou patente o conhecimento que fundamentara a avaliação do negócio: a oferta de 1,5 milhão de libras esterlinas pelas duas subsidiárias da Parana Plantations. A primeira menção desse valor num documento conhecido ocorreu no comunicado de um representante da empresa para o Banco da Inglaterra – o que também assinalava a entrada do governo britânico na supervisão das tratativas.

O texto do comunicado começava com a reprodução de um telegrama enviado do Rio de Janeiro no dia 18 de janeiro de 1943: "Nosso sindicato em posição para adquirir as subsidiárias da Parana Plantations na base de aproximadamente 1,5 milhão de esterlinos. Ponto. Sujeito a autorização formal do Banco do Brasil que só pode ser obtida depois de concordância na definição dos números. Ponto. O número acima representa possível ganho de sete por cento. Ponto. Receitas líquidas neste ano menores que no ano passado e tendência deve se acentuar a longo prazo. Ponto. Acreditamos ser uma excelente oportunidade para negociar e que deve ser seriamente considerada."[7]

Esse telegrama vinha assinado pela Sociedade Anglo-Brasileira, com sede no Rio de Janeiro. O texto explicitava todos os fundamentos do preço oferecido. Serviu de base para que Paul Kern, executivo da Anglo-Foreign Securities, uma empresa contratada pela Parana Plantations para acompanhar todos os aspectos da negociação, o encaminhasse no dia seguinte a George French Bolton, do Banco da Inglaterra, acrescido de um comentário pessoal: "As ações da empresa estão cotadas hoje a 3/6 d, a mais alta desde 1934. Nenhum dividendo foi pago desde a criação da companhia. Esse preço representa um prêmio de 4/ por ação pelas empresas brasileiras. Como a holding tem um caixa de 100 mil esterlinos, isso pode representar um ganho de 4/6 d. por ação. O sr. [Percy] Horsfall, do Lazard Bank, está consultando a diretoria sobre o assunto."[8]

Bolton não perdeu tempo: convocou Horsfall – que era acionista da Parana Plantations e diretor do Lazard Bank, desde 1928 parte do grupo controlador da holding – para prestar esclarecimentos. Resumiu a conversa em comunicado expedido no dia 21, apenas dois dias depois de ter sido informado do negócio: "Falei a Horsfall que estávamos informados da negociação iniciada no Rio de Janeiro e também que entendi haver agora uma oferta firme e um preço para a compra. Ele me informou que este grupo realmente dispõe de 1,5 milhão de libras e que o Banco do Brasil pode alocar as divisas. Como suspeitava, Kern fez um grande movimento a partir do interesse do Banco da Inglaterra na venda desta empresa e outros empreendimentos britânicos no Brasil. Mas fiz questão de afirmar que o Banco da Inglaterra, em nenhuma circunstância, vai pedir ao Lazard ou à direção da companhia para vender a um preço que não lhes seja satisfatório. Também afirmei que não encorajei de nenhuma forma a Anglo-Foreign Securities."[9]

Essa era a parte oficial do comunicado, datilografada com tinta preta.

As impressões pessoais de Bolton para os colegas do Banco da Inglaterra foram datilografadas à parte, em tinta vermelha e com poucas palavras: "É uma pena que esta empresa seja vendida."[10] Em apenas duas semanas esse sentimento vago se tornou preocupação real – e um novo departamento do governo inglês passou a fazer parte das negociações. No dia 1º de fevereiro de 1943, o Banco da Inglaterra emitiu um comunicado para o Foreign Office, o Ministério das Relações Exteriores inglês, e a embaixada no Rio de Janeiro:

1. As negociações da Parana Plantations progrediram, entre a Anglo-Foreign Securities e um sindicato intitulado Sociedade Anglo-Brasileira. Agora fomos informados de que os diretores da Parana Plantations estão preparados para recomendar aos acionistas aceitarem a venda da empresa por 1,7 milhão de libras. Como há um empréstimo de 80 mil libras da matriz para a companhia ferroviária, o valor final do pagamento deve ser de 1,62 milhão de libras.
2. A venda deve ser objeto de aprovação formal do Tesouro e da aprovação de acordos que estão sendo negociados entre a direção da empresa e os diretores locais dos negócios. O [banco] Lazard está consultando seu pessoal brasileiro, mas ainda não nos posicionou. Nenhuma objeção à venda pode ser levantada, desde que o Banco do Brasil permita que o valor total da compra seja remetido segundo o tratado bilateral, e ficaríamos satisfeitos caso possa nos informar sobre a autorização do Banco do Brasil para esta transferência.[11]

Fosse esse um negócio estritamente privado, até mesmo as condições do governo inglês – de não forçar a venda por um preço que não satisfizesse os acionistas e a direção – estariam sendo cumpridas e tudo poderia ser liquidado. Como não era bem assim, os dois meses seguintes foram consumidos com os vendedores tentando obter uma aprovação final do governo britânico – que não veio nem mesmo após a embaixada no Rio de Janeiro confirmar a intenção do Banco do Brasil de aprovar a remessa do pagamento.

Em março, o Banco da Inglaterra pediu a Horsfall uma outra avaliação das terras, distinta da que constava no balanço da empresa. Ele indicou um valor entre 1,8 e 1,92 milhão de libras esterlinas, com uma ressalva: "É absolutamente impossível determinar um valor de mercado para tanta terra vendida em uma única transação. E é preciso recordar que a venda das terras em separado pode estar sujeita a impostos locais, numa proporção do preço difícil de determinar."[12]

Na falta do que responder aos compradores enquanto corriam essas discussões, a Parana Plantations usou o tempo para tentar obter deles vantagens na forma de pagamento, que iam desde a isenção de impostos até um pedido formal de tempo para reavaliar o valor contábil das terras. Os potenciais compradores, por sua vez, condicionaram qualquer mudança à exibição dos números oficiais no relatório aos acionistas relativo ao ano de 1942 – os números do ano anterior estavam fechados, mas ainda não haviam se tornado públicos. Tudo isso foi consumindo tempo – e esse tempo também foi aproveitado por concorrentes.

Em meio às negociações, surgiu a questão de qual banco faria a remessa do dinheiro – a quantia era tão elevada que nenhum banco privado brasileiro seria capaz de levantar "cruzeiros em quantidade suficiente para efetivar esta transferência".[13] Em função dessa questão levantada pelo Banco da Inglaterra, Paul Kern, então no Rio de Janeiro, fez consultas privadas ao Bank of London and South America, de capital inglês, e ao Banco Lar Brasileiro, com capital ligado ao Chase Manhattan, norte-americano. E respondeu, em 31 de março de 1943, que ambos os bancos afirmavam ter capacidade para fazer o negócio.

O Banco Lar Brasileiro foi além – e viu na consulta uma belíssima oportunidade de compra. Apenas quinze dias depois, no dia 15 de abril, Paul Kern mandava um telegrama pesado para o grupo comprador: "Parana nos informa por carta ter recebido proposta alternativa de outra fonte para a aquisição de suas subsidiárias. Ponto. Companhia declara que, a menos que receba uma oferta firme nas bases discutidas até o próximo sábado dia dezessete Parana se considera livre para analisar alternativa. Ponto. Também relembra que vão requerer confirmação de Mr Thomas de que vocês tenham realizado acordos satisfatórios com ele e com outros membros britânicos do staff. Ponto. Favor telegrafar."[14]

Depois de três meses de postergação, o prazo de dois dias para a resposta era, na prática, uma declaração de ruptura. E o início da avaliação da nova oferta pelos vendedores veio também com uma mudança na tática de negociação pelo novo candidato a comprador: as negociações foram vazadas para a imprensa londrina no dia 15 de maio, obrigando a direção a emitir uma nota com um aviso tradicional para a ocasião: "Os diretores da Parana Plantations confirmam ter recebido duas propostas de grupos brasileiros para uma possível venda dos ativos da empresa. Tais propostas estão sendo discutidas, se, e quando, alguma conclusão for efetivada, a conclusão a que chegarmos será submetida aos acionistas. Nesse entremeio, os diretores recomendam aos acionistas para não darem atenção a qualquer rumor que porventura ouvirem a respeito."[15]

A primeira reação de Otto Niemeyer – diretor do Banco da Inglaterra e chefe da missão inglesa que viera ao Brasil em 1931 – foi favorável ao novo grupo, como deixou registrado em memorando para lorde Catto, o presidente da instituição, em 22 de abril: "Tenho grande simpatia pela ideia."[16]

Duas semanas depois, Niemeyer recebeu um relatório confidencial, no qual o contexto da proposta que lhe pareceu simpática era apresentado sob um prisma puramente político: "Primeiro foi dito que o apoio financeiro da proposta vinha da pouco relevante empresa bancária Fontes & Co., que vem a ser o correspondente bancário no Rio de Janeiro do Citibank. Quando as negociações começaram a se tornar sólidas, o Lar Brasileiro apareceu como líder do esquema. Esta é, na verdade, uma sociedade que tem, por trás de si, o domínio completo de interesses norte-americanos. [...] Claramente o Brasil não verá com equanimidade uma ferrovia de grande importância estratégica sair do controle das mãos politicamente suaves de uma empresa inglesa, que gera grandes serviços de desenvolvimento para o Estado, para passar às mãos dos interesses norte-americanos – mascarados por uma fachada brasileira – que são politicamente perigosos. [...] Não sou capaz de esquecer que, em termos econômicos, os Estados Unidos são, se não um inimigo, muito mais que simples competidores no Brasil."[17]

Em seguida, analisava duas hipóteses para o futuro. A primeira: "O negócio com o Banco Lar Brasileiro é concluído, e então um importante ativo inglês passa para os americanos. Embora os acionistas possam ficar satisfeitos com o fato de receberem de volta o seu investimento, de um ponto de vista nacional será puro egoísmo e representará uma considerável derrota da Inglaterra para os Estados Unidos no campo de batalha econômico do Brasil. Por coisas como essa o Partido Trabalhista acusa o capital privado."[18]

A segunda: "O negócio não vai adiante porque, por razões estratégicas, o governo brasileiro resolve desapropriar a ferrovia para evitar que os norte-americanos assumam o seu controle. Se a companhia tiver sorte, a desapropriação talvez se limite à ferrovia e ela permaneça com as terras. Mas não há nenhuma razão para que, estando a companhia em negociação de todos os seus ativos, a desapropriação não se estenda para o todo – ferrovia e terras – especialmente tendo em vista o fato de que, por anos a fio, ela vem sendo alvo de críticas, na imprensa e na Câmara dos Deputados, por ser 'um Estado dentro do Estado', e de que o governo tenha sido censurado por tolerar tal realidade. Em qualquer circunstância, o dinheiro que ela vier a receber o será depois de longa arbitragem, com tudo que esta significa em termos de atrasos e conclusões insatisfatórias."[19] Como conclusão, sugeria que o assunto "seja submetido ao Comitê do Tesouro, que não vai se furtar a assumir a responsabilidade de analisar todas as ofertas recebidas para a venda de interesses britânicos no exterior".[20]

Esse relatório, baseado em hipóteses puramente políticas, chegou às mãos de Otto Niemeyer praticamente junto com uma informação direta, baseada num informe de Arthur Thomas. Este começava dizendo que recebera informações, atribuídas ao "ministro das Comunicações",[21] dando conta de que Getúlio Vargas tinha dado ordens para que preparasse o decreto de desapropriação da ferrovia. Thomas teria confirmado a informação diretamente com o representante do DIP em São Paulo.[22] A fase em que toda a negociação prosseguia sem nenhuma menção a problemas ou restrições do governo brasileiro havia terminado. Também no Brasil havia um banco e um ministério com ideias a respeito de como conduzir o negócio – e o espaço para as conversas entre grupos privados foi substancialmente reduzido.

CAPÍTULO **20**

> *Compra: o fim de uma era*

O SILÊNCIO DO GOVERNO BRASILEIRO AO LONGO DOS PRIMEIROS MESES DE NEGOciação não foi um tempo perdido. Os primeiros movimentos empresariais e diplomáticos nas tratativas deixaram traços perceptíveis, permitindo às autoridades brasileiras reunir informações, avaliar a temperatura – e agir no momento apropriado. Melhor ainda, houve tempo para ajustar as peças de uma engrenagem própria de processamento do negócio.

O rumor sobre a desapropriação, cuidadosamente soprado no ouvido de Arthur Thomas, foi o que bastou para mudar radicalmente o cenário. A partir daí, o centro das conversas deixou de ser Londres e começou uma romaria de interessados na direção do Rio de Janeiro. Cada um deles seguia seu próprio caminho, buscando os seus contatos no governo. Estes, por sua vez, iam dando as informações de que dispunham – todas enviesadas por interesses. Os encontros com autoridades geravam relatos, cada qual funcionando como peça de um quebra-cabeça.

Os primeiros a tentar juntar essas peças foram Arthur Thomas e João Domingues Sampaio. Thomas foi detalhista para relatar o que descobriu sobre a desapropriação aos controladores londrinos: "Assim que pudemos, o dr. Sampaio e eu embarcamos para o Rio de Janeiro para ver o que conseguiríamos saber sobre essa inesperada mudança na negociação que vinha sendo tocada com os compradores e sobre o que poderia ser feito. Descobrimos, em primeiro lugar, que havia um rascunho de decreto de desapropriação, e que este já estava na mesa do diretor do departamento responsável pelas ferrovias brasileiras – que apenas aguardava a volta do ministro para entregá-lo. Restaria apenas o trabalho de o ministro encaminhar o papel para assinatura do presidente. Além disso, o funcionário nos disse que não sabia o que havia acontecido para que o presidente tomasse esta decisão – que contraria frontalmente o último documento escrito por ele, dando instruções para que fosse negociado um contrato de concessão federal conosco e autorizando o início das negociações."[1]

O atento funcionário governamental brasileiro, além de informar vagamente o visitante, conseguiu ainda arrancar um compromisso formal de seu interlocutor: "Ficou acertado que deveríamos informar, por escrito e oficialmente, que havia certas negociações para vender as duas empresas brasileiras para um grupo nacional. Empregando essa informação como justificativa, ele apensaria ao rascunho do decreto um memorando que escreveria, argumentando pela inconveniência e a ausência de motivos para uma desapropriação."[2]

Assim, logo na primeira conversa com uma autoridade brasileira – de terceiro escalão – sobre a nova realidade, não apenas a possibilidade da desapropriação veio a fazer parte da papelada oficial sobre o negócio como ainda seria acompanhada do reconhecimento da empresa sobre um negócio de venda em andamento. Dois pontos para Getúlio Vargas – e outro problema para a Parana Plantations, agora obrigada a buscar ajuda junto aos potenciais compradores para evitar a desapropriação.

Mais uma vez, Arthur Thomas foi o encarregado de conversar e relatar: "Eles [os compradores] consideraram com extrema seriedade o novo cenário de negociação. Mostraram alguma inclinação para trabalhar no sentido de tentar cancelar a publicação do decreto – mas também disseram que terão de buscar alguma segurança no sentido de que o presidente não fizesse apenas um gesto temporário, apenas para reviver a ideia da expropriação logo em seguida."[3]

Duas semanas depois, Arthur Thomas vislumbrava com mais clareza o que significaria uma expropriação – tal como expôs a Harold Wooding, o presidente da Parana Plantations: "É possível imaginar que uma expropriação leve a um pagamento maior do que 1,62 milhão de libras – presumindo que todas as condições legais para o gesto sejam observadas, como uma avaliação justa, por exemplo. Mas tal possibilidade está sujeita a muitos percalços. O governo pode tomar posse da ferrovia e deixar passar um bom tempo até o momento da avaliação – e, só depois, pagar em mil-réis. Somente neste momento poderíamos pensar em como remeter libras. Quando digo 'somente neste momento', refiro-me ao fato de que é a melhor possibilidade legal. [...] Também não pode ser excluída a hipótese de que, juntamente com a ferrovia, o governo encontre meios para também expropriar as terras."[4]

A compreensível reação de quem, de repente, se via numa situação de perigo, foi a de tentar acelerar a venda para o grupo brasileiro. No momento em que foram informados dessa intenção, tanto o Banco da Inglaterra como o Foreign Office fizeram objeções ao negócio tal como estava: os bancos brasileiros envolvidos foram considerados pequenos e locais demais para uma remessa de divisas tão elevada. Diante disso, o Lazard Bank, parte do grupo controlador, organizou um encontro entre um diplomata inglês e um diretor do Banco do Brasil. O resultado do encontro foi relatado num comunicado para Londres. A parte informativa, em tinta preta, dizia: "O Banco do Brasil lamenta, mas não faz parte de seus negócios a oferta de garantias como as pedidas. Ainda mais, considera altamente inapropriado agir nessa direção, principalmente quando um dos principais membros do grupo comprador (Vidigal, fundador e grande acionista do Banco Mercantil de São Paulo) é também diretor do Banco do Brasil."[5]

O duplo papel de Gastão Vidigal como diretor de ambas as instituições era tranquilamente reconhecido pelo banco oficial. Nesse caso, como um argumento claro de que o banqueiro privado não poderia dar qualquer passo sem a anuência do banco oficial. O representante britânico entendeu o recado e mandou outro, duro e escrito em tinta vermelha, para o banco londrino que lhe impusera o constrangimento: "A mim parece que o Lazard precisa entender que os compradores apenas vão apresentar os cruzeiros. Do Banco do Brasil, temos apenas de assegurar que haverá a remessa de libras, uma vez depositado o dinheiro."[6]

Morriam assim mais duas especulações iniciais. A primeira, de que poderia haver alguma vantagem devido à posição dupla de Gastão Vidigal: tudo teria de ser feito conforme as normas do Banco do Brasil, afinal a contraparte do Banco da Inglaterra no tratado das compras e vendas de guerra. A segunda, a esperança de outros bancos privados, como o Banco Lar Brasileiro, de participar dos negócios ou ganhar comissões nessa seara desapareceram da documentação. Também no caso da liquidação financeira, o governo brasileiro seria o único a ditar as regras no assunto, no Rio de Janeiro – e o Banco da Inglaterra seria apenas um espectador.

A sequência de recados do governo ia limitando o raio de ação dos vendedores. Mas ainda houve uma tentativa de fugir do aperto. Arthur Thomas recebeu instruções para tentar impor condições rígidas nas tratativas sobre a concessão da ferrovia – que aconteciam justamente no ministério mais interessado na desapropriação: "Em nenhuma circunstância deveremos nos comprometer com a extensão da linha para além do ponto terminal atual. [...] Penso que a aplicação de novos capitais no Brasil é extremamente improvável, para qualquer propósito que seja."[7]

A apresentação dessa posição mais dura mereceu uma resposta imediata do governo brasileiro: a imposição de um prazo de apenas três anos para levar – em meio às dificuldades da guerra – os trilhos até Guaíra, ou a desapropriação imediata.[8] O puxão de orelhas obrigou até mesmo o embaixador da Inglaterra no Brasil, J. V. Perowne, a solicitar uma audiência ao governo para tentar amenizar a crise.[9] A tensão chegou ao ponto em que o próprio grupo de compradores se comprometeu, por escrito, a realizar a obra em quatro anos, por conta própria, caso pudesse comprar as empresas.[10]

O comportamento do governo brasileiro, normal quando se leva em conta que era o principal ator em todo o negócio, causava estranheza nos súditos do Império britânico – mais acostumados a pressionar do que a serem pressionados. Um registro dessa dificuldade em ocupar a posição mais fraca foi produzido por um relevante acionista da empresa quando foi escrever suas memórias.

Shimi Lovat, o décimo sétimo lorde Lovat, ganhou um papel militar muito relevante no final de 1943: foi escolhido para uma missão secreta essencial, a de reunir e treinar uma tropa especial para o futuro desembarque na Normandia. A confiança do comando aliado era tão grande que, mesmo sem a maior patente militar, lhe foi conferida total responsabilidade sobre a ação numa das cinco praias selecionadas, que recebera o codinome de Sword.

Ele tomou a ordem a seu modo de chefe dos comandos. Começou por convocar o seu gaiteiro pessoal no clã, que o deveria acompanhar o tempo todo durante a ação. Assim que tiveram início os treinamentos, alguém notou que o vasto regulamento do exército britânico proibia músicos no combate. A reação dele foi direta e bem-humorada: "Esta é uma tropa escocesa." Tal humor, porém, não o socorreu quando teve de recorrer à memória para descrever seus sentimentos ao se ver pressionado pelo governo brasileiro naqueles dias: "O governo brasileiro, nunca cooperativo, tornou praticamente impossível a retirada de dinheiro do país e por fim expropriou a propriedade, pagando uma soma nominal pelas terras e pela ferrovia – que valiam uma fortuna. Foi um péssimo negócio, sob todos os aspectos."[11]

A expropriação não aconteceu, mas a ameaça dela foi de fato um argumento de negociação do governo brasileiro. Argumento forte, aliás. No dia 30 de agosto, representantes do grupo de compradores foram convocados ao Ministério da Viação para receber a notícia de que o decreto de desapropriação estava assinado e seria publicado no *Diário Oficial*. Ao relatar a conversa, eles fizeram uma nova proposta aos vendedores: "Enquanto o ministro da Fazenda aprova a compra, o Ministério da Viação é a favor da desapropriação, alegando interesse de segurança nacional no prolongamento da ferrovia, a despeito de nossa oferta nesse sentido. Nessas condições, por favor considerem a possibilidade de vender a Companhia de Terras separadamente."[12]

Para completar a pressão, o governo brasileiro vazou a existência do decreto para a imprensa. Em 9 de setembro de 1943, a *Gazeta do Povo* publicou como notícia certa a desapropriação por motivo de utilidade pública da ferrovia, com sua imediata transferência para o poder público.[13] O recado levou os ingleses ao ponto que interessava o governo brasileiro. Apenas uma semana depois, em 8 de setembro de 1943, o embaixador britânico no Rio de Janeiro recebeu um telegrama secreto do Foreign Office. Informava sobre a nova proposta – e instruía o embaixador a apresentar ao governo brasileiro a seguinte posição: "O senhor deve inquirir o governo brasileiro sobre sua intenção de realizar a expropriação. Caso queiram realizar, deve dizer que espera que o ato seja adiado, uma vez que a negociação é um caminho melhor e que a Parana Plantations está disposta a negociar com as autoridades brasileiras. [...] Mesmo que a extensão da linha seja necessária por motivos de segurança nacional, acreditamos que a expropriação deixará um rastro de complicações, que embaraçarão tanto as ações do governo brasileiro como as do governo de Sua Majestade."[14]

Mais uma semana e a embaixada recebeu, no dia 16 de setembro, outro telegrama, dessa vez detalhando as condições pelas quais a venda poderia ser realizada. Realistas, os dirigentes da Parana Plantations preferiram se juntar ao Banco da Inglaterra e ao Foreign Office para formar uma posição única em torno da venda, desde que fossem compradas as duas empresas: "Os diretores [da Parana Plantations] não irão recomendar a venda da empresa aos acionistas por um preço menor do que a completa reposição do capital investido. A estimativa é a de que o valor adequado para cumprir essa condição, abatidas todas as despesas obrigatórias, é de 1,62 milhão de libras esterlinas; a partir deste preço, a venda seria recomendada. Outras condições são: 1) o preço de compra deve ser pago em libras esterlinas, livres de qualquer taxação brasileira, com a entrega das ações sujeitas à aprovação pelos demais acionistas no prazo de um mês, algo que a direção espera obter; 2) O Banco do Brasil deve garantir que as libras estejam disponíveis; 3) a Companhia se compromete a não exigir de suas subsidiárias o pagamento de dividendos, seja pelo ano de 1942 ou pelo de 1943; 4) que os compradores se responsabilizem por fazer acordos com os dirigentes locais das empresas, que sejam satisfatórios para eles."[15]

Era um mandato claro, que continha, em tom menos emotivo que o de Shimi Lovat, algumas considerações sobre o ânimo dos dirigentes para o negócio: "Os diretores gostariam de deixar claro que o preço de 1,62 milhão de libras não representa o valor estimado das propriedades brasileiras. Consideram que, em vista dos riscos crescentes de dupla taxação, da incerteza com o câmbio brasileiro, e das ameaças intermitentes de expropriação, seria sábio se os acionistas pudessem ter de volta o valor de seus investimentos, uma vez que jamais receberam qualquer dividendo desde a fundação da empresa, em 1928."[16]

Nove meses de idas e vindas afinal desembocavam num reconhecimento: o valor calculado por Gastão de Souza Mesquita Filho, em estrita observância dos procedimentos contábeis da empresa, era de fato um guia seguro, agora aprovado por testes duros. Acabavam as tentativas de buscar o "valor estimado" de mercado. Frente a um negócio real de grande complexidade, tais tentativas deram todas com os burros n'água. A cada rodada, mais agentes iam se fixando em torno do número inicial. Agora os dirigentes da empresa, o Banco da Inglaterra e o governo britânico apoiavam a avaliação – mas isso não significava o fim das discussões.

A partir do aval, o movimento final aconteceu apenas entre o governo brasileiro e os compradores – com o primeiro mantendo a faca e o queijo nas mãos. Ou, mais propriamente, o poder da caneta para desapropriar ou do dinheiro para comprar. A primeira alternativa era defendida pelo general João Mendonça Lima, o ministro da Viação; a segunda, por Oswaldo Aranha, ministro das Relações Exteriores, e por Artur de Sousa Costa, ministro da Fazenda. O governo inclusive poderia desapropriar as duas subsidiárias brasileiras – embora a desapropriação da Companhia de Terras Norte do Paraná possivelmente ainda gerasse mais ruído com a Inglaterra do que a ferrovia, pois não era uma concessão.

UMA DATA FESTIVA PARA CURITIBA

A CAPITAL PARANAENSE COMPLETA HOJE O SEU 251.º ANIVERSARIO DE FUNDAÇÃO — COMEMORACÕES ALUSIVAS

GAZETA DO POVO

DIARIO MATUTINO FUNDADO EM 1919

Impressões da missão aeronautica brasileira

A voz da experiencia

Transferidas as ações da «Paraná Plantation»

Concursos na Faculdade de Direito

APROVADO COM DISTINÇÃO O DR. ERNANI GUARITA CARTAXO, NOVO CATEDRATICO DE DIREITO ROMANO

Aveia Puritas

O MAIS NUTRITIVO E O MAIS SAUDAVEL DE TODOS OS ALIMENTOS A BASE DE CEREAIS

(COSIMENTO RAPIDO 2 1/2 MINUTOS)
UNICOS AGENTES:
TH. G. VIDAL & CIA. LTDA.

Penicilina, um remedio assomb...o!

MEDICAMENTO EFICIENTISSIMO PARA VARIAS MOLESTIAS

Transferidas as ações da «Paraná Plantation»

RIO, 28 (Agencia Meridional) — Os acionistas ingleses da "Paraná Plantation" transferiram suas ações a um grupo de capitalistas brasileiros, entre os quais se encontram Corrêa de Castro, Lar Brasileiro, Banco Mercantil de São Paulo, Gastão Vidigal e Soares Sampaio. A "Paraná Plantation" abrange três empresas distintas, no Paraná, inclusive a ferrovia em construção, há pouco tempo encampada pelo govêrno, sendo vendida por cerca de 134 milhões de cruzeiros, devendo a operação ser iniciada em Londres e ser completada em São Paulo, dentro de pouco tempo

Após muita negociação, a compra da Parana Plantations foi concretizada, ficando o governo federal com a ferrovia e o grupo comprador com a Companhia de Terras Norte do Paraná. "Transferidas as ações da Paraná Plantation", *Gazeta do Povo*, 29 de março de 1944. Acervo Memória Paraná.

Assim, mais uma vez o preço ofertado seria testado, agora em novo ambiente governamental. A proposta original do grupo comprador contemplava as duas subsidiárias brasileiras da Parana Plantations. Era essa oferta única aquela para a qual havia a concordância inglesa – como bem sabia o governo brasileiro. Caso o governo se interessasse apenas pela compra da ferrovia, seria necessário um acordo posterior entre este e os autores da oferta, pelo qual cada um ficaria com uma das empresas depois da compra única. No mundo privado seria uma decisão simples, já que cada subsidiária tinha existência jurídica e balanços separados. Mas essa decisão seria tomada por um ditador – e estaria sujeita a acidentes de natureza muito variada. E eles aconteceram.

João Domingues Sampaio era o presidente da Companhia Ferroviária São Paulo-Paraná. Possivelmente, uma das figuras mais sensatas e previsíveis entre os muitos envolvidos na negociação. Era um modelo de organização: dirigia empresas diferentes, sem nunca misturar segredos de uma e de outras. Era legalista: atravessou décadas de tumultos, sem nunca ter apoiado revoluções. Era cordato: nunca deixou de fazer política em tempos complicados e nunca arranjou briga. Era habilidoso: sabia dialogar com qualquer autoridade e arrancar o melhor dela para o assunto que estivesse tratando. Era produtivo: embora dirigisse uma empresa no centro de uma disputa forte, não criava conflitos.

Então, no auge das negociações, foi convidado para uma cerimônia em homenagem a Prudente de Moraes – seu sogro, tutor e modelo – em Piracicaba. O jornal local narrou os acontecimentos: "Em 1943, falando na inauguração do monumento a Prudente de Moraes, fez um libelo contra o regime e a Carta de 1937. Mal acabava de deixar a tribuna foi detido, ficando quinze dias preso."[17] Num momento em que os ministros debatiam quase abertamente o caso – com Getúlio Vargas ouvindo as partes antes de decidir –, a prisão do presidente da ferrovia não chegava a ser uma boa notícia. E nem seria o único acidente dessa espécie. No dia 24 de outubro de 1943, o nome de Artur Bernardes Filho, um dos líderes entre os investidores reunidos por Gastão Vidigal, apareceu na lista de assinantes do chamado Manifesto dos Mineiros, um protesto contra a ditadura. Nesse mesmo dia, o ministro da Fazenda informou a um representante diplomático inglês que o negócio andara para trás.[18]

Acidentes como esses levaram o governo a esticar a corda com os compradores. Em pouco tempo alguém descobriu que a empresa ferroviária tinha uma dívida para com a CTNP – os lucros que haviam sido transferidos para fazer frente aos investimentos ferroviários. Em situação normal, um assunto resolvido com o pagamento da dívida. Como forma de punição para pecados políticos, bastou ao governo dizer que não responderia por essa dívida depois da compra. Assim ele pagaria menos e a empresa de terras pagaria mais.

Em tempos normais, a administração das diferenças internas dos investidores brasileiros já era complexa. Se Gastão Vidigal e Gastão de Souza Mesquita Filho eram amigos próximos pensando no futuro, Artur Bernardes Filho e Alberto Soares Sampaio eram investidores do Rio de Janeiro atraídos pela promessa de lucros com a compra, para os quais a instabilidade no preço não era boa notícia. A pressão interna no grupo aumentou – e o acidente seguinte aconteceu com Gastão Vidigal, internado com um grave problema de saúde. Foi substituído por Olavo Egídio de Sousa Aranha Júnior.

Com tantas tensões, os prazos mencionados na oferta – especialmente nos pontos fundados em dados de balanços – começaram a estourar. Mas na undécima hora veio a decisão de Getúlio Vargas, no dia 20 de janeiro de 1944, para que fosse levada adiante a aquisição das duas empresas. E exatamente pelo preço oferecido um ano antes, ficando o governo federal com a ferrovia e o grupo comprador com a companhia de terras, e sem o governo saldar a dívida da primeira com a segunda.

A partir daí, tudo correu muito rápido. No dia 2 de fevereiro, o Banco do Brasil abriu um crédito em Londres para a compra; no mesmo dia, a Parana Plantations convocou uma assembleia de acionistas, com a direção informando que os controladores apoiavam o negócio e recomendavam sua aprovação. No dia 3 de março de 1944, a assembleia de acionistas decidiu pela aceitação da proposta que encerrava o ciclo. Todos aqueles que seguiram a recomendação de Friedrich Eckstein, feita no distante ano de 1928, foram retirar as cautelas das ações dos cofres ou gavetas.

Era o ponto final de uma era – não muito brilhante para os investidores ingleses. Depois de vinte anos no Brasil (pois a Brazil Plantations Syndicate, de 1924, fora incorporada pela Parana Plantations), com altos e baixos, crises e riscos, os investidores nada conseguiram além de receber o seu dinheiro de volta contra a entrega das cautelas. Sem lucros nem dividendos. Embora não tenha rendido lucros, o dinheiro não ficou parado nesse período. Com ele se construiu muito – e tudo que foi construído seria entregue como ativos para os compradores brasileiros. Medido pelo lado das coisas reais que o capital construíra, o resultado era muito diverso da quase nula alteração no valor do capital empregado.

A venda ocorreu vinte anos e dois meses depois daquela apresentação em torno da mesa de bilhar do major Barbosa Ferraz, em janeiro de 1924. Então havia apenas uma ideia de futuro, composta de uma linha ferroviária traçada num mapa, uma imensa extensão de matas – e o entusiasmo de Gastão de Souza Mesquita Filho. Contagiado por este, lorde Lovat começou os investimentos que resultaram na aplicação de 1,5 milhão de libras esterlinas em função desse vislumbre. Muita coisa aconteceu. O maior resultado de mudança física tinha a ver com o objetivo da Companhia de Terras Norte do Paraná: adquirir uma grande gleba de terras férteis, preparar o terreno e vender pequenas propriedades, a preços acessíveis, a pessoas de poucas posses, e com segurança jurídica.

O trabalho para que a enorme extensão de terras adquiridas pudesse ser fracionada e vendida consumiu cinco anos, até 1930. Daí em diante, a Companhia de Terras Norte do Paraná conseguiu vender 117 mil alqueires de terras até o final de 1943.[19] Neles havia 10.061 propriedades rurais[20] e 4.210 lotes urbanos.[21] Entre as propriedades rurais, 7,8 mil tinham menos de 10 alqueires – e apenas uma, mais de 200 alqueires.[22] Essas propriedades eram conectadas por uma rede de 1.132 quilômetros de estradas construídas pela empresa. Os lotes urbanos já se distribuíam por uma dúzia de novas cidades.[23]

Esses dados encerram o que a empresa considerava sua missão fundamental: distribuir propriedade segura. Mas não encerram totalmente a mudança real ocorrida na região. Os compradores se transformaram em empresários rurais ou urbanos, promovendo eles mesmos novas atividades e novas fontes de transformação. No momento da venda, muitas pequenas chácaras vendidas ao redor da malha urbana inicial de Londrina estavam sendo redivididas em lotes urbanos de uma cidade que crescia para além do planejado; a própria Empresa Elétrica de Londrina estava partindo para a construção de sua terceira usina em apenas cinco anos, para dar conta desse crescimento.

O que restava da gleba era a parte desse todo que estava sendo transferido para os empresários brasileiros. Mas era também a parte menor em

Entre 1930 e 1943, a Companhia de Terras Norte do Paraná conseguiu vender 117 mil alqueires de terras. Foto George Craig Smith, "Londrina em 1940". Museu Histórico de Londrina, Universidade Estadual de Londrina.

termos de investimento. Em 1928, havia 24 quilômetros de linha ferroviária. No final de 1943, eram 269 quilômetros de linhas em operação, ligando Ourinhos a Apucarana, já no coração das terras da CTNP. O investimento de um milhão de libras esterlinas nessa estrutura estava sendo pago por fretes gerados numa vasta região – em movimento sempre crescente. Ao longo do ano de 1942 haviam sido transportados 288 mil passageiros, 391 mil toneladas de carga – e os lucros operacionais atingiram 47%.[24] Esse investimento, que captava receitas a partir do crescimento geral do norte do Paraná, foi transferido para o governo brasileiro a preço um pouco menor do que o custo, pois houve o abatimento de parte da dívida da ferrovia para com a companhia de terras.

Como se trata do fim de um ciclo, vale a pena relembrar, juntamente com os dados das mudanças ocorridas em duas décadas, as expectativas em relação ao projeto no momento em que teve início. Maurício de Lacerda, tribuno então nacionalmente famoso, intuiu um caminho para a riqueza gerada pelo negócio: "No ano findo indaguei de vós quem era esse lorde Lovat que estava adquirindo vultuosos latifúndios no norte do Paraná. Soube que o magnata está também adquirindo estradas de ferro. Pergunto, senhores, se conheceis lorde Lovat. Pois vos repito que foi o mesmo que comprou quase todo o Egito a peso de libras. [...] Ora, se o senhor Lovat compra terras e compra as estradas que percorrem essas terras, o que nos resta? Valeu a pena lutar tanto para conquistar as Missões, para depois entregar a um inglês?"[25]

A mesma situação despertou uma avaliação oposta do industrial ponta-grossense Flávio Guimarães: "A luta pela hegemonia econômica se travará entre os estados do Paraná e de São Paulo num futuro não muito remoto. Desse duelo de vida ou morte travado entre os princípios de alta visão econômica, de estudos, mediação e uma série complexa de solução de problemas, ficará o Paraná com a hegemonia. [...] De Cambará partirá a estrada de lorde Lovat, buscando o seio magnífico das formidáveis terras que o futuro nos mostrará."[26]

Com os dados da realidade mostrados, tais previsões podem ser reavaliadas, pois é desse juízo que vive um fim de ciclo. Mas uma pessoa em especial precisava fazer uma avaliação pensando no futuro – todo relacionado ao passado pessoal, até nos menores detalhes. Enquanto Gastão de Souza Mesquita Filho ia tomando ciência de certos detalhes da empresa que comprara, as últimas providências de liquidação do passado iam sendo tomadas pelos antigos dirigentes. Entre elas, o pagamento em cruzeiros pelas ações dos acionistas brasileiros da Parana Plantations. A lista com as ordens para pagar veio de Londres. Uma delas era a de Gastão de Souza Mesquita Filho, detentor de 625 ações,[27] que haviam ficado guardadas na gaveta. E saíram de lá para marcar o início de um ciclo que, nesse caso, era de renovação: as ações recebidas pelo primeiro presidente da Companhia de Terras Norte do Paraná passavam diretamente para o futuro presidente da empresa.

CAPÍTULO **21**

> *Um novo ponto de partida*

Com a transferência das ações das subsidiárias brasileiras para os novos donos, a Parana Plantations entrou em liquidação. Tinha ainda uns poucos ativos brasileiros, que não eram controlados pelas filiais vendidas. Entre eles, alguns que eram da Brazil Plantations Syndicate, a primeira empresa do grupo no Brasil. Desde a fusão, os ativos dessa empresa vinham sendo vendidos paulatinamente, dadas as dificuldades da economia brasileira e do câmbio.

Entre esses ativos estava a Fazenda Caiuá, a primeira propriedade brasileira, comprada por ordem de lorde Lovat em 1924. Logo foi construída a sede, ainda quando o algodão era a principal cultura – e carpido pelo adolescente Shimi Lovat. Quando a empresa desistiu do algodão, a propriedade ficou um bom tempo sem atividade agrícola, servindo essencialmente como local para as conversas com o grupo de fazendeiros de Cambará, por ocasião das visitas dos diretores ingleses em suas viagens de inspeção dos negócios brasileiros.

Com o tempo veio a decisão de ali plantar café, que tornou a propriedade rentável. Com essa cultura a Fazenda Caiuá sobreviveu à longa crise da década de 1930; como era lucrativa, ninguém viu motivo para vender. Até a hora da liquidação, quando surgiu a necessidade de uma série de pagamentos no Brasil para os acionistas locais, entre eles Gastão de Souza Mesquita Filho. Da coincidência a um bom negócio para as duas partes a distância não era grande, de modo que o novo controlador da Companhia de Terras Norte do Paraná tornou-se também o proprietário privado da Fazenda Caiuá.

Com isso ele achou um lugar que o ligava ao ponto de partida de todo aquele empreendimento, na área em que lorde Lovat avaliava as flores dos algodoeiros, no dia de sua primeira visita a Cambará, em 10 de janeiro de 1924. Uma continuidade cíclica se mantinha num momento crucial. Na vizinha Fazenda União – aquela na qual Gastão e Isa tinham morado na casa geminada à moradia do administrador –, o grande amigo de toda a vida Willie Davids vivia seus últimos dias, sob os cuidados de Carlota. Ele morreria em junho de 1944 – mas as alianças estabelecidas em vida pelos amigos continuaram pela renovada vizinhança de Cambará.

Parte dessas alianças eram os negócios em liquidação, sobretudo a Companhia Ferroviária São Paulo-Paraná, que os dois começaram e cujos ativos foram transferidos para o governo federal. Nesse caso, Willie de Mello Peixoto Davids assumiu o lugar do pai como um dos responsáveis pela conclusão do processo, que ainda demandaria alguns anos. Outra parte eram os negócios conjuntos de eletricidade das duas famílias, que exigiram uma primeira reacomodação para a nova realidade.

Gastão de Souza Mesquita Filho era o principal executivo da Companhia Elétrica de Avaré e da Empresa Elétrica de Londrina – empresas com a mesma atividade, mas dispersas geograficamente. Em tempos de transportes lentos, a dificuldade para ir de um ponto a outro sempre precisava ser levada em conta. Com as demandas de tempo trazidas pela compra da Companhia de Terras Norte do Paraná, buscou-se uma reacomodação, com resultados inesperados.

Visando reduzir os compromissos em Avaré, Gastão de Souza Mesquita Filho negociou um acordo operacional com a Companhia Elétrica Santa Cruz. Atuando numa área vizinha, essa empresa tinha um capital seis vezes maior e uma gestão de boa qualidade.[1] Foi proposta uma fusão, pela qual a operação da empresa menor seria entregue ao sócio maior. A proposição foi bem recebida. Mas, ao contrário do que sempre acontece nesses casos, com a condição de que a gestão ficasse com Gastão de Souza Mesquita Filho, o sócio menor.

Assim acabou sendo feito. Ele tornou-se acionista da Santa Cruz e compareceu à assembleia que aprovou as contas de 1946 – o que mereceu registro formal em ata: "Tomou a palavra o dr. Gastão de Mesquita Filho e disse que, como acionista novo, que pela primeira vez comparecia à assembleia, queria declarar que a sua presença significava, de seu lado, uma demonstração de confiança e apoio à diretoria, pedindo se consignasse na ata um voto de louvor à mesma."[2] Depois desse singelo registro, foi convidado para secretariar a mesa – e a sua capacidade para organizar muitos negócios, com muitas pessoas e pouco tempo na agenda, voltou a ser testada na prática.

O incremento de trabalho com a empresa elétrica maior representava uma fração da disponibilidade exigida pelo desafio de gerir a Companhia de Terras Norte do Paraná, cujo formato institucional mudara radicalmente com a aquisição. Na versão que vinha desde lorde Lovat, o andamento do negócio era dividido entre a holding sediada em Londres e as subsidiárias no Brasil. Cabia à Parana Plantations tudo que se referia à reunião de capital e à administração dos aspectos societários. Todos os recursos a serem aplicados eram levantados no mercado de capitais de Londres, todas as questões com acionistas e controle do negócio eram equacionadas ali. Também se concentravam em Londres as decisões de investimentos a longo prazo.

As subsidiárias brasileiras, por sua vez, estavam organizadas para serem muito focadas em operação e tinham uma estrutura peculiar. O cargo de presidente, sempre ocupado por acionistas brasileiros, concentrava as responsabilidades legais, os aspectos institucionais e a função de representar a empresa perante as autoridades. Ou seja, tinha bastante relevância externa. Já o cargo de diretor-superintendente (no caso da companhia de terras, ocupado desde a fundação por Arthur Thomas) reunia os poderes executivos necessários para tocar a operação e os negócios.

A política dos acionistas de não cobrar dividendos contribuiu enormemente para uma grande autonomia das subsidiárias: desde que começou a dar lucros, os resultados da Companhia de Terras Norte do Paraná podiam ser transferidos, nas doses necessárias, para novos investimentos na própria atividade. Com isso se acelerava a política de preparar a infraestrutura física, os conhecimentos sobre a terra, a atualização jurídica e as fortes e constantes campanhas de propaganda que permitiam o crescimento das vendas, mesmo nos períodos menos favoráveis da economia brasileira.

Igualmente relevante era a coordenação dessas atividades com o maior investimento do grupo como um todo, que consumia dois terços do seu capital: o prosseguimento das obras da ferrovia, indispensáveis para garantir o escoamento da produção até os maiores mercados do país, e a atração de pessoas para a zona de venda de novos lotes e cidades. Tal coordenação era assegurada pela holding londrina, que controlava as liberações de recursos para os investimentos ferroviários.

Todas essas sinergias se desfizeram com a venda fracionada das subsidiárias. Terminaram as transferências de lucros da companhia de terras para acelerar as obras da linha ferroviária. Acabou também o acesso a fontes de financiamento com taxas baixas de juros, bem como a tolerância com a falta de retorno do investimento a longo prazo e a ausência de pressão por resultados imediatos. A partir de então, a Companhia de Terras Norte do Paraná passou a depender dos recursos privados que pudesse levantar no minguado mercado de capitais brasileiro.

Já a ferrovia passou a ser mais uma empresa estatal: no dia 10 de abril de 1944, ela foi incorporada à Rede Viação Paraná-Santa Catarina.[3] Com isso, entrou na briga por recursos orçamentários, sempre escassos e disputados, para poder levar adiante os trilhos. E, como empresa pública, passou a ver seus problemas comerciais transformados em disputas políticas. Em 24 de novembro de 1946, a *Gazeta do Povo* já noticiava as discussões havidas na véspera em Londrina: "Distribuição de vagões em benefício de meia dúzia de firmas; prefeito não se conforma com a distribuição de vagões para transporte de cereais."[4]

A separação das empresas acarretou também um aumento de riscos para a Companhia de Terras. A estatização da companhia ferroviária, no contexto de um controle governamental das empresas privadas desse setor em todo o país, era um passo além na tendência geral de avanço do setor público na economia. Em janeiro de 1945, nos estertores da ditadura Vargas, o interventor Manoel Ribas, ao entregar o seu relatório de governo, fez uma avaliação dura da atividade da empresa de terras recentemente adquirida, além de propor uma estatização também de todo o setor, então denominado de "colonização" – e não só no Paraná, mas em todo o país:

"Conquanto esteja hoje em mãos de brasileiros, [a empresa] não compreendeu ainda as suas exatas finalidades. Os preços altos das terras da sua vastíssima concessão têm impedido que sejam as glebas distribuídas mais rapidamente aos colonos de todos os pontos do país, que as desejam adquirir. Comprova isso o fato de, em uma concessão [e não 'propriedade'] cuja área se eleva a 500 mil alqueires de 24 mil metros quadrados aproximadamente, ter a referida companhia vendido, até agora, área insignificante, face ao montante de sua concessão. Vinte anos para a distribuição de área que não ultrapassou uma vigésima quinta parte da área concedida, muito embora todas as facilidades pelo governo tenham sido proporcionadas![5] Com a terminação da guerra, vão ser iniciadas as corridas imigratórias. Caberá, pois, ao governo, apoiado em adequada e justa legislação, intervir diretamente na vida de empresas particulares cujas atividades não estejam conformes com os impostergáveis interesses da coletividade, fazendo com que as mesmas – no caso específico da colonização – sejam mais como órgãos auxiliares da administração pública do que meras empresas comerciais, num trabalho verdadeiramente patriótico, e colaborem para o progresso e desenvolvimento do país."[6]

Faria escola esse argumento, no qual "progresso e desenvolvimento", de um lado, e "empresas comerciais", do outro, funcionam como par antitético, separado pelo divisor intransponível do "patriotismo", obrigando a transformação das empresas privadas em "órgãos auxiliares da administração pública". Era uma indicação clara de que começava a ser contestada a regra institucional paranaense, aquela que permitia a compra de terras em domínio público por empresas privadas, as quais se encarregavam da infraestrutura a fim de vender quinhões delas também como propriedades privadas. A proposta programática de estatizar completamente a atividade lançava um primeiro sinal de insegurança jurídica com relação ao futuro da empresa. Mal começando a se ajustar aos limites mais restritos do mercado de capitais brasileiro, era preciso se haver também com a sugestão de eventuais intervenções estatais.

Todas essas diferenças organizacionais e institucionais implicavam uma pressão sobre os investidores que haviam adquirido o negócio. Na época do investimento londrino, a pressão das incertezas era olimpicamente ignorada pelos acionistas ingleses: não exigiam dividendos nem interferiam na operação das subsidiárias locais, temendo mudança de regras. Agora, aos poucos, era preciso adaptar tudo à nova realidade, sem perder de vista aquilo que era relevante. Na medida do possível, os novos proprietários buscaram manter os rituais que mostravam tranquilidade de longo prazo. Na sede da empresa – que continuou na rua São Bento, 329, em São Paulo –, o chá das cinco da tarde era servido diariamente.

Na assembleia inaugural, que colocou na direção os compradores brasileiros, outro sinal de continuidade. Cássio Vidigal foi nomeado presidente, com os mesmos poderes de representação de seus antecessores; Gastão de Souza Mesquita Filho tornou-se diretor-superintendente, concentrando as franquias executivas; Arthur Thomas foi deslocado desse cargo para a gerência de Londrina, mantendo alguns privilégios da situação anterior, como salário mais alto e comissão sobre vendas.[7]

Apesar disso, não houve como fugir das inquietudes inerentes à realidade brasileira. Na ausência da holding que concentrava os assuntos de longo prazo em Londres, os acionistas participavam agora tanto das políticas societárias como da administração cotidiana. Como eram vários grupos pretendendo a dupla condição de orientadores e gestores, foi preciso acomodar. Domingos Machado Filho, representante do grupo de Artur Bernardes Filho, e Bento Soares Sampaio, indicado por seu irmão Alberto Soares Sampaio, foram eleitos diretores vogais da empresa, mesmo morando no Rio de Janeiro.

Fosse essa apenas uma formalidade legal, não haveria mudanças substanciais. Mas um indicador forte de que as coisas não seriam as mesmas veio no momento de decidir como seria a distribuição dos lucros. Diante de uma realidade de caixa mais positiva, pois no ano anterior os lucros haviam sido reinvestidos em função da negociação para a venda, a diretoria aprovou uma distribuição de dividendos da ordem de 15% do capital para os acionistas.

Numa empresa cujo patrimônio – imobilizado em terras e nas prestações de vendas parceladas, que só iriam entrar a longo prazo – representava 83% dos ativos, o pagamento de dividendos nessa proporção rompia a regra de prudência absoluta, que fizera com que, nos vinte anos anteriores, não fossem distribuídos dividendos de nenhuma espécie.[8] A passagem de uma política de austeridade para outra bem mais agressiva mesmo assim foi insuficiente para deixar todos os novos acionistas satisfeitos.

Tal realidade se explica. As taxas médias de retorno da economia brasileira, menos capitalizada, eram de fato maiores do que as das grandes empresas inglesas, o padrão de comparação anterior. Assim, a expectativa era sempre por dividendos elevados. Com o espectro da estatização rondando, aumentavam as incertezas sobre o futuro do negócio, assim como a ansiedade pelo retorno rápido do investimento. Logo ficou claro que nem todos tinham entrado na compra com a mesma resiliência para as dificuldades de curto prazo. Alguns dos novos acionistas logo concluíram que não valia a pena continuar por mais tempo. Essa vontade de sair foi considerada pelos demais e encontrou-se uma solução: buscar novos grupos de investidores para comprar a posição dos insatisfeitos, que receberiam uma taxa de retorno significativa para sair do negócio; com isso, os dois grupos cariocas se desfizeram das ações depois de apenas um ano.

Enquanto iam se ajustando ao novo quadro societário, os novos dirigentes foram impondo sua marca na área principal de atuação da empresa, a venda de lotes. Quando assumiram a direção, uma nova frente de vendas estava sendo aberta, da maneira que se tornara habitual: começar com uma clareira na mata, rasgar ruas em quadriculado, construir um hotel para receber compradores interessados. Assim, Maringá crescia em torno de oito quadras urbanas pioneiras.

Porém, nesse caso, Cássio Vidigal e Gastão de Souza Mesquita Filho resolveram inovar. Nos tempos em que eram apenas vizinhos em Campos do Jordão, os dois acompanharam de perto, a partir de 1931, o trabalho de Jorge de Macedo Vieira, um contemporâneo de ambos na Escola Politécnica, na implantação do grande loteamento de Vila Isabel, também em Campos do Jordão. Ao longo dos anos seguintes, Vieira conduziria o planejamento e a execução de mais de uma dezena de obras da mesma espécie, seria um dos engenheiros que prestava serviços para a Companhia City (que desenvolvia a maior parte dos bairros para pessoas de alta renda na cidade de São Paulo) e faria a planta da cidade de Águas de São Pedro.

Jorge de Macedo Vieira recebeu um desafio da parte da Companhia de Terras Norte do Paraná: planejar Maringá como uma cidade para 200 mil habitantes (Londrina havia sido planejada para 30 mil). E respondeu assim: "Pretendi projetar uma cidade moderna, uma cidade em que o traçado das ruas não obedeça ao xadrez, que os portugueses ensinaram aqui, nos deixaram aqui na colônia. Tentei um processo melhor, que é o de acompanhar o terreno o mais possível, e a cidade já pré-traçada, num zoneamento estudado, com seus parques, seus lugares de lazer, e seus verdes tão característicos."[9]

Muitos estudiosos do urbanismo, como Antonio Carlos Bonfato, acreditam que ele foi bem-sucedido: "A previsão de grandes porções de áreas verdes elevou a qualidade de vida de seus moradores. As principais áreas verdes projetadas são um horto florestal com 17,5 alqueires, destinado ao cultivo de mudas para as avenidas e praças da cidade; o Parque do Ingá, com 19,5 alqueires, que abrigaria o jardim zoológico, o jardim japonês e alamedas para contemplação e ócio; e o Bosque Dois, área de 25 alqueires, denominada depois de 'Tupinambá', abriga remanescentes da vegetação original. A área central, que abriga o centro cívico, contém repartições públicas, agências bancárias, estação rodoviária e ferroviária, reunidas de modo a perfazer uma unidade central com fácil escoamento pela avenida principal, a avenida Brasil, que corta todo o município. Observam-se grandes áreas destinadas ao verde também nesse setor central, onde se divisa o resultado da compartimentalização rígida das quadras, com espaços definidos e diferenciados entre zona comercial, residencial, edifícios públicos e parques. [...] Notamos que Macedo Vieira entendia a visão dos empreendedores – as cidades novas deveriam compatibilizar recursos e produção de forma otimizada e possibilitando torná-la um polo comercial regional."[10]

Tudo isso concebido segundo um curioso processo de trabalho: "Infelizmente não estive no local. Eu me baseei numa planta topográfica que me foi fornecida pelo Cássio Vidigal, planta topográfica essa que estava muito bem-feita e que mostrou sua exatidão."[11] A cidade projetada foi implantada a 2 quilômetros da ocupação existente – que logo ficou conhecida como Maringá Velho, embora tivesse apenas dois anos de vida. E o primeiro lote urbano da Maringá planejada foi adquirido por Zilbo da Silva, no dia 4 de maio de 1945.[12] Foi o ponto de partida de uma nova era.

A maré de dificuldades econômicas, iniciada juntamente com as vendas de lotes, em 1930, continuada com as várias crises durante a década de 1930 (com poucos anos bons) e o conflito mundial, se encerraria afinal com o fim da Segunda Guerra. A era de paz trouxe novas possibilidades, sobretudo para o café. Mas agora, diante da explosão na demanda, a produção não era suficiente para abastecer o mercado mundial.

Nessa altura, uma década e meia de propaganda da empresa falando num Eldorado produtivo no norte do Paraná fez seu efeito. Não apenas as terras da empresa, mas toda a região norte do estado tornou-se a meca para produtores de todos os calibres. Grandes cafeicultores montaram, ao redor das áreas da empresa, fazendas de café com milhares de hectares. Empreendedores imobiliários de grande porte foram atrás das concessões e terras devolutas remanescentes, espelhando-se na empresa líder e tentando copiar o modelo. O governo estadual ampliou seus programas de distribuição de pequenas propriedades.

O resultado foi rápido. Segundo o Departamento Estadual de Estatística da Secretaria de Agricultura do Paraná, em 1945 havia 69,252 milhões de pés de café no estado, produzindo 919 mil sacas de café no norte do Paraná. Apenas três anos depois, o mesmo departamento informava a existência de 137 milhões de cafeeiros e uma produção de 2,3 milhões de sacas na região.[13] Em três anos, o número de pés dobrara, e a produção se multiplicara por 2,5.

O movimento de venda de lotes pela Companhia de Terras Norte do

Topógrafo posa durante medições e desbravamento na região de Maringá, c.1945. Museu da Bacia do Paraná, Universidade Estadual de Maringá / Maringá Histórica.

Paraná, agora sob gestão brasileira, refletiu esse momento. Em apenas três anos, entre 1944 e 1946, as vendas totais de lotes rurais foram de 126 mil alqueires – mais do que a área vendida ao longo dos treze primeiros anos de vida da empresa. Nada menos que 5.057 novos proprietários rurais começavam a produzir simultaneamente. Uma característica se acentuou: as vendas para pessoas nascidas fora do Brasil foram de minguados 730 lotes – uma diminuição proporcional acentuada, até mesmo sobre a década de 1930 com suas restrições à imigração. Brasileiros mudando de estado, especialmente de Minas Gerais e do Nordeste, compunham a maior parcela do público comprador. Além disso, as vendas de lotes urbanos também cresceram muito, chegando, em 1945, a 1.342.[14]

E houve também outro movimento: um acentuado aumento relativo nas vendas de glebas com mais de 200 alqueires. Até 1943, elas haviam se limitado a dois casos excepcionais. Nos três anos seguintes foram 42, inclusive com quinze lotes maiores do que 500 alqueires.[15] Essa mudança tinha pouco sentido comercial: o preço por alqueire era bem menor e as possibilidades de vender lotes urbanos no entorno diminuíam sensivelmente, tornando bem menor a rentabilidade como um todo.

Uma possível explicação é a situação societária: o movimento permitiu à empresa fazer caixa depressa – e equacionar melhor o convívio entre investidores de longo prazo e aqueles interessados em ganhos mais rápidos. O equilíbrio acabou acontecendo ao longo de 1947, quando as posições desses últimos foram sendo compradas pelos primeiros. Tal movimento acabou gerando algo que Gastão Vidigal não apreciava: um grupo controlador de fato. Mas a situação foi equacionada na linguagem do entendimento informal, sem um acordo escrito entre os acionistas. A Companhia de Terras Norte do Paraná passava a ser um empreendimento que o diretor-superintendente, Gastão de Souza Mesquita Filho, tocava do melhor modo que pudesse, enquanto o presidente, Cássio Vidigal, que antes cuidava apenas das funções de representação, agora passava a funcionar como um ponto de apoio societário e parceiro nas decisões de longo prazo.

Depois desse acordo, a preocupação com o longo prazo voltou a dominar. Em 1947, as vendas de lotes com mais de 200 alqueires caíram a apenas três – e até 1950 foram apenas mais quatro, com o movimento cessando totalmente a partir de então. O foco na pequena propriedade voltou a ser

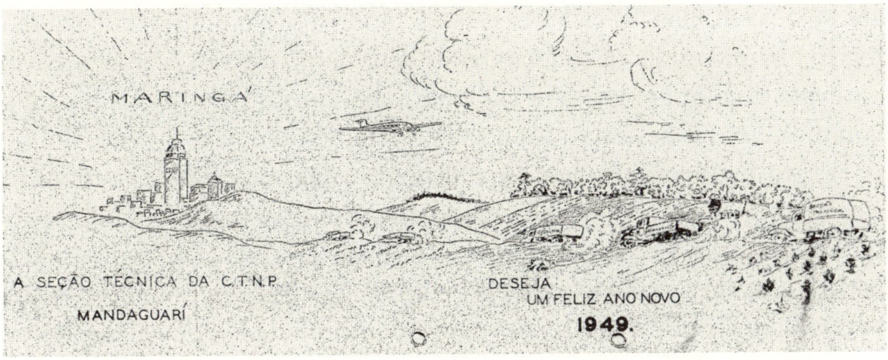

Cartão de Feliz Ano Novo da CTNP, 1949. "Maringá: a seção técnica da CTNP Mandaguari deseja um feliz 1949", desenho sobre cartão. Álbum fotográfico Companhia de Terras Norte do Paraná – Companhia Melhoramentos Norte do Paraná, acervo IIGMF.

observado. A partir desse momento pôde começar a busca de uma alternativa de futuro longo.

Sendo a Companhia de Terras Norte do Paraná, quase exclusivamente, uma empresa loteadora, ter futuro significava aplicar parte dos lucros do presente – agora que estavam vindo em proporções significativas – em ativos capazes de tornar a atividade permanente, ou seja, em novas glebas passíveis de serem submetidas à metodologia de consolidação jurídica da propriedade, estudos topográficos e análise de solo, implantação de infraestrutura de estradas e serviços básicos, implementação de uma política comercial para a venda de lotes a preços módicos, organização de equipes de venda, propaganda eficiente. Enfim, tudo que se conseguiu fazer no passado com a primeira gleba adquirida, mas agora em nova realidade geográfica.

A primeira tentativa aconteceu no próprio Paraná. Os resultados foram descritos numa pequena história da empresa, escrita para comemorar seus trinta anos de existência: "Pretendendo continuar a expansão de seu trabalho, a Companhia se preparava para aplicar suas reservas na aquisição de novas áreas de terras devolutas, para o que estabeleceu negociações com o governo do estado do Paraná, nos anos de 1946 a 1950."[16]

Não deu certo. Enquanto essas tentativas infrutíferas corriam, o afluxo de pessoas passou a ser de tal ordem que se tornou tema de um anúncio da empresa, publicado em *O Estado de S. Paulo* no dia 1º de agosto de 1948. Depois de notar que o norte do Paraná era um "vasto sertão desabitado" até 1930, as mudanças estavam se acelerando a um ponto tal que "numa região em que estão vivendo ao redor de 200 mil pessoas, não é possível o cálculo do número exato de habitantes em tantos sítios e cidades, tal o volume de novas pessoas que chegam diariamente".[17]

Esse movimento crescente se refletia no caixa: as vendas aumentavam e também o consequente pagamento de prestações, multiplicando as reservas em caixa. Ao mesmo tempo, as mesmas vendas iam reduzindo o patrimônio em terras – e acendendo cada vez mais as luzes indicativas da necessidade de novas aquisições para garantir o futuro do negócio. O que não seria nada fácil: o argumento de Manoel Ribas, segundo o qual empresas privadas, atuando a partir de terras de domínio público, não eram capazes de contribuir para o bem da Pátria por procurarem o lucro, era cada vez mais difundido entre governantes e estudiosos do assunto.

CAPÍTULO **22**

> *Companhia Melhoramentos Norte do Paraná*

AINDA EM 1947, QUANDO ESTAVAM SENDO COMERCIALIZADOS OS PRIMEIROS LOTES de Maringá, uma resolução da diretoria da Companhia de Terras Norte do Paraná determinou que fossem elaborados estudos sobre a viabilidade de longo prazo do negócio, além de uma avaliação das opções de investimento. A maior parte dos estudos foi concluída ao longo de 1948, e o resultado foi apresentado sob a forma de relatório para a diretoria, distribuído aos acionistas na assembleia que tratava do desempenho da empresa naquele ano.

A visão de longo prazo era um espelho invertido do sucesso no presente: "Logo após a conclusão da tão demorada como difícil negociação que redundou na nacionalização da CTNP, no ano de 1944, ao trocarmos ideias sobre o rumo a tomar, já encarávamos o problema da continuidade de vida da companhia. Por se tratar de uma organização colonizadora e vendedora de terras do seu patrimônio, na medida em que avança na exploração de seu negócio, assiste à diminuição gradativa do objeto de seu próprio comércio."[1]

A situação era claramente quantificada, e delineado o futuro: "Esta companhia, ao tempo de sua organização, possuía cerca de 515 mil alqueires de terras agrícolas; ao tempo da nacionalização, em 1944, eram 400 mil alqueires; hoje as terras disponíveis estão reduzidas a 200 mil alqueires. [...] O remanescente de terras agrícolas levará de seis a oito anos para ser vendido, caso não sobrevenha alguma crise. Os terrenos [urbanos] levarão bem mais tempo para serem vendidos, estando para isso previstos de doze a quinze anos. A esses prazos, por se tratar de vendas com pagamentos em prestações, será preciso acrescentar, em média, de quatro a cinco anos. A previsão, portanto, é de uma dezena de anos de intensa exploração do principal objetivo da vida da sociedade." Nesse horizonte de tempo era preciso resolver uma questão: "O problema com que se defronta, pois, a sociedade é o da continuidade de remuneração de seu capital, após a liquidação de seu patrimônio imobiliário."[2]

Numa empresa restrita a uma única atividade, a solução normal seria a reaplicação dos lucros para ampliar o volume dessa atividade – nesse caso, a compra de mais terras para lotear. Mas o relatório explicitamente deixava de lado essa opção – na verdade, era um estudo para dirigir os lucros para outras atividades. Primeiro, na própria região loteada: "Têm sido empregadas várias parcelas em empreendimentos ligados aos interesses e finalidades da própria companhia, tais como um horto florestal, onde serão plantados alguns milhões de sementes de espécies nacionais [sic], como o pinheiro, o eucalipto, o cinamomo e o cedro, com o objetivo de criar um valor de reserva e ainda fomentar entre seus clientes o reflorestamento; na fábrica de óleos de Andirá; na empresa de eletricidade que explora os serviços em Londrina e em outras cidades da zona; na usina de açúcar de Jacarezinho e na compra de terras para revenda."[3]

Esses investimentos, no entanto, eram considerados insuficientes: "Tais aplicações de capital, muito embora consideradas interessantes e ligadas às finalidades da sociedade, não resolvem integralmente o problema da continuidade de suas atividades." Por isso, a recomendação para a assembleia era o investimento dos lucros numa nova área: "Aliás, no tempo da nacionalização da companhia essa situação já foi objeto de preocupação da nova direção, tanto que, ao cogitarem as futuras atividades a que poderia se dedicar a sociedade, já lembrava o esclarecido orientador do nosso grupo, dr. Gastão Vidigal, a conveniência de se estudar a exploração de uma fábrica de cimento. Nesse sentido, fez ponderações sobre a situação dessa indústria de base, de cujo desenvolvimento depende, em boa parte, o progresso do país, ponderando também tratar-se de aplicação de capital deveras interessante."[4]

Assim, ao mesmo tempo que se destacava como uma distribuidora de pequenas propriedades na fronteira agrícola, a direção agora propunha uma radical reorientação dos investimentos de longo prazo, deixando de lado a óbvia saída de comprar mais terras para lotear e concentrando-se inicialmente numa atividade industrial que exigia alta capitalização e um domínio de tecnologia elevado para os padrões da época, sem deixar de lado as atividades regionais. Era um desafio de monta – até porque havia muito movimento em torno da atividade principal.

A própria companhia, num anúncio de 1948, atualizou os números da trajetória demográfica na região que loteara. Ele traz um breve histórico de

Londrina, desde a instalação da sede da companhia numa clareira recém--aberta até a situação em 1948, quando "a cidade oferece, para uma população de 35 mil pessoas, água encanada, luz e força, ruas calçadas, uma Santa Casa modelar, dois ginásios, escola normal, grupos escolares e cinemas". (A essa altura, a mancha urbana tinha já ultrapassado o limite da planta planejada, e a prefeitura começava a negociar com Prestes Maia um novo plano urbanístico.) O texto lembra ainda outras cidades surgidas na esteira do progresso: Cambé, Rolândia, Arapongas, Apucarana, Jandaia, Mandaguari e Marialva.[5] Ao todo, calculava-se que cerca de 200 mil pessoas haviam se radicado na região loteada apenas vinte anos antes.

Todavia, o assentamento ocorria num ritmo ainda mais acelerado em Maringá. O primeiro terreno em Maringá Novo foi vendido em maio de 1947; o censo de 1950, dois anos e meio depois, registrou a população de um aglomerado urbano que, na prática, nem era mais um distrito do município de Mandaguari: 38.588 habitantes. Para os padrões da época, era uma cidade de médio porte, talvez maior que Londrina. A diversidade da economia local refletia-se na lista feita pelo jornal *O Dia*, de Curitiba, na edição de 7 de julho de 1950: "Maringá possui 360 casas de secos e molhados, 178 bares, catorze serrarias, uma laminadora de madeira, onze fábricas de móveis, 32 cerâmicas, dois frigoríficos, duas máquinas de beneficiar café, dezoito máquinas de benefício de arroz, dezesseis farmácias, três papelarias, nove açougues, dez padarias, três salões de barbeiros, quatro ateliês fotográficos, sete postos de gasolina, restaurantes, quitandas etc."[6]

Essa era, digamos, a face de civilização implantada rapidamente no distrito – na parte rica do núcleo urbano. Mas essa fração da população convivia com outra, mais numerosa, descrita numa obra coordenada por Wilson de Matos da Silva: "José Tenório Cavalcanti, pernambucano das bandas do Bom Conselho de Papacaça, arribou por estas plagas munido de muita coragem, disposição, uma foice e um machado. Em pouco tempo se tornou o mais famoso empreiteiro de derrubada de todo o setentrião paranaense. Dirigia uma turma que chegou a integrar oitocentos homens – um verdadeiro exército de machadeiros – que liquidou o maior perobal do mundo, reduzindo grande parte a cinzas, nas queimadas que somavam léguas. [...] Era comum em agosto a ocorrência da bruma seca, originada pela fumaça, cobrindo a região e dificultando os voos dos 'teco-tecos'. E no rastro de

Tenório e seus homens, mais de cem empreiteiros de derrubadas punham fim às matas."[7]

Além dos derrubadores de matas, um crescimento tão rápido quanto o registrado em Maringá exigia muito mais mão de obra do que a proporcionada pelas famílias dos compradores de lotes. Por todo lado se multiplicava a figura do porcenteiro, um trabalhador que corria riscos, na medida em que não tinha propriedades e recebia, basicamente, um percentual do resultado econômico da colheita. Wilson de Matos da Silva recorda como foi sua infância trabalhando com o pai porcenteiro – bem antes de se tornar reitor da Unicesumar: "O trabalho na roça exigia total dedicação e, mesmo contando com muitos braços, os resultados financeiros eram diminutos, oriundos basicamente da colheita de café, quando as geadas não interferiam. Depender das lavouras dos outros era complicado. Além das geadas, o cafezal padecia de pragas e doenças, pois não havia o costume de investir em adubação, o que limitava a produtividade."[8]

O influxo de pessoas sem propriedade, vindas em busca de trabalho, era também consequência de um tipo novo de proprietário buscado pela empresa. A partir do lançamento de Maringá, parte da publicidade passou a ser dirigida a moradores urbanos, habitantes de cidades grandes. Os argumentos para atrair essa espécie de interessado eram outros: "Se, portanto, temos de lutar para viver, por que não escolher um lugar onde a luta seja mais suave?" e "No norte do Paraná vivemos sem esses aborrecimentos, respiramos ar puro, bebemos água cristalina das nascentes e trabalhamos com a certeza de que a boa terra não deixará de recompensar nossos esforços. Na região, comemos o que plantamos ou criamos".[9]

Na prática, porém, a vida não era nada fácil para aqueles que se deixavam convencer pelo argumento. Felizardo Meneguetti ali chegou em 1946, com a esposa grávida. Prevenido, junto com a mudança trouxe uma vaca, para o caso de a criança precisar de leite. Lembra de suas primeiras impressões da cidade: "Pensei: 'Onde é que viemos nos meter?' Confesso que tanto eu como minha esposa tivemos um forte desejo de voltar no mesmo caminhão que trazia a mudança. Mas depois pensei: 'Se essas pessoas estão acreditando, por que não vou acreditar também?'".[10]

Ficou, teve onze filhos, plantou café, depois cana-de-açúcar – e se tornou usineiro. Mas as lembranças iniciais, menos alegres, também são partilhadas por pessoas como Américo Marques Dias, que foi presidente da

Associação Comercial de Maringá: "Vim com minha esposa e meus filhos. Ela, grávida, só chorava. A casa era de madeira e, pelo forro, entrava poeira. Os caminhões vinham embalados pela rua de terra. Era um desastre. Quando acordávamos, o colarinho da roupa estava todo vermelho. Para pegar água no poço, tinha de dar 180 braçadas. Quando minha esposa reclamava, eu dizia: 'O que vamos fazer? Temos de aguentar mais um pouco.'"[11]

De uma forma ou de outra, todo esse movimento girava em torno de Alfredo Nyfeller. Seu percurso de vida na região coincidia com a vida da Companhia de Terras Norte do Paraná: chegara a Cambará em 1926, estava entre os fundadores de Londrina, foi seguindo adiante com os novos municípios e loteamentos – até se tornar gerente do escritório da companhia em Maringá: "Nos primeiros anos, a cidade não era diferente de muitas outras que abrimos no norte do Paraná, com suas ruas de terra, muita poeira em dias de sol e lama que afundava até os tornozelos nos dias de chuva. Gente vinda de longe, forasteiros chegados de repente, famílias que de uma hora para outra apareciam vagando nas ruas, para comprar o seu lote e começar vida nova. Muitos ficaram ricos. Bastava trabalhar duramente e logo aparecia um crédito e a chance de construir um bom futuro."[12]

Fazia parte de suas responsabilidades transformar esse influxo ininterrupto de pessoas numa cidade organizada. Abrir estradas em diversas direções, providenciar a demarcação precisa dos lotes e um espelho jurídico dessa demarcação numa escritura pública (e a precisão de ambas as operações era uma das chaves para nunca haver disputas entre vizinhos por limites, um dos mais importantes aspectos a gerar foco na produção agrícola para os compradores), vender lotes rurais a prestação – tudo isso ajudava. Ruas largas e áreas comerciais planejadas certamente colaboravam. Mas havia desafios estruturais novos, difíceis de equacionar.

Um deles tinha a ver com as transformações políticas do país. A ditadura Vargas acabara em 1945 e, a partir do ano seguinte, foram retomadas as eleições de vereadores e prefeitos. Essas eleições permitiram uma organização mais eficaz do processamento dos interesses dos moradores: como os orçamentos de todas as cidades da região já eram substanciais, havia a possibilidade de se implantar redes de ensino básico, códigos de usos e posturas municipais e outras iniciativas que melhoravam o cotidiano. E esses orçamentos eram aprovados por vereadores eleitos. Com isso, vozes até então pouco ouvidas passaram a ser levadas em conta.

Muito bom para os municípios organizados. Mas, por isso mesmo, um problema para a nascente Maringá. A razão era simples: desde 1935, a área do município de Londrina vinha sendo desmembrada a cada transformação em município dos povoados na frente pioneira. Em apenas quinze anos, a área onde estava Maringá havia sido parte de Londrina, Rolândia, Apucarana, Cambé, Arapongas e Mandaguari. Essa mudança constante indicava uma lógica clara para o governante local eleito: investir basicamente no centro urbano e seu entorno – antes que uma nova separação acabasse levando à perda desses investimentos para os moradores de um novo município.

O desbalanço ficou registrado numa reportagem do jornal *O Dia*, de Curitiba, no dia 4 de setembro de 1949: "Há 2 mil casas na vila de Maringá, número que supera o de Mandaguari, sede da administração municipal. Apesar do progresso de Maringá, o governo municipal praticamente nada faz pelo distrito, ou melhor, por seu povo. Na prática, a administração municipal construiu um grupo escolar de madeira, com oito salas, e cercou o cemitério. Além disso, mantém um grupo de cerca de quarenta professoras municipais e uma turma de operários para conservação de estradas."[13]

Em tempos de pioneirismo, todos em Maringá faziam o que podiam para suprir as deficiências na estrutura pública. A companhia construiu uma escola por sua conta, os moradores de glebas e patrimônios iam fazendo mutirões e se virando para construir salas de aula onde pudessem. E assim se foi adiantando uma rede de ensino, antes mesmo da organização da administração municipal.

Mas o incentivo para administrar funcionava com sinal trocado no caso da administração estadual – ao menos em parte. Era óbvio para os governantes paranaenses que valia a pena correr na frente para arrecadar na zona pioneira. Em 16 de agosto de 1948 já havia um escritório da Recebedoria de Rendas Estaduais na vila empoeirada ou barrenta.[14] Não é preciso mais explicação para esse interesse do que a evolução dos recursos arrecadados: 2,5 milhões de cruzeiros, em 1948; 4,2 milhões, em 1949; 9,6 milhões, em 1950; e 20,5 milhões, em 1951. No início desse último ano, embora Maringá ainda não fosse um município, a unidade de arrecadação dos tributos estaduais era já a oitava maior do estado.[15]

Na via dos gastos públicos, porém, os investimentos eram bem tímidos. Toda a estrutura viária era construída e administrada pela companhia, de modo que os recursos para construir estradas tinham outra destinação. Também os gastos em segurança eram modestos: havia apenas um posto policial em Maringá Velho, de modo que a ordem era mantida pela companhia e pelos moradores. A rede de educação de segundo grau começava a ser montada devagar. Em suma, a forma de ocupação implantada pela empresa era muito lucrativa para o fisco estadual. Havia um fosso entre crescimento e organização.

Esse fosso, em ambiente democrático, gerava queixas políticas, concentradas sobretudo no governo estadual. O processo foi resumido pelo deputado estadual Firman Neto: "O que a companhia tem feito é organizar planos inexequíveis em face das responsabilidades do Estado, que não pode, de um momento para outro, a simples passe de mágica, transformar aquelas terras, que até há pouco eram fechadas para a civilização, em cidades com o conforto das grandes capitais, com água e esgoto, com luz e ginásios, escolas, parque e hospitais."[16]

Era uma corrida caracterizada por partes desiguais. A marca mais significativa da simultaneidade de progresso rápido e precariedades a resolver, nesse momento, talvez fosse a situação do aeroporto. A terceira pista, a mais importante, foi inaugurada em setembro de 1949 – com direito a um baile de gala para celebrar a importância do evento. E logo ganhou relevância, sobretudo porque havia poucos concorrentes para transporte

A terceira pista do aeroporto de Maringá foi inaugurada com um baile de gala em 1949. Aeroporto de Maringá, acervo IIGMF / Maringá Histórica.

A chuva que trazia lama paras as ruas e estradas de terra foi tema de algumas charges. Charge de Edgar Osterroth, 1953. Álbum Companhia de Terras Norte do Paraná – Companhia Melhoramentos Norte do Paraná, 1969, acervo IIGMF.

de pessoas: as obras da ferrovia estavam empacadas no ponto em que os ingleses haviam deixado, as estradas de terra viravam atoleiros com chuvas pesadas.

Num aglomerado que contava já com seis agências bancárias, havia ricos suficientes para formar o aeroclube local, que passou a administrar o uso das pistas construídas pela empresa, e mais ainda para gerar um fluxo de passageiros para os seis aviões de taxi aéreo que apareceram. Nos dias de muita chuva, os interessados alugavam algum da frota até mesmo para viagens a Mandaguari: o percurso de 30 quilômetros era feito em minutos, enquanto os atoleiros consumiam horas de esforço e paciência. Mas precauções tinham de ser tomadas: como ainda não havia iluminação pública na cidade, os pilotos, cuidadosos, mantinham um acordo com alguns motoristas de táxi e amigos com carros. Quando chegavam depois do anoitecer, davam rasantes para avisar – e todos iam iluminar precariamente a pista com os faróis dos carros. Com a chegada da iluminação pública, o movimento conheceu uma explosão: dezesseis voos diários para as principais cidades do país já em 1951.

Bastam esses aspectos para mostrar a realidade da aceleração do crescimento – e dos contrastes – enfrentados pela nova gestão. Era preciso, o tempo todo, dar conta de um real muito maior do que o possível, encontrando soluções novas e cuidando de realidades antigas. Até o relatório de 1948, havia uma âncora para lidar com tanta diversidade: o foco na frente pioneira de venda de lotes. Para que ele fosse mantido, muitas vezes a administração da companhia se via obrigada a sacrificar oportunidades, ainda que muito boas, em tudo que ficasse fora dessa prioridade. Foi o caso, por exemplo, da exploração da eletricidade em Londrina, entregue à Empresa Elétrica dirigida por Gastão de Souza Mesquita Filho.

O relatório de 1948 apontava uma mudança de rumo, e a âncora foi retirada: seria preciso atacar não apenas as oportunidades locais, mas ampliar ainda mais a diversidade dos desafios a serem enfrentados – ou a empresa não sobreviveria à venda do último lote. Para tanto, foi necessário implantar novos processos de administração, começando de baixo. A gestão inglesa era muito mais focada na excelência dos cargos de alta responsabilidade e da equipe técnica – uma forma de manter a prioridade na venda de lotes. O rigor administrativo montado por Arthur Thomas era impecável: controle financeiro total das prestações recebidas e dos investimentos; equipes de topógrafos e agrimensores para o mapeamento do terreno e a demarcação dos lotes; vendedores treinados e capacitados; um departamento de propaganda completo, atuante em todo o país.

A realidade de Maringá trouxe a necessidade de competir por mão de obra não especializada, agora que esta era buscada por um número muito maior de pequenos empresários e proprietários rurais interessados em acelerar a implantação de cafeeiros, bastante exigentes em cuidados. Assim, a partir de 1945 foi alterada a política de impedir que funcionários comprassem terras, adotando-se um programa para que os colaboradores da empresa pudessem financiar um lote de moradia ou uma pequena propriedade rural. Para tornar viável a aquisição até mesmo por aqueles com baixos salários foram criadas condições privilegiadas: desconto de até 50% no preço final de um lote urbano (ou 20% num lote rural) e financiamento em prazos de até cinco anos. Em pouco tempo o número de interessados chegou a quinhentos para os lotes urbanos e quatrocentos para os rurais – quase 80% dos funcionários da companhia aderiram ao programa.[17]

Essa mudança permitiu a criação de carreiras internas com uma visão de longo prazo. Não apenas os colaboradores ganhavam acesso à propriedade, mas também caminhos para irem subindo de posto ao longo dos anos. Isso foi muito importante para o enfrentamento dos novos desafios – e ficou como uma espécie de último esforço de Arthur Thomas.

Este tinha já uma carreira de sucesso como executivo no Sudão quando mudou para o Brasil a pedido de lorde Lovat. Na estrutura administrativa original, deixava os aspectos legais e representativos nas mãos de Antônio de Moraes Barros e, depois, de João Domingues Sampaio, e cuidava de todo o resto com autonomia. Na nova estrutura que estava sendo pensada, precisaria também supervisionar novos negócios. Achou melhor se aposentar.

Arthur Thomas foi substituído por um admirador de seu trabalho, que assim narrou a própria trajetória: "Sempre ouvi extasiado as narrações que meu pai, Antônio de Moraes Barros, e meu cunhado, Gastão de Mesquita Filho, faziam das florestas e dos rios do norte do Paraná. Assim foi que acompanhei de perto a compra dos 515 mil alqueires de terras roxas. [...] Advoguei durante alguns anos no escritório que meu pai me deixou ao falecer. Em seguida, aceitei um convite de meu primo, Luiz de Moraes Barros, e com ele fundei uma casa bancária, que viria logo a ser o Banco Sul-Americano, e uma sociedade de administração de imóveis. Trabalhei quinze anos como banqueiro. Quando a companhia foi comprada, reuni minhas economias e comprei ações, me tornando um pequeno acionista. [...] Em 1946 resolvi fundar uma sociedade para construir casas em Maringá. Construímos muitas casas e o negócio progredia quando, em 1949, meu grande amigo Arthur Thomas resolveu se aposentar. Não posso deixar de me lembrar da maneira como ele acolheu meu nome como substituto, pronunciando as seguintes palavras: 'o melhor homem que encontrei nesse país foi seu pai, o honrado Antônio de Moraes Barros, de maneira que não posso ter melhor satisfação que ser substituído por um filho dele'."[18]

Essa mudança foi o primeiro passo de uma reorganização total. A empresa da qual Hermann de Moraes Barros era acionista, juntamente com várias pessoas das famílias Vidigal, Davids e Mesquita, chamava-se Companhia Melhoramentos do Paraná, Imóveis e Construções, e contava com um capital de 2 milhões de cruzeiros.

Em 28 de janeiro de 1951, foi anunciada uma transformação radical nas finalidades da empresa: "Depois de três anos de atividade, essa diretoria chegou à conclusão de que, à vista do enorme crescimento da cidade de

Charge comemorando os 30 anos da CMNP. Sentado ao piano está Gastão de Souza Mesquita Filho, enquanto as cidades estão representadas como mulheres e crianças. Álbum fotográfico Companhia de Terras Norte do Paraná – Companhia Melhoramentos Norte do Paraná. 30 anos de Melhoramentos, s/p., acervo IIGMF.

Maringá seria preciso, para acompanhar os planos desenvolvidos pela Companhia de Terras Norte do Paraná, grandes aplicações de capital. Por outro lado, a Companhia de Terras Norte do Paraná, com o objetivo de aplicar suas reservas, afastou-se um pouco de seus objetivos de empresa colonizadora, para cuidar de pesquisas de calcário. Verificando, pois, que as pesquisas de calcário poderiam constituir objeto de uma sociedade autônoma, resolvem, ad referendum da assembleia: a) a Companhia de Terras transfere para a Companhia Melhoramentos todos os estudos, concessões de lavra e pesquisas; [...] a Companhia Melhoramentos alterará seus estatutos e elevará seu capital para que possa instalar uma fábrica de cimento. [...] Para adaptar a companhia a seus novos objetivos, propomos para os estatutos sociais a seguinte redação: Estatutos da Companhia de Cimento Portland Maringá."[19]

O capital da empresa de novo nome foi multiplicado por trinta, passando para 60 milhões de cruzeiros. Apenas dez dias depois, em 8 de fevereiro de 1951, realizou-se uma assembleia dos acionistas da Companhia de Terras Norte do Paraná, no oitavo andar do edifício da rua de São Bento, 329. As mudanças foram igualmente radicais: "Aproveitando a oportunidade, desejamos propor a V. Sas. a revisão geral dos estatutos, que já não correspondem com precisão às inúmeras e variadas atividades a que, por força de seu surpreendente desenvolvimento, teve a companhia que se entregar. Salientamos, entre essas modificações, como de maior importância, as referentes ao objeto e a denominação da companhia, que passará a se denominar Companhia Melhoramentos Norte do Paraná, que terá por objeto: a) serviços de colonização, mediante abertura de estradas, loteamentos rurais e urbanos, instalação de serviços para a formação de núcleos de povoamento e o que mais for necessário para a cultura e a exploração de terras ainda inaproveitadas; b) empreendimentos de interesse coletivo, por exploração direta ou mediante participação no capital de empresas que se proponham a realizá-los; c) serviços públicos de águas, energia elétrica e outros, diretamente ou mediante a participação no capital de outras empresas. Artigo 2: A companhia, independentemente de prévia autorização da Assembleia Geral, poderá: a) aplicar suas reservas em quaisquer títulos públicos ou particulares, inclusive debêntures; b) vender os imóveis que não sejam necessários para seus serviços."[20]

Toda a elaboração dessa estrutura foi supervisionada por Gastão Vidigal, que não conheceu o momento de sua implantação, pois viria a falecer em 14 de novembro de 1950, pouco antes de efetivadas as mudanças. Mas o espírito da aliança permaneceu intacto: uma estrutura para multiplicar negócios baseada no Banco Mercantil, de um lado, e, agora, a Companhia Melhoramentos Norte do Paraná, de outro. Ambos com reservas, aplicadas em ações de empresas, para gerar desenvolvimento a longo prazo.

A mudança de nome trazia uma nova concepção do negócio. Em 1924, na sala de bilhar do major Barbosa Ferraz, Gastão de Souza Mesquita Filho traçara um rumo promissor com a ajuda de um mapa. Agora, a partir das conversas com Gastão Vidigal, outro se delineava. A parte do roteiro que o levara da posição de engenheiro até a de controlador de uma empresa que criava uma cidade após outra havia sido cumprida com sucesso. A sua visão se transformara em realidade. Agora a Companhia Melhoramentos Norte do Paraná orientava-se por outra visão a fim de sobreviver ao êxito de sua antecessora.

CAPÍTULO **23**
> *Correndo contra o próprio sucesso – I*

O FILHO DE GASTÃO DE SOUZA MESQUITA FILHO, GASTÃO DE MESQUITA NETO, formou-se em engenharia, começou a trabalhar na empresa e, ao se casar, embarcou num navio e foi passar a lua de mel na Dinamarca. Até aí, tudo normal. Mas basta uma leitura das informações tornadas públicas no primeiro balanço da Companhia de Cimento Portland Maringá – uma comunicação assinada pelo presidente da empresa, Cássio Vidigal, e pelo diretor-superintendente, Gastão de Souza Mesquita Filho, os mesmos nomes e cargos da Companhia Melhoramentos Norte do Paraná – para se perceber uma nova associação com "Dinamarca":

"Terminados os estudos, pesquisas e análises dos minérios necessários, orientados por técnicos especializados, dinamarqueses, em princípios de 1951 foram terminados os projetos definitivos para a instalação de nossa fábrica em Itapeva, pela firma L. Schmidt & Co., da Dinamarca. Em face desses projetos, e do orçamento, foi contratado com esta firma o fornecimento de todas as máquinas que irão compor a fábrica, cujo embarque será iniciado em julho próximo. Esperamos receber o maquinário em diversas partes, que serão instaladas conforme sua chegada. Os últimos embarques dar-se-ão no primeiro semestre de 1953. Já foi efetuado o pagamento dos primeiros 30% desse maquinário, e o restante será efetuado no decorrer de seu fornecimento. Foram adquiridos terrenos necessários a toda organização: fábrica propriamente dita, vila operária, reserva agrícola para fornecimento de alimentos pela cooperativa dos empregados, etc. As obras locais seguem satisfatoriamente o seu curso. A esplanada da fábrica acha-se pronta, e nela já foram concluídos os edifícios do almoxarifado que irá receber materiais e das oficinas para montagem e manutenção do maquinário. Acham-se também em execução as obras das fundações que irão receber o peso do maquinário industrial. Foram também executadas e já se acham prontas as obras da chave ferroviária, na Estrada de Ferro

Maringá aparece nas propagandas como cidade moderna e urbanizada. IIGMF / Maringá Histórica.

MARINGÁ

A Companhia de Terras Norte do Paraná tem o prazer de anunciar que, depois de acurados estudos e tendo completado a sua organização de vendas, inaugurou a nova cidade de **Maringá**, e agora está aparelhada para vender datas e chacaras.

Os interessados deverão comparecer no escritorio da Companhia, em MARINGA', unico local de transações : : : : : : - - - - - -

AO LADO: Anúncio do início da venda de lotes em Maringá. IIGMF / Maringá Histórica.

Sorocabana. A olaria por nós montada funciona regularmente, produzindo material para as obras. A estrada de rodagem por onde irá transitar o calcário da mina à fábrica acha-se também adiantada. A execução da usina hidrelétrica que fornecerá grande parte da energia necessária progride satisfatoriamente. Estamos também informados de que estão prontos para o embarque, nos Estados Unidos, o guindaste e os veículos especiais que permitirão o transporte do minério até a fábrica."[1]

Daí se depreende que Gastão de Mesquita Neto tenha dedicado parte de sua lua de mel a se enfronhar nos detalhes relativos a equipamentos para a fabricação de cimento. E que, na volta, encontrasse pronta e mobiliada uma casa em Itapeva, a cidade onde seriam instalados esses equipamentos. No entanto, ele acabou não dispondo de tempo para viver lá, pois teve de acompanhar também outros negócios.

O acordo pelo qual os Vidigal faziam investimentos como sócios minoritários no projeto de cimento comandado pela Companhia Melhoramentos Norte do Paraná não era uma via de mão única. A possibilidade aberta pelo novo estatuto, de aplicar as reservas em papéis de outras empresas, era ampla – e abria oportunidades interessantes. A fábrica de cimento era apenas um dos empreendimentos que estavam sendo montados simultaneamente a partir da decisão de diversificar. Com isso, coube ao novo engenheiro da empresa acompanhar várias frentes de expansão, dos dois grupos de controladores, tendo de se fixar em São Paulo, mas usando a casa de Itapeva em suas viagens de supervisão.

Desde 1943, Gastão Vidigal esteve envolvido na formação da Companhia Brasileira de Material Ferroviário, a Cobrasma, que seria fundada em setembro do ano seguinte. A oportunidade nascera em função das dificuldades para a manutenção do material rodante das ferrovias brasileiras durante a guerra. Assim como os ingleses, os norte-americanos também acabaram permitindo brechas para a adaptação de empresas brasileiras às necessidades bélicas – nesse caso, com a transferência de tecnologia para a fabricação de vagões e peças de aço pesadas.

Gastão Vidigal conseguiu juntar um grupo de acionistas no qual predominavam os maiores interessados: as grandes ferrovias brasileiras, com destaque para a Mogiana, a Companhia Paulista de Estradas de Ferro, ambas privadas, e a Central do Brasil, esta uma estatal federal. As três controlavam a nova empresa. Além disso, ele trouxe alguns dos fornecedores de tecnologia e uma siderúrgica – a Belgo-Mineira – para investir no projeto. Esse arranjo permitiu começar a operação: "[...] após o término da guerra, [a Central do Brasil criou] um plano de remodelação e padronização dos seus 3,2 mil vagões, dos quais 2,5 mil em péssimas condições. A Cobrasma, já no mercado ferroviário, construía sua fundição e tinha condições de começar imediatamente a executar o serviço [...] iniciado em princípios de 1946".[2]

O passo seguinte, a montagem completa de vagões, exigiu vencer dificuldades técnicas maiores: "Inicialmente, três engenheiros foram enviados para os Estados Unidos para estagiar em empresas congêneres e, também, com a incumbência de pesquisar máquinas e equipamentos com vistas à necessidade da nova empresa. Após quase um ano retornaram para fazerem o trabalho de coordenação na importação e implantação da fábrica. Houve várias dificuldades, entre as quais, a falta de mestres, o que os obrigou a contratar engenheiros recém-formados que passaram a exercer tal função e com o encargo de treinar trabalhadores que melhor se adequassem ao posto. Para enfrentar a falta de experiência dos trabalhadores (afinal a indústria era nascente), recrutaram o pessoal que trabalhava nas oficinas de manutenção das ferrovias, e também oficiais engenheiros das Forças Armadas. [...] Os primeiros vagões de aço fechados, importados da Pressed Steel Car Co., foram montados em junho de 1946, os destinados à Estrada de Ferro Noroeste do Brasil e, em novembro, os destinados à Companhia Mogiana de Estradas de Ferro."[3]

Mas a continuidade das grandes encomendas puxadas pelos acionistas durou pouco. O historiador Antonio Carlos da Motta entrevistou um daqueles três engenheiros da Cobrasma, Maurício Novinski, que detalhou: "Nossa fundição, que deveria produzir truques e engates ferroviários, teve que procurar os mercados mais estranhos e exóticos para iniciar seu trabalho e sobreviver. Em vez de laterais e travessas de truques de duzentos quilos cada, fabricamos as estruturas das cadeiras do estádio do Maracanã, de ferro fundido, pesando de dez a doze quilos cada, nas máquinas Herman, um verdadeiro absurdo."[4]

Os altos e baixos do mercado de bens de capital desanimaram os próprios acionistas interessados – as grandes ferrovias – e estes resolveram vender suas participações. Entrevendo oportunidades de longo prazo na empresa, os Vidigal compraram as participações e assumiram o controle. E trouxeram como investidores a Companhia Melhoramentos Norte do Paraná e Gastão de Souza Mesquita Filho, que se tornaram participantes minoritários do grupo de controladores – o inverso do que ocorria na fábrica de cimento. Repetiu-se então a estrutura de nomeação dos cargos, agora refletindo a posição dos Vidigal no comando executivo: Gastão de Souza Mesquita Filho ficou com a presidência, e Alcides Vidigal tornou-

-se diretor-superintendente. A tradição da Companhia de Terras Norte do Paraná fazia escola.

Agora, no entanto, aplicada a um setor da economia nada tranquilo. O primeiro relatório aos acionistas assinado pelo novo presidente começava assim: "Não obstante as muitas dificuldades surgidas ao longo do ano, entre as quais avultaram as referentes à importação e às restrições de energia elétrica, as atividades desenvolveram-se dentro do programa preestabelecido."[5] Teve início ali uma longa trajetória para fazer valer as potencialidades de longo prazo sobre as flutuações da conjuntura, agora com apoio de acionistas interessados na durabilidade do projeto.

Praticamente na mesma época foi acertada outra parceria, dessa vez na Usina Jacarezinho, uma planta de produção de açúcar implantada pela família Vidigal. A empresa foi considerada tão importante pelo governo do Paraná que este enviou uma comitiva especial para o ato de assinatura da ata de fundação: "A importante solenidade de instalação da empresa foi assistida pessoalmente pelo dr. Brasil Pinheiro Machado, interventor federal no Paraná, e por toda sua comitiva."[6] Com a usina pronta, na assembleia do dia 30 de abril de 1952, Gastão de Souza Mesquita Filho foi eleito presidente da empresa, ficando Sílvio de Bueno Vidigal como diretor-superintendente.[7] Alguns meses depois, em março de 1953, Gastão de Souza Mesquita Filho aparece como presidente da Companhia Marítima de Seguros, outro empreendimento comandado pela família Vidigal.[8]

Mais novidades vieram logo em seguida. As novas franquias, definidas nos estatutos modificados em 1951, permitiam que a Companhia Melhoramentos Norte do Paraná fizesse mais do que investir em outras empresas. A montagem da fábrica de cimento consumia muitos recursos – em volume ainda maior do que o fornecido como capital. Havia a necessidade de endividamento, e os bancos exigiam aval. Um deles aconteceu na seguinte forma: "Como é do conhecimento dos senhores acionistas, somos interessados diretos nos destinos da Companhia de Cimento Portland Maringá, da qual a nossa companhia é titular da maior parte das ações. Ora, a Maringá está negociando com o Banco do Brasil um empréstimo destinado a atender aos encargos assumidos, com relação às obras e às máquinas de sua fábrica; para obtenção do empréstimo assumido, necessário se torna que nossa companhia se obrigue como fiadora da Companhia de Cimento

Portland Maringá; dada a unidade de interesses de ambas as sociedades, é indiscutível a conveniência da medida pleiteada."[9]

A proposta foi aprovada por unanimidade – até porque a medida (assim como as associações nas empresas controladas pelos Vidigal) era coerente com a lógica que levara à mudança do nome da empresa, ou seja, a transferência dos lucros da atividade presente dos loteamentos para projetos que gerassem receitas por prazos longos, em volume suficiente para repor os fundos de negócio quando não houvesse mais terras para vender. Com a previsão de uma década para a substituição da fonte de lucros, havia a necessidade de correr contra o próprio sucesso das vendas de lotes para cumprir tais objetivos.

A fábrica de cimento foi inaugurada em 1954, com um único forno e uma capacidade de produção instalada de 6 mil toneladas anuais. O esperado era que dominasse as vendas de cimento na região colonizada pela companhia. Era uma atividade nova, num espaço geográfico no qual o único negócio alternativo às vendas de terras era o fornecimento de eletricidade em Londrina, comandado separadamente por Gastão de Souza Mesquita Filho. Como o setor de cimento não constituía um mercado no qual a empresa tivesse tradição ou mesmo uma posição dominante, era preciso começar do zero na busca dos clientes.

Ninguém melhor que Ayrton Rodrigues Liberado, que viveu a situação desde o começo, para relembrar os detalhes:

"Comecei em 1954 como auxiliar de escritório, na área de vendas. E logo me impressionei com o doutor Gastão. Era um sujeito humilde, conversava comigo naquele tempo, eu tinha dezoito, dezenove anos. Ele se sentava na frente da minha mesa, contando as histórias dele. Era um sujeito que se vestia muito bem, usava uma botina muito polida, sempre aquele terno cinza sóbrio e fumava naquele tempo, ficava enrolando o cigarro. [...]

Em 1954 eles tinham montado a fábrica de cimento. Fui diretamente para lá e o grupo da Melhoramentos estava se concentrando na cidade de Maringá, que foi fundada em 1947. Então o Flávio Oliva, que era o meu chefe, mandou eu levar uma caminhonete da Melhoramentos para Maringá. Foi a primeira vez que eu fui para o norte do Paraná e aquela estrada era quase uma picada. Não tinha asfalto, não existia um quilômetro de asfalto no norte do Paraná. Eu me lembro que o Moisés Lupion, governador de Estado, fez uma cerimônia para inaugurar um asfalto ligando Jataizinho a

Ibiporã. Eram apenas oito quilômetros, mas como era o primeiro asfalto feito no norte do Paraná, foi uma festividade grande, enorme: governador, deputados e tudo mais para inaugurar oito quilômetros de asfalto. [...]

Saí de São Paulo e fui por Sorocaba, Tatuí, Itapetininga, depois subi para Ourinhos e entrei por Cambará, Andirá, Bandeirantes, Santa Mariana, Jandaia. Levava horas e horas, muitas horas e muita poeira, muita poeira. Era um pó fino e quando chovia era uma lama, então eu viajei muito pelo norte do Paraná, ficava vermelho de poeira por dias a cada viagem. [...]

A companhia tinha lançado a fábrica de cimento, e foi uma época até boa de entrar, porque o mercado cimenteiro estava geralmente com falta, mas já tinha um grande competidor, uma outra fábrica, bem maior. Não sei se devo citar nome ou não, mas era a Votorantim. Então já era um produtor um pouquinho maior que a gente, estava há mais tempo no mercado, e a gente precisava entrar numa região que a Votorantim predominava. E tinha alguma rejeição do cimento novo, que eles não conheciam. Mas, aos poucos, viajando sempre, fui achando os que aceitavam. [...]

Então começamos a vender para os depósitos de material de construção, e eles começaram a revender no varejo. Em Maringá faltava muito cimento, quase só se construíam casas de madeira. As vendas aumentaram, e passamos também a vender em São Paulo, na região da Estrada de Ferro Sorocabana. Ali, a gente embarcava muito por vagões, porque as estradas eram ruins, não eram asfaltadas: a ferrovia tinha vantagem."[10]

As viagens do jovem vendedor repetiam um roteiro. Duas décadas depois da exposição na sala de bilhar, Ayrton Rodrigues Liberado refazia o percurso que marcara a existência inicial do negócio, que fluiu de Cambará até, naquele momento, chegar a Maringá. De certa forma, começava de novo, ajudando a implantar, com a renovada visão e o novo nome, um empreendimento com vistas ao futuro – mas, agora, tentando aproveitar as realizações do passado.

As estradas de terra compunham uma rede pública de caminhos que, fora os tais 8 quilômetros, era ainda mantida pela Melhoramentos. A ferrovia que transportava o cimento era agora empresa estatal federal. Em outras áreas, a transferência de competências e responsabilidades de volta para o poder público, especialmente municipal, fora maior. As ruas e praças das cidades, os terrenos de igrejas, hospitais e outras entidades, que eram também logradouros públicos, tinham sido repassados aos novos administradores, todos por doação.

Mesmo onde era área privada as mudanças eram evidentes. Havia milhares de propriedades rurais nas margens de todos esses caminhos, além das casas e empresas instaladas em lotes urbanos. Mas tanto a supervisão como a atividade empresarial da Companhia Melhoramentos Norte do Paraná sobre essas propriedades haviam cessado no momento do pagamento da última prestação de cada lote e do registro da venda em cartório.

Instalar e avançar. Esse era o foco da antiga Companhia de Terras Norte do Paraná. Com a percepção de que esse era um negócio sem futuro, as vendas de cimento Maringá feitas por Ayrton Liberado inauguravam a corrida contra o sucesso dos loteamentos, missão central inicial da Companhia Melhoramentos Norte do Paraná. E havia futuro para o cimento, para outros negócios no território já irrelevante para a atividade de loteamento. Novas oportunidades: se o sistema de transportes era ainda uma estrutura inalterada há duas décadas, o uso das propriedades agrícolas e dos lotes urbanos gerava transformações de monta. No caso do mercado de cimento, as mais visíveis podiam ser encontradas em Londrina.

Para marcar as diferenças de época, valem as palavras de Rubem Braga, que esteve na cidade em 1934 como "humilde e operoso repórter agrícola" e voltou em 1951, já como cronista consagrado: "Londrina está cheia de prédios novos no lugar das casas de madeira que conheci. Os edifícios de cimento armado, cheios de linhas modernas, crescem em vários pontos. A cidade tem todo o conforto, tem uma vida noturna cheia de damas cariocas, argentinas e uruguaias, tem boates, pode chamar cantores internacionais que não vão a Curitiba. E graças às safras de café, Londrina, capital desse mundo novo, cresce com imponência, fica importantemente urbana, gasta seus montes de dinheiro com uísque, cimento e luxo. [...] Em Londrina hoje, planta-se café e nascem arranha-céus."[11]

Não eram apenas prédios residenciais. Em 1952 foi inaugurada a Estação Rodoviária de Londrina, um dos maiores projetos de João Vilanova Artigas na cidade. Ele viria a ser o grande arquiteto do movimento conhecido como "modernismo brutalista", justamente por deixar exposto o concreto armado que permitia o desenvolvimento de novas formas. Em suas memórias, expôs a relação entre suas concepções e a cidade: "O espírito dos pioneiros sugeria uma liberdade de criação que talvez não encontrasse em outros lugares do país."[12]

E Artigas não era exceção, como notado em um artigo sobre a cidade:

"Entre os profissionais que atuaram na modernização arquitetônica de Londrina, como Rino Levi e Jacques Pilon, Vilanova Artigas e Carlos Cascaldi foram responsáveis pelos projetos das mais importantes edificações da cidade no período, como a Estação Rodoviária, o Cine Teatro Ouro Verde, a residência do prefeito Milton Ribeiro de Menezes, o Hospital de Londrina, o Estádio Municipal, o aeroporto, dentre outras. A paisagem urbana de Londrina tende assim a modificar-se para melhor, como definido numa reportagem da revista *A Pioneira*, de 1953: 'O centro da cidade, que nestes últimos cinco anos sofre grande transformação, oferece hoje um aspecto diverso daquele de 1947, onde inúmeras casinholas de madeira constituíam ainda um testemunho da época do desbravamento', em que a preocupação era fazer às pressas uma casa para morar e para o negócio. Hoje os modernos prédios de Londrina são cuidadosamente projetados por arquitetos famosos."[13]

Uma visão mais administrativa dessa mudança é apresentada pelo urbanista Humberto Yamaki: "Londrina tinha 35 mil 'almas' e 6 mil edificações no final dos anos 40. Crescia rapidamente. Apesar de um decreto proibir a abertura de novas ruas e avenidas, cerca de 43 loteamentos se espalhavam de maneira desordenada nos arredores da cidade, originando 'claros' difíceis de serem preenchidos. Pensava-se, na época, num Plano de Urbanismo – para proporcionar um futuro metódico e ordenado, sem o perigo dos tropeços e dificuldades a que estão sujeitas as cidades que se desenvolvem às cegas. Afirmava o jornal *O Município*, de 19 de abril de 1951: 'O prefeito iniciou démarches com esse grande técnico que é o engenheiro Prestes Maia para que Londrina venha a ser, no futuro, uma das mais belas cidades do setentrião paranaense, colocando-se entre as mais bem delineadas do Brasil.' O convidado era considerado um dos maiores urbanistas brasileiros."[14]

A cidade que tentava equacionar problemas de metrópole, contratando urbanistas, arquitetos e empregando concreto armado, tinha apenas quinze anos de emancipação política no final da década de 1940. Cinco anos depois, em 1955, a Companhia Melhoramentos Norte do Paraná publicou um folheto como parte das comemorações de seus trinta anos de existência. Vazado na mesma linguagem de época, informava haver "105 mil almas" no município, sendo 60 mil na área urbana e 45 mil distribuídas por 3,3 mil propriedades rurais.[15] E notava ainda que a área original, de 1935, fora subdividida em catorze outros municípios, com o território reduzido de 23 mil para 2,3 mil quilômetros quadrados.

Nessa onda de transformações, a malha de estradas de terra que Ayrton Liberado tinha percorrido começava a ser radicalmente alterada. No final da década de 1940, as estradas administradas pelo governo estadual do Paraná eram precárias: "A rede se compunha de 3070 quilômetros, sendo 370 quilômetros revestidos com macadame, 387 quilômetros com saibro, 1943 quilômetros de leito natural e seis quilômetros com paralelepípedo. Além disso, tecnicamente as estradas se mostravam inadequadas, apresentando raios de curvatura com menos de sessenta metros, plataformas estreitas, largura de seis a oito metros, e rampas de forte declive."[16]

Funcionários da CTNP instalando lancis pela avenida Brasil, na região do "Maringá Novo". Acervo CMNP, Museu Bacia do Paraná, Acervo Maringá Histórica.

Diante de tais números, pode-se comparar a situação da rede de estradas da Companhia Melhoramentos do Norte do Paraná, de maior extensão, conforme descrita no folheto em que comemorou trinta anos de atividades: "A companhia atingiu uma quilometragem de estradas superior a 4 mil quilômetros. Essas vias são mantidas em perfeito estado de conservação todos os meses do ano. Releva notar que a conservação é escrupulosamente mantida mesmo nas áreas onde a companhia já vendeu todos os lotes."[17]

O geógrafo Carlos Roberto Braguetto descreve a mudança: "Um plano rodoviário [estadual] efetivo somente foi elaborado em 1951, no governo de Bento Munhoz da Rocha. O principal objetivo do plano era desviar o fluxo dirigido ao porto de Santos para os portos do Paraná. Esse objetivo é explicitado pelo autor do plano, engenheiro Luiz Carlos Pereira Tourinho, na época diretor-geral do DER, quando diz que: 'A ideia fundamental era vencer a resistência do porto de Santos. Até então só se falava que toda a produção paranaense devia sair por Santos. Esbocei um plano com a palma da mão sobre Curitiba e com sete grandes troncos dirigindo o estado do Paraná, quase todos eles montados sobre grandes divisores d'água'. Além do destaque dado à ligação com os portos do Paraná e do papel central a ser desempenhado por Curitiba, o plano ainda chegou a algumas conclusões que viriam a ter importância na futura malha rodoviária do estado, em especial quanto ao papel da cidade de Apucarana como entroncamento rodo-ferroviário do norte do estado."[18]

O plano foi cumprido: "No início dos anos de 1950, a malha rodoviária do estado como um todo e do norte do Paraná em particular era bastante precária. Porém, o afluxo de pessoas e caminhões já era bastante intenso. Pelas rodovias da região pioneira trafegavam, diariamente, 1,5 mil veículos, aumentando para 3 mil em época de safra do café. Diante desse quadro, o governo do estado toma a decisão política de asfaltar as estradas ligando as principais cidades da região cafeeira naquele momento. Em 1954, dos 150 quilômetros de ligação entre Londrina-Apucarana, Londrina-Santa Mariana, passando por Cornélio Procópio, inauguram-se os primeiros dez quilômetros de asfalto de Londrina a Cambé. Nos anos seguintes, o DER atinge suas metas prioritárias, construindo e pavimentando três grandes eixos viários: o eixo do cereal (Apucarana-Londrina-Cornélio Procópio-Melo Peixoto); o eixo da madeira (Ponta Grossa-Castro-Piraí do Sul-Jaguariaíva-Sengés) e o eixo do café (Paranavaí-Maringá-Apucarana-Ortigueira-Ponta Grossa-Curitiba-Paranaguá). Dessa forma, das poucas estradas pavimentadas no ano de 1956, a quase totalidade estava localizada no norte do estado."[19]

A fábrica de cimento Maringá foi um primeiro passo da Companhia Melhoramentos Norte do Paraná para operar na nova lógica que se impunha na região. Em sua intuição original, a da sala de bilhar, ferrovia e lotes seriam os motores de todo o projeto. Antes mesmo de completada a venda dos lotes, o papel estratégico da ferrovia estava sendo muito diminuído. A aposta do governo estadual do Paraná nas rodovias como meios para desviar a produção regional para Curitiba e Paranaguá, começada por Manoel Ribas e a Estrada do Cerne, ganhava agora novo peso – que, por sua vez, iria conferir uma centralidade regional para a cidade de Londrina.

Era uma mudança importante. Hugo Cabral, o prefeito de Londrina que contratou Prestes Maia, vivia repetindo uma frase: "O governo do estado chega sempre atrasado a Londrina, de modo que os prefeitos resolvem tudo. Londrina não precisa de governo."[20] Com a nova malha rodoviária, não foram só os caminhões que começaram a transitar na direção de Paranaguá, num momento em que a indústria automobilística instalada no país reforçaria exponencialmente a tendência.

A Companhia Melhoramentos Norte do Paraná também se beneficiava da nova realidade. As despesas com manutenção de estradas, questão de honra na equação inicial, iriam diminuindo com sua transferência para os poderes públicos. E as receitas regionais aumentavam a cada saca de cimento encomendada à Cimento Maringá. A atividade em torno do loteamento, antes fonte exclusiva de receitas, começava a se tornar fonte principal de receita – mas em início de diversificação. A atuação, antes concentrada inteiramente na frente de comercialização de propriedades, começava a ganhar dimensão regional mais ampla, implícita na troca do nome e dos estatutos.

Mais importante: o portfólio de investimentos industriais reforçava ainda mais essa tendência. Desde sempre, funcionou como uma espécie de cobertura para os riscos da concentração em uma única atividade, a venda de lotes. Tal característica, mais fácil de ser percebida quando se olha para aplicações em outras áreas do país ou da economia, no entanto, também foi o guia para as mudanças que aconteceram na frente pioneira.

CAPÍTULO **24**

> *Correndo contra o próprio sucesso* – II

A MUDANÇA DE OBJETIVOS TRAZIDA PELA REORGANIZAÇÃO COMO COMPANHIA Melhoramentos Norte do Paraná não se limitou à região na retaguarda da frente de vendas de lotes. E isso porque a atuação da empresa também se fazia sentir nas regiões a oeste da área adquirida em 1925. Nessa porção da propriedade, as matas permaneceram intocadas. Ali praticamente não havia sinais de maior presença humana, que se resumiam à estrada boiadeira que atravessava o território na direção de Mato Grosso.

As alterações nessa região começaram a ocorrer fora dos limites da propriedade, paulatinamente, a partir da atual Paranavaí, nas cercanias da Fazenda Brasileira. Ali as condições iniciais de ocupação haviam sido complicadas: "Em 1930 havia cerca de 6 mil habitantes e, em torno de 1,4 mil famílias instaladas. O acesso à fazenda se fazia pelo estado de São Paulo, via o rio Paranapanema e daí a Presidente Prudente. Desta cidade ia-se de trem até Ourinhos e, desta forma, podia-se penetrar de volta no Paraná e chegar até Tibagi onde situava-se a sede da comarca."[1] Era um retorno às condições da época do porto do Nhonhô Moraes – numa área cujo solo tinha características similares às da fração próxima à gleba adquirida em 1925: terras arenosas, pouco adaptáveis à cultura permanente de café. E também era uma região na qual predominou, por muito tempo, a insegurança jurídica entre domínio e propriedade, uma herança direta da Lei de Terras de 1850.

Como notou a pesquisadora Hortência Scaliante: "As dificuldades de interpretação das regras legais, ou até mesmo a falta de informação por parte dos pequenos proprietários sobre as exigências da lei, acabou facilitando o processo de grilagem, quer por parte dos grandes proprietários próximos às suas propriedades ou por outras pessoas. Outro problema observado na lei é que onde antes havia a separação entre 'domínio' e 'posse', já não há mais, ou seja, a lei garantia o direito à terra a quem possuísse o título da mesma e não para quem havia tomado posse. Isto gerou uma série de conflitos, pois aquele que possuísse um título legal (ou muitas vezes forjado ilegalmente), mesmo que nunca a tenha ocupado, tornava-se dono efetivo da mesma. Desse modo, muitos posseiros entravam em confronto com aqueles que se diziam donos da terra que eles haviam desbravado. Se houvesse reclamação sobre o domínio da terra, aquele que detinha o título era considerado seu verdadeiro dono, portanto, segundo a lei, o título tornou-se superior à posse efetiva, ou seja, aquele que a havia cultivado perde o direito sobre esta se não possuir o título."[2]

No período Vargas a situação mudou, especialmente pela intervenção do governo estadual, como apontou Ana Yara Lopes: "As concessões resultaram em verdadeiro fracasso para os serviços de colonização, havendo prevalecido por parte dos concessionários unicamente o interesse especulativo, a ambição de fazer fortuna rápida muito embora para tal se impusesse o sacrifício do objetivo altruístico da colonização. O governo não obstante interveio ainda a tempo de salvar pequena parte de seu rico patrimônio, por meio de moralizadores decretos de anulação dessas concessões. [...] Mas não indicou, de imediato, o rumo. Assim, apesar de o discurso oficial paranaense, de 1930 à redemocratização em 1946, insistir em qualificar negativamente a política das concessões, esta ainda perdurou até os anos 50. Já não mais com força total, é bem verdade."[3]

A nova política de concessões, com maior controle por parte do governo estadual, acabou criando um quadro mais pulverizado de concessionárias, assim descrito pela mesma pesquisadora: "Pequenas companhias colonizadoras levariam a frente pioneira aos seus limites físicos no Norte Novo – o rio Paraná – e foram objeto de grande favoritismo político. Em vários momentos o Departamento de Terras denunciou sua existência e a falta de poderes, por parte daquele departamento, de fazer alguma coisa, chegando mesmo a denominá-las de 'concessões novas para colonização'. Ao que o poder executivo do Paraná sempre respondia. [...] Assim pronunciava Moisés Lupion, governador do Paraná: 'A presença de empresas particulares que, obtendo concessões ou adquirindo áreas ponderáveis, tomavam a iniciativa da colonização, realizando obras em suas áreas, vendendo-as em pequenas propriedades, atraindo colonos, disciplinando as contas, etc., naturalmente tem em vista os seus interesses, mas servem ao desenvolvimento do Paraná.'"[4]

Com isso intensificou-se a movimentação em várias frentes, assim analisada por Lysia Bernardes, em 1953: "À CTNP deve-se a penetração em ponta de lança ao longo do grande espigão Ivaí-Paranapanema, continuada depois de 1945 pelo estado, na zona de Paranavaí, dirigindo-se, assim à confluência Paranapanema-Paraná. Em seus flancos laterais esta grande frente foi atingida por penetrações isoladas oriundas do vale do Paranapanema e, também recentemente, da zona de colonização oficial de Campo Mourão. Aí encontramos, atualmente, frentes pioneiras dinâmicas, que representam a expansão da grande zona pioneira do estado."[5]

Nessa realidade multifacetada, na qual se mesclavam situações diversas, que iam desde as disputas entre posseiros e fabricantes de papéis de propriedade – algo que remontava aos tempos do Império – até a ação empresarial na frente pioneira, a Companhia Melhoramentos Norte do Paraná encontrou uma oportunidade de inserção. Contava com um método comprovado de atuação: comprava a terra, negociava legalmente eventuais problemas de ocupação, obtinha uma escritura pública com garantia do governo estadual, pesquisava o território, construía estradas, preparava a infraestrutura urbana. Só depois de tudo isso era vendido o primeiro lote, com escrituras pelas quais a empresa respondia por evicção em caso de conflito judicial.

Não era um método comum naquela região. Ali atuavam, no final da década de 1940, mais de uma dezena de empresas, que haviam obtido terras dominiais do governo estadual. As mais estruturadas tinham capital suficiente para reproduzir esse modelo. Conseguiam um ordenamento jurídico capaz de dar segurança ao comprador – ainda que, muitas vezes, fracionassem o território em propriedades maiores, uma vez que era alto o custo de fazer publicidade, montar equipes de vendas e comercializar os lotes a prazo. E, claro, havia também os casos em que o único investimento era em jagunços.

Por isso, mesmo com muito capital disponível e toda uma tecnologia dominada, as oportunidades eram raras. Porém, depois de muita procura e negociação com os governos paranaenses, foi encontrada uma. Em 1950, a Companhia Melhoramentos adquiriu 30 mil alqueires no então município de Campo Mourão, dando início aos trabalhos de preparação técnica e jurídica necessários a fim de planejar a cidade de Umuarama. Dessa forma, pela primeira vez desde 1925, começou a vislumbrar as possibilidades econômicas para além da fronteira oeste da propriedade. Com a aquisição, a área total disponível para ser loteada chegaria a 546 mil alqueires.

A nova gleba ficava 400 quilômetros a oeste de Cambará – o ponto de partida do projeto concebido na sala de bilhar – e a apenas 110 quilômetros de Guaíra, o ponto de chegada da ferrovia imaginada por Cincinato Braga, já na fronteira com o Paraguai. Em apenas duas décadas e meia, a expressão "norte do Paraná" adquiria outro significado. A região norte do Paraná é geograficamente definida pelos rios Itararé, Paranapanema, Paraná, Ivaí e Piquiri, com uma superfície de 100 mil quilômetros quadrados. Apenas uma fração dessa área era diretamente território loteado pela empresa. Mas o avanço das várias frentes formava um todo, e a região começava a ganhar uma unidade capaz de justificar as peças de propaganda de venda de lotes, que falavam sempre em "norte do Paraná".

O motivo disso era um crescimento populacional notável: "Em 1920 a região tinha 83073 habitantes, correspondente a 12,11% da população do estado. Em 1940 em virtude do grande avanço das frentes agrícolas pioneiras, a região atingiu 340449 habitantes, o que significa 27,54% do total do estado. Na década seguinte a população da região alcançou quase um milhão de pessoas, representando 44,5% da população do Paraná. Em 1960 a região norte do Paraná contava com mais de 2 milhões de habitantes, representando quase 50% da população do estado."[6]

A multiplicação da população por 25, em apenas 35 anos, tem uma explicação econômica, tributária dos esforços desesperados de lorde Lovat em 1931: o cultivo do café, predominante em toda a região. Os multiplicadores, nesse caso, eram igualmente altos: 10 mil sacas em 1920; 596 mil sacas em 1930; 1,1 milhão de sacas em 1940; 4 milhões de sacas em 1950 – uma produção quatrocentas vezes maior que a de três décadas antes.[7] Em comparação com o cultivo de café em São Paulo, o maior produtor brasileiro, o primeiro número representava apenas uma fração irrisória; já a safra paranaense de 1950 era metade da paulista – e a cada ano a diferença ia diminuindo.

Na região norte do estado havia desde plantações de café em grandes propriedades – como as de Jacarezinho e Cambará ou os gigantescos cafezais que Geremia Lunardelli, o rei do café (chegou a ter 18 milhões de cafeeiros em vários estados brasileiros), implantava nos 55 mil alqueires de suas fazendas em Pitanga – até os pequenos proprietários nas áreas loteadas pela Companhia Melhoramentos Norte do Paraná. Em 1952, a Secretaria da Agricultura do estado fez um censo (incompleto) de propriedades nessa região e encontrou 80% delas com menos de 20 mil pés plantados; 14,8% com um número entre 20 mil e 70 mil pés; e 5,2% com mais de 70 mil pés.[8]

Essa amostra com um número alto de casos é suficiente para indicar o que importa: uma variedade de situações sustentando a dinâmica muito forte de expansão da cafeicultura paranaense. Em meados da década de 1950, a economia cafeeira começava a gerar riqueza própria com duas faces: uma na qual os arranha-céus e o concreto dividiam espaço com o café, e outra na qual se impunha a realidade da frente pioneira, a instalação da propriedade agrícola.

A reorganização como Companhia Melhoramentos Norte do Paraná foi um reflexo dessa realidade. Avançar depressa uma ferrovia e vender lotes no mesmo ritmo era um objetivo mais do que necessário no primeiro momento. Os trilhos só chegaram a Maringá em janeiro de 1954. Dez anos depois da estatização da empresa, foi possível reunir os recursos para a construção de um trecho de mais 64 quilômetros a partir de Apucarana. Por ocasião da festa feita em torno da chegada do primeiro trem, uma reportagem da revista *A Pioneira* detalhou os problemas para a continuação da linha ferroviária: "Duas obras de certa importância serão construídas no trecho entre Maringá e Cianorte. São as pontes sobre os rios Ivaí e Ligeiro. [...] A chegada dos trens a Cianorte depende dessas pontes, mas o distrito de construção do Departamento Nacional de Estradas de Ferro luta com grandes dificuldades de escassez de verbas, que põe grandes entraves à ação."[9]

Seguindo o deslocamento de toda a frente que vinha do leste, Maringá tornou-se o núcleo central da região. E o crescimento da cidade, agora ponto final da linha ferroviária até que as verbas orçamentárias aparecessem, ocorreu em

Em 1950 o Norte do Paraná produziu 4 milhões de sacas de café, uma produção quatrocentas vezes maior que a de três décadas antes. Capa da edição nº 15 da revista *A Pioneira*, março/abril de 1954.

ritmo acelerado. A venda do primeiro lote de Maringá Novo acontecera em 1947; oito anos depois, segundo o folheto de comemoração dos trinta anos da Companhia Melhoramentos Norte do Paraná, ali viviam 80 mil pessoas, sendo 45 mil em 9 mil casas na zona rural e 35 mil em 6.080 residências urbanas. Entre os confortos urbanos estavam a luz elétrica, três ginásios estaduais e trinta grupos escolares, colégios privados, onze voos diários para as principais cidades do país – e 120 partidas diárias de ônibus.[10] Além disso, a cidade ganhava os primeiros equipamentos culturais, como cinema e jornal diário, além dos primeiros telefones.

Tal conjunto urbano era suficiente para atrair até mesmo repórteres de São Paulo, como foi o caso daqueles de *A Cigarra* – que descreveram a vida na cidade com os termos da época: "Quem pisa em Maringá, caminha por suas longas e empoeiradas ruas de barro vermelho, repara em suas inúmeras casas comerciais, conta nos dedos o número de bancos e hotéis que se erguem em suntuosos edifícios, dificilmente acreditará que essa cidade tem tão poucos anos de existência. Cadilacs, caminhonetas, jeeps e uma infinidade de carros dos mais luxuosos do mundo rodam nas ruas barrentas de Maringá; fazendeiros e industriais de renome, a maioria do Rio de Janeiro e de São Paulo, lá não deixam de ter seus hectares de terras bem plantadas ou suas grandes casas comerciais; enquanto isso uma leva de famílias, oriundas de todas as partes do país, para lá se dirigem em busca do eldorado."[11]

O afluxo era agora forte o suficiente para manter doze frentes de vendas de lotes na cidade – e dar origem a um conjunto arquitetônico modernista, fazendo contraste com as ruas empoeiradas e cuja maior marca inicial foi assim descrita pelos pesquisadores Ana Carolina Pussi de Brito e André Augusto de Almeida Alves: "José Augusto Bellucci foi contratado para conceber o Grande Hotel Maringá (1951) após projetar, por indicação de Cássio da Costa Vidigal, então diretor-presidente da CMNP, a casa de um dos diretores dessa companhia em São Paulo. O programa hoteleiro era típico de cidades novas, pois era preciso 'hospedar bem para atrair bons compradores de terras'. [...] Após uma série de estudos marcados pela simetria e disposição pavilhonar, chegou-se ao definitivo anteprojeto: o edifício seria estruturado em blocos ortogonalmente dispostos entre si formando pátios."[12]

Esse seria o primeiro de uma série de projetos do arquiteto na cidade. E a busca por um novo padrão de urbanismo continuaria com o planejamento de Cianorte, iniciado em 1952. A planta urbana foi, de novo, encomendada a Jorge de Macedo Vieira – que levou a um novo patamar as novidades urbanísticas, como mostra Antonio Carlos Bonfato: "A cidade foi dividida em zonas residencial popular, residencial principal, residencial operária, comercial, industrial, além dos armazéns, edifícios públicos, estação ferroviária e áreas verdes, dando uma conotação bastante nítida do sentido de zoning, característico dos projetos de cidades novas de Macedo Vieira. O traçado reservou ao sítio generosas áreas verdes, acompanhadas em seu contorno por parkways, integralizando, no plano geral, um desenho de rara beleza. O traçado reto na forma radioconcêntrica predomina na região central, permeado por áreas onde as linhas circulares, semicirculares e ovais existem em profusão, e formam figuras que se harmonizam quando colocadas em conjunto."[13]

Como a preocupação ambiental começava a fazer parte do planejamento, a Companhia Melhoramentos Norte do Paraná reservou uma área de 423 hectares de mata virgem ao redor da cidade, para funcionar como zona de preservação municipal. Essa área e os parques na zona urbana iriam se tornar característicos de Cianorte. Era uma solução urbanística muito inovadora para um loteamento que ficava 80 quilômetros além do ponto final da linha ferroviária – e que competia com as ofertas no sertão a oeste, bem menos sofisticadas.

A derrubada da mata começou no início de 1953 – e já no final deste ano havia 29 casas na cidade; no início do ano seguinte seriam 178.[14] Em 26 de julho de 1954 houve a inauguração formal do empreendimento: um ônibus levando Gastão de Souza Mesquita Filho, familiares e amigos partiu de Maringá. Depois de 52 quilômetros por estrada de terra, o ônibus parou na margem do rio Ivaí; todos atravessaram de balsa, pegaram carros e foram conhecer as ruas recém-abertas da nova cidade, ainda atulhada com os troncos das árvores derrubadas. A cerimônia de inauguração teve lugar no modesto hotel da empresa, uma construção térrea de madeira; depois de alguns discursos, foi servido um churrasco. A reportagem sobre o evento informava que a área disponível para loteamento na cidade e nos arredores era de 100 mil alqueires.[15]

A realidade de Maringá e de Cianorte era um tema constante na publicidade da empresa. Os anúncios divulgados em São Paulo adotavam agora um enfoque bem diverso daquele dos tempos do apelo ao pioneirismo.

Quase sempre, o mais ressaltado eram os aspectos da vida urbana nas novas cidades, como neste caso: "Cianorte, cidade criada e planejada com todos os requisitos de técnicas urbanísticas possui 2 mil habitantes."[16] Em seguida: "Cianorte conta com quinhentas casas, é abastecida com água potável, praças, parques, hospitais, hotéis, escolas, serrarias, olarias, comércio e um moderno aeroporto aprovado pela DAC."[17] Ou então: "Consta na cidade, em 1955, um acréscimo de mais 134 construções, somadas com as dos anos anteriores. Destas, 182 localizam-se na zona comercial, 46 na zona residencial e 84 na zona operária."[18] Para esse novo público, a comunicação incluía também a questão da educação, ainda que como possibilidade: "Cianorte não possui ensino secundário, mas há um grupo escolar e uma escola primária particular. É possível precisar o estabelecimento de um curso ginasial particular ainda em 1956."[19]

Em 1955 começaram as vendas de lotes em Umuarama. Nesse caso, porém, a marca principal não era mais o movimento originário do leste com a ferrovia. Agora se consolidava a dinâmica agrícola do oeste, iniciada com a Fazenda Brasileira e abrangendo uma variedade de atividades produtivas. Até mesmo os argumentos publicitários para vender lotes eram outros. Para começar, os anúncios reconheciam a distância em relação à ferrovia e enfatizavam uma estrutura urbana voltada quase só para agricultores – um público diferente daquele visado nos anúncios de Cianorte: "Umuarama está distante 191 quilômetros de Maringá, e tem 470 alqueires divididos em 8 mil lotes urbanos. Já possui dois hotéis, uma farmácia, pensão, diversos armazéns, grupo escolar, bares, açougues, padaria, cartório, estação rodoviária, duas máquinas de arroz, campo de pouso de 1,6 mil metros de extensão e seiscentos alqueires de chácaras cercando o centro e destinadas a serem o cinturão verde. As principais culturas são café e cereais."[20]

A infraestrutura rodoviária era um argumento forte: os 600 quilômetros de estradas construídas[21] apareciam em vários anúncios, junto com o apelo às oportunidades de riqueza extraída da terra: "Plantando café que se transforma no ouro brasileiro, produzindo cereais em quantidades jamais atingidas, formando pastagens nas terras baixas, cultivando pomares e árvores frutíferas, lá estão em Umuarama milhares de famílias se beneficiando da mais fértil região do Brasil. Uma média de oitenta caminhões por dia cruzavam o rio Ivaí em Porto Andirá carregando mudanças, chegando a duzentos em alguns dias."[22]

A charge representa as cidades como mulheres e crianças. A CMNP é uma senhora opulenta, mãe de todas elas. Charge Edgar Osterroth, "Feliz Ano Novo 1954". Álbum fotográfico Companhia de Terras Norte do Paraná - Companhia Melhoramentos Norte do Paraná, acervo IIGMF.

Dado esse foco na agricultura, compreende-se que os investimentos em requintes urbanísticos fossem menores em Umuarama. O plano diretor foi entregue a engenheiros de carreira da empresa, supervisionados por Rubens Mendes Mesquita, que dirigiria as vendas na região. A maior atração na planta era o grande espaço reservado para a futura ferrovia, que deveria serpentear numa esplanada que atravessava a cidade. No entanto, o ritmo das vendas em Umuarama não decepcionou nem um pouco.

Tudo isso era indicativo de sucesso, cuja medida foi revelada pelo livreto comemorativo dos trinta anos da Companhia Melhoramentos Norte do Paraná em 1955: 340 mil alqueires vendidos.[23] Se a esse número forem somados os 100 mil alqueires reservados para venda em Cianorte e os 30 mil de Umuarama, o total chegaria a 470 mil. Na visão estratégica que levou à mudança de nome da empresa, esse êxito tinha outro significado: aproximava-se cada vez mais o dia de completar a transição para outros negócios – caso não se quisesse decretar o fim das atividades.

Assim, a corrida contra o próprio sucesso estendeu-se também até a

O Presidente saboreia uma xicara de café paranaense

Por ocasião da visita do Presidente Getúlio Vargas a Curitiba, o fotógrafo da Câmara de Expansão Econômica do Paraná fixou êste expressivo flagrante, em que aparece o Chefe da Nação saboreando em companhia do Governador do Paraná Dr. Bento Munhoz da Rocha Neto, uma xícara de café produzido na magníficas terras roxas de nossa região.

— 59 —

"O presidente saboreia uma xícara de café paranaense", revista *A Pioneira*, 01 de maio de 1953, p. 59.

frente pioneira, o espaço das matas ainda intocadas. Desde a fundação do empreendimento, o foco no loteamento vinha sendo seguido à risca nesse setor. Por mais atrativa que fosse a lucratividade das atividades agrícolas, a entrada nelas havia sido escrupulosamente evitada pela empresa que vendia lotes. A terra era usada apenas para produzir lotes – e tudo que fosse produção agrária era reservado aos compradores desses lotes. Frente à exiguidade de terras, a Companhia Melhoramentos Norte do Paraná viu-se obrigada a reconhecer que a área sem aproveitamento econômico, além de servir de reserva para o loteamento, não podia mais continuar a ser mantida assim.

Para enfrentar essa situação, Hermann de Moraes Barros convenceu os acionistas de que uma opção viável seria a de investir na formação de fazendas e na exploração de atividades agrícolas nas terras mais a oeste. Assim, em 1953 foram abertas as duas primeiras fazendas de café: Murerê e Fartura. Desde o início foram pensadas como fazendas modelares, em vários sentidos: havia um planejamento agronômico, que incluía a preservação de matas ciliares; e as sementes de café eram todas selecionadas: Bourbon Vermelho, Bourbon Amarelo, Caturra Vermelho e Sumatra.

Um dos primeiros supervisores contratados foi José Carlos Turato, agrônomo e fiscal do Banco do Brasil. O momento em que começou a trabalhar na empresa que agora abria fazendas ficou em sua memória: "Eu ganhava cinco no banco, o chefe da carteira agrícola lá em Maringá me convidou para trabalhar lá: 'Nós pagamos dez e te damos o jipe para você andar'. Então fui pedir uma licença do banco, um tempo de seis meses de licença para testar na companhia, ver como era. Quando fui para Maringá a companhia tinha a plantação de café, estava com algo em torno de 2 milhões de pés de café com plumas. Tinha comprado uma fazenda de um vizinho também, com uma terra roxa espetacular. E quando entrei resolveram começar com o negócio de gado."[24]

Esse segundo negócio agrícola tinha sua razão de ser: as terras mais ao norte da propriedade adquirida em 1925, nas proximidades do porto do Nhonhô, eram arenosas e imprestáveis para a lavoura – bem como para as vendas em pequenos lotes. Ficavam ao norte da cidade de Cianorte, de modo que o núcleo no qual se vendiam lotes acabou servindo também de teste para uma nova organização administrativa: Paulo de Moraes Barros, agrônomo, foi nomeado para a dupla função de gerente de vendas de lotes em Cianorte e gerente agrícola das fazendas.

Como relembra Maurício de Souza, que começou a trabalhar na área na década de 1970: "O chefe era o dr. Paulo de Moraes Barros, que veio para Cianorte em 1952 e ainda estava lá quando eu entrei. A companhia tinha então muitas fazendas, especialmente de pecuária. E tinha uma coisa que me chamava a atenção: nós trabalhávamos no sábado e todo o escritório parava ao meio-dia, só que o almoxarifado, onde eu trabalhava, ia até às três, porque na parte da tarde as fazendas iam buscar medicamentos e a gente tinha que fazer as entregas."[25]

Com a pecuária chegando às últimas fronteiras da propriedade, no final da década de 1950 completava-se o processo que levara à mudança das finalidades e do nome, para Companhia Melhoramentos Norte do Paraná. Ainda havia áreas reservadas para a venda de lotes urbanos e rurais, mas agora como um elemento entre outros num todo diversificado. Havia agora produção empresarial em toda a propriedade adquirida em 1925, com as reses sendo criadas nos limites mais distantes das terras.

E, mais além da divisa oeste da propriedade, havia também ocupação por todo lado. O norte do Paraná, a grande mancha de 100 mil quilômetros quadrados de mata intocada de 1925, estava sendo inteiramente ocupado. A floresta original sobreviveria apenas nos limitados espaços agora denominados áreas de preservação. Mesmo onde ainda havia mato, já existiam pistas de pouso para aviões; o negócio pioneiro era agora parte integrante de uma área econômica que ganhava uma complexidade maior do que sua atividade principal, o café.

A frente da venda de lotes não assinalava mais uma fronteira: a produção agropecuária da Companhia Melhoramentos Norte do Paraná conectava a propriedade de 1925 com uma região que se desenvolvera também num período breve, com uma variedade de situações de instalação. O modelo da empresa, a venda dos lotes como propriedade privada regular e escriturada, foi reproduzido em muitos espaços nessa região, ainda que convivendo com os conflitos inerentes aos títulos de concessão.

Não havia muito mais o que lotear no Paraná. O êxito na implantação de atividades agrícolas seria parte importante do empenho da empresa para sobreviver ao seu êxito como loteadora. Tinha agora de vencer o desafio com suas forças internas, e não mais com a atração de gente de fora.

CAPÍTULO **25**

> *Anos 60: o crescimento visto de dentro*

NA DÉCADA DE 1910, ANTÔNIO DE MORAES BARROS PLANTOU UMA JABUTICABEIRA no quintal de sua casa, na rua Doutor Bráulio Gomes esquina com a Sete de Abril, numa época em que esse trecho do centro de São Paulo ainda era zona residencial. Após sua morte, com a cidade em expansão, a casa foi vendida para a construção de um prédio. Nessa altura, Isa e Gastão de Souza Mesquita Filho estavam construindo sua casa na rua Itápolis, no Pacaembu, então um bairro afastado do centro.

O casal decidiu transferir para a nova residência as duas árvores que adornavam o quintal da infância de Isa. Meticuloso, Gastão mediu a posição exata das jabuticabeiras em relação ao sol, e conseguiu transportar as árvores arrancadas do solo através da cidade. Todos os cuidados foram tomados e, com a ajuda de uma bússola, ele achou a posição exata em relação ao sol no local escolhido. Replantadas, as jabuticabeiras continuaram a crescer, dando sombra, produzindo frutos – e servindo como renovado ponto de encontro familiar. Maria Isabel Mesquita Pereira relembra: "Quando tinha jabuticaba minha avó ligava e falava: 'Pode vir pegar!' A gente ia, mas tinha uma regra, tinha que colher primeiro a jabuticaba do pé a partir da parte baixa do tronco, para depois subir. Então a gente colhia cestas e cestas de jabuticaba."[1]

Essa coleta inaugurou um ritual familiar: "Todo domingo, desde que me conheço por gente, tinha almoço na casa da minha avó. Isso desde que a gente era pequenininho, e continuou quando a gente foi ficando mais velho, casando. Até os sogros e sogras dos que se casavam com os filhos faziam parte desse almoço de domingo. Uns foram ficando viúvos, continuaram indo lá também, então sempre tinha muita gente."[2]

Com o tempo, o ritual tornou-se mais elaborado: "Tinha o almoço das crianças primeiro. Antes dele, os netos ficavam lá bolando coisas para fazer, e a gente fazia apresentação de circo. Porque são oito netos, mas ia toda a escadinha, da mais velha ao mais novo. O meu avô e a minha avó estavam sempre ali, presentes. Daí a gente ia almoçar na copa, enquanto os adultos comiam na sala de jantar. Meu avô ficava conosco depois que a gente almoçava, quando os adultos acabavam de almoçar. Ele estava sempre presente, conversava, participava muito. Depois começou a ter os bisnetos, aí às vezes a gente abria o que eles hoje chamam de chiqueiro, mas era quadrado, ficavam três, quatro pequenininhos lá, filhos das minhas primas. Quando você via, meu avô estava sentado lá dentro, brincando com aquelas crianças, sempre estava no meio, sempre conversando."[3]

Essa era a porção do domingo desfrutada pela família – mas não toda a rotina domingueira de Gastão de Souza Mesquita Filho. Bem cedo, antes de os netos chegarem, havia outro hábito invariável, a conversa com Jayme Seixas, administrador da Fazenda Caiuá: "Todo domingo de manhã ele ligava. E o telefone não era desses de hoje, mas outro muito ruim. A linha era de ferro galvanizada e enferrujada na emenda. Então dava muito ruído. Mas, mesmo ruim, acabava falando por uma hora. Conversávamos a respeito da fazenda e ele me contava coisas da companhia também. Na casa dele, em São Paulo, tinha uma senhora que um dia perguntou ao doutor Gastão: 'Quem é esse Jayme que o senhor fala todo domingo?' Ele explicou. Daí, a cozinheira descobriu que me conhecia, que eu era o Jayme da Fazenda Aparecida... Então, ele tinha bastante assunto! Eu acho que ele não tinha o que fazer e ligava para mim."[4]

Essa hora de conversa dominical era trabalho. A Fazenda Caiuá era propriedade particular de Gastão de Souza Mesquita Filho – e por isso administrada fora do ambiente da empresa. E não era uma tarefa simples, como relembra Jayme Seixas: "A fazenda tinha 625 alqueires, todos plantados de café. Para cuidar deles tinha cem casas e cem famílias. Eram 165 empregados. Então, era grande e lotada de gente."[5]

Teresa Poloni Seixas, mulher de Jayme, relata como era a vida na fazenda: "Tinha a igreja, com padre para rezar a missa todo domingo. Depois tinha futebol, meu filho era muito bom no futebol. Vinha time de Ourinhos, de Cambará, tudo de caminhão. Em dia de futebol enchia a beirada do campo. E meu filho também ia de caminhão, para jogar fora. Um dia cortou a cabeça e chegou todo ensanguentado. Eu falei: 'Meu Deus do céu!' Mas ele sempre ganhava em Caiuá. De tarde tinha o clube. Passava cinema para o pessoal. Tinha baile. O Jayme gostava muito de fazer coisas para o pessoal ficar na fazenda e não sair para procurar diversão. Moças de Cambará também iam dançar lá. Era muito animado, com aqueles discos grandes de vinil. E a gente alugava filme. Compramos a máquina de projetar, e os filmes que a gente alugava vinham de Botucatu para o Salto Grande. O rapaz ia buscar de charrete e passava o filme. Nossa, cada filme bom. Não tem um filme que eu não tenha assistido."[6]

A Fazenda Caiuá era um destino quase obrigatório de Gastão e Isa, por vários motivos. Sua localização, entre São Paulo, Itapeva e Maringá, fazia dela uma excelente base para circulação entre os pontos de atividade da empresa. Para se deslocar entre eles, Gastão de Souza Mesquita Filho tomou uma decisão característica do amante das novidades técnicas e piloto que era: comprou um avião executivo e com ele acumulou um imenso número de horas de voo, antes passadas nas precárias estradas de terra. Boa parte delas empregada em assuntos do trabalho e o restante para chegar à fazenda. Como lembra Teresa Poloni Seixas: "Eles vinham de avião. Eram sete pessoas que cabiam no avião da companhia. Muitas vezes vinha mais gente, mas, na maioria das vezes, eram apenas dona Isa e o doutor Gastão. Sempre juntos. Quando vinham só os dois, a gente sempre ia almoçar ou jantar com eles. E ele era bom de prosa."[7]

A rotina do casal privilegiava os cuidados com a produção na fazenda, segundo Jayme Seixas: "Vinha para a fazenda e não ficava em casa. Ficava querendo andar para todo lado. Quando ia até a plantação de café, já eram alguns quilômetros. A gente saía na Rural Willys, com ele e a esposa, dona Isa, para ver o café. E eu ficava assustado com o mato grande de dezembro e janeiro. A capinação, que era manual, não vencia. Mesmo assim, ele não deixava a gente desanimar e dizia: 'É mato fresco, faz bem para o café.' Isso mesmo sem ser mais mato fresco. É que eram 120 mil pés de café na fazenda e a coisa tinha que andar. Tinha catorze tratores, e mesmo assim não vencia."[8]

Nessas horas de contato direto, Jayme tomava aulas de administração: "Um dia a gente estava andando pelo terreiro de café, e ele me falou: 'Jayme, aqui você não faz nada. Só manda os outros fazerem!' Foi aí que eu aprendi mandar e, agora, mando até em casa. Nesse mesmo dia ele também falou: 'Você tem que dar atribuição e confiar nos outros.' Aprendi a confiar."[9] O convívio envolvia também momentos especiais, relacionados com o trabalho: "A aeronave da companhia ficava por lá às vezes. Certo dia, ele me pegou e voamos até uma fazenda em Maringá, para mostrar como se faz composto com esterco. Fomos e voltamos de avião, foi a primeira vez que eu voei."[10]

Durante as férias escolares, recorda Teresa Poloni Seixas, a rotina se alterava: "A família toda vinha com as crianças, inclusive as moças Suzana, Lúcia e Isaurinha, que era filha de dona Marina. A criançada passava os dias junto com meus filhos, era uma festa. Tinha tudo na fazenda. Meu pai fazia manteiga e eu fazia queijo e mandava para eles. Tinha gado, jumento, cavalo. A criançada andava a cavalo. Todo mundo ia passear e iam até Cambará, acho que eram uns quarenta minutos de viagem. E, quando iam de volta para São Paulo, levavam frango, manteiga e muitas outras coisas da fazenda no avião."[11]

A constância nos cuidados cotidianos estendia-se também ao modo como se vestia, segundo Carlos Roberto Baccaro: "Entrei na Melhoramentos com catorze anos e meio e era recepcionista na diretoria. Recebia as pessoas, pedia para se acomodarem, caminhava até o sofá, pedia um café e pegava o nome da pessoa e me dirigia à secretária. Assim fui conhecendo todos os diretores. O doutor Gastão tinha uma coisa assim característica dele, porque ele usava colete o tempo todo. Frio ou calor, ele sempre estava de colete. Usava bota, tinha o chapéu dele no canto da sala."[12]

As rotinas do diretor-superintendente se refletiam nas rotinas da empresa – e vale a pena repassar essas práticas para conhecer a empresa por dentro, seguindo a trajetória de Baccaro, que nela fez carreira: "Fui trabalhar na expedição. Distribuía toda a correspondência. Então a minha obrigação era chegar às oito da manhã, pegar os malotes que vinham todo dia de Itapeva e do Paraná. Pegava na rodoviária e levava para o escritório, aí tinha um senhor chamado Mário que separava a correspondência, e eu ia entregando sala por sala. Quando o pessoal chegava, a correspondência que vinha dos malotes já estava toda entregue. E durante o resto do dia eu trabalhava entregando as faturas, mais correspondência, muita correspondência, duplicata para fazer cobrança, todo tipo de papel."[13]

O fluxo regular de papéis era a súmula mais precisa possível dos negócios da Companhia Melhoramentos Norte do Paraná na época. Havia as limitações da produção manual de documentos, como aprendeu Baccaro: "Logo precisaram de um garoto para ajudar na parte de lançamento das compras de cimento no kardex. Era uma operação complicada: cada cliente tinha uma ficha e uma contraficha, na contraficha estava o endereço todo; na ficha você lançava o número das notas fiscais, dia, número e a quantidade de cimento vendida; chegava no final do mês você fechava o total e transportava o número para a contraficha, onde estava só a venda mensal, para você fazer a média."[14]

Como ele logo se deu conta, esses registros tinham uma relação apenas aproximada com a realidade da produção, com a qual também foi se familiarizando: "Umas pessoas do [setor de] cimento, com quem falava por telefone, me levaram para conhecer a fábrica, e fui ver lá a ensacadeira, os fornos, a moagem, então foi bastante interessante. E tinha já ali na fábrica, no anexo da fábrica, dois fornos de siderurgia. Era um anexo, feito, se não me engano em 1967, para vender ferro-gusa."[15]

Esse conhecimento levou à promoção que o permitiu entender a complexa relação entre a papelada e a realidade: "Como assistente de vendas eu continuava lançando as notas, mas passei a conversar mais com o cliente, programar a saída, informar, ver com a fábrica o que estava saindo. Muito do que eu lançava era entregue por ferrovia. Então eu recebia a informação e passava para o cliente, tinha uma interação maior no processo. Quando o cliente ligava, eu falava: 'O seu vagão está programado para o dia seis.' Mas como tudo no Brasil, as coisas não funcionavam. Num dia tinha muitos vagões, outro dia não tinha nenhum."[16]

A imprecisão também era a regra no transporte rodoviário: "Muitos clientes ficavam às vezes quatro, cinco dias na fila para retirar por caminhão. As pessoas mandavam os caminhões, pegavam uma ficha de chamada, para ninguém passar à frente de outro. Então, se desse algum problema na produção, na ensacadeira, qualquer coisa que acontecesse, é lógico que ia atrasar a expedição, aí você ia pela ordem de chegada. E foi indo assim durante um bom tempo, até a companhia aumentar a produção."[17]

Essas complexidades também abriam espaços para experimentos e vislumbres de outros negócios, que um funcionário mais atento ia aprendendo a entender: "Alguém na fábrica descobriu minério de ferro na região. Como nós tínhamos energia elétrica excedente, foi montada uma siderurgia para aproveitar aquela energia. Então se fez o primeiro forno, e logo o segundo forno para fazer ferro-gusa. Descobrimos que nosso minério de ferro tinha titânio e vanádio na composição. Com qualquer batidinha a peça fundida quebrava. Aí paramos tudo. Mas apareceu um vendedor que sabia de ligas especiais e foi falar com o doutor Manoel Mesquita. E ele descobriu que nós tínhamos que ter um produto de maior valor agregado. Aí, pusemos o primeiro forno para fazer ferro manganês. Mesmo trazendo minério de trem de Corumbá, criamos um produto melhor e a coisa começou a virar. A vida empresarial é engraçada. A ordem dos fatores foi:

tínhamos hidrelétrica, estava sobrando energia, então vamos pegar o ferro, o ferro não deu, trocamos o ferro e deu: 'Ah, temos um negócio.' Mas logo começou a faltar energia para fazer cimento..."[18]

Esse ciclo no qual, apesar das imprecisões dos controles e acidentes no percurso, os negócios andavam, repetia-se com escala ampliada também em Maringá. Luiz Roberto Bolotta começou a conviver com essa característica da empresa a partir dos negócios particulares de café de Gastão de Souza Mesquita Filho: "O doutor Afonso de Campos Lima era advogado e tinha uma máquina de café. Chamava-se 'Máquina de Café Santo Antônio'. Ele precisava de uma pessoa de confiança e me convenceu a vir trabalhar. Cheguei em janeiro de 1960. A máquina funcionava na avenida Mauá, em Maringá. Naquela época havia umas cinquenta máquinas de café dentro da cidade de Maringá. Ali tive a grande oportunidade e alegria de conhecer o doutor Gastão Mesquita Filho. Ele tinha os cafés particulares dele lá em Cambará. Então às vezes ele ligava para mim e dizia: 'Senhor Luiz Bolotta, tenho tantos sacos de café para vender.' Eu achava o comprador, tudo certinho. Ligava: 'Doutor Gastão, achei; o preço é esse.' E ele: 'Ô, Bolotta pede mais cinquenta centavos ou mais isso ou mais aquilo.' A gente batalhava, conseguia, ligava para ele. Fechava o negócio e dizia: 'Não esqueça de uma coisa: quem não chora não mama.' Não dava moleza mesmo."[19]

Desde o começo, era grande o volume dos negócios: "A máquina era grande, rodava 24 horas por dia. Tinha um motor diesel inglês Blackstone, três turmas de saqueiros, então você pode ter uma ideia da quantidade de café que a gente movimentava. A gente chegava a trabalhar com quinze a vinte bancos, para ter dinheiro e comprar o café dos produtores de toda a região. Eu era o chefe do escritório. A pessoa chegava com sua amostra de café para vender, a gente olhava, para ver como era o café. E aí fazia a oferta, vendia e fechava o contrato. Os caminhões paravam, o saqueiro já pesava e jogava no caminhão. Daí saía, para Santos ou Paranaguá, se já estava vendido. O café que não estava vendido, a gente colocava no IBC. E eu já perguntava para o cliente: 'Qual é o banco?' Maringá tinha uns vinte e tantos bancos e esse doutor Afonso tinha crédito em todos eles. Era uma época boa e fácil."[20]

Então tudo mudou: "Em abril de 1965, o doutor Afonso resolveu se desfazer da máquina de café. Ele ofereceu para a companhia e fizeram uma reunião com o doutor Gastão, o Gastão Neto, o doutor Hermann, todos. E a companhia comprou a máquina. Mas exigiu que o chefe da catação de café,

O cartão de Boas Festas reúne alguns empreendimentos da Companhia Melhoramentos Norte do Paraná em 1963. "Colonização da CMNP – Boas festas e feliz 1963", impressão sobre cartão. Álbum fotográfico Companhia de Terras Norte do Paraná – Companhia Melhoramentos Norte do Paraná, acervo IIGMF.

o mecânico que cuidava da máquina e eu viéssemos juntos. Fui designado para o escritório central, que administrava todas as atividades na região. A parte de topografia, mapas, memoriais, escrituras. Tinha os que mexiam com as vendas de lotes. E também uma oficina para tratores, porque tínhamos muitos tratores, carros, automóveis. Então, ali trabalhavam os motoristas que atendiam os diretores, os engenheiros agrônomos nas fazendas."[21]

Com isso, ele passou a ter uma relação peculiar com a empresa, pois parte do movimento da máquina de café, agora da companhia, vinha das plantações particulares dos diretores: "O movimento era assim: 70% da companhia, 30% dos diretores. Todos entregam seus cafés lá: seu Alfredo [Nyffeller], doutor Paulo Moraes Barros, doutor Hermann de Moraes Barros, doutor Gastão Filho e Gastão Neto. O doutor Paulo era muito exigente, era rigidez até demais. Se não fosse no cheque visado ou no dinheiro, não saía negócio, fosse venda de gado ou de café. Já o doutor Gastão Neto era mais calmo."[22]

Além de tratar pessoalmente com os donos, depois de contratado passou a ter responsabilidades com aqueles que trabalhavam na Melhoramentos: "Comecei no departamento pessoal. O doutor Gastão Filho dizia o seguinte: 'Se o empregado da companhia é bom, então é responsabilidade nossa.' E as carreiras eram longas: trabalhava o avô, o filho e o pai, décadas na empresa. Quando precisava de qualquer coisa, era responsabilidade nossa. E sobre pagamentos, então, nem se fala. A Companhia Melhoramentos, naquela época, pagava o décimo quarto salário, na época do balanço, porque sempre dava um bom lucro."[23]

Era a época áurea do negócio, aquela que combinava boas vendas de lotes com menores gastos para manter a infraestrutura regional. Tudo isso resultava em lucros operacionais, refletidos em outra rotina burocrática: "A gente preparava as folhas de pagamento aqui em Maringá. Remetíamos pagamentos para Londrina. E sobrava dinheiro. Toda semana a gente mandava um checão para São Paulo."[24]

A administração funcionava quase automaticamente, com uma supervisão peculiar: "Quem vinha mais era o doutor Hermann. Ele tinha um coração grande, mas era explosivo. Se ele marcasse com você qualquer coisa e não acontecesse... Ele telefonava de São Paulo: 'Luiz Bolotta, tô chegando tal dia aí em Maringá.' Quando chegava, mandava o piloto do avião dar um rasante na cidade, que era para avisar. O jipe tinha que estar lá esperando ele. Se atrasasse qualquer coisa, ele vinha até a pé. Mas vinha xingando e bravo. Daí ele fazia reunião com o prefeito, com todo mundo. Depois, ia correr as fazendas todas do lado de Maringá. Isso acontecia duas vezes por mês. Quando ele não vinha, vinha o doutor Gastão Neto, mas era menos frequente."[25]

Pode parecer pouca presença da direção central da empresa em sua área de atuação mais importante – mas era também o resultado do método administrativo de Gastão de Souza Mesquita Filho, aquele contado a seu Jayme na fazenda: confiar e supervisionar. Era um método muito eficiente numa realidade na qual os dados para decidir, por melhor que fossem coletados ou por maior que fosse a circulação diária dos malotes em todas as direções, continham sempre uma dose alta de imprevisibilidade.

Os gestores precisavam ser capazes de improvisar e decidir conforme a circunstância. Nas fazendas que estavam sendo abertas na frente pioneira, nem luz havia. Mesmo nas fábricas, um único telefone – que às vezes ficava mudo – era o principal instrumento de comunicação. Na época, entre as agências de uma mesma rede bancária, as informações básicas sobre as contas correntes circulavam também por malotes, de modo que valia mais a pena manter uma conta para cada unidade pagadora do que perder dias e gastar dinheiro pensando em centralizar o caixa.

Havendo confiança nas pessoas certas, ligações de uma hora aos domingos ou duas viagens mensais dos diretores para Maringá bastavam para manter a operação sob controle. Mas não era apenas metodologia: um plano estratégico vinha sendo cuidadosamente seguido por mais de uma década. Como a missão da Companhia Melhoramentos Norte do Paraná era multiplicar atividades para sobreviver ao fim das vendas de lotes, era imperioso que lidasse bem com a descentralização.

O êxito do modelo não se restringia aos procedimentos rotineiros da empresa. Parte ponderável das aplicações em outras atividades exigia descentralização e confiança ainda maiores. A família Vidigal fazia parte do grupo controlador da empresa, com participação suficiente para indicar o presidente. Cássio Vidigal supervisionava o andamento da empresa em nome de sua família, seja cumprindo as funções de representação política associadas ao papel, seja como interlocutor dos grandes urbanistas contratados para fazer o planejamento de cidades ou prédios mais relevantes. Mas não intervinha na autonomia decisória de Gastão de Souza Mesquita Filho.

Na via inversa, a Companhia Melhoramentos Norte do Paraná aplicava parte de seus lucros numa participação minoritária nas empresas da família Vidigal. Gastão de Souza Mesquita Filho era o presidente de todas elas, cumprindo o mesmíssimo ritual de confiança e não intervenção. Assim, cada família ia aproveitando as oportunidades para crescer, enfrentando desafios de conexão cada vez maiores. Na segunda metade da década de 1960, os Mesquita consolidaram uma posição de acionistas minoritários no próprio Banco Mercantil, ampliando sua atuação na esfera financeira. E foi por aí que surgiu uma oportunidade de ampliar os negócios no setor de cimento.

O Banco Mercantil tinha uma participação na Fábrica de Cimento Ponte Alta, em Minas Gerais. Era uma empresa que dispunha de uma boa reserva de terras calcárias ao redor da fábrica, na qual desenvolvia também atividades pecuárias. Mas a planta era pequena, com um único forno. Gastão Mesquita Neto foi encarregado de avaliar a oportunidade e entendeu que era promissora. Fechado o negócio, ele passou a supervisionar a atividade cimenteira em duas frentes. E lá se foi Carlos Roberto Baccaro em suas viagens: "Fiz uma primeira viagem para Uberaba, depois saí dali indo percorrer o interior de Goiás, interior de Minas Gerais e o interior de São Paulo, para vender cimento. Já tinha alguma experiência, então alugava um fusca e já saía vendendo cimento para depósito de material de construção."[26]

Claro, alguns pioneirismos iam deixando de fazer sentido, mas já ganhavam significado histórico. Em 1968 deu-se a desativação da pioneira Usina do Fojo, em Campos do Jordão. A nova controladora da empresa, a CESP, recusou-se a vender as instalações da usina: preferiu manter os prédios de valor histórico e fazer uma pousada para funcionários, justificando: "A Usina do Fojo é em nossos dias um exemplo de antiga central hidrelétrica preservada pelo seu valor histórico intrínseco e simultaneamente um aproveitamento múltiplo em pequena escala inserido na realidade atual."[27]

A paixão de Gastão de Souza Mesquita Filho pelas hidrelétricas continuava: a fim de manter a produção simultânea de cimento e ferroliga em Itapeva, ele foi ampliando o aproveitamento das quedas-d'água na propriedade, até chegar a dezessete. Nesse caso, a mesma ideia aplicada ainda fazia sentido: os custos com energia eram menores, tornando mais competitivo o empreendimento.

Nesse cenário brasileiro descentralizado e mutante, a diferença entre o que ainda valia a pena e o que já não valia mais a pena era o critério básico para fazer bons negócios. E desde o tempo em que observava as produções locais enquanto se embrenhava no mato para traçar a linha de uma estrada de ferro, Gastão de Souza Mesquita Filho tinha um método para tomar o pulso dos negócios que valiam ou não a pena: sempre ouvia com o máximo de atenção cada pessoa – e confrontava o que ouvia com suas próprias observações da realidade. Era capaz de refazer o próprio julgamento a cada conversa. E confiar, quando o balanço era positivo.

Era uma regra pessoal – e uma excelente regra de negócios. A confiança chegava a extremos. Em 1971, ao falecer Cássio Vidigal, este foi substituído na presidência da Companhia Melhoramentos Norte do Paraná por Silvio Vidigal – uma pessoa bem mais formal. Os contatos pessoais entre os sócios se tornaram mais raros. Muitas vezes, as assembleias de acionistas das empresas nem sequer contavam com a participação deles: a confiança era tanta que o livro de atas era passado para assinatura até mesmo com meses de defasagem. Gastão Mesquita, filho de Gastão Mesquita Neto, começou a trabalhar na empresa nesse momento, ocupando uma sala no oitavo andar. Em sua memória, os encontros formais entre os dois controladores aconteciam "uma ou duas vezes por ano".[28]

Gastão Mesquita Filho, sempre trajando terno, botas e chapéu, visita fazenda junto com Annibal Bianchini, Hermann Moraes de Barros e colaborador. Foto, década de 1970, acervo IIGMF / Maringá Histórica.

Tudo isso era possível devido ao alto grau de coesão interna, tanto na execução das estratégias de longo prazo da Companhia Melhoramentos Norte do Paraná como na gestão dos parceiros no empreendimento. Nessa visão de futuro, as coisas andavam em ritmo de jabuticabeira: seguindo adiante com a regularidade dos grandes projetos estáveis.

E com sucesso. Numa década de elevado crescimento da economia brasileira, os negócios cresciam acima da média nacional. O projeto de 1948, antevendo uma realidade econômica na qual não faria mais sentido a atividade de lotear terras, estava agora mostrando todo o seu valor estratégico. Ainda em 1970, o grande produto vendido pela empresa era o lote, a fração de terra cuidadosamente preparada – com estradas, projetos urbanísticos, publicidade, hospedagem, crédito e confiança. Mas essa já não era mais uma mercadoria com futuro. Os negócios da Companhia Melhoramentos Norte do Paraná foram muito bem na década de 1960 exatamente porque ela já estava saindo cada vez mais de uma atividade não só em declínio, mas publicamente desvalorizada. E, fora da empresa, a década de 1960 não foi nada risonha.

CAPÍTULO **26**

> *Anos 60: complexidades do lado de fora*

Em 1960, a safra de café no Paraná foi excepcional, com 20,6 milhões de sacas sendo colhidas – 2,4 vezes mais do que no ano anterior. Nesse ano a safra também foi boa em São Paulo, o maior produtor brasileiro desde a virada do século XX: 13 milhões de sacas, com um aumento de 20% em relação ao ano anterior. Um novo líder surgia. A gritante diferença na taxa de crescimento em favor do Paraná era um indicativo claro: os cafezais plantados nos anos anteriores, especialmente na segunda metade da década de 1950, estavam começando a produzir, inaugurando uma nova realidade no setor.

Ao longo da primeira metade da década de 1960, as safras paulistas foram diminuindo, pois ali já não se plantava mais tanto café. Na via inversa, aquelas do Paraná tornaram-se cada vez maiores. Em 1962, a combinação dessas duas tendências mostrou toda a sua força. A safra paulista foi de 7,5 milhões de sacas, enquanto a paranaense chegou a 17,2 milhões – ou seja, 2,3 vezes maior. Nesse ano, a safra paranaense chegou a 62% de toda a produção de café no país. Um recorde, mas que não se repetiria, devido às geadas.[1] Mesmo assim, a liderança paranaense manteve-se durante quase toda a década.

A instalação de uma imensa base produtiva de café, concentrada na região norte do estado, aconteceu em ritmo muito rápido. O major Barbosa Ferraz, pioneiro de Jacarezinho, abrira sua primeira fazenda de café em 1910; nessa época, no território que se estendia de sua propriedade em Cambará até Guaíra, na fronteira com o Paraguai, havia apenas o município de Jataizinho. O intervalo temporal entre essa realidade e a liderança do estado na produção de café foi de apenas cinquenta anos. Os primeiros lotes de terra de Londrina haviam sido vendidos em 1930 – nesse caso, apenas trinta anos separavam as duas realidades.

Esse marco é oportuno para se relembrar as palavras do industrial ponta-grossense Flávio Guimarães, publicadas em 1928 na *Gazeta do Povo*:

"A luta pela hegemonia econômica se travará entre os estados do Paraná e de São Paulo num futuro não muito remoto. Desse duelo de vida ou morte travado entre os princípios de alta visão econômica, de estudos, mediação e uma série complexa de solução de problemas, ficará o Paraná com a hegemonia. [...] De Cambará partirá a estrada de lorde Lovat, buscando o seio magnífico das formidáveis terras que o futuro nos mostrará."[2]

Três décadas depois, o Paraná consolidara-se na liderança da produção de café, desencadeando uma reorganização que afetou toda a estrutura do estado. O Paraná tinha 162 municípios em 1960; dez anos depois, em 1970, eram 288. A criação de municípios e as definições das divisas entre eles aconteceram em ritmo tão acelerado que até mesmo os órgãos oficiais se perderam no caminho. O IBGE, que fez os censos nacionais naqueles dois anos, acabou informando áreas que não batiam entre si. O instituto de estatísticas paranaense teve de fazer um estudo para resolver a situação: "A tarefa de determinar a correspondência de áreas, que aparentemente seria simples, complicou-se na medida em que se constatou uma discrepância e variedade nos dados de área, obtidos nas diversas fontes."[3]

Era um esforço necessário, sobretudo nas regiões que haviam passado por grandes divisões municipais nessa década. Esse não era o caso, por exemplo, de Londrina: como as divisões haviam ocorrido na década anterior, a área do município manteve-se igual em ambos os censos, de modo que o crescimento da população – de 134 mil para 238 mil habitantes – expressava de fato um aumento de 77% nesse período.

Já em Maringá, na qual ocorreram muitas subdivisões, a área do município acabou sendo reduzida à metade ao longo da década. Considerada apenas a área remanescente em 1970, a população passou de 66 mil (40 mil moradores contados em 1960 passaram para as estatísticas de outros municípios) para 123 mil habitantes – um aumento de 87%. Na região circundante havia sete municípios no início da década; no final, eram dezesseis. O maior crescimento demográfico nas áreas loteadas pela Companhia Melhoramentos deu-se em Umuarama, onde a população passou de 31 mil, em 1960, para 114 mil – ou seja, multiplicou-se por 3,7.

O reajuste constante dos cálculos sintetiza em números uma situação histórica. Diante de mudança tão rápida, eram necessárias renovadas formas de pensar. Outro exemplo do emprego de novas técnicas para analisar dados, surgidas nesse período, é um estudo intitulado *Subdivisão, posse e uso da terra no Paraná*, elaborado em 1976 pelo Conselho de Desenvolvimento do Extremo Sul (Codesul), do qual participavam os três estados da região Sul.[4] Na base de comparação da situação do Paraná com a do restante do Brasil, foi calculado um índice de Gini para medir a concentração da propriedade em 1960. No Paraná, o resultado foi um índice de 0,687 – o terceiro melhor do país, atrás apenas de Santa Catarina e do Espírito Santo.

Uma década depois, em 1970, a situação era praticamente a mesma, com o índice chegando a 0,691.[5] Porém havia uma diferença notável. A área média das propriedades agrícolas no Paraná era de 42,3 hectares (o equivalente a 17,6 alqueires paulistas) em 1960; dez anos depois, a média havia caído para 26,6 hectares (11 alqueires paulistas). Num intervalo no qual a população estadual aumentou 65%, de 4,2 para 7 milhões de habitantes, não se abateu o processo de divisão das propriedades.

O geógrafo Elpídio Serra mostra essa realidade no que se refere à economia cafeeira do norte: "Ao contrário de São Paulo e Minas, onde as lavouras se desenvolveram em grandes propriedades, no norte do Paraná foram adaptadas às pequenas propriedades, dividindo espaço com as lavouras de subsistência e com a estrutura, quase sempre rústica, construída para a moradia do agricultor e sua família, para os pequenos animais e para o reduzido número de cabeças de gado leiteiro. As lavouras de subsistência possibilitavam ao agricultor se manter nos períodos da entressafra porque, além de ter garantido a alimentação da família, algum excedente acabava sendo comercializado, proporcionando uma renda extra para gastos emergenciais. O agricultor tinha no café o vínculo efetivo com o mercado e nas lavouras de subsistência a garantia da reprodução de sua força de trabalho, sendo que, para o grande volume de mão de obra necessário para tocar as lavouras, podia contar com a força de trabalho familiar não remunerada. Em outros termos: mesmo dispondo de pouco capital, o produtor tinha como se manter e prosperar, na condição de que o mercado de café se mantivesse, no mínimo, estável. Não havia fartura na zona rural, mas comida nunca faltava na mesa do trabalhador."[6]

Tanto os recálculos de população quanto os dados sobre a estrutura da propriedade agrária referem-se ao estado do Paraná como um todo, não apenas ao norte. Mas todos apontam para uma realidade generalizada: a etapa da frente pioneira estava se esgotando, com o fim das terras dominiais para lotear, e agora se impunha uma estrutura homogênea, baseada

Na década de 1960, o Paraná consolida-se como maior produtor de café do país. Com a inauguração da Rodovia do Café, finalmente o estado alcança o comando sobre o transporte da produção, mantendo-o no interior do seu território. Rodovia do Café – Imbaú – Ponte sobre o rio Charqueada. DER Paraná. Portal Memória Brasileira.

na exploração agrícola baseada em pequenas propriedades. E toda a atuação do governo do estado ia se adaptando a essa realidade.

Parte dessa adaptação refletiu-se na substituição de um modal pioneiro de transporte. As obras da ferrovia foram abandonadas na estação de Água Boa, 30 quilômetros adiante de Maringá. Embora prosseguissem as disputas burocráticas visando arrancar as verbas para mais quilômetros de trilhos, as obras de continuação da linha, em meados da década, não tinham prazo marcado. Em compensação, havia dinheiro federal para outro tipo de investimento em infraestrutura. As obras de construção e asfaltamento da Rodovia do Café ganharam um ritmo acelerado, e a inauguração aconteceu em 1965. A partir dela, toda a equação de eficiência e custos de transporte na economia paranaense se inverteu. O transporte de café por caminhão, desde Maringá até o porto de Paranaguá, passou a consumir menos tempo e dinheiro do que a viagem ferroviária – e isso quase significou o fim dos envios para Santos. Trinta anos depois da insistência de Manoel Ribas, o Paraná conseguia o comando sobre o fluxo econômico da produção, mantendo-o no interior do seu território.

Outro elemento relevante de integração foi o controle pelo governo estadual da expansão do fornecimento de energia elétrica. Nesse caso, havia uma questão de escala. Por muitas décadas, o negócio de produção de energia elétrica foi praticamente municipal: com exceção das grandes metrópoles da época, Rio de Janeiro e São Paulo, essa pequena escala descentralizada era mais eficiente do que qualquer outra. Porém, com o número de municípios se multiplicando em escala geométrica, ficava cada vez mais difícil encontrar uma solução apenas local, como tinha sido o caso em Londrina.

Já em 1954, o governo estadual paranaense criou uma companhia estatal de eletricidade, a Copel, com o objetivo de construir usinas muito maiores que as locais, capazes de abastecer muitas cidades ao mesmo tempo – e com uma rede interligada. Maringá foi um dos alvos iniciais desse projeto. Ao longo de toda a década de 1960 foram sendo inauguradas as novas usinas, assegurando não apenas a iluminação das cidades como também um impulso à industrialização local.

Assim, a base de pequenas propriedades e produção diversificada – mesmo no norte, onde o cultivo do café era concomitante ao de outras culturas – passou a contar também com o desenvolvimento de empresas centralizadas de processamento de produtos agrícolas. Um passo crucial para tanto foi a proliferação de cooperativas, especialmente na década de 1960. Em 1963, ano seguinte à safra recorde, registrou-se a fundação da Cocamar por cafeicultores de Maringá. No início, era mais uma entre as três dezenas de entidades similares na região. Mas logo foi se espraiando para outras atividades – e mostrando o caminho pelo qual, ainda antes do final da década, começaria a grande integração entre pequena produção e processamento industrial em maior escala.

Porém, no exato momento em que essa onda de crescimento econômico, cada vez mais ampliada, impulsionava o Paraná – bem como os negócios da Companhia Melhoramentos Norte do Paraná –, a situação nacional andava em ritmo inverso. Na primeira metade da década de 1960, a estagnação econômica e uma grave crise política caracterizavam o cenário nacional. E, na esteira delas, um novo receituário para as relações entre governo e propriedade rural foi sendo elaborado, em paralelo à turbulência política gerada pela crise.

Desde a proclamação da República, o problema de implantar uma política fundiária era basicamente uma questão estadual. Havia uma ponderável razão para isso: as terras dominiais – o instrumento fundamental para a equação do problema – eram estaduais. Toda a transformação na estrutura da ocupação paranaense se realizara, exclusivamente, com base na legislação estadual, e a partir de acordos e desacordos entre os agentes envolvidos e o governo paranaense. E assim ocorria em todos os estados brasileiros, com cada qual determinando a forma da transição da era dominial, das sesmarias e concessões, para a era da propriedade privada. Nesse período, as Colônias Agrícolas Nacionais, dos tempos do Estado Novo, foram a única exceção nacional a essa regra.

O modo de pensar essa realidade começou a mudar na década de 1950. O historiador José Henrique Rollo Gonçalves detalha: "Exceção feita a uma pequena parcela de militantes comunistas, acostumados a tomar o termo reforma agrária enquanto jargão de sua terminologia específica, até a segunda metade dos anos 40, eram poucos os políticos e técnicos que o empregavam no Brasil. Mais: até meados dos anos 50, inclusive para muitos parlamentares que estavam debatendo o assunto, desde 1947, quando o deputado baiano Nestor Duarte apresentou seu detalhado Projeto de Lei Agrária, ele era praticamente sinônimo de colonização para a maioria das pessoas que o empregavam. Além disso, ainda que estivesse vinculada a uma crítica mais ampla da estrutura agrária brasileira, a ideia de reforma agrária por muito tempo ficou associada à maior ou menor intervenção estatal através da distribuição de terras devolutas."[7]

Logo a seguir ele identifica aqueles que recorriam à expressão "reforma agrária" em suas discussões: "Quando se entendia reforma agrária como ação eminentemente jurídica – e era para o campo institucional que udenistas e pessedistas sempre tentaram jogar o problema, aqueles setores ficaram como espectadores de uma disputa encarniçada entre tecnoburocratas e segmentos das esquerdas. Entre os primeiros, alocados sobretudo no Conselho Nacional de Imigração e Colonização e no IBGE, predominava a identificação entre reforma agrária e políticas governamentais de estímulo à formação de classes médias rurais através de projetos públicos de colonização. Os segundos, por sua vez, divididos entre formulações mais ou menos radicais, assemelhavam-se no considerar que se tratava de combater o latifúndio – sinal superior do maior dos atrasos – e não somente de distribuir terras aos camponeses e assalariados rurais."[8]

Nesse momento inicial, o processamento político dessa discussão técnica acontecia no âmbito partidário. E o envolvimento de dirigentes da empresa nesse jogo era semelhante ao que vinha desde seus maiores, a partir de 1900: seguir a orientação da Dissidência; de Prudente de Moraes, até sua morte em 1902; de Júlio Mesquita, até sua morte em 1927; e, desde então, de Júlio Mesquita Filho, o jovem repórter que seguiu lorde Lovat e foi a Cambará levar notícias em 1924. A partir da redemocratização, em 1946, isso implicava militar na UDN, o partido formado pelos opositores da ditadura Vargas. Além de obrigado a se exilar por duas vezes, Júlio Mesquita Filho teve o seu jornal invadido e tomado no Estado Novo, e por isso não era exatamente isento na análise dos posicionamentos partidários. Como a UDN nunca chegou ao poder federal nesse período, o partido fazia apenas oposição, muitas vezes exaltada.

A exaltação nunca fora a praia de Gastão de Souza Mesquita Filho. Assim, embora frequentasse com intimidade o amigo Júlio Mesquita Filho e concordasse com suas posições, fazia valer sua proverbial discrição: nas ocasiões mais formais, nem sequer fazia discursos protocolares para as autoridades, relegando a tarefa para Cássio Vidigal. O resto ficava para Hermann de Moraes Barros, um militante entusiasmado que endossava abertamente a pregação udenista, no tom de Júlio Mesquita Filho.

Essa pregação conheceu um momento de entusiasmo em 1960. Com apoio do partido, Jânio Quadros ganhou a eleição presidencial. Era, enfim, a sensação de poder. O candidato obteve a maioria dos votos com um programa simbolizado na vassourinha, com a qual pretendia varrer pessedistas e trabalhistas da estrutura de mando no país. Sete meses depois de tomar posse, contudo, Jânio renunciou – e um trabalhista acabou ficando com três anos e meio de comando no mandato popular dado à vassourinha.

Depois de décadas na oposição, Júlio Mesquita Filho não se conformou com a perspectiva de voltar a ela mais uma vez. No dia da renúncia de Jânio Quadros, começou a trabalhar num projeto: juntar-se aos militares para derrubar o governo e empregar a força das armas para afinal levar adiante a varrição que não houve. Teve sucesso na primeira metade do projeto. Mas a alegria durou pouco: em 6 de abril de 1964, dia em que conheceu o marechal Castelo Branco, foi o momento em que se viu, de novo, ultrapassado por adversários. O marechal encontrou-se com o ex-presidente Juscelino Kubitschek e fez um acordo: seu próprio nome para presidente da República e a legislação autoritária que iria impor seriam aprovados no Congresso, com apoio do PSD; em troca, o partido do ex-presidente indicaria o vice

(José Maria Alkmin). Ambos se acertaram com a promessa de eleições presidenciais em 1965.

Foi o suficiente para o jornalista perceber que talvez não acontecesse a sonhada vassourada. Voltou para São Paulo desenxabido, escreveu um editorial, publicado no dia 9 de abril juntamente com um documento que produzira em 1962, intitulado "Roteiro de uma revolução". O editorial anunciava que o apoio do jornal ao regime que se instalava seria limitado ao cumprimento do programa da vassourinha. Nem todos são premiados em revoluções.

Seis meses depois, um destino análogo marcaria os rumos da Companhia Melhoramentos Norte do Paraná. Em 31 de outubro de 1964, a empresa publicou um suplemento publicitário de oito páginas em *O Estado de S. Paulo*. Ao contrário da longa tradição de propaganda, não se tratava de vender terras. O título estampado na primeira página era: "Certeza de lucro e garantia do direito de propriedade colonizaram o norte do Paraná". As primeiras páginas traziam um texto analítico, articulado em torno da história do desenvolvimento brasileiro a partir do café, entremeado de boxes com informações econômicas e da vida na região norte do Paraná.

O todo se destinava a mostrar a história da empresa como um caso econômico e social de sucesso – e, ao mesmo tempo, defender os dois valores expressos no título como motores de todo o processo de desenvolvimento na região. Tudo isso está resumido nos dois parágrafos finais do texto:

"O homem deve ser incentivado nas suas realizações tendo em conta os anseios naturais que lhes são peculiares, como os desejos de posse, de acúmulo de bens, de progresso e de bem-estar, para si e para os seus familiares e descendentes. Ora, o

O ESTADO DE S. PAULO
JULIO MESQUITA
Certeza de lucro e garantia do direito de propriedade colonizaram o Norte do Paraná

"Certeza de lucro e garantia do direito de propriedade colonizaram o Norte do Paraná": a Companhia Melhoramentos se despede da atividade colonizadora. Suplemento do jornal *O Estado de S. Paulo*, 31 de outubro de 1964.

estatuto que garante, a ele e à coletividade à qual ele pertence, todos os frutos de seu labor, é o direito de propriedade.

Paralelamente, a lei que rege nas sociedades humanas essas tendências individuais de posse, ordenando-as, estimulando-as, restringindo-as, é a lei da oferta e da procura. É ela que permite o equilíbrio dos mercados de capitais e de trabalho nas sociedades liberais, é ela que permite ao indivíduo em luta pela vitória pessoal, avaliar e comparar, dentro de uma esfera de valores, as atitudes e iniciativas que lhe redundarão perdas ou lucros. E eis que nos surge o exemplo inquestionável, o norte do Paraná, cuja transformação na mais promissora e mais democrática das regiões agrícolas brasileiras só foi possível pelo respeito a esses dois fatores básicos do progresso: certeza de lucro e garantia do direito de propriedade."[9]

A relação entre valores e progresso era demonstrada como caso exemplar da ação da iniciativa privada: "Evidentemente as terras do norte do Paraná são de excepcional qualidade e a cultura do café propicia uma renda apreciável. Mas é preciso reconhecer que este exemplo de colonização racional, que tão bons resultados proporcionaram ao Paraná e ao Brasil, é fruto exclusivo da iniciativa privada."[10]

A argumentação, no entanto, não era apenas afirmativa. Fora articulada para se contrapor a uma ameaça latente, esta de escala nacional – a substituição da ação real do progresso gerado na iniciativa privada por um processo de estatização: "A nossa população está, na realidade, repartida nas imensas parcelas de que se compõe nosso imenso território. É a isso que se devem os fracassos dos sucessivos planos de colonização na nossa república, sacados a esmo do crânio de burocratas, com a única finalidade de justificar a existência de repartições onerosíssimas, e que nada produzem em benefício do Brasil."[11]

A ameaça era nomeada: "A apreciação honesta do problema da reforma agrária no Brasil exige, antes de tudo, a fixação de algumas premissas. A primeira delas é a impossibilidade de generalização do problema, diante da variedade de aspectos das várias parcelas de nosso imenso território: criação extensiva no sul, excepcional fertilidade das terras do Paraná, grandes áreas despovoadas no Mato Grosso, florestas jamais penetradas no Amazonas, maior prosperidade no sul, maior pobreza na maior parte do solo nordestino. [...] Que fazer? Aprovar um único estatuto da terra, que se aplique indiscriminadamente a todos esses casos e procure resolvê-los dentro da rigidez de uma única lei?"[12]

A resposta a essa pergunta veio exatamente um mês após a publicação do suplemento. No dia 30 de novembro de 1964, o governo decretou o Estatuto da Terra. Em minuciosos 127 artigos, não apenas reorganizava a situação legal como previa a criação do órgão burocrático que deveria executar tudo, o Instituto Brasileiro de Reforma Agrária (IBRA; a partir de 1970, Incra). Como a lei não aboliu o direito de propriedade nem os mercados, tampouco alterou a realidade jurídica das terras dominiais como pertencentes aos estados – os instrumentos mais efetivos de ação no mundo real –, ela foi estruturada em termos da criação de novas figuras jurídicas, definidas nos três artigos iniciais:

"Art. 1º Esta Lei regula os direitos e obrigações concernentes aos bens imóveis rurais, para os fins de execução da Reforma Agrária e promoção da Política Agrícola.

§ 1º Considera-se Reforma Agrária o conjunto de medidas que visem a promover melhor distribuição da terra, mediante modificações no regime de sua posse e uso, a fim de atender aos princípios de justiça social e ao aumento de produtividade.

§ 2º Entende-se por Política Agrícola o conjunto de providências de amparo à propriedade da terra, que se destinem a orientar, no interesse da economia rural, as atividades agropecuárias, seja no sentido de garantir-lhes o pleno emprego, seja no de harmonizá-las com o processo de industrialização do país.

Art. 2º É assegurada a todos a oportunidade de acesso à propriedade da terra, condicionada pela sua função social, na forma prevista nesta Lei.

§ 1º A propriedade da terra desempenha integralmente a sua função social quando, simultaneamente:

a) favorece o bem-estar dos proprietários e dos trabalhadores que nela labutam, assim como de suas famílias;

b) mantém níveis satisfatórios de produtividade;

c) assegura a conservação dos recursos naturais;

d) observa as disposições legais que regulam as justas relações de trabalho entre os que a possuem e a cultivam.

§ 2º É dever do Poder Público:

a) promover e criar as condições de acesso do trabalhador rural à propriedade da terra economicamente útil, de preferência nas regiões onde habita, ou, quando as circunstâncias regionais o aconselhem em zonas previamente ajustadas na forma do disposto na regulamentação desta Lei; [...]

Art. 3º O Poder Público reconhece às entidades privadas, nacionais ou estrangeiras, o direito à propriedade da terra em condomínio, quer sob a forma de cooperativas, quer como sociedades abertas constituídas na forma da legislação em vigor."[13]

Desse modo, a ideia de que a livre iniciativa e o mercado poderiam ser mecanismos para gerar desenvolvimento através da venda de pequenas propriedades – a base da legislação paranaense de venda de terras dominiais e da ação da Melhoramentos como compradora de terras e construtora dessa situação de desenvolvimento – passava a ser subordinada a um direito abstrato do cidadão (a "oportunidade de acesso" à propriedade) e a um dever do Estado ("promover e criar as condições de acesso à propriedade"). Uma imensa centralização jurídica, reunindo no poder federal responsabilidades até então estadualizadas ou da sociedade – sem a correspondente centralização da propriedade de terras dominiais.

Do lado federal, uma das primeiras ações foi a organização de um "Encontro Sobre Ocupação Territorial", promovido pelo Ministério do Interior, ao qual tinha sido alocado o IBRA. Os termos da divisão entre as partes que interessava à esfera federal foram definidos em linguagem burocrática: "A política de ocupação territorial é entendida como o conjunto de decisões e ações do governo executadas com o concurso de entidades privadas, sob a égide dos planos de desenvolvimento, com vistas à execução de metas locais e globais de planejamento e radicação das populações, respeitado o princípio da liberdade de locomoção do homem."[14]

Entre os documentos técnicos que embasaram o texto que colocava a decisão nas mãos do poder central, subordinava as entidades privadas como executoras das decisões deste governo e alocava a livre ação do homem ao seguimento de metas definidas pela burocracia, havia um que gerou polêmica. Num seminário prévio ao encontro, foi aprovado um texto que definia o norte do Paraná como "região de minifúndio de baixa produtividade".[15]

Começou uma campanha política, cujo argumento central foi formulado num discurso do senador Desiré Guarani e Silva: "O governo do Paraná cedeu de forma totalmente gratuita o norte do Paraná a uma empresa inglesa." Dessa vez, Hermann de Moraes Barros não apenas retificou a informação como anunciou uma decisão oficial da empresa em resposta à nova realidade institucional: "Durante todos esses anos que o assunto vem sendo debatido com paixão e veemência, nunca ninguém procurou saber o que se passou ou estava se passando no norte do Paraná, através do trabalho de nossa empresa ou de outras, menores, de loteamento e colonização. Assim nossos legisladores acabaram por votar a lei que se denominou Estatuto da Terra. [...] [Este] desconhece a realidade agrária do país e vai acabar manietando as empresas privadas que, pelo texto da lei, serão transformadas, nas atividades de loteamento e colonização, em meras agências governamentais. À vista dessas disposições do Estatuto da Terra, a Companhia Melhoramentos Norte do Paraná resolveu desistir de projetos em estudos no Mato Grosso e no Pará, por não julgar conciliáveis os interesses das empresas com a intervenção estatizante do IBRA."[16]

Assim, aquela que havia sido a principal atividade da empresa nos últimos 43 anos era abandonada. Na defesa de seus poderes, a burocracia criada não tinha instrumentos de ação – mas tinha os necessários para provocar inação. Fosse a empresa imprevidente, acabaria ali. Como não havia sido, só teria futuro em outras atividades – uma realidade para a qual vinha se preparando desde 1948. Os valores seriam os mesmos, a história na área de colonização, uma boa lembrança.

CAPÍTULO 27

> *O frio na festa*

Chega ao fim um ciclo do café no Paraná

O futuro depende da soja

50% a erradicar

Prejuízos são de 7,3 bilhões

Trigo, deficit maior

Geada de 1975: "Chega ao fim um ciclo do café no Paraná". Jornal *O Estado de S. Paulo*, 19 de julho de 1975.

Nilson Monteiro deu o título de "O inferno que veio do frio" a uma reportagem que escreveu sobre um evento climático extremo, que começa com a seguinte imagem: "Naquela quinta-feira, 17 de julho de 1975, no finalzinho do dia, os termômetros lambiam os quatro graus positivos. O céu tingiu-se de vermelho, uma cor temida na região. Geada? O cidadão na avenida Paraná esfrega os olhos, esfrega as mãos, pede aos céus: 'Geada? Que nada! Só um friozinho!' Escorado em seu cigarrinho de palha, os olhos ainda molhados, ele murmurou palavras embaçadas pelo fumo e pela geleira da manhã seguinte a seu clamor: 'O céu tava azulzinho. De repente, no final do dia, ficou vermelho. Aí virou o inferno.' O agricultor, como milhares, não queria acreditar no que vivera na madrugada anterior, quando os termômetros chegaram aos 3,5° negativos e o vento cortante queimara o café do mapa do norte do Paraná de forma impiedosa."[1]

Era mais um golpe, o terceiro desde o auge de 1962, como lembra Widson Schwartz: "Com 1,281 bilhão de pés e produção de 21,4 milhões de sacas em 1961/62, o Paraná colheu 54% do café brasileiro. No período 1962-1967, o Grupo Executivo de Racionalização da Cafeicultura (Gerca) estimula a erradicação de 250 milhões de pés no estado, liberando 307 mil hectares para a diversificação agrícola. Geada em 1969 e a disseminação da ferrugem a seguir justificam o Plano Nacional de Renovação e Revigoramento de Cafezais, a partir de 1970, com suporte da Organização Internacional do Café (OIC). Ao ser atingido pela geada arrasadora em 1975, o parque paranaense já estava reduzido a 876 milhões de pés, equivalentes a 32% das lavouras no país."[2]

A associação entre os números e a nova realidade foi assim descrita por Nilson Monteiro: "Um homem cuida em média de 3 mil pés. Se fossem erradicados 400 milhões de cafeeiros no Estado, 150 mil trabalhadores ficariam imediatamente sem emprego. O então governador do Paraná, Jayme Canet Júnior, um grande cafeicultor no norte pioneiro, sobrevoou e depois visitou, in loco, as lavouras torradas. Viu a desilusão nas sedes das propriedades rurais e o desespero de quem, com as próprias mãos, começava no final daquela manhã a arrancar os cafeeiros queimados para depois ser demitido das fazendas."[3] Nessa altura, a Companhia Melhoramentos Norte do Paraná tinha 2.132.105 cafeeiros plantados – e muitos de seus diretores e funcionários plantavam em suas propriedades, de pequenos lotes rurais a fazendas de grande porte.[4]

Havia muita história entrelaçando o café e a empresa. O seu envolvimento direto na produção de café vinha desde 1953, sempre com uma preocupação técnica, que começava na abertura da área: "O critério adotado foi o de se formarem pequenas fazendas de café, na faixa aproximada dos 100 mil pés, utilizando os recursos técnicos de maneira a servir de modelo na região. Seguindo as recomendações técnicas de Seção de Café do Instituto Agronômico de Campinas, foram iniciados os seguintes trabalhos: escolha do local, roçada, derrubada, e queima da mata, alinhação, coveação e semeadura do café. Como medidas técnicas foram executadas: a) Alinhação em nível para permitir melhor controle da erosão; b) Utilização de espaçamentos menores, evitando os grandes espaços entre os cafeeiros, que apresentam inúmeros inconvenientes; c) Escolha de variedades selecionadas. Os primeiros plantios, nas fazendas Pitanga, Uniflor, Fartura, e Mururê foram feitos com as variedades Bourbon Vermelho e Bourbon Amarelo, selecionadas pelo Instituto Agronômico de Campinas; d) Preservação de uma área mínima de 20% das matas, de preferência junto às cabeceiras dos córregos; e) Formação de pequenos pomares junto às colônias, sendo parte das mudas frutíferas produzidas pelo horto de Maringá."[5]

Essas fazendas de café da Companhia Melhoramentos Norte do Paraná foram das primeiras a manter áreas de proteção ambiental – uma preocupação relegada a um plano secundário em todo o projeto, atitude facilitada nos primeiros anos por não haver consciência dos proprietários nem instituições legais efetivas de supervisão. E a preocupação com o ambiente não era a única inovação. As fazendas de café funcionavam como laboratórios permanentes; por ocasião da geada de 1975 havia nada menos que quinze experiências sendo realizadas em parceria com os mais renomados institutos de pesquisa do país. Abarcavam desde estudos para controlar a aplicação de fertilizantes e defensivos até a avaliação da distância ideal entre os pés, além dos efeitos do plantio das culturas alimentares entre as árvores.

Todas essas informações estavam na cabeça de Gastão de Souza Mesquita Filho no momento da geada. Com 80 anos de idade em julho de 1975, era de esperar que estivesse fazendo o mesmo que tantos outros – mas então não seria Gastão de Souza Mesquita Filho, o homem que conversava antes de decidir. Como estava na Fazenda Caiuá, palmilhou o terreno da realidade a seu modo. Com o administrador Jayme Seixas, formou um grupo para percorrer os cafezais e avaliar os danos. Criou uma metodologia simples de avaliação: entregou folhas de papel para os agricultores e seus familiares, instruindo-os a fazer uma classificação em duas colunas. Aqueles pés em que todas as folhas tivessem sido queimadas eram marcados como mortos; havendo pelo menos uma folha viva, a marca seria feita na coluna dos pés sobreviventes. Ele mesmo foi percorrendo os talhões, anotando e observando de perto cada um dos pés no cafezal. E assim obteve uma base minimamente realista para tomar sua decisão.

Àquela altura, a Companhia Melhoramentos Norte do Paraná tinha algo como 3,5 mil pessoas trabalhando em suas fazendas de café, nas quais se apostava fortemente nos processos de aumento da produtividade agrícola, do emprego de máquinas, da capacitação técnica. Como essas eram também as tendências necessárias para tocar a produção industrial, a cultura técnica estava cada vez mais entranhada na estrutura das decisões da empresa. Mas também, àquela altura, o engenheiro Gastão de Souza Mesquita Filho, amante das inovações técnicas desde os tempos de jovem maquinista de locomotiva até o de construtor de hidrelétricas e experiente aviador, sabia ir bem além do que a mera postura de um seguidor de indicações técnicas para tomar as suas decisões.

Continuava sabendo enxergar muito longe – como no dia em que abriu um mapa sobre a mesa de bilhar do major Barbosa Ferraz, meio século antes da geada. Sabia ser ousado, como o foi na ocasião em que topou com a notícia da venda da Parana Plantations e se mobilizou para assumir o comando do negócio. Sabia muito bem como coordenar grupos. Sabia antever onde estavam as possibilidades, de modo que encontrou meios para reorganizar a vida da empresa como Companhia Melhoramentos Norte do Paraná. Sabia quando não insistir num erro, como quando desistiu da atividade de colonização.

Ainda que sempre conseguisse ver longe, ele nunca deixou de caminhar a cada dia na exata medida da possibilidade de suas pernas. Sem capital, repassou ferrovia e emprego para permitir a realização do grande projeto de lorde Lovat; a carreira como empresário de energia elétrica foi construída a partir de uma pequena usina num distrito interiorano, indo passo a passo até se tornar dono de empresas regionais; conduziu a reorganização da Companhia de Terras Norte do Paraná depois da compra, com a precisa acomodação do grupo controlador, que afinal conseguiu comandar sem contraste, mesmo não dispondo da maioria absoluta das ações; e a expansão da Companhia Melhoramentos Norte do Paraná aconteceu pela diversificação planejada das atividades, entre as quais a entrada na produção de café.

Só uma pessoa acompanhava bem de perto essa arte de conciliação entre o visionário e o amante do cotidiano: Isa de Moraes Barros, sua companheira da vida inteira. Com a capacidade de mudar para o sertão ou de coordenar o almoço dominical à sombra da jabuticabeira, compartilhava os vaivéns de pensamento pelos quais o marido chegava a um equilíbrio – como foi o caso da análise das marquinhas feitas nas duas colunas pelo pessoal da Fazenda Caiuá.

A contagem dos cafeeiros revelou que a situação era de fato grave. Perto de 80% dos pés de café haviam morrido. Proporção suficiente para justificar o que a maioria dos proprietários – desde sitiantes até grandes fazendeiros – estava decidindo: arrancar todos os pés e partir para outra atividade, fosse qual fosse. Muitos técnicos e dirigentes da empresa indicaram essa direção, que se tornara quase um consenso. Gastão de Souza Mesquita Filho resolveu se curvar aos fatos, mas segundo sua própria metodologia. Apostou nas possibilidades de manter os 20% de pés vivos. Resolveu continuar com a cultura de café onde fosse viável, mantendo gente para isso. Apenas ali onde não houvesse mais possibilidades seriam tentadas novas opções. O maior passo possível a cada dia – sem radicalismo, ainda que pagando um preço.

Entre os passos inviabilizados pela tragédia climática, um foi o da própria festa comemorativa do meio século de existência da Companhia Melhoramentos Norte do Paraná. Estava tudo pronto na Unidade de Beneficiamento de Sementes de Cianorte – incluindo uma placa de bronze fixada numa pedra, com a data e os dizeres: "Ao comemorar os cinquenta anos de atividades, a Companhia Melhoramentos Norte do Paraná homenageia os pioneiros que implantaram o progresso nessa região e reafirma sua convicção de que a epopeia aqui vivida se deveu antes de tudo à certeza de lucro do agricultor e a confiança no valor da propriedade."[6]

O mapa na mesa de bilhar e os dizeres pétreos na placa comemorativa marcavam polos num percurso de vida – mas esses ideais agora precisavam ser sacrificados para se cumprirem os ditames do momento. A festa acabou cancelada em função da dor que se espalhara na região, de modo que prevaleceu a tomada da temperatura do dia, a atenção para o detalhe. Quando o astral melhorou um pouco, em novembro, organizou-se uma comemoração fora de data num restaurante em Maringá.

Depois da festa, surgiu a ideia de marcar a data com um livro – também feito ao modo de Gastão de Souza Mesquita Filho, que apreciava acima de tudo a discrição. Na primeira pessoa, apenas alguns trechos de seu discurso, com uma única nota pessoal: "Eu era recém-casado e por isso deve ser creditada à minha esposa, à minha querida Isa, que felizmente me acompanha até hoje, a parcela mais significativa do que consegui realizar. Na pessoa dela eu faço questão de prestar uma homenagem a todas as mulheres que ajudaram a colonizar o norte do Paraná."[7]

O que predominou no discurso, contudo, foi uma versão um pouco mais ampliada dos valores fundamentais do empreendimento: "A razão do grande êxito alcançado pela Companhia nas suas vendas prende-se à total liquidez dos títulos de propriedade que ela oferecia. Explica-se isso porque o bom colono, aquele que leva consigo a família e tem economias para aplicar na compra da propriedade com a qual sonhava há anos, não quer brigas e não aceita riscos. Ele quer trabalhar. E somente poderá alcançar esse ideal em terra inquestionavelmente sua. Para que o colono se sinta seguro e possa se dedicar de corpo e alma – expressão que exprime exatamente o que deve haver por parte do homem em relação à terra – ao cultivo de sua propriedade, são necessárias três condições fundamentais. Primeira: garantia do direito de propriedade, oferecida de um lado pela legitimidade dos títulos e de outro pela confiança nas diretrizes do governo de respeito ao que preceitua a Constituição no capítulo referente à posse e ao uso da terra. Segunda: certeza do lucro, proporcionada de um lado pela escolha criteriosa de terras férteis e de uma atividade agropastoril de rendimento assegurado – o café, no caso do norte do Paraná –, e de outro pela oferta, por parte do governo, de condições mínimas de segurança para comercialização das safras e para enfrentar acontecimentos imprevistos, como é o caso das geadas. Terceira: livre iniciativa, base do entusiasmo do indivíduo pelo trabalho e pela obtenção do lucro, que é legítimo e é a mola propulsora das sociedades liberais."[8]

No momento em que o discurso foi proferido, um dos pilares do progresso regional, aquele que associava a certeza do lucro à cultura do café, estava perdendo muita força no mundo real. A colheita foi zero em 1976; como a maioria dos plantadores optou pela completa erradicação dos cafezais, a liderança paranaense na produção desapareceu de vez, com o estado se transformando num produtor secundário no cenário brasileiro – restando a CMNP, que seguia a decisão de seu dirigente, entre os poucos que ainda apostavam na cultura.

O impacto da geada de 1975 foi tão forte que mudou fortes tendências de décadas. O primeiro estudo do Instituto Paranaense de Desenvolvimento Econômico e Social (Ipardes) sobre o censo de 1980 começa com o seguinte resumo: "O Paraná, um estado que até as últimas décadas vinha apresentando elevadas taxas de crescimento populacional (5,5% ao ano em 1940-50; 7,3% ao ano entre 1950-60 e 5,5% ao ano entre 1960-70) apresentou o mais baixo crescimento do país na década 1970-1980 (1,0% ao ano). Os dados mostram que saíram do estado, na última década, 1,1 milhão de pessoas. Isso significa uma total reversão no comportamento migratório: a região que se constituía num ponto de atração de imigrantes passa a ser, nessa década, uma região de expulsão da população, num volume tal que se pode falar em esvaziamento populacional."[9]

Essa mudança era ainda mais acentuada no caso da população rural: "Na década de 1970, o Paraná apresentou um saldo migratório negativo total de 1,167 milhão de pessoas; a zona rural, um saldo negativo de 2,64 milhões e a urbana um saldo positivo de 1,355 milhão."[10] A geada de 1975 mudou radicalmente não apenas o estado da cultura do café, mas também o mercado de comercialização de pequenas propriedades rurais e a atração de pessoas para o estado. A estrutura fundiária não podia deixar de refletir a demográfica: o número de estabelecimentos rurais com menos de dez hectares despencou de 350 mil para 220 mil entre 1970 e 1980.[11] Diante desse cenário de êxodo, a decisão tomada em 1968 pela empresa, de encerrar as atividades na área da colonização, revelou-se muito acertada – com a demanda remanescente concentrando-se em poucos lotes urbanos.

O geógrafo Márcio Freitas Eduardo traduziu esse quadro demográfico e estrutural em termos de estrutura da produção e da vida social: "Entre 1970 e 1985, as lavouras permanentes (sobretudo o café) foram reduzidas em cerca de 59%. As lavouras temporárias (principalmente representadas pela soja e pelo trigo) foram ampliadas na mesma proporção. E as áreas de pastagens ampliaram-se em média 32%. O binômio soja-trigo pautou-se na utilização intensiva de capital e tecnologia (tratores, colheitadeiras, adubação química do solo, uso de agrotóxicos e demais insumos) abrindo mão de grande parte da população rural, que até então ocupava-se com o cultivo do café. Em consequência, desencadeou-se um processo intenso de êxodo rural. As populações desempregadas com o processo de modernização da agricultura no norte paranaense buscaram ocupações em pequenas cidades da rede urbana regional, em centros urbanos da região (como Maringá, Umuarama e Londrina), em cidades supra regionais (como no caso de Curitiba, Guarapuava e Cascavel), em outros estados (destacando-se os estados do Centro-Oeste e do Norte do Brasil – no período, em fase de expansão da fronteira agrícola – e o estado de São Paulo) e até no Paraguai."[12]

Mesmo empenhando-se ao máximo para manter a cultura do café e os empregos relacionados, não houve como a empresa escapar da tendência geral de transição para a produção agrícola anual. A cultura de soja e a criação pecuária cresceram nos vazios da destruição da geada, sem que tenha havido reposição do que foi destruído.

Leonardo Zanatta, que chefiou essa transição, guardou boas lembranças do esforço: "Virou produção de grãos com sucesso. Eu fiquei ali nessa área, produzindo esses grãos durante sete anos e qualquer coisa. Eu controlava a área de produção de grãos, onde houvesse produção de grãos. Eu gostava. As máquinas não eram as que tem hoje. Hoje é uma beleza essas plantadeiras, que colocam a quantidade de semente certa no solo, com adubo na quantidade certa e são produtivas. Na época era semeadeira, e elas soltavam os grãos todos embolados. Quando você pegava um terreno meio desuniforme com aqueles discos, um subia o outro baixava. Era fixo, praticamente uma barra. Na época não tinha essa superprodução que tem hoje, [essa] produtividade tão alta. A gente produzia noventa, cem sacos de sessenta quilos por alqueire, não por hectare, o que dá 2,5 mil quilos por hectare de soja. O milho já era menos, o trigo um fiasco, tinha ano que você produzia, outro ano não produzia. Mas com isso a gente construiu todo aquele complexo ali."[13]

O "complexo" era tudo aquilo que passou a girar em torno da Fazenda Palmital, montada para alimentar a unidade de sementes, e que foi se tornando uma fonte de expansão de toda a área agrícola. Edson Ribeiro explica: "Quando cheguei na Palmital tinha só uns sessenta alqueires plantados. Aí, a cada ano que ia passando ia comprando mais máquinas e aumentando a área. Logo foi ampliando para outras fazendas: Andirá, Catuetê, Ivaí, Mururê. A gente cuidando delas todas. Aí eu já chefiava em torno de trinta tratoristas, tinha uns quinze mecânicos e mais seis ou sete motoristas. Já estávamos plantando 2 mil alqueires."[14]

A mesma intensificação técnica estava presente no setor industrial – especialmente a partir do êxito das ferroligas. Carlos Baccaro acompanhou o processo: "O negócio de ferroligas começou a ir bem. Veio o segundo forno, instalamos entre 1977 e 1978. Começamos a fazer outra liga, o ferro sílico-manganês, aumentando muito os fornecimentos para aquelas siderúrgicas mais próximas da nossa fábrica, especialmente Cosipa, Dedini e Aliperti. Aí, mesmo nossa energia elétrica toda já não dava, e comprávamos energia para completar. E partimos para outro forno, para reprocessar minério de ferro e aumentar o teor de manganês. A procura cresceu, volta e meia eu tinha que ir atrás de vagões presos para manter um estoque razoável de minério."[15]

Na mesma época cresciam também as vendas de cimento, por conta de um cliente especial. Ayrton Rodrigues Liberado conta: "O clínquer é um pedrisco duríssimo que, moído com um pouco de gesso, dá no cimento comum. E nós passamos a fornecer clínquer para a construção da usina de Itaipu. Em vez de gesso, eles adicionavam um tipo de terra, para fazer o cimento pozolana, que é um cimento de pega muito mais lenta, própria para a estrutura muito grande da barragem."[16]

E, já que havia um cliente grande, havia espaço também para aventuras no varejo, mesmo com os sustos narrados por Carlos Baccaro: "Casei em 79, quando estavam construindo Itaipu. Daí viajei para lá com o Ayrton, para vender também ao redor da usina. Conseguimos um cliente em Foz do Iguaçu e outro lá de Assunção, que também tinha um depósito de material de construção no Paraguai. Então para nós ficava bom porque com ele a gente atendia também as obras de infraestrutura do lado de lá da fronteira. E aí nós fomos visitar, Itaipu estava em frente, a obra em pleno vapor. De lá fomos para Assunção, visitamos o cliente e ficamos num hotel na margem do rio Paraguai. Naquela noite choveu tanto que levou a ponte embora, e ficamos três dias lá até arranjarem um jeito de atravessar o rio."[17]

Percalços aliados a boas vendas sempre ajudam a melhorar as lembranças – e a aumentar as apostas. As boas perspectivas do mercado de cimento levaram a empresa a realizar outra ampliação: a associação com a Cimento Itaú e a Votorantim na Cimento Tocantins. O novo projeto consolidava a tendência de concentração dos esforços – e receitas – em áreas mais técnicas.

Mas o compasso da marcha continuava sendo ditado pela batuta do maestro. Mesmo octogenário, Gastão de Souza Mesquita Filho mantinha a rotina. Chegava cedo, de terno e colete, depositava bengala e chapéu no porta-chapéus. Despachava com regularidade, no oitavo andar. Nas salas ao lado, seu filho Gastão Mesquita Neto e o diretor de compras sempre presente, Paulo Pereira, genro de Gastão Mesquita Filho. Almoço em casa. Chá da tarde coletivo para alinhar os assuntos do dia. Entre eles, uma novidade.

Maria Isabel Mesquita Pereira era uma neta que tinha grande afinidade com o avô: "Vai ser difícil aparecer gente que nem ele. Em negócio, era sempre muito positivo. Apesar de todas as agruras da vida, das confusões de política, ele seguia: vai chover, não vai chover, vai chover, não vai chover. Ele sempre foi muito participativo. Era ele que aglomerava, trazia as pessoas assim junto e sempre foi muito assim, o fio do pendão de várias coisas, de vários assuntos. Com amigos dele inclusive, ele andava sempre pondo pano quente em confusão de muita gente."[18]

A definição valia inclusive para ela, sempre atenta ao "vai chover, não vai chover" das decisões metodicamente empíricas do avô: "Meu avô era bem carinhoso e a gente se dava super bem. Você precisava de alguma coisa, ele aparecia. E te ajudava a começar aquilo, o resto ele deixava para você tocar para a frente sozinho. Então eu estudei, fiz colegial, queria fazer veterinária ou agronomia. Aí prestei vestibular, não entrei. Aí falei para ele: 'Ah, e agora, o que eu vou fazer?'. Aí meu avô veio, conversou e falou: 'Por que não faz administração de empresas? Com administração você pode fazer tudo isso que você quer, e depois vai levando conforme você gosta.' Aí eu fiz administração de empresas, fiz estágio, fui trabalhar na companhia. Das meninas, das mulheres, só eu trabalhei lá."[19]

O começo da carreira permitiu um contato muito direto com a organização administrativa daquela época: "Fui trabalhar na parte de orçamento da companhia inteira. Nunca vi empresa que tivesse tanto funcionário com quarenta anos de casa, cinquenta anos de casa [...]. No escritório da rua São Bento funcionavam todas as centrais de contabilidade da Melhoramentos, contabilidade da parte agrícola, a parte mesmo das indústrias de cimento era ali. O que a gente recebia de malote com os relatórios do dia, da semana, do que tinha sido feito no interior, do que tinha acontecido, do que não tinha acontecido. Vinham numas folhas de papel pautadas, e se fazia fazenda por fazenda: cabeças de gado, corte, vacina, limpeza de pasto, tudo na mãozinha. Na época do orçamento anual, era uma correria só. Com lápis, caneta, borracha, régua e, para fazer as contas, a maquininha de calcular."[20]

Bateu um incômodo: "Eu pensava assim: 'Como é que o maior de todos, o escritório central, está tão longe?' Tudo bem que no norte do Paraná era mais aglomerado, mas tinha a parte de Uberaba, que era Ponte Alta, e tinha a parte de Itapeva também, que tinha mais coisa, tinha o cimento. E a gente indo daquele jeito, no papel."[21]

Na época, porém, havia poucos meios de transmissão de dados mais eficientes. Na década de 1970 foram instaladas as redes de comunicação por satélite, que modernizaram a transmissão de programas de televisão e as redes telefônicas. Porém mesmo os bancos ainda dependiam da circulação de malotes com informações escritas ou impressas para atualizar as movimentações nas contas-correntes – o mais tecnológico que tinham era um centro de processamento de dados com um computador sem comunicação com outros. O máximo de novidade que Maria Isabel conseguiu implantar foi um aparelho de telex: "Montei um planejamento e fui pedir autorização para colocar um telex em Itapeva. Com ele a gente receberia informação imediata. Lembro bem do dia que a gente foi apresentar o telex para o tio Gastão. Além disso veio o fax, que ficava para emergência, tipo nota fiscal por parte do pessoal de vendas."[22]

Nesse ambiente que misturava alguma centralização diária com a realidade de diretores que podiam ficar dias isolados em meio a viagens, que mesclava pessoas com décadas de experiência com jovens olhando para inovação, fazendas isoladas com fábricas que precisavam estocar matéria-prima temendo falta de vagões, fazia ainda sentido a liderança fundada no chove, não chove, na avaliação caso a caso, na reavaliação dia a dia.

Até o último dia: "O doutor Gastão estava doente, eu tinha tirado férias e ia para o Nordeste de carro com a minha família. Mas antes de viajar fui chamado para fazer uma reunião no hospital. Estávamos estudando a troca do coque pelo carvão mineral em Itapeva. E aí eu cheguei no hospital e o doutor Gastão estava na cama, com a planta inteira da fábrica no colo, e estava o Manoel Mesquita, que era o diretor industrial. Ficamos discutindo se valia a pena fazer moinhos, como fazer, quanto ia custar. Saí dali, peguei a família e viajei. Chego em Salvador dias depois e encontro o Vítor, que era o piloto da companhia: 'Airton, que coincidência. Preciso ir para São Paulo, para missa de sétimo dia do doutor Gastão.' Assim eu soube da morte dele."[23]

Choveu.

CAPÍTULO **28**

> *Recessão, inflação, inovação – e divisão*

Em julho de 1979, Gastão Mesquita Neto assumiu as responsabilidades de diretor-superintendente da Companhia Melhoramentos Norte do Paraná. Depois de 28 anos na empresa, conhecia todos os caminhos para comandar o complexo mecanismo produtivo. Mas estreou no cargo em meio a uma situação societária parcialmente nova. De um lado, tudo continuava como antes: a associação com a família Vidigal, expressa num acordo informal entre duas holdings, focada na capacidade da empresa de distribuir dividendos, manteve-se com a continuidade de Silvio Vidigal na presidência e a autonomia de que desfrutava no desempenho das suas funções.

Por outro lado, a holding da própria família Mesquita passou a ter outra configuração, após a divisão das ações de Gastão de Souza Mesquita Filho em conformidade com a legislação relativa às heranças. Com isso, Gastão Mesquita Neto passou a ser responsável pela manutenção do equilíbrio entre os novos acionistas da família na empresa. Apenas um deles, o seu cunhado Paulo Pereira, exercia também uma função executiva, como diretor de compras. Assim, a relação econômica da distribuição de dividendos para os acionistas da holding passou a ter um peso maior no equilíbrio geral: agora o diretor-superintendente precisava levar em conta a nova geração de acionistas.

Como tudo isso aconselhava prudência, Gastão Mesquita Neto manteve a estrutura executiva geral da empresa tal como fora montada por seu pai – algo que não lhe acarretava nenhum problema, pois estava longamente acostumado a esse esquema. Mas introduziu um toque pessoal. Prosseguindo com a descentralização herdada, ele criou um núcleo de inovação e administração centralizada que funcionava à parte, quase como um centro de modernização administrativa, separado dos núcleos consolidados.

E fez isso na primeira decisão relevante de investimento que tomou, a de entrar na produção de etanol. O grupo tinha um investimento no setor de industrialização da cana, com uma participação controladora na Usina Jacarezinho. Agora, porém, o foco seria inteiramente diverso. O novo projeto foi concebido no âmbito do Proálcool e teve o comando entregue a Luiz Gonzaga Junqueira de Aquino Filho. De uma geração mais nova, então casado com Suzana Mesquita, a filha de Gastão Mesquita Neto, Luiz Gonzaga, formado em engenharia e economia, montou a destilaria em Jussara, coordenando simultaneamente a parte industrial e a agrícola – além de reinventar procedimentos administrativos e de seleção de pessoal.

Vera Lúcia Moraes Novo, que colaborou no projeto, recorda: "A Jussara era fazenda de reflorestamento e gado. Então uma área foi destacada da administração geral. Nela ficariam a planta industrial e a área de plantação de cana. Aquino implantava as duas ao mesmo tempo. Era responsável por conversar com bancos, fornecedores, gerenciar a área de plantação no norte do Paraná, obter autorizações. Então fomos deixando a antiga ocupação mais longe e trazendo o álcool mais para perto da indústria. Foi um projeto muito bonito."[1]

Mas foi trabalhoso. Leonardo Zanata, o agrônomo que produzira um milhão e meio de tubetes para plantar pinus em Jussara, foi escolhido para comandar a parte agrícola da usina. Entre as tarefas que teria pela frente, a mais amena foi a de mandar cortar o milhão de árvores que plantara, abrindo espaço para a cana. Esse foi o desafio que o atraiu: "A verdade é que as duas áreas tinham projetos bem-feitos. Na época, a Melhoramentos contratou uma empresa de Piracicaba, e nela trabalhava uma pessoa com quem eu tinha contato, o Cláudio Amorim. Ele fez o projeto agrícola, e também comandava a assessoria na área industrial. O que eu sei é que fez um projeto muito bem-feito e a gente foi seguindo aquele projeto. Aí, adivinha. A parte agrícola caiu para o Zanata. Encarei o projeto de cana. E fiquei muito feliz. Me formei em Jaboticabal, tinha feito estágios em usinas de álcool e de açúcar, meu sonho era trabalhar com cana no tempo da escola. Quando vim para o Paraná, o meu sonho foi por água abaixo. 'Não vou trabalhar nunca com cana, aqui é uma região de geada', pensei. Aqui nós tínhamos geada todo ano, era religioso. E aí, de repente, foram rareando as geadas e apareceu a cana-de-açúcar. Pois é, agora deu."[2]

Enquanto Zanata plantava cana, a usina ia sendo construída. João Teodorinho, pioneiro da área industrial, relembra: "Era um projeto convencional, de uma moenda média. A tecnologia, para a época era muito avançada, tinha alguma automação no processo de moenda, na caldeira e nos aparelhos de destilação. Mas o resto era tudo manual, não tinha ainda esse negócio de sentar em frente a um computador e tocar todo o processo de produção."[3]

Tudo montado, Zanata entregou a primeira safra e a fabricação começou. Em suas palavras: "Comecei os primeiros plantios em 1981. A procura por mudas era tão grande que não tinha quase nada disponível. Aí fomos ampliando o canavial em 1982, para começar a moagem na Jussara em 1983. A primeira safra foi de 178 mil toneladas. Chovia, mas chovia tanto que você não conseguia sair do canavial com os caminhões de cana. Era tudo rebocado com um trator de esteira. E a cana estava com quatro, cinco metros de altura. Um canavial muito bom, surpreendendo: a gente fechava com uma média de cento e tantas toneladas por hectare. Era recorde no Paraná. No começo produzia pouco açúcar, porque era uma cana muito viçosa. Mas tinha volume. Era uma coisa de louco. Assim foi a primeira safra, e logo a usina foi evoluindo e começaram as safras maiores."[4]

Havia produção, mas também houve outro aprendizado, o da burocracia da comercialização, que marcou a memória de Ivone Cadan: "Tudo era regulado pelos órgãos públicos. Você tinha que respeitar uma tabela

A unidade Jussara começou a ser construída em 1981. Foto Renato Stockler, 2023, acervo IIGMF.

de preços do Instituto do Açúcar e do Álcool. Tinha de determinar o teor de açúcar com as apurações do laboratório, para poder emitir as notas. Eram dois papéis, o primeiro de distribuição de rateio e o último que reunia esses números mais a matéria-prima, e fechava o custo do álcool baseado na produção em litros. Até a distribuição era feita por órgãos públicos. O governo mandava as cotas por distribuidora e a gente se organizava diretamente com a distribuidora para fazer as retiradas do produto."[5]

A grande inovação interna da usina de Jussara foi justamente a necessária integração de todas as áreas desde a implantação do projeto. Esse tipo de administração coordenada, focada em objetivos, exigia outro tipo de comportamento entre os setores, como nota João Teodorinho: "Esse negócio de cana é polêmico. Gerente agrícola, gerente industrial, sempre querendo qualidade. Às vezes a agricultura não tinha condição de oferecer para a gente. E pela situação deles também, já que é uma fábrica a céu aberto. Quando dava problemas, a gente tinha um bom relacionamento, visitava sempre o canavial, compreendia as dificuldades juntos. E acontecia o contrário. Vinha gente da agrícola aqui na indústria também, pois a indústria tinha seus problemas. Um dia uma peça quebrava, chegamos a ficar dois ou três dias parados. Eles vinham para entender nosso problema, a gente tinha um diálogo com eles."[6]

Esse tipo de relacionamento, no qual a necessária coordenação em torno de um objetivo impõe o diálogo, era pouco comum na estrutura produtiva descentralizada, aquela na qual as partes dispunham de grande autonomia e resolviam os problemas por conta própria. Na época em que a usina estava sendo implantada, Roberto Oliva Mesquita, o filho mais novo de Gastão Mesquita Neto, tinha acabado de se formar em agronomia e começava a trabalhar em Cianorte, então centro da atividade agrícola paranaense da empresa.

Nesse caso, o modelo de trabalho era outro: tinha de aprender o funcionamento de cada uma das partes descentralizadas para só então conhecer o todo: "Meu pai me falou: 'Você é agrônomo, precisa conhecer um pouco mais do negócio.' Então mudei para Cianorte, onde morei em 1983 e 1984. Morei numa república, juntamente com outro agrônomo que trabalhava na companhia, o Jayme Seixas, filho do administrador da Caiuá, lá em Cambará, que cuidava da parte de reflorestamento. Em Cianorte, a companhia possuía áreas separadas para desenvolver a produção de café, pecuária, grãos e cana-de-açúcar. E fui aprendendo o ofício. Tinha contato com o agrônomo que cuidava dos cafés, com aquele que cuidava das pastagens, com os veterinários, o agrônomo de cana, o agrônomo de grãos. Passei dois anos acompanhando esse pessoal."[7]

No esquema descentralizado, o aprendizado era semelhante ao de um ofício, algo bem diferente da coordenação técnica entre partes que, concomitantemente, ia sendo implantada nos espaços abertos por Gastão Mesquita Neto. E um desses espaços era justamente o da centralização da administração geral e das finanças, o maior esforço nesse sentido realizado na empresa. Naquele momento da história brasileira, dois grandes fatores tornavam tal mudança praticamente obrigatória: recessão e inflação. Os dois aconteceram juntos, mas cada um tinha seu próprio peso histórico.

Bem ou mal, até então a economia nacional vinha apresentando um desempenho excepcional. Desde a proclamação da República até a década de 1970, foi a economia nacional que mais cresceu em todo o planeta, a despeito dos percalços. A decisão de investir no etanol fora tomada em 1980, o derradeiro ano desse longo período de crescimento. A partir de 1981 começaram os seguidos anos recessivos, entremeados por um ou outro soluço de recuperação. Solavancos na demanda se tornaram conselheiros administrativos, obrigando as empresas a seguir novos ditames para continuar no mercado.

Já a inflação elevada levou a um tratamento muito mais rigoroso do caixa e dos pagamentos, sob pena de acabar em prejuízo um esforço produtivo que poderia ser lucrativo. Essa mudança radical no contexto mais amplo pegou no contrapé aquela que sempre fora uma ótima estrutura de tratamento de informações. Bom para Vera Lúcia Novo, para quem o desafio se transformou em oportunidade. Ela começara na empresa em 1978, como recepcionista na diretoria. Aos poucos passou a ajudar Luiz Gonzaga Junqueira de Aquino Filho, datilografando e revisando planilhas contábeis. Ganhou um presente e uma oportunidade inesperada: "O Luiz Aquino, que era da gerência de projetos e orçamentos, tinha uma mente muito aberta. Eu trabalhava numa empresa familiar, onde as mulheres normalmente eram secretárias, ou recepcionistas ou telefonistas, o resto tudo era homem. Então não vislumbrava muita oportunidade para mim, falava assim: 'Não sei se eu vou conseguir um espaço aqui.' Então o Aquino viu que eu fazia administração e me passou algumas coisas para planilhar.

Eram aquelas folhas de treze colunas, datilografadas. Comecei a fazer com muito cuidado, ele era uma pessoa extremamente rigorosa."[8]

Aprovada nos rigores, Vera Lúcia foi transferida para a gerência de orçamentos e controle, sob a responsabilidade de Aquino. Ali logo descobriu que juntar informação descentralizada não era o mesmo que uniformizar dados para um orçamento coerente: "As pessoas saíam para campo, colhiam as informações e faziam o planejamento. E era tudo muito manual. Para a época, muito bem feito, porque conseguiam consolidar toda a informação da parte de custeio, da parte de gastos com folha de pagamento. Mas dali só saía um orçamento da empresa depois, então ainda era muito incipiente. Era difícil ter tudo junto, era tudo muito distante. Além da parte das terras, tinha a Cimento Maringá, que ficava em Itapeva, com outra gestão local. Cada unidade nossa tinha a sua gestão local. Então a gente tinha de sair, ir para esses lugares, coletar as informações para poder montar o orçamento. O telefone funcionava muito pouco, tinha que ir a cada local para planilhar e assim comecei a viajar o tempo todo."[9]

Percebeu que havia muita distância entre o padrão de integração necessário para a usina – que Luiz Aquino conseguiu implantar – e aquele que vigorava na empresa como um todo. Chegar ao todo exigia paciência, não era tarefa fácil. A coleta manual de dados, a dispersão de fontes, tudo isso foi minando a paciência do chefe rigoroso. A certa altura, ele deixou a empresa e foi substituído na função de responsável pelo orçamento por Gastão de Souza Mesquita. Ele já trabalhava ao lado do pai desde 1971, a princípio como assessor. Ia e vinha para todo canto, atento a tudo que acontecia na companhia.

Para superar os obstáculos que pareciam intransponíveis, Gastão de Souza Mesquita demonstrou capacidades assim relembradas por Vera Lúcia Novo: "Veio o novo chefe, que todo mundo chamava de Tatão, e eu pensei: 'Meu Deus, e agora?' Eu não conversava quase com o Tatão, não tinha trabalhado com ele. Pensei: 'Vou ter que aprender tudo de novo.' Mas foi muito rápido fazer, porque é uma pessoa fácil de lidar, e ia atrás. Começou cada vez mais a se embrenhar na destilaria, conhecer, fazer mudanças, dar uma destravada em alguns processos. Percebeu que tinha uma oportunidade de melhoria dentro do processo como um todo, que havia gerentes muito bons em suas especialidades. Então criou um corpo gerencial e me levou para fazer a parte do financeiro, junto com os gerentes que estavam à frente do processo, e deu muito certo. O que era uma hierarquia mais de mando passou a ser uma hierarquia mais de troca. Ele distribuiu a responsabilidade. Todos se sentiam muito responsáveis, donos do negócio."[10]

Sem romper com a tradição descentralizada, Gastão de Souza Mesquita conseguiu criar um espaço para a indispensável coordenação entre orçamento e execução, expressa na criação de um planejamento – e logo contratou Paulo Vaz para dar uma nova qualidade a tudo: "Entrei na companhia em agosto de 1986, como encarregado da contabilidade. Fui contratado porque estávamos no período inflacionário, e para a empresa era um período de dificuldade para adequar esses controles em função da inflação. O pessoal estava buscando um profissional que pudesse produzir melhores relatórios."[11]

Logo descobriu a natureza do problema que precisava resolver: "O campo produzia boas informações. É óbvio que tudo que é manual fica sujeito a risco, mas a princípio as informações eram confiáveis. O problema era temporal, o registro deveria ser mais ágil. Quando fui contratado não existia computador na companhia, tudo feito à mão, tudo dependia de manipular fichas de registro. Então a coisa era morosa e, num período inflacionário, havia uma grande dificuldade para quem tinha que tomar decisões na empresa. Por isso a opção pela informatização correu rapidamente e conseguimos montar nosso primeiro sistema integrado de informações."[12]

A passagem da estrutura descentralizada para a estrutura integrada pela informática, das unidades autônomas para o grupo coordenado que discutia informações, permitiu outro tipo de avaliação de desempenho da empresa como um todo, não apenas de cada parte. E então ficou evidente que a nova realidade brasileira colocava desafios de reinvenção para a empresa – inclusive em seu escalão superior.

E, nesse caso, as divergências de concepção e as ideias contraditórias não tinham nenhum espaço institucional para serem processadas. Mais complexo ainda, havia uma somatória que tornava indistinguíveis as decisões executivas e aquelas societárias. Era uma coincidência formal com muita história, criada a partir do acordo firmado, ainda em 1942, por Gastão Vidigal e Gastão de Souza Mesquita Filho. Esse acordo solucionava tanto a questão dos papéis dos comandantes executivos como a convivência dos acionistas controladores. Era um excelente acordo, e tão bem acertado que não gerou qualquer espécie de problema ao longo de quatro décadas de convivência das duas famílias, uma investindo nos negócios da outra. E todos tendo sucesso no que faziam.

Esse verdadeiro milagre operacional funcionava com base numa confiança capaz de gerar prodígios de eficiência, como lembra Paulo Vaz: "A companhia sempre teve muitos acionistas, era um grupo pulverizado. E sempre teve auditoria externa, o que era um fator importante, pois nossos registros estavam sujeitos a uma verificação externa, algo que trazia um conforto para os acionistas. Mas a coisa muito boa que descobri quando vim trabalhar na empresa foi o imenso valor da tradição. Ela garantia a grande confiança que todos tinham nos livros e nos números. E a seriedade da empresa no trato com dinheiro fundava de fato essa confiança."[13]

A tradição operacional, dado o peculiar acordo informal entre os acionistas, era sinônimo completo de confiança societária: "A assembleia de prestação anual das contas da companhia, que é, vamos dizer, o momento mais importante de uma sociedade, naquela época nem existia fisicamente. Os documentos eram gerados e, simplesmente, depois de três ou quatro meses da data da reunião os livros de registro eram mandados por portador para assinatura. Então não havia nem um momento de discussão na área – e nem um único problema com os sócios e os muitos acionistas."[14]

Esse gigantesco acervo de tradição, confiança – e, sobretudo, eficiência – mostrou seu calcanhar de Aquiles quando chegou o momento de discutir a validade do acordo fundado na total descentralização: simplesmente não havia espaço para separar os papéis e formular debates de alternativas para os destinos da empresa. Em termos de missão empresarial, tudo se passava como se ainda vigorasse a realidade do novo acordo, de 1948, quando a missão central da Companhia de Terras Norte do Paraná (Companhia Melhoramentos Norte do Paraná em 1951) passou a ser a de transferir os lucros da venda de lotes para outros empreendimentos que lhe pudessem garantir um futuro.

Essa realidade, porém, ficara no passado. A venda de lotes se tornara uma atividade de pouca relevância no quadro geral do empreendimento. Havia agora uma empresa plural e descentralizada, com investimentos em várias frentes – inclusive como sócia minoritária em vários negócios. Ao mesmo tempo, essa empresa enfrentava um momento nacional de inflação e recessão, no qual a centralização estava se tornando cada vez mais importante.

A direção de Gastão Mesquita Neto possibilitou paulatinamente a centralização num núcleo novo de investimentos, o etanol, permitindo também a adoção dos instrumentos de captação e processamento, tão centralizados quanto possível, das decisões administrativas relevantes para lidar com a nova realidade. Desse modo, centralização e descentralização foram convivendo sem choques maiores por uma década.

O conhecimento adquirido levou à percepção de que o ótimo de ontem já não era nem sequer o bom de hoje. Então surgiu o dilema: ao contrário dos gerentes da usina, obrigados a discutir seus problemas o tempo todo, não havia nenhuma instância em que os sócios podiam discutir a eficiência de um modelo de negócios que já completava quase meio século. A transição do mundo informal da confiança para a estrutura formal da discussão, nesse caso, exigia grande cautela. E foi tomado todo o cuidado para que a discussão se realizasse discretamente.

Nem mesmo Paulo Vaz, afinal o encarregado dos papéis societários oficiais, notou os detalhes do processo: "Em junho de 1988, recebi um convite para ser o secretário da diretoria. Era uma função no organograma da companhia para dar um suporte para a diretoria de maneira geral. A sociedade se movimentava, mas a gente só percebia os movimentos pelas combinações informais. Somente em 1992 aconteceu uma mudança de estatuto social da companhia, colocando regras como a de que os membros da diretoria teriam que se aposentar aos 65 anos. Tudo isso já era reflexo das conversas de bastidor entre os sócios controladores, sem que eu soubesse de detalhes."[15]

O acordo informal, que vinha desde 1942, com uma única atualização em 1948, acabou sendo atualizado com uma cisão dos grupos. Um movimento fundamental na vida da empresa – e uma última homenagem de jovens empresários técnicos a seus antepassados artistas, com as bênçãos de Gastão Mesquita Neto e Silvio Vidigal. Uma história que só pode ser contada por meio de lembranças fragmentárias daqueles que fizeram a obra, entremeadas por silêncios:

Gastão Mesquita: "Era tudo na confiança. O presidente da companhia era um Vidigal, o doutor Silvio. Ele ia uma vez por ano à companhia, no máximo duas vezes por ano. Meu pai, diretor-superintendente, ia até o escritório dele, que ficava no prédio das empresas Vidigal, talvez uma vez por ano."[16]

Luís Eulálio de Bueno Vidigal: "A geração do papai, do tio Silvio, do tio Augusto e do Gastão Mesquita Neto nunca se reuniu para discutir uma eventual separação."[17]

Gastão Mesquita: "Eu defendia com o meu pai que nós precisávamos de uma reestruturação, que a companhia estava mudando de geração. Fiquei alguns anos falando: 'Precisa mudar, precisamos mexer.' E ele: 'Não, de jeito nenhum.' Aí um dia entrei na sala dele carregando cem gramas de algodão e saí com uma tonelada de aço nas costas, quando ele me mandou cuidar do assunto."[18]

Álvaro Augusto Bueno Vidigal: "Posso me considerar um insurgente na ocasião, porque eu falava: 'Não, isso aqui está tudo perfeito, mas o meu filho não sabe quem é o Mesquita, e o Mesquita não sabe quem é meu filho. Então, daqui a pouco, isso aqui vai virar uma guerra, pode virar uma guerra, porque ou você tem uma governança tremenda, que passa a priorizar a companhia como eixo principal de tudo, ou dá guerra.' Tinha muito negócio, então era melhor, naquele momento, fazer a separação."[19]

Luís Eulálio: "Papai, que era da outra geração, não acreditava. Ele achava que não era viável devido ao histórico, porque realmente a ligação que nós tínhamos com os Mesquita era muito forte."[20]

Álvaro Augusto: "A vigência da sociedade sempre foi muito harmoniosa. Havia um respeito muito grande entre as famílias e tudo funcionou muito bem sempre. Um belo dia, fomos pensar em separar, fazer uma cisão na companhia, porque os herdeiros começaram a ficar num número muito grande. Então, talvez fosse importante separar a família Vidigal da família Mesquita."[21]

Gastão Mesquita: "Eu defendia com meu pai: 'Vai chegar o dia que vamos ter que [nos] separar dos Vidigal, porque é muita gente da família do lado de lá e nossa família não é tão grande.'"[22]

Álvaro Augusto: "E o Gastão Neto não teve papel preponderante nessa situação. Ele delegou ao Tatão – e meu pai delegou a mim – o processo de dar sequência ao possível distrato entre as companhias, a cisão. Então começou um trabalho de amadurecimento que era natural. Essas reuniões foram feitas só pela nossa geração."[23]

Gastão Mesquita: "Então um dia veio um Vidigal e falou: 'Olha, a minha missão aqui é fazer a cisão.' Aí juntou a fome com a vontade de comer."[24]

Álvaro Augusto: "Sou amigo do Tatão e falei direto: 'Funcionou muito na liderança dos velhos: do Gastão Vidigal e Gastão Mesquita, ficou valendo para os filhos. Depois não tem memória, depois acaba a memória, tem prazo de validade. Nós não vamos ter poderes para tomar decisões. Então temos que tomar uma decisão agora.' Se fosse hoje, com tudo que existe de modelo de governança, talvez fosse um outro caminho a ser seguido. Mas acho que foi acertado."[25]

Luís Eulálio: "E é por isso que funcionou. Porque, provavelmente, se estivessem discutindo dois profissionais, um representando o grupo Vidigal e o outro representando o grupo Mesquita, não teria dado certo. Era administração familiar e ponto. Nós somos muito antigos, nossos pais mais ainda. Nenhum dos negócios da família foi profissionalizado."[26]

Álvaro Augusto: "Ninguém quis comprar do outro, até porque ninguém tinha dinheiro para comprar do outro. Era uma companhia patrimonial, de um valor extremamente grande, por isso ninguém tinha dinheiro para comprar do outro. Então, a melhor coisa foi, em vez de comprar um do outro, a de dividir ativos. E cada um ficou com seus ativos. E aí cada um que resolva seu problema na sua casa no futuro."[27]

Gastão Mesquita: "Os dois sabíamos o que cada um queria. Cada um tocava suas companhias. O melhor negócio em termos de dinheiro era a Cimento Tocantins, e eles queriam. Então foi naturalmente definindo, não precisou conversar muito para definir essa parte. Foi mais uma questão de colocar no papel, de fazer uma valorização."[28]

Álvaro Augusto: "O natural seria que os Mesquita ficassem com os ativos de terras e nós ficássemos com outros ativos, onde já tinha Vidigal tomando conta. Foi feita uma avaliação jurídica e contábil, chegou-se a um número que dava para separar em dois e deixar a Usina Jacarezinho no meio, que era o que faltava para acertar a conta e que ficou dos dois para acertar a situação depois. A conta foi aceita: 'É essa. Tá bom?' 'Tá bom.' Como nos delegaram, a gente tomou a decisão e ninguém questionou se estava certo. Você vai perder o poder daquele monte de dinheiro, vai dividir o poder, mas estava na hora de fazer."[29]

Gastão Mesquita: "E teve um advogado só no negócio, trabalhando para os dois lados. Você veja a confiança, como a coisa era transparente."[30]

Assim, exatos cinquenta anos depois de a Parana Plantations ter sido dividida em dois, a operação foi repetida – para que houvesse um futuro para cada lado. Depois da era da venda de lotes, veio a da aplicação dos recursos para construir um empreendimento diversificado e capaz de sobreviver de maneira descentralizada, com cada sócio confiando no outro para tocar sua parte. Em 1994, de fato cada um ficou com sua parte. Chegara o momento de fazer um novo todo dessa parte – ou melhor, de se empenhar ao máximo para alcançar esse objetivo.

CAPÍTULO **29**
> *"Faça o que tem de ser feito!"*

Gastão Mesquita ouviu a frase de seu pai, Gastão Mesquita Neto, em maio de 1994, assim que foi concluída a separação dos grupos Mesquita e Vidigal. Sabia o que ela significava: uma era próspera, baseada na confiança mútua entre sócios e na delegação para a execução, tinha terminado. Com ela, um modelo de negócios muito bem-sucedido: a base do acordo, que se manteve entre 1948 e 1994, era o emprego dos lucros obtidos com a venda de terras em outras atividades que sustentassem a empresa – sendo a execução desses projetos de expansão partilhada com muita autonomia entre os dois grupos controladores. O que Gastão Mesquita tinha de fazer era a atualização da empresa para um universo que não era mais aquele dos tempos de 1948.

O mundo era outro. A Guerra Fria terminara em 1989 e quase ao mesmo tempo emergira uma nova integração do mundo: a era dos computadores pessoais e, logo em seguida, a comunicação entre computadores numa rede global, a internet. A troca de informações baseada em suportes físicos dava lugar à comunicação eletrônica instantânea. Empresas aproveitaram essas mudanças para montar cadeias produtivas que logo se tornaram globais.

O Brasil era outro. Na época do acordo de 1948, era uma nação ainda predominantemente rural, com muitos setores modernos – como eletricidade, por exemplo – desenvolvidos apenas em escala local, pouco conectados por redes físicas. Na década de 1990, o país era já uma sociedade fortemente urbanizada, com a maioria da população vivendo nas periferias de grandes cidades. Contava com uma infraestrutura nacional de eletricidade, comunicações e transportes – e começava a entrar na era da informática.

Também o Paraná era outro. Em 1948, era um estado ainda pouco integrado fisicamente, com o crescimento baseado na frente pioneira que instalava um aparato produtor de café. E a era do grande produtor brasileiro de café durou pouco, encerrando-se com a geada de 1975. Mas deixou como legado um estado com propriedade rural distribuída, conectado e bem mais integrado, tanto internamente como em relação aos outros estados. Uma rede de universidades geradoras de conhecimentos, empresários capazes de atualizar a produção e gente capacitada para trabalhar permitiu que a economia fosse além da base agrária inicial – e que o processo de expulsão de população do campo e de periferização fosse menos radical do que no restante do Brasil.

O norte do Paraná, entrelaçado com a companhia, era outro. Passada a era da atração de migrantes e do café, Londrina e Maringá se transformaram em núcleos industriais e de prestação de serviços de alcance regional – com a rede capilar de pequenas propriedades tornando possível o desenvolvimento de grandes cooperativas, capazes de proporcionar tecnologia e oportunidades de negócios a seus associados. Uma atualização que a empresa promotora dessas transformações não viveu internamente.

Durante décadas, a Companhia Melhoramentos Norte do Paraná fora a fonte regional dos grandes investimentos de capital, da atração de gente, das inovações técnicas – tudo girando em torno do café. Depois da geada de 1975, a adaptação à nova realidade acarretou uma inversão. A erradicação dos cafezais foi rápida na região – ainda que o sentido do acordo de acionistas da companhia tenha apontado outro caminho interno. Desde 1953, a fim de gerar receitas para sobreviver ao fim da venda de lotes, a empresa decidira que as suas terras remanescentes seriam usadas para reforçar o caminho adotado: viraram fazendas, para gerar mais receita para os novos negócios. O café foi a primeira cultura desenvolvida – e ainda era plantado em 1994, uma vez que contribuía para financiar outras atividades. Com isso, alteraram-se as posições relativas entre a empresa e o norte do Paraná cafeeiro: até a geada de 1975, a empresa, apesar da escala, era apenas mais uma das muitas produtoras de café do estado; em 1994, era a maior produtora paranaense de café.

Manter-se no setor cafeeiro era permanecer num negócio que não mudara apenas na escala local. Na esteira da geada de 1975 começou uma mudança na posição brasileira no mercado mundial de café. Desde 1906, com o Convênio de Taubaté, o Brasil detinha uma posição dominante no controle dos estoques mundiais do produto, de modo que conseguia impor um preço administrado no mercado. Esse poder ruiu na década de 1980; no início da década seguinte, acabou a intervenção estatal nas compras internas, desde a década de 1930 a base do controle brasileiro do preço no mercado mundial. Esse preço passou a ser determinado pelo mercado, e os cafés de menor qualidade – como os produzidos no Paraná – foram os que mais perderam.

Na separação, a família Vidigal ficou com as atividades novas e suas receitas: para eles, o norte do Paraná deixou de ser questão. Por outro lado, para a Companhia Melhoramentos Norte do Paraná as atividades paranaenses ganharam um peso bem maior na vida da empresa. Antes da separação, eram enquadradas no todo como uma parte destinada a fornecer receitas para outras atividades; agora, precisavam ser transformadas em outra coisa – desde que Gastão Mesquita fizesse o que tinha de ser feito.

A obra tinha sido iniciada com a própria cisão, que ele negociara por delegação do pai. Nessa delegação mesma já se inaugurava uma nova era. O acordo extinto obrigava a uma coincidência total entre controle societário e direção executiva, entre representação do grupo controlador e condução dos negócios. Pessoa e instituição se fundiam nas pessoas físicas do presidente e do diretor-superintendente. Essa regra pétrea deixou de valer nas negociações para a cisão – com consequências que se fizeram sentir durante esse período.

A distribuição dos cargos de direção em cada empresa, dados os investimentos cruzados, era sempre feita com vistas à preservação da estabilidade do acordo de acionistas, este fundado no equilíbrio das famílias. Uma vez que durante a negociação a regra mudou, foi possível para a empresa aposentar os diretores que vinham desde os tempos de Gastão de Souza Mesquita Filho, acomodando-os num Conselho Consultivo.

Esse ato abriu espaço para que a frase de Gastão Mesquita Neto, ao ser dita para o filho, fosse também uma delegação efetiva para fazer o que deveria ser feito com os poderes centralizados em sua pessoa – não mais como representante do grupo controlador, mas como executivo autorizado pelo controlador. Evidentemente, tal autorização não cancelava a história. O êxito da Companhia Melhoramentos Norte do Paraná como um todo, no tempo do acordo de acionistas, criou uma cultura que permitia relevar eventuais problemas. Uma aura de organização estável e geradora de lucros, transferidos como dividendos. Da alta direção até o mais humilde colaborador, não faltava quem acreditasse que a empresa obtivesse bons resultados com sua operação paranaense.

Poucos, como Luiz Bolotta, tinham noção de que a manutenção do acordo começou a gerar atrasos organizacionais e prejuízos reais. Sua função de gerente do escritório de Maringá, supervisionando todo o fluxo de recursos na região, assegurava que soubesse o que se passava na realidade. Para relembrar, quando começara a trabalhar, em 1965, estas eram as funções, em suas palavras: "O escritório centralizava as fazendas, a topografia, fazia as escrituras, tinha uma oficina para tratores e automóveis. Acho que trabalhavam umas sessenta ou setenta pessoas."[1]

Todo esse peso, convém relembrar, tinha uma relação muito direta com o sentido do acordo de acionistas, que era o de carrear lucros para outras atividades – que Bolotta definiu graficamente com uma imagem já mostrada: "Sempre dava lucro. Então, toda sexta-feira a gente mandava um checão para São Paulo."[2] No momento da cisão, porém, a realidade era bem diversa: "Lotes, já não se vendiam mais. E começaram as despesas. Em vez de a gente enviar dinheiro toda semana, virou ao contrário, a mina começou a secar aqui. E aí eu mesmo fui ficando preocupado: em vez de ter a alegria de enviar dinheiro para São Paulo, agora comecei a pedir e São Paulo começou a enviar dinheiro."[3]

O fluxo invertido de cheques tornou evidente para Luiz Bolotta que a era de lucros na atividade paranaense havia se convertido numa era de prejuízos. Dividia suas preocupações com Gastão Mesquita quando ele passava por Maringá – mas suas opiniões a respeito da rentabilidade, compartilhadas pelo visitante, não o eram pela imensa maioria de seus colegas de empresa na região. Para quase todos eles, a Companhia Melhoramentos Norte do Paraná continuava sendo o portento de sempre – uma impressão confirmada inclusive pelos balanços, que mostravam polpudos lucros anuais.

Em tempos de economia normal, pareceria paradoxal que uma mesma realidade econômica permitisse que dirigentes de um negócio tivessem percepções opostas, de grandes lucros ou de prejuízos reais, olhando para sua realidade diária de trabalho. E, de fato, Bolotta e Gastão Mesquita eram exceções. A imensa maioria dos gestores avaliava a realidade do momento em função do balanço positivo. E não era fácil para a minoria convencer a maioria.

Gastão Mesquita passara toda a década de 1980 tentando capturar em números os efeitos da inflação sobre os resultados da empresa. Chegou a uma visão prática e muito elucidativa do paradoxal processo: "No dia

30 de setembro do ano 1, começava uma safra nova do café. As despesas dessa safra já tinham começado no julho anterior, com a compra de insumos. As despesas com a safra iam até a colheita, em julho do ano 2. Muitas vezes o café colhido só era vendido no ano 3. Pois bem. Naquela inflação galopante, o adubo que você comprou em agosto do ano 1 vai sendo contabilizado como custo agregado até 30 de julho do ano 2. E ficava parado aí, sem correção. Quando se vendia o produto, no ano 3, tinha valores que vinham desde o ano 1 sem correção. Assim os gastos iam sendo diluídos pela inflação. E as receitas vinham pelo valor das vendas no ano 3. Então, quando se tinha uma receita corrigida e o custo sem correção, o resultado de balanço era astronômico. E este era o jeito de contabilizar de quem seguia as normas legais da contabilidade, mas assim o prejuízo virava lucro e ninguém via."[4]

"Faça o que deve ser feito", para Gastão Mesquita, era a obrigação trazer a empresa, que agora dependia mais do Paraná, para uma situação capaz de gerar lucro real – e deixar de viver das ficções inflacionárias enquanto acumulava prejuízos. O projeto foi sendo montado ao longo da era inflacionária, mas começou a ser executado justamente quando o país fazia o mesmo tipo de ajuste: "A reestruturação foi bem na entrada do Plano Real. Nos separamos do Vidigal no dia 4 de maio de 94 e o real entrou no dia 1º de julho. Foi aquela euforia. Todo mundo pisando no acelerador. E nós já estávamos havia um mês, um mês e meio, com freio de mão puxado, demitindo gente, cortando custo, mudando nosso norte. Aí, em 95 o real deu uma afundada, os outros tiveram de puxar o freio, mas já estávamos com o freio de mão todo puxado, por coincidência, por outras razões."[5]

Com os diretores da geração de Gastão de Souza Mesquita Filho já afastados, os cortes de pessoal começaram pelo alto, feitos por quem tinha de fazer o que era preciso: "Acho que eram 22 pessoas, quatrocentos anos de experiência da Companhia Melhoramentos, gerindo Cianorte, Maringá e a destilaria. Dia 9 de março de 95, naqueles quatrocentos anos, em oito pessoas, eu cortei duzentos anos da nossa experiência. Fui de um em um. Pessoalmente. Primeiro falei com o que eu tinha mais amizade, o mais difícil."[6]

Luís Bolotta lembra do que passou: "O doutor Gastão falou: 'Infelizmente está acontecendo isso.' A gente ficou até com água nos olhos de emoção, aquela coisa toda. E falei, sou muito realista na vida: 'Eu estava vendo, sentia que não tinha outra saída.' E ele me convidou para ser assessor. Tudo feito na maior amizade.'"[7] O resto foi mais rápido e duro: "Daí eu percorri o corredor do escritório, entrando nas salas para demitir. Naquela época a gente falava que eram técnicos, mas eram gerentes. Acho que eram 22 inicialmente, já tinham saído uns três ou quatro, e eu demiti oito nesse dia."[8]

Vera Lúcia Moraes Novo viveu esse momento com angústias distantes e muita expectativa: "Um belo dia ele saiu de São Paulo com destino ao Paraná com uma lista de pessoas que ia demitir. Isso foi numa época muito tensa, porque demitir gente é muito complicado. Ele fez sozinho e olho no olho. Até o tio ele demitiu. Nesse momento teve que ser ele, não tinha mais ninguém. A gente ficou em São Paulo cuidando de tudo. Ele voltou com a coisa feita, e aí começou todo um processo de reestruturação no Paraná."[9]

Começar a reestruturação pelo alto e pessoalmente era mandar um sinal forte. O tio demitido era Paulo de Moraes Barros Neto, acionista da empresa e responsável por gerir a criação e implantação da cidade de Cianorte e de toda a atividade agrícola local desde 1952. Sempre como comandante com poder total sobre todas as atividades da empresa ao redor. Vera Lúcia Novo nota o valor do trabalho que ele realizou, mas também a razão imperiosa do ato que resultou na sua transferência para o Conselho Consultivo: "O doutor Paulo tinha uma história muito grande. E a história tinha muito peso na empresa: o cara foi para lá, desbravou aquilo, tinha todo um arcabouço de coisas que aconteceram através dele. Foi preciso tirar esse diretor para poder mexer. Assim pudemos remover toda a estrutura que considerávamos antiga e que havia por baixo."[10]

Removida a estrutura de comando, de imediato mudaram as relações de trabalho. Como recorda Ivone Cadan, que estava na contabilidade da usina de Jussara: "Só me destacaram e disseram: 'Você vai cuidar da implantação.' Fui. Cuidava de trezentas pessoas na usina, passei a cuidar de mais de 4 mil na folha de pagamento, incluindo canavieiros e cortadores de cana. E vieram três pessoas de São Paulo para se dedicarem ao projeto aqui."[11]

O mais graduado dessa equipe era Paulo Vaz, nessa altura gerente administrativo da Companhia Melhoramentos Norte do Paraná. Ele descreveu assim seu trabalho: "Todos os contadores da companhia foram dispensados, e a mim foi confiada a missão de tocar todas as contabilidades junto com os subcontadores e, a partir daí, começar a fazer grandes reorganizações. Fechamos diversos escritórios no Paraná, quase uma dezena. Com a informatização que estava entrando, montamos um sistema integrado com menos pessoas, menos escritórios, e aí tudo isso começou a ganhar um formato de agilidade, com mais qualidade da informação."[12]

Aquilo que, falado na linguagem do tempo passado, parece racional, marca de outra maneira a memória de Marcelo Fernandes de Oliveira. A ocasião foi de um grande salto, depois de um início que narrou assim: "Fui admitido na companhia em 1985, com quinze anos, para trabalhar no sexto andar, sala dos contínuos. Nós éramos oito ou dez contínuos, havia mais ou menos uns cem funcionários de escritório na sede. Cada empresa tinha sua contabilidade, então trabalhava entregando documentos e correspondência nos andares e fazendo pagamentos nos bancos, nas empresas. Fiquei oito meses, passei para a próxima caixinha da carreira naquela época. Fiquei três meses como operador de xerox. E aí, como fazia colegial técnico de contabilidade, fui transferido para a contabilidade de uma das empresas, a Cimento Ponte Alta. Então eu era auxiliar de contabilidade, estava com dezesseis anos."[13]

A transformação acabou sendo também oportunidade para aprender: "Em 1990 a empresa se associou com a Cimento Mauá, e nós aportamos toda a fábrica de cimento como investimento em uma nova fábrica de cimento chamada Companhia Minas Oeste. Na Ponte Alta ficou só a parte agrícola, que tinha café, gado, soja, milho. Passei a tomar conta da contabilidade como um todo, porque fiquei sozinho como analista. Foi um estágio assim fantástico, de 1991 até mais ou menos junho de 1994, quando aconteceram as grandes mudanças na companhia."[14]

Foi mudança grande e direta em sua vida: "Foram desligados todos os contadores, uma boa parte dos funcionários, e ficou uma contabilidade única para todos. E aí comecei a ir para o Paraná. Foi um desafio grande, porque naquela época tinha vários níveis de colaboradores, cada um num nível. Tivemos de colocar todos no mesmo padrão e começar a trabalhar num padrão novo. Nesse momento, eu, que era subcontador, virei chefe de contabilidade. Eu era muito novo, tinha 24 anos, e passei a chefiar gente que tinha 29 anos de empresa."[15]

Foi preciso esforço: "Entrei muito nos detalhes da Ponte Alta, ganhei muito conhecimento e estudava muito. Gostava de ler sobre contabilida-

Gastão Neto e o filho Gastão em encontro com clientes da ferro-liga Maringá, em 27 de novembro de 1987. Livro *Companhia Melhoramentos Norte do Paraná: 90 anos*. Acervo IIGMF.

de. Então tudo que eu fazia ali tinha fundamento. Aí acabou que fui adquirindo respeito. E a gente trabalhava muito. Vimos que no Paraná tinha muita coisa para se fazer, de critério, de custo, de contabilidade, de plano de contas. Então eram semanas e semanas de esforço. A gente ia para lá e ficava quinze dias. Ia numa segunda, voltava quinze dias depois. Quinze dias dedicados a rever processos e procedimentos. E implementar novos procedimentos."[16]

Vera Lúcia Novo, além de dividir temporadas em Maringá com Marcelo, comandou o enxugamento em São Paulo: "A sede continuou na rua São Bento, mas devolvemos vários andares. No oitavo, que era a diretoria, ficou só uma sala, porque era o endereço da sede, para onde vinha toda a correspondência. Fomos para o décimo primeiro. A diretoria trabalhava toda numa sala coletiva, em torno de uma mesa redonda de reuniões. Já era uma empresa mais moderna, focada em redução de custos."[17]

Os mais de cem funcionários na sede, dos tempos iniciais de Marcelo, em 1985, foram reduzidos a apenas vinte. Com tal foco, veio o movimento mais amplo. Gastão Mesquita resume em poucas palavras o fim de uma era: "Em algumas fazendas havia um pouco de café, um pouco de gado e um pouco de soja. Aí veio uma geada, e eu falei: 'Arranca todo o café.' Cada fazenda passou a ter um produto só. Essa fazenda aqui tem café e gado, arranca o café e vai ficar só o gado. Nas fazendas de café, naquela época, todo mundo morava na colônia."[18]

Essa foi a maior e mais dura redução de pessoal. Assim relembrada por Maurício de Souza: "Muitas atividades foram encerradas, nós tínhamos cafeicultura, encerrou. Aí é que tinha a maior parte dos empregados. Nós tínhamos quase 4 mil funcionários, com o fim do café ficaram mil e tantos. Desses que saíram, muitos entraram com reclamação trabalhista, quando estava acontecendo a reestruturação de todos os escritórios."[19]

Leonardo Zanata não guardou boas lembranças dessa época: "Nessa reformulada geral, sabe o que sobrou para mim? Preposto na Justiça do Trabalho. Se tem um período que realmente me chateou, foi esse. Porque eu, além de estar tocando usina, era preposto. E passaram a ser três dias por semana sentado na cadeira do réu. E para perder causa atrás de causa. A Melhoramentos pagava tudo certinho, mas naquela época não tinha o relógio de ponto, era tudo marcado em livro. Os advogados descobriram esse filão e teve que pagar tudo de novo. Então eu ia lá mais para levar fumo só, porque a decisão do juiz era sempre favorável ao demitido. E não só do pessoal do café, mas fechou reflorestamento, fechou pastagem. O pessoal de todas essas áreas ia para a Justiça. E quem era o preposto?"[20]

O custo de tantas dores de transformação acabou expresso em números. O balanço de 1995 fechou com prejuízo – pela primeira vez desde os tempos de lorde Lovat. E realmente era já uma marca de um novo tempo, pois fazia um ano desde que a Companhia Melhoramentos Norte do Paraná alterara a sua missão. Em vez de empresa organizada para transferir receitas, era agora um empreendimento lutando para sobreviver num mundo em mudança.

Contabilidade feita, outro conflito doloroso se instalava. Ao longo de cinco décadas, o acordo entre os acionistas gerara lucros e dividendos. Tantos dividendos que nenhum deles jamais ligou para detalhes formais como o do comparecimento à assembleia anual de aprovação das contas, contentando-se em receber os cheques. Mas bastou esse ano de prejuízos para que um gigante adormecido acordasse. Sérgio Marangoni detalha o processo: "A partir de 1995 as assembleias de acionistas se tornaram tensas. Começaram a aparecer advogados de vários grupos de acionistas. Eram assembleias muito movimentadas, com quarenta, cinquenta pessoas, quinze advogados. Assembleias que duravam o dia inteiro. Depois delas, vinham as ações judiciais. Não havia acordo de acionistas. Não havia cláusula de arbitragem nem mediação. Então, tudo só podia ser resolvido no Judiciário mesmo. E era briga. Muita empresa quebrou nessa situação."[21]

A tensão ultrapassou o universo dos acionistas minoritários e chegou ao do grupo controlador. Após a cisão, este era formado por Gastão Mesquita Neto e suas três irmãs. E até na família foi sentida a transformação. Parentes do grupo controlador eram parentes também de acionistas minoritários que trabalhavam na empresa com grande autonomia – e mesmo assim haviam sido removidos de seus cargos. O balanço negativo retirou de todos a renda dos dividendos, de modo que a insatisfação ganhou novos ecos.

Alguns acionistas ligados ao grupo controlador viram-se numa situação excruciante: a de ter poder para determinar os destinos da empresa e perder a fonte de receita que sustentava a família. Vivendo tal dilema, não acharam caminho melhor do que o de tentar processos judiciais – contra a própria família. Paulo Nunes, casado com Lúcia Mesquita, filha de Gastão Mesquita Neto e parte do grupo controlador, lembra do que passou para desfazer a saia justa: "No dia 25 de agosto de 1997, um domingo, minha mulher me ligou e falou que a mãe dela tinha recebido uma notificação judicial. Tomei uma atitude. Fui para a casa de quem tinha mandado a notificação, tinha intimidade com ele. Fiquei ouvindo reclamações das pessoas que montaram a ação por três horas, até que pude dizer: 'Tem como acertar isso como um negócio, sem brigar na justiça?' Eles aceitaram ouvir uma proposta. Aí liguei para o Gastão e falei: 'A situação é essa, essa e essa.' Aí marcamos uma reunião na casa do meu sogro e no fim todos me falaram: 'Você está autorizado por nós a negociar a compra deles lá.' Foi na base de pagar para eles o que estão pedindo, mas pagar do jeito que a gente pode pagar. Levei a ideia para eles com o valor impresso em papel no computador, numa impressorazinha que nós tínhamos naquele tempo. Pegamos as assinaturas do meu lado e fui lá, com o papel na mão. Aí eles assinaram. Ficou resolvido, mas foi difícil e deixou marcas."[22]

Mas assim também se completou o ciclo das transformações. Um tempo de atos e emoções fortes, que passou a ser relembrado pelo lado positivo das mudanças – algo presente na memória daqueles que as implementaram. Como foi o caso de Lilian Cristina, a mais importante colaboradora de Vera Lúcia Novo: "Você nem se dava conta de que o tempo estava passando. Fazia de peito aberto, para a gente nunca tinha uma dificuldade. Ouvia: 'Precisamos fazer isso. Tal coisa vai mudar.' Legal. Íamos para fazer, tal coisa mudava. E sinceramente, tenho dificuldade em colocar numa cronologia certinha. Assim fizemos a reestruturação no Paraná, estruturamos uma planta administrativa lá no escritório de Jussara. A parte operacional a gente tirou do Paraná, trouxe para São Paulo. Na realidade, a administração da parte agrícola da Melhoramentos foi centralizada."[23]

Por setenta anos, a descentralização bem aproveitada fora o maior diferencial administrativo da empresa. A parte centralizada resumia-se a um pequeno grupo de funcionários que contabilizava e produzia informações gerenciais. O escritório de Londres – e depois o de São Paulo – processava esse material. Dali saíam decisões, transmitidas para frentes de atividade muito distantes, inicialmente no sertão. Quem recebia eram gestores com grande autonomia operacional, capazes de implementar medidas em realidades quase sem estrutura, improvisando como podiam. A combinação entre decisão centralizada e execução autônoma era o grande fator de excelência. Tudo muito bom, mas a distância do sertão havia terminado e, com ela, as vantagens da descentralização.

Tudo foi radicalmente transformado em pouco mais de dois anos. Ao fim de tanta movimentação, Gastão Mesquita começou a perceber que fez o que tinha de ser feito: "Passou-se um tempo, mas com essas medidas de enxugar as pessoas nas fazendas, diminuir as pessoas nos escritórios, centralizar todo o gado em duas ou três fazendas, a soja em duas ou três fazendas, sem café e com a cana em duas ou três fazendas, começou a aparecer resultado. [...] Mesmo com mil e quinhentos funcionários, nós sobrevivemos e muita gente morreu na praia aí. Quer dizer, quebrou."[24]

A empresa estava ficando preparada para uma nova missão: competir no mundo global.

CAPÍTULO **30**

> *Qualificação e expansão*

A EMPRESA QUE EMERGIU DOS SEVEROS CORTES DE PESSOAL EM TODOS OS NÍVEIS era ainda a Companhia Melhoramentos Norte do Paraná, mas completamente reorganizada. Uma das razões essenciais para isso foi o fato de que não houve trocas no comando com gente trazida de fora. Existia uma lógica nas mudanças, assim definida por seu comandante, Gastão Mesquita: "Havia ótimos técnicos, que já estavam na empresa. Então eles foram aproveitados, muitas vezes apenas se tirava o chefe mais antigo e deixava o jovem que estava lá trabalhar. Essas pessoas ficaram por muito tempo. Então o que fizemos foi uma mudança grande de geração [no nível] de gerentes."[1]

Parece razoável, mas não foi nada simples. De onde vinha a gente que estava embaixo e desempenhou novos papéis? Gastão Mesquita explica: "Contratava-se gente interessante, gente boa. E havia uma cultura do meu avô para atrair gente boa. Ele era não apenas um cara simples, mas alguém focado na simplicidade. Não contratava estrela, contratava gente para trabalhar. E trabalhar para produzir, não para ser o mais rentável. Gente para ganhar sempre e fazer direito, dentro dos valores da propriedade e do livre mercado."[2]

Essa arte de fazer com simplicidade e eficiência é mais facilmente definida pelo exemplo, não pela explicação: "Nosso gerente de produção lá em Jussara estava conversando com um visitante vindo de uma usina perto, falando de uma mudança que iria implantar. O visitante perguntou: 'Como você faz para mudar?' E ele: 'Hoje é terça-feira, daqui a pouco, o diretor está aqui.' O visitante vai percorrer a usina, na volta ouve: 'Falei com o diretor, ele achou boa a ideia, disse que vai equacionar o financeiro e daí já está aprovado.' E o visitante: 'Poxa. Eu tenho que falar com meu gerente, o meu gerente fala com o diretor, o diretor vai falar com o diretor de São Paulo, que vai consultar o acionista no exterior. Quando daí uns dois anos vem a resposta, quase sempre é não. Você, em quinze minutos de conversa, aprova.'"[3]

Agir, sem pretender ter autoridade de conhecimento, era uma característica dos jovens que receberam responsabilidades administrativas.

Sem nenhuma vergonha, como conta Lilian Cristina, formada em letras e contratada inicialmente como secretária: "Quando a companhia foi se reestruturando, se modernizando, partiu para desenvolver as pessoas. Tivemos que desenvolver os nossos talentos, porque eu faço parte de uma geração em que éramos bons colaboradores tecnicamente e, de repente, viramos líderes de equipes. Na história da companhia, você vai encontrar muita gente que trabalhava e de repente ganhou uma equipe de presente, porque a coisa foi crescendo, foi se reestruturando. Então a companhia começou a fazer um trabalho de desenvolvimento. Fiz especialização nas matérias de finanças e fiz RH na Getúlio Vargas. Mas quando comecei a trabalhar no financeiro, só tinha noção de contas a pagar e contas a receber. Aí o serviço vai surgindo. Você é obrigada a aprender. E uma coisa que sei, e sempre pratiquei com minha equipe, era falar: 'Gente: não é vergonha não saber, você tem que aprender, precisa ir atrás.' Então, durante toda a minha vida nunca tive problema de ligar para o banco e falar para o gerente: 'Não cheguei no seu cálculo, vamos refazer juntos?' A Melhoramentos sempre teve muito disso, acho que o pioneirismo vem desde lá da colonização e de ser pioneira em algumas coisas. Lembro que, quando a gente fez um financiamento de cana, a Melhoramentos foi a primeira empresa que fez. Então, na hora de fazer a comprovação, nem o banco sabia como lidar com a documentação. Daí já foi o contrário: os bancos ligavam para mim."[4]

A menção respeitosa à história de pioneirismo, do enfrentar sem medo uma nova realidade por meio da busca de conhecimentos, funda também a narrativa de Paulo Vaz sobre o papel que desempenhou na jornada de reestruturação: "O pessoal que sobrou já tinha perfil um pouco mais novo, com qualificação melhorada, boas formações. E trouxemos alguns psicólogos para nos ajudar. Até porque, veja: eu tinha 33 anos, não tinha tanta bagagem ou experiência. Então a gente trouxe pessoas para ajudar, o que foi uma surpresa muito agradável e desenvolveu as pessoas. Aquelas que tinham muito conhecimento técnico das operações passaram a ganhar um conhecimento além do acadêmico, um conhecimento de gestão de negócio, gestão de pessoas, e a aprender a ler melhor as ferramentas de gestão. E tudo isso contribuiu para um processo de melhoria da companhia."[5]

O que se fez não foi apenas instalar computadores. Foi empregar os computadores para reformular a administração – e criar novas habilitações profissionais derivadas da prática, como aconteceu com Ivone Cadan:

"Deu bastante trabalho. Tinha áreas que enroscavam bem mais do que outras, mas assim ia resolvendo. A empresa ficou em torno de uns oito meses sem balancete. Foi o tempo que levou para implantar o sistema. E implantou muita coisa ao mesmo tempo. Desde cadastrar estoque, porque o estoque não era pequeno na destilaria nem na agrícola, onde tinha muitas máquinas e uma oficina interna. Para tudo isso a gente sentou, desenhou como deveria ser feito, discutiu com as equipes sobre como fazer. E eu coordenava tudo, sempre registrada como supervisora contábil. Em abril de 96, o sistema começou a operar. E eu já conhecia esse sistema profundamente, por conta de implantar nas áreas, mas, quando começou realmente a ter que usar, as pessoas foram enfrentando problemas. E acabou centralizando comigo para atender, porque eu sabia tudo que tinha sido cadastrado, como tinha sido definido. Aí me convidaram para ser supervisora de informática."[6]

O mesmo processo de ampliação de responsabilidades ocorreu com Marcelo Fernandes, que foi da contabilidade para a administração como um todo: "Com meus 24 anos eu ia no almoxarifado explicar controle de processos: 'Então, gente, vamos unificar isso aqui, que a gente ganha tempo.' Aí eu saía da fazenda e o pessoal ligava para o escritório e perguntava se era para fazer o que esse menino tinha pedido para fazer. Aí eu voltava, explicava o fundamento do que tinha proposto. O pessoal entendia e aceitava, então fui criando e ganhando o respeito deles. E aos poucos fui abraçando as demais áreas. Nós tivemos que implementar a marcação do relógio de ponto, quando a própria legislação trabalhista já não aceitava os livros. E como o pessoal de gestão via tudo isso? Quer dizer, um contador de 24 anos começa a fazer esse monte de coisa e vou ter que mudar o jeito que eu trabalho, e aí? Mas é aquele velho exercício de argumentação. Você tinha que tomar as decisões necessárias."[7]

Quando o esforço de inovar chegou até a ponta, uma nova realidade se tornou visível, como nota Paulo Vaz: "A partir da informatização a gente teve um sistema mais integrado. Como eram também menos pessoas e menos escritórios, tudo isso começou a ganhar um formato de agilidade, com mais qualidade da informação. Substituímos um sistema bastante arcaico, que tinha de ser assim pela ausência talvez de computadores, com muita dependência de informações externas e com pouco processamento e leitura da informação. Com a mudança a gente ganhou uma leitura muito mais adequada das informações. E isso permitiu implantar algo que nunca houve antes: um orçamento econômico e financeiro realista. Depois fomos progredindo até um orçamento quinquenal e com qualidade da informação."[8]

Essa mudança qualitativa muito grande no papel da informação, organização de dados e análise, exigiu mais das unidades descentralizadas do Paraná, nas quais se concentrou o foco da avaliação das transformações. Mas o fato é que elas permitiram também uma mudança em outra direção. A empresa descentralizada, montada em unidades locais autônomas, também contava com núcleos de excelência administrativa e organizacional fora do Paraná. Nestes aconteceu pouca coisa depois da cisão – por bons motivos, notados por Gastão Mesquita: "Quando houve a reestruturação, no cimento e no ferroliga só se mexeu numas poucas pessoas. E ali eu vi uma oportunidade de padronizar a qualidade e o controle na empresa inteira. Como exportávamos ferroligas, ali se andava junto com o preço global, então o padrão era global. E tínhamos capacidade de competir, que vinha de 25% de energia elétrica própria, produzida por preço muito abaixo das tarifas de mercado."[9]

Essa vantagem competitiva provocou um destino organizacional diferente, assim descrito por Carlos Baccaro: "Nos anos 80, como tínhamos preço e qualidade, começamos a exportar ferroliga. E quando vieram o Plano Real e a reestruturação, estávamos trazendo o ISO 9000 para o setor de ferroliga. As siderúrgicas lá de fora, para quem vendíamos, estavam todas querendo fornecedores que tivessem controle dos seus processos. Então tínhamos contratado uma empresa para nos dar assessoria nisso. Com a reestruturação, a direção veio ver mais de perto, e aí passei a dar minhas opiniões, a ser entrevistado, a conversar sobre o que pensava, como desenhava o cenário que estava vendo. Então passei a ter uma participação muito mais efetiva no todo."[10]

No caso de Baccaro, o movimento foi o inverso do geral: saiu de um setor descentralizado isolado e passou a contribuir para melhorar o todo: "Além do ferroliga, assumi os setores de grãos e pecuária. Aí passei a ser o responsável pela área de grãos e pecuária na venda, porque ali havia necessidade de um gestor de negócio. Passei a visitar os pecuaristas da região, os frigoríficos e todas as cooperativas, porque a gente vendia para as cooperativas. E passei a acompanhar o mercado das commodities. Foi muito, muito legal. Não era como o ferroliga, que tem que todo mês sair vendendo. Você tem uma safra, às vezes vende uma parte antecipada da safra, porque não pode deixar vender sempre, porque você não sabe o comportamento dos preços, as commodities são assim, então você vai vendendo adequadamente. Comecei a viajar para o Paraná uma semana sim, outra não. Gostei muito de visitar as fazendas: no campo as pessoas me procuravam quando tinham que falar alguma coisa, não tinha muita frescura não. Conversava com o Nilo, o gerente de produção, era um relacionamento muito legal. Daí aprendi a vender grãos e ferroliga."[11]

Nilo, ou Nilo Sérgio Richini, tinha muito grão para vender, como conta: "Nessa época a gente plantava entre 10 e 14 mil hectares por ano. No auge do grão, chegamos a trabalhar com 140, 150 pessoas no setor. A produtividade da soja na época era de cinquenta sacas por hectare. Então, em 10 mil hectares são 500 mil sacas de soja por safra. E a gente ainda plantava milho safrinha e trigo. Depois fomos deixando de plantar o trigo, entrando com o milho safrinha, e plantamos também o canola. Chegamos a plantar de 2 a 3 mil hectares de canola, era com certeza a maior área do Brasil em canola."[12]

Essa organização resultara, em boa parte, da remoção do café na época da reestruturação: "Tinha bastante café, um milhão de pés de café ou coisa parecida. Foi todo erradicado. Com uma máquina que arranca os pés de café, pá carregadeira, trator, amontoando toda aquela galhada, tirando o pau e readequando a conservação de solo, readequando o tamanho dos talhões. Tem que dar uma mexida em tudo, mas é um trabalho muito bom. O resultado de grãos é fantástico, já que o café deixa na área muita matéria orgânica."[13]

E não foi só: "Saímos também da área de produção de sementes e transformamos o setor somente em produção de grãos, porque aqui a gente não tinha um clima, uma ecologia interessante para semente. A região nossa é muito baixa, muito quente, e a produção de sementes precisa dos lugares mais altos, com altitudes maiores para dar qualidade à semente, maturação fisiológica. Então mudamos, saímos do setor de sementes e fizemos adaptação nos equipamentos para produção de grãos."[14]

Equipamento não faltou: "A gente tinha um parque de maquinários coerente com a área tocada. Tínhamos uma estrutura de armazenamento e secagem também. A Fazenda Palmital tinha uma unidade de secagem e depois, na Fazenda Água do Índio, fizemos outra unidade de secagem. Em Cianorte tínhamos os armazéns onde a gente fazia uma logística desse grão todo."[15]

Nem tecnologia: "Começamos o plantio direto e logo tínhamos praticamente 100% plantio direto. Tínhamos parceria com o pessoal da Embrapa e testávamos com as empresas produtoras de semente também. Então a gente sempre estava conhecendo materiais novos. Era tudo mecanizado: plantio, aplicação terrestre e aplicação aérea de defensivos. Nessa última, a gente terceirizava o serviço de aeronave para fazer a pulverização e terceirizava também algum serviço terrestre de pulverização."[16]

Toda essa estrutura de produção integrada só ganhou sentido porque se encaixava nos novos moldes administrativos e no novo orçamento: "Tinha uma liberdade muito grande de desenvolver um trabalho dentro da empresa. Apresentava o planejamento: quanto ia plantar de soja, quanto de milho safrinha, de trigo. Com esse operacional montava o fluxo de caixa e ia discutir a viabilidade de tudo com a direção geral de São Paulo. Acho que nunca houve problema para chegarmos a um consenso. Tinha liberdade e isso dava uma satisfação muito grande."[17]

O antigo isolamento das áreas descentralizadas foi assim rapidamente substituído pela coordenação entre ações planejadas com liberdade de ação. O modelo chegou também à pecuária. Acrésio Moroti recorda: "Era tudo nelore, gado de corte. Criado no pasto, não tinha confinamento. Sempre tinha na faixa de trinta peões, mais dois capatazes que passavam as ordens para os peões. A tropa era enorme. Muito boa. Quase tudo burro, que aguenta mais o trabalho. Mas tinha bastante cavalo também. Eram em duas seções, com seis currais em pontos diferentes. Era muito gado, chegou a 17 mil cabeças. Depois foi caindo, quando começaram a plantar grãos. No final ainda tinha 10 mil cabeças."[18]

Assim foi acontecendo uma integração produtiva – com um modelo administrativo que foi expandido até abarcar todas as atividades da empresa. Ângelo Augusto Silva, que trabalhava como engenheiro de manutenção da destilaria, foi outro que enfrentou o desafio de gerir áreas novas: "Quando a companhia se reestruturou, a gente acabou pegando a gestão da cerâmica, que fabricava lajotas, tijolos e telhas. E também assumi toda a parte de colonização, de lotes e projetos. Aí descobri que o grande ensinamento que a companhia traz é conviver com as pessoas. Aprendi a fazer a gestão do negócio, fiz administração de empresas. E lidei com coisas que nunca tinha visto, relacionadas com indústria e a equipe. No fim, o encarregado acabou comprando a cerâmica, já que não era o foco da companhia."[19]

A reestruturação viabilizou novas possibilidades de qualificação das pessoas. Até mesmo na cana, que passou por grandes transformações ao longo de uma década – mesmo antes das mudanças organizacionais. E não existe modo melhor de ver isso do que acompanhar a trajetória de Antônio Marcos Sabino, contada por ele mesmo:

"Aos 14 anos tirei a minha carteira de trabalho. Naquela época era permitido. E já comecei a trabalhar na Companhia Melhoramentos na mesma idade, em 1984. Meus pais tinham migrado do campo para a cidade. Um vizinho falou: 'Tem uma usina de álcool lá e tem o corte de cana. Vamos trabalhar lá com a gente.' Comecei cortando cana, na época era tudo manual. Era muito puxado. Saía de Terra Boa bem cedo, naquela época era caminhão com toldo e uma escadinha. Você subia em cima da carroceria e ia em pé. Depois as coisas foram evoluindo, foi colocando banco. Eram umas quarenta pessoas, saíamos às seis da manhã, cortava cana até as cinco horas e chegava de volta seis horas da tarde. Quando chegava em casa não tinha disposição, já estava arrebentado.

Trabalho manual o tempo todo. Aí cortava cana, plantava cana e capinava, todos os trabalhos que tinham. Na entressafra, ia fazer as manutenções dos canaviais. Tinha muita cobra, nessa época principalmente. Cobras e marimbondos, mais ainda onde estavam acabando com os cafezais.

Naquela época os apontamentos eram todos manuais. O coordenador de campo passava o dia anotando as produções num caderno e, no final do dia, ele sentava numa sombra para passar tudo para um ponto. E então, no final do dia, eu sentava do lado dele e voluntariamente ia ajudar. Foram alguns anos fazendo esse trabalho de auxiliar ele no final do dia. Quando eu completei idade, eles viram que eu tinha condições de lidar com as pessoas, eu já estava pronto para a coordenação. E foi aí que eu comecei a coordenar, com 24 anos.

O horário era o mesmo. Nessa época já tinha o ônibus. A situação já vinha evoluindo. E aí, quando comecei a coordenar as pessoas, começou a sobrar mais disposição. Aí pensei: 'Vamos estudar, que não dá para continuar nessa situação.' Não tinha concluído o primário ainda. Comecei o segundo grau e concluí o segundo grau com 27 anos. Estava casado e tinha uma filha.

Plantio manual de cana-de-açúcar. Livro *Companhia Melhoramentos Norte do Paraná: 90 anos*. Acervo IIGMF.

Um coordenador precisa ter o trato com as pessoas, saber conversar com as pessoas, lidar com as pessoas. Porque muita gente cansa, fica nervoso. Como eu saí do povo, do povão, sabia o jeito de lidar com as pessoas, porque vivi tudo ali na pele.

Começou a colheita mecanizada. Fui convidado para acompanhar as máquinas e facilitar as aberturas de eito para elas, porque nessa época as máquinas não eram que nem hoje, que abrem o eito sozinhas e voltam para a próxima linha. Naquela época, tinha que abrir o primeiro eito para máquina. Então eu levava as pessoas e a gente fazia essa abertura.

Comecei a me inteirar de uma nova era. Me incomodava muito, porque as máquinas deixavam muita cana para trás. Perdia muita cana. Até naquela época as colhedoras tinham um apelido de 'desperdiçadora' de cana. Aquilo me incomodava. Tem uma situação marcante, em que eu tomei a iniciativa de coletar as perdas dessa cana para mensurar o que estava perdendo. Então, acho que ali foi a virada de chave.

Deu onze sacos de cana de perdas em um espaço de 30 metros quadrados. No outro dia levaram uma balança, dessas balanças grandes, em cima de uma caminhonete. Pesaram aquela cana e me falaram: 'Agora você não vai mais cuidar dessas pessoas para fazer abertura de eito. Você vai trabalhar diretamente com as máquinas para tentar diminuir essas perdas. Fui trabalhar com as máquinas para tentar diminuir toda aquela perda de cana. Aí o pessoal gostou. E aí eu vi uma possibilidade: 'Bom, acho que estou no caminho certo. Vamos estudar, fazer uma faculdade?' Aí, fiz administração."[20]

Com tanta gente se dividindo em torno dos mesmos propósitos, o resultado final foi que o prejuízo no balanço ficou restrito ao ano da reestruturação mais pesada, aquela que envolvia mexer com pessoal. A partir do exercício de 1996, o lucro voltou. Com ele, outra realidade se impôs: a de buscar horizontes para crescer em função dos ganhos conquistados. A reestruturação conferiu unidade à empresa – mas não total. Restavam ainda dois negócios fora do todo homogêneo que estava sendo moldado: a Usina Jacarezinho e a produção de cimento. Administrações separadas, como nota Gastão Mesquita: "Fazíamos três orçamentos. Tinha o da Melhoramentos Norte do Paraná, o da Usina Jacarezinho e o [do setor] de cimento e ferroliga, que estavam numa empresa só."[21]

Depois da cisão, a Usina Jacarezinho ficara como uma sociedade das famílias Mesquita e Vidigal, mas não era mais uma empresa na qual a autoridade para tocar o negócio era delegada para a família majoritária, como nos tempos do acordo dos grupos controladores. Era agora uma empresa autônoma, com dois sócios que precisavam se entender. E o entendimento ficou a cargo de Roberto Mesquita, designado para ser o gestor pelo lado de sua família.

Agora com responsabilidade executiva, ele foi juntando suas impressões do negócio: "O escritório ficava na rua 24 de Maio, na sede da família Vidigal. Comecei a dedicar muito mais tempo para Jacarezinho. Depois de um ano, entendendo melhor do negócio, vimos que não ia ter solução do jeito que estava. Era problemático. Precisava de um aporte de capital dos acionistas para começar a fazer também uma reestruturação. O canavial estava largado, com produtividade muito baixa. A parte industrial era antiga, com muitos problemas e baixa eficiência. Então viemos para as duas famílias com pires na mão. Falei: 'Precisa de dinheiro porque senão a gente não chega do outro lado do rio. Não tem jeito, já tem um endividamento forte.' Daí ouvimos dos Vidigal: 'Mas vocês querem ficar com a Jacarezinho? Nós não queremos problema nem pensamos em investir.' Aí, depois de um tempo, fizemos uma proposta na qual entravam alguns terrenos.

EXCELÊNCIA EMPRESARIAL

O Prêmio FGV 1994 e as 500 Maiores Empresas

A volta da rentabilidade marca o desempenho das 500 Maiores Empresas do Brasil ao longo de 1993.

A volta do otimismo

AS HOMENAGEADAS DE 1994

Empresas	Atividade	Estado
Bardella S.A.	Mecânica	SP
Cimento Mauá S.A.	Cimento	MG
Cia. Melhoramentos Norte do Paraná	Agrícola	PR
Construtora Ferreira Guedes S.A.	Construção	RJ
Coteminas – Cotenminas Nordeste S.A.	Têxtil	RN
Eternit S.A.	Fibrocimento	SP
Fiat Lux	Fósforos	PR
M. Dias Branco S.A. Comércio e Indústria	Alimentos	CE
Rezende Alimentos	Agroindústria	MG
S.A. Indústrias Votorantim	Transformação mat. não-metálico	SP
SLC S.A. Indústria e Comércio	Mecânica	RS
Termomecânica São Paulo S.A.	Metalurgia	SP

AGOSTO DE 1994 • CONJUNTURA ECONÔMICA 18

A CMNP é uma das ganhadoras do prêmio FGV Excelência Empresarial, estando entre as 500 maiores empresas do Brasil em 1994. Revista *Conjuntura Econômica*, agosto de 1994.

Basicamente, pagamos com ativos imobiliários da Melhoramentos."[22]

Nesse caso não bastava lidar com pessoas para mudar tudo. A reestruturação iria requerer uma alteração profunda de todo o processo produtivo, desde o canavial até a entrega do produto, passando pela fábrica. Algo que exigia outro engajamento no comando: "Lá por 1998, 1999, achando que tinha que ter um acompanhamento mais próximo da Jacarezinho, propus me mudar para Ourinhos com minha família e ficar no dia a dia, porque não tinha outras pessoas para comandarem a tarefa. No início de 1999 eu me mudei para Ourinhos. Coincidentemente, a minha esposa e minhas filhas, que tinham 6 e 4 anos, conheciam bem a cidade, pois a família dela era de lá, o avô tinha fazenda em Ourinhos. Então ela conhecia a cidade. E claro que fiz a proposta de mudar depois de conversar com ela. E fomos para lá em janeiro de 99. E dá-lhe faxina, mas com um grupo menor e muito mais foco. Deu muito trabalho. Investimos no canavial, mas pensando em ter produtividade, controlar custo. O agrônomo que tomava conta da cana lá em Jussara vinha algumas vezes por ano para auxiliar nesse processo. Então, de pouco em pouco, a gente foi dando a nossa cara ali para a Usina Jacarezinho. Mas, por conta de endividamento, levou um bom tempo para levantar voo."[23]

Sobrou Itapeva, onde a questão era outra. A fábrica de cimento e a usina de ferroligas eram parte de um único complexo produtivo, que incluía também as usinas elétricas construídas por Gastão de Souza Mesquita Filho e uma grande área de reflorestamento, da qual se extraía madeira para produzir carvão, além das minas de calcário para a fabricação de cimento. Mas os destinos de cada parte estavam ficando cada vez mais divergentes. A usina de ferroligas era atualizada, ao contrário da fábrica de cimento.

Quando passou a lua de mel na Dinamarca e acompanhou a montagem dos equipamentos para a fábrica da Cimento Maringá, Gastão Mesquita Neto estava começando a supervisionar a instalação de uma indústria concebida para atender a demanda de uma zona pioneira. Mas a proliferação de unidades de produção de cimento em todo o país nas décadas seguintes acirrara a competição entre os fabricantes, uma concorrência baseada em critérios inteiramente diversos do pioneirismo.

Na virada para a década de 1990, essa realidade resultara em outro tipo de comportamento no setor. Gastão Mesquita lembra: "Um concorrente veio propor uma sociedade numa fábrica no Triângulo Mineiro, com o seguinte argumento: 'Se vocês fizerem uma fábrica para se expandir nessa zona, nós vamos fazer outra e matar vocês. Vocês não querem ser sócios?' Fizemos a sociedade, mas aí entrou o Plano Collor e as coisas já ficaram difíceis. Demorou muito para começar."[24]

Nesse longo intervalo, Gastão Mesquita Neto veio tomando uma decisão estratégica atrás de outra. Depois de zelar assiduamente pela paz do acordo informal entre os Vidigal e os Mesquita – algo nada simples para quem falava o que pensava na frente de terceiros –, ele encarregou o filho da missão de negociar a cisão dos grupos controladores.

Mesmo com o progressivo sofrimento físico causado por uma fratura do fêmur que o impediu de andar, delegou poderes para que se realizasse uma reforma que traria muito sofrimento para os parentes da geração de seu pai, muitos da geração de seus filhos, bem como antigos e fiéis companheiros de trabalho.

Com tudo isso, nunca deixou de pensar no bem da Companhia Melhoramentos Norte do Paraná. E, com esse pensamento, chegou à conclusão de que a demora na construção da nova fábrica de cimento lhe permitia pensar numa alternativa: mesmo tendo tocado a fábrica de Itapeva desde o berço, entendeu que o mercado já não era mais para empresas isoladas – apenas os grandes grupos, graças à escala, seriam capazes de sobreviver. E decidiu propor a entrega de todos os ativos de cimento do grupo ao sócio, em troca de ações dele.

Foi sua última decisão de negócios. Ele faleceu no dia 26 de junho de 1999, deixando uma empresa unificada e focada no lugar do conglomerado descentralizado que conhecera em seus primeiros dias de trabalho.

CAPÍTULO **31**
> *Excelência e variedade*

Como em toda empresa com participação familiar, a mudança de gerações acarreta uma reacomodação societária. Dessa vez o movimento ganhou um sentido institucional: fazer coincidir a nova composição acionária, advinda do recebimento de heranças, com a estrutura do Conselho de Administração. Ao ser criado, ainda nos tempos do acordo com os Vidigal, esse conselho servira de ponto de reunião dos mais experientes na vida da empresa; agora teria também outra finalidade, a de reunir os representantes da nova estrutura societária.

Paulo Nelson Pereira, da mesma geração de Gastão Mesquita Neto, com larga experiência como diretor de compras da Companhia Melhoramentos Norte do Paraná antes de fazer parte do conselho, foi quem tomou a iniciativa de inovar na regra.

Antônio Carlos Srougé, genro de Paulo Pereira, lembra do momento em que sua vida mudou: "Adoro engenharia. Minha vida sempre foi em empresa de engenharia. Mas num domingo de 2000 a Isaura [Mesquita Srougé] e eu fomos para Campos do Jordão, na casa que foi do doutor Gastão Filho. Então estou lá com o meu sogro na varanda, lendo o jornal de domingo, quando ele vira para mim e fala: 'Você não quer fazer parte do conselho da companhia?' Eu tomei um susto, ele pouco falava de negócios em casa, era sempre muito reservado. Aceitei. É um mundo diferente para mim, totalmente diferente. Comecei a fazer cursos paralelos de economia, inclusive porque sou um bom matemático. E na companhia aprendi bastante. A conduta dela sempre foi correta, sempre. Isso me atraía muito. A nossa formação familiar e o andamento da vida da empresa batiam bem."[1]

Esse gesto foi seguido de outro, dessa vez surpreendendo Suzana Mesquita, educada para desempenhar um papel feminino específico: "Um dia eu falei: 'Pai, eu queria trabalhar na companhia." Ele falou: 'Não, eu eduquei você para ser princesa." Quer dizer, para não fazer nada. A empresa era para homens, não para mulheres. Quando ele morreu, meus irmãos e eu herdamos 25%, tudo foi dividido por quatro. Daí o Tatão [Gastão Mesquita] me convidou a fazer parte do conselho. Eu disse: 'Tatão, acho que não tenho competência para isso, é melhor você convidar outro.' E ele falou: 'Não, o lugar é seu. Você é família.' Aceitei. E descobri: acho que eu sempre quis, sempre fui a irmã mais velha, sempre gostei de ser dona do meu nariz. Trabalhei em muitos lugares, pensei que eu ia conseguir viver por outros meios que não os da companhia, não consegui. Então tive que ir atrás do que eu tinha, do que era meu por direito. É a parte que me cabe desse latifúndio. Então não tem jeito. Fui aprendendo a me virar, a participar do conselho."[2]

Suzana resume a união resultante de sua aceitação: "Ficamos meu cunhado Paulo [Nunes], meu irmão Roberto, o Toni Srougé. Tínhamos reunião uma vez por mês lá na rua São Bento. Aí eu comecei a ver que dono é uma coisa, ser acionista é outra: você tem que estar ali firme, tem que entender do negócio, tem que estudar e saber."[3]

Novidade para os novos conselheiros, mas novidade também para os executivos, como lembra Vera Lúcia Novo: "Nessa reunião, que acontecia uma vez por mês, a gente apresentava todos os números e aí cada um, [que] era de um setor diferente do negócio, vinha com uma história diferente, e tínhamos de saber se está ok, se esse é o caminho mesmo. O Tatão sempre trazia para o lado do crescimento do negócio, mas essa era a parte mais difícil de passar para os outros. Quando se tem problemas no presente e você é muito visionário, convencer o outro é muito difícil. Você consegue ver, mas não consegue às vezes explicar qual é o passo a passo. Quem estava junto todo dia conseguia enxergar o caminho, mas numa reunião uma vez por mês às vezes você não consegue passar o caminho."[4]

Apesar das dificuldades, a superposição da situação de acionista e familiar com aquela de conselheiro – cargo com mandato e responsabilidades – tornou menos volátil a situação que vinha desde o tempo da reestruturação. Nem tudo tinha terminado. Ainda houve um breve período no qual todos os acionistas da família tinham de pagar para aqueles que haviam saído em 1997; o clima nas assembleias de acionistas continuava tenso, com os minoritários recorrendo à Justiça para assegurar suas posições. Mas a estabilidade societária dada pela família no Conselho de Administração permitiu aos executivos – incluindo os da família – levar adiante a conclusão possível do programa de ajuste da situação jurídica, a formalização da transição da época da empresa descentralizada para a da empresa unificada, um processo que vinha sendo tocado desde antes da cisão.

Canteiros com mudas de plantas no horto florestal de Maringá. Acervo IIGMF / Maringá Histórica.

Não era uma tarefa trivial, como lembra Sérgio Marangoni: "A companhia sempre foi muito grande, com muitos ativos e com questões organizacionais complexas do ponto de vista jurídico. Não eram questões simples de serem resolvidas, já que era um grupo de nove ou dez sociedades anônimas. Como eram muitas companhias separadas, foi preciso ir juntando da forma possível."[5] Gastão Mesquita relembra os detalhes: "Começamos a consolidar os balanços. No começo, a Companhia de Cimento Portland Maringá, onde estava a ferroliga, publicava seu balanço. A Cimento Portland Ponte Alta publicava o balanço dela. A Companhia Agrícola Usina Jacarezinho publicava o balanço. A Companhia Melhoramentos, que era controladora dessas três, também publicava o balanço dela, mas não consolidava, como hoje, num balanço consolidado de um ano. Demorou para termos uma empresa só. Por muito tempo, era quase uma holding."[6]

Mesmo com essas dificuldades, o comando unido de todas as empresas, graças a linhas mais delineadas, permitiu acelerar a transição da antiga estrutura descentralizada e proativa para uma administração centralizada, e implantar uma cultura na qual a unidade interna permitisse competir num mundo cada vez mais distante da realidade da frente pioneira. Certos eventos simbólicos no norte paranaense davam substância a esse novo momento. Na virada do milênio surgiu um movimento para o tombamento do prédio que sediara os escritórios da Companhia Melhoramentos Norte do Paraná em Maringá. Apenas meio século havia decorrido entre a abertura de uma frente pioneira na mata e a existência de uma metrópole industrializada e prestadora de serviços, com ensino universitário atuante – mas já disposta a reconhecer o passado e a importância da empresa como algo a ser fixado na memória coletiva.

Na mesma época, outro movimento similar entrava na pauta mundial, com imediatos reflexos regionais. As lembranças da beleza da mata natural povoavam a mente de todos os que se radicaram no norte do Paraná. De alguma forma, todos haviam testemunhado a destruição dessa paisagem para a construção das cidades e da economia regional. Na virada do milênio, começou a se tornar norma efetiva a proteção dos elementos remanescentes dessa paisagem. Assim, em Maringá, a situação do Horto Florestal, a partir de movimentações coletivas, serviu de base para se chegar a novos acordos visando essa preservação.

No setor empresarial, as formas de organização estavam se transformando na mesma intensidade. No mundo cada vez mais globalizado, as cadeias produtivas baseadas na informática redundaram numa interligação complexa, obrigando as empresas a interagir para produzir e competir. No caso da Companhia Melhoramentos Norte do Paraná do princípio do século XX, com uma unidade efetiva sendo consolidada no ritmo permitido pelas disputas jurídicas, a forma possível de adaptação foi se delineando, com a cultura interna da empresa ganhando relevo no processo.

Vera Lúcia Novo mostra como o passado ajudou a viabilizar outro futuro: "Tínhamos uma história que não podíamos perder, que é a história do Paraná, a história do norte do Paraná diretamente ligada à companhia, do que ela fez lá. Então, isso não podíamos perder em hipótese alguma. Quando saiu a geração que deixou aquilo meio de lado na velocidade do desenvolvimento, a geração que veio comigo pensou assim: 'Vamos resgatar tudo aquilo que a gente conseguir para ser grande?' Então fomos todos trabalhando para ser de novo grande."[7]

A solução foi técnica, no espírito da nova época: "A gente sempre queria fazer a coisa bem-feita, da melhor maneira que pudéssemos, usando da credibilidade a nosso favor. Começou-se uma metodologia de cobrança de resultados, porque até então não tinha muita. Estabelecemos um negócio chamado BSC, que ninguém conhecia. Passamos a fazer o Balanced Score Card de todo mundo, criamos uma avaliação 360 graus depois que a gente comprou Jacarezinho. Ali foi a primeira reunião de gerentes. Com o BSC a gente trouxe todo mundo para um mesmo lugar: todo mundo vai ser cobrado e tem que seguir esse indicador. E veio todo mundo para a mesma tela. Porque o cara que cuida de gado e café lá em Uberaba, que era uma das coisas que a gente tinha, e o outro que faz o ferroliga não têm nada em comum, e não tem muita coisa em comum entre as pessoas que são de condições sociais e profissionais diferentes. Então a gente criou alguns indicadores padrão para todo mundo, como lucratividade, absenteísmo, coisas assim."[8]

Não foi nada fácil, mas deu resultados: "A gente fazia reunião. Chamava o gestor da cana, pegava o parceiro dele, tipo o gerente da indústria, pegava um funcionário dele, punha junto com a diretoria. E aí saíam cobras e lagartos. Porque o cara falava: 'Sou bom, olha o que eu faço, sou maravilhoso.' E ouvia: 'Você não está entendendo, não é isso que o seu par acha, não é isso que o seu subordinado acha.' E aí vinham os ajustes de conduta. Isso foi bom, porque deu um norte igual para todo mundo, seja profissional, seja técnico. E volta e meia a solução era: 'Você tem que ir para psicólogo, está precisando fazer uma terapia.' E aconteceu uma melhoria do todo. Passamos a administrar pessoas, porque as pessoas é que faziam o processo andar."[9]

O passo seguinte no caminho foi a implantação da ISO 9000 em toda a empresa. Marcelo Fernandes, que foi levado à chefia da contabilidade e passou a assinar os balanços das empresas a partir de 2001, entende assim as razões do trabalho: "Na Maringá a implementação veio por exigência dos clientes. Esse não era o caso, por exemplo, da destilaria. Nenhuma distribuidora solicitava o certificado para nós. Mas foi uma decisão da diretoria, para implementar uma gestão de qualidade, uma ferramenta de gestão muito útil. Começamos por Jussara, fomos implementando. Acho que foi importante para sedimentar todas as mudanças. Mudou a qualidade da documentação, a empresa deixou de depender das individualidades, passou a ter todo o processo de trabalho documentado. Então toda a parte operacional fica estruturada, ficou sendo um instrumento de grande valia."[10]

Gastão Mesquita, que comandou o processo de formalização do informal, explica os benefícios: "Certificamos primeiro a usina de Jussara, depois a pecuária, a soja, a Usina Jacarezinho. Fiquei feliz quando ouvi de um auditor: 'Dá um prazer de vir aqui porque a gente sente que está implementado. É muito difícil achar uma organização em que esteja tão bem implementada a ISO 9000 como a de vocês. Quer dizer, vocês incorporaram isso no dia a dia.' Era verdade. Naquele tempo ainda tinha cortador de cana. E todos eles sabiam qual era a política de qualidade da empresa. Não que dissesse com todas as letras, mas tinha a política de qualidade na cabeça dele. Com outras palavras ele falava: 'Tem que ser eficiente, tenho de evitar perdas.' O auditor escolhia um tratorista, um operador da colhedora, um cortador de cana, um motorista de caminhão, quem ele quisesse. Até o motorista de um caminhão terceirizado tinha que saber qual era a política de qualidade da empresa para trabalhar dentro dos nossos padrões."[11]

Esses padrões valiam inclusive para o próprio Gastão Mesquita: "Saímos de São Paulo com o auditor da ISO 9000, fomos até Jussara para a auditoria final. Pegamos o avião e o encarregado passou lá dois dias auditando a gente. Tinha aprendido com ele: 'Uma não conformidade é uma oportunidade de melhoria, não é uma nota zero que estamos te dando.' Então estávamos esperando alguma. Nada. E no final do segundo dia ele falou: 'Olha, não peguei nenhuma não conformidade. O meu relatório vai ser pela manutenção do certificado da ISO 9000.' Aí, na brincadeira, eu falei: 'Pô, mas você não fez tudo. Acho que falta a 4.3.1, a análise da alta administração, aquela que o outro auditor sentava comigo para fazer. Não vai ter?' E ele: 'Você está sendo auditado desde a hora que fechou a porta do avião ontem.'"[12]

Essa unidade cultural visando a excelência passou a ser o primeiro instrumento capaz de carregar, agora de maneira formal, o DNA criado na Companhia Melhoramentos Norte do Paraná em seus tempos de pioneirismo e informalidade. Esse DNA tornou possível enfrentar a diversidade de desafios da empresa. Mesmo na área que estava mais adiantada na certificação, a de ferroligas, a época foi de encarar os problemas logísticos ocasionados pela venda do setor de cimento da Maringá.

Carlos Baccaro descreve: "Dividir foi complexo. Começamos na base de uma área comum e fomos para a base do 'Aqui é de vocês, aqui é nosso'. Quando tudo foi definido, criamos um acesso nosso separado. Antes se entrava pela fábrica de cimento e ia até a área de siderúrgica. Não dava mais para ser assim. Eram muitos caminhões de minério e muitos de calcário. Para não criar problemas para o pessoal que estava operando o cimento, tivemos de fazer outro acesso ao lado, compramos balança, passamos a receber toda a nossa matéria-prima, fizemos galpões para receber todo o minério, todo o carvão vegetal e o carvão mineral. Os escritórios ficaram um do lado do outro, então fizeram uma porteira grande para separar: daqui para cá é da Lafarge e daqui para lá é da Maringá. Ficou apertado. O pessoal da produção, gerentes, todos da área de matéria-prima, todos dentro da fábrica mesmo. Tinha que entrar pela lateral e dar a volta para chegar no escritório. Administração, contabilidade, informática, jurídico, todos ao lado da planta dos fornos."[13]

Na via inversa, a fábrica de cimento ficou cercada por uma grande área de reflorestamento que, juntamente com as usinas hidrelétricas construídas por Gastão de Souza Mesquita Filho, garantiam um diferencial produtivo cada vez mais relevante numa época em que a questão ambiental se tornava central: "Sempre tivemos uma área grande de reflorestamento, toda plantada de eucalipto, para produzir nosso próprio carvão vegetal. Nossos maiores concorrentes estavam em Minas Gerais e começaram a enfrentar o problema de se abastecerem com carvão de desmatamento. Era difícil para eles monitorarem a origem, porque compravam de fornecedores dispersos, que vinham lá com uma nota que você não sabia como era. A companhia sempre produziu seu carvão vegetal e não comprava de mais ninguém. No começo a área era também uma fazenda produtiva, tinha pecuária. Aí foi acabando com tudo isso e se tornou só reflorestamento. Como o consumo crescia, a área precisava ser cada vez maior, porque o eucalipto você corta de seis a seis anos, então tem que ter cada vez mais área para atender a demanda. Logo tivemos de comprar mais uma fazenda, senão não dava para crescer."[14]

A separação das unidades foi complicada do ponto de vista operacional, mas logo gerou um foco ainda mais preciso para a ferroligas. A combinação de custos mais baixos, derivados da produção de boa parte da eletricidade e do carvão vegetal, duas matérias-primas muito relevantes, mais a valorização da certificação de origem garantida pelo reflorestamento próprio tornaram-se fundamentos muito sólidos para a competição com empresas muito maiores num mercado globalizado.

Também na usina de Jussara a excelência resultou em rentabilidade. Em 1998 foi tomada a decisão de mecanizar o processo de colheita da cana – a empresa seria pioneira no Paraná. Foi uma mudança longa e trabalhosa, como lembra José Carlos Turato Filho: "Começamos testando algumas máquinas, para ver como funcionava. O aprendizado foi difícil. Todo o processo tinha de mudar, porque o comportamento do canavial passaria a ser outro. Como as máquinas agridem mais o solo, a produtividade tende a cair. Precisamos aprender a evitar esse prejuízo. E tivemos que vir crescendo bem lentamente, porque o custo da colheita mecanizada era maior do que o da manual. Com o tempo, a mão de obra para a colheita manual começou a escassear, e só então a mecanização foi ficando mais viável e pudemos acelerar."[15]

A essa altura, já fora aperfeiçoada a técnica para se colher sem prejudicar as plantas: "O solo tem de ficar aerado e fofo, com espaço para que a água penetre e a raiz cresça. Como a área pisada pela máquina fica compactada, tínhamos de proteger as linhas das soqueiras no canavial. Aprendemos a controlar as máquinas para não pisarem fora de uma linha definida e não comprometerem a microflora do solo. Sem tanto pisoteio, fomos conseguindo aumentar o número de cortes de cada planta, dos cinco do início da mecanização até sete ou oito, como era antes."[16]

E tudo sob coordenação de Antônio Marcos Sabino, que avançou em sua carreira: "Quando me formei, em 2005, já me colocaram para tomar conta de um turno. Fui tomar conta de toda a colheita e do transporte no turno da tarde. Naquela época, a maioria das máquinas era de terceiros. Eram duas frentes de terceiros, uma frente própria e duas frentes manuais ainda. Ou seja, cinco frentes para coordenar. Então, já era uma equipe grande, umas 150 pessoas. Ia me deslocando de uma frente para outra, de Kombi mesmo. Assim aproveitava para transportar algumas pessoas. Era muita gente, muito problema, mas eu tinha uma bagagem, tinha o jeito de falar com as pessoas. Então, era muito natural isso."[17]

Colheita mecanizada na unidade Jussara. Foto Renato Stockler, 2023, acervo IIGMF.

Além da mecanização, houve uma ampliação da área plantada. Com isso a produção foi progressivamente aumentando. Em 1988 foram moídas 500 mil toneladas. Uma década e meia depois, a produção começou a girar na casa de 1,5 milhão de toneladas. Com isso a usina se transformou num polo importante de faturamento na Companhia Melhoramentos Norte do Paraná, compondo um mix de margens de ganho assim lembrado por Gastão Mesquita: "Creio que eram uns 40% vindos de ferroliga, 40% de açúcar e etanol, e os outros 20% da colonização soja, milho e pecuária."[18]

Nesse mix, a constância da lucratividade do setor de ferroligas funcionava como apoio importante para compensar as flutuações do mercado de produtos naturais – que a nova estrutura permitiu manter lucrativos, como lembra Paulo Vaz: "O agro passa por muitos altos e baixos ao longo do tempo. Ou você depende de players mundiais, como no caso do açúcar, onde, por exemplo, a Índia pode ter oferta excedente ou quebra de safra – e nos dois casos vai oscilar o preço do açúcar. Ou, no caso do etanol, você tem o governo, que fica regulando, querendo controlar inflação manipulando o preço do combustível, o que afeta muito a rentabilidade dos produtores. Sem falar nos fatores climáticos. Você não tem controle de nada disso. Só dá para controlar aquilo que é possível, que são os custos de processo; com isso você passa a ter uma melhor gestão do negócio, porque não fica tão preso ao preço, pode trabalhar nos custos e sobreviver aos anos ruins. Se está melhor, você pensa em crescer."[19]

Em pouco mais de meia década após a reestruturação, sobrevivendo aos altos e baixos do mercado, a empresa estava de novo unida em torno de sua missão e apresentava resultados. E estes foram sendo empregados no saneamento das últimas questões ainda pendentes, os últimos custos do processo de reestruturação. Uma dessas questões era a liquidação dos pagamentos devidos para os acionistas do grupo controlador que haviam saído em 1997. Como eram dívidas diretas das pessoas físicas dos compradores, com prazo de quatro anos para os desembolsos, não exigiam da empresa – mas afetavam duramente aqueles que ficaram. Em 2001 seria saldada a última parcela; daí em diante o esforço da compra das ações passou a ter o pagamento de dividendos como retorno, de modo que foi possível a progressiva recuperação do investimento.

Depois disso, veio a derradeira etapa: comprar as participações dos sócios minoritários. De certa forma, esse problema ainda remontava à estrutura criada a partir de 1948, pela qual a finalidade da empresa seria distribuir dividendos gerados pela venda de lotes. A ideia inicial do arranjo era permitir a sobrevivência do negócio quando terminassem as glebas. A rigor, a situação da Companhia Melhoramentos Norte do Paraná, no início do milênio, era a prova do sucesso desse projeto: os investimentos em outros negócios permitiram a continuidade da empresa quando o negócio dos lotes se tornou marginal.

Mas essa situação estava longe de satisfazer o grupo de acionistas interessados nos maiores dividendos possíveis no mercado de capitais. Embora lucrativa e buscando a excelência em mercados competitivos, a distribuição máxima de dividendos não podia mais ser o foco central do empreendimento: a fim de sobreviver seria preciso, nos anos bons, empregar os lucros passados e investir no futuro dos negócios existentes. O grupo de minoritários que se organizou buscava distribuições maiores ou um prêmio alto para saírem. Não havia muito espaço para acordo – mas a venda acabou acontecendo, sempre com recursos ao Judiciário para dirimir eventuais dúvidas. Com isso encerraram-se as questões societárias dos problemas da reestruturação.

Em termos produtivos, a última ação sobre a estrutura do passado ficou sendo a recuperação da Usina Jacarezinho, cujo processo de reestruturação só começara em 1998 – e onde as necessidades de atualização das estruturas eram patentes. Roberto Mesquita, encarregado de supervisionar pessoalmente a reforma, lembra a história toda: "Tinha que levar o padrão Melhoramentos para uma empresa construída sem ele. E o que é isso? A Melhoramentos é uma empresa muito séria, que levava muito estritamente todas as regras contábeis, financeiras e legais. Então a cultura Melhoramentos é ser correto, andar na linha, não ter nada fora da linha. Isso é um DNA forte e um DNA que a Melhoramentos realmente imprimiu desde o início dos seus negócios. Eu participava da diretoria e conheci os tempos de meu avô, então fui engrenando nele. Peguei o tempo do 'Quem toca esse negócio é a família Mesquita, esse outro negócio aqui quem toca é a família Vidigal'. E eram os Vidigal que tocavam a Usina Jacarezinho. Na divisão, como era um pouco grande para ficar de qualquer lado, a Jacarezinho ficou meio a meio. Aí fizemos um acordo de acionistas, criamos uma holding que detinha lá 55% aproximadamente da Usina Jacarezinho, e essa holding era metade da Melhoramentos e metade dos Vidigal."[20]

A troca no comando em consequência da compra da parte dos sócios levou a uma reestruturação mais profunda: "Com a Melhoramentos, um grupo um pouco menor e com um pouco mais foco, a Jacarezinho deu bastante trabalho. Houve problemas de preços, com a sequência da crise dos Tigres Asiáticos e a da Rússia. Em cada uma delas a taxa de juros foi para 30, 40% reais ao ano, o que era péssimo para uma empresa endividada. Nesse cenário, ainda assim, fizemos investimentos. Voltamos a aplicar na melhoria do canavial, pensando nele como um instrumento de produtividade e custos controlados. Mudamos a gestão, trazendo gente alinhada com essas ideias. Trocamos o gerente agrícola, o gerente industrial, o gerente administrativo. Então, de pouco em pouco a gente foi dando a nossa cara ali para a Usina Jacarezinho. Mesmo assim, por conta do endividamento, ela ainda levou um bom tempo para levantar voo. Sempre melhorando. Quando comecei, moíamos 1,1 milhão de toneladas de cana. Com o tempo chegamos a 1,5-1,6 milhão. Ganhamos escala, começou a recuperação."[21]

Um marco importante da passagem da era dos problemas para a era das soluções aconteceu em 2005. A Maringá Ferroligas foi eleita pelo jornal *Valor Econômico* como "A Melhor Empresa do Ano no Setor de Siderurgia". Para quem só competia com gigantes, ver a excelência reconhecida foi uma nota de felicidade para todo o pessoal da Companhia Melhoramentos Norte do Paraná. Os valores de Gastão de Souza Mesquita Filho haviam sido trazidos para uma nova realidade empresarial – intactos.

Tão intactos que a situação motivou Roberto Mesquita a tentar enfrentar um novo desafio: "Já participava de Conselho de Administração, era diretor de todas as empresas, embora olhasse mais o andamento da Jacarezinho. Então, quando chegou 2005, decidi deixar as tarefas executivas e passar a me concentrar na totalidade do negócio. Na minha visão, queria ter um olhar para o todo do negócio, como acionista que era."[22]

O gesto significou uma centralização da ação executiva do grupo controlador na figura única de Gastão Mesquita. Essa era uma situação que a empresa jamais havia conhecido desde sua fundação: nos tempos de lorde Lovat, os controladores supervisionavam de longe a ação executiva, com uma viagem anual de um representante do grupo ao Brasil. Depois da compra, a divisão de cargos executivos entre os grupos controladores, com um indicando o presidente e outro o diretor-superintendente, tornou-se a regra. Depois da cisão, sempre houve mais de um representante da família trabalhando como executivo. Um outro teste iria começar.

CAPÍTULO **32**

> *Multiplicação e divisão*

O crescimento da Companhia Melhoramentos Norte do Paraná ao longo de toda a década depois da reestruturação trouxe oportunidades diversificadas em várias frentes. A usina Jacarezinho era uma delas. Ao fim do primeiro lustro do século 21, as safras giravam em torno de 1,2 milhão de toneladas. Como era uma usina de 1945, a manutenção era importante, especialmente na parte da fábrica. As instalações antigas foram sendo adaptadas com o tempo e as possíveis modernidades. Entre elas o início das colheitas mecanizadas, que começaram em 2006; nesse momento foi adquirida a primeira colheitadeira, uma máquina usada. A partir daí houve adaptações gradativas na indústria, já que a cana picada exige uma mesa de recebimento de 45 graus. E os progressos vieram. Em 2010, grande parte da colheita estava mecanizada, dividida entre prestadores de serviço e uma turma de colheita mecanizada própria.

Em Nova Londrina são produzidos etanol hidratado e energia elétrica. Foto Renato Stockler, 2023, acervo IIGMF.

Nesse caso, o avanço foi constante. Mas, nos anos bons, surgiam também oportunidades de crescimento rápido e de mudança radical na carreira. Foi o caso, por exemplo, de Emerson Cleiton – contratado para um trabalho pesado, mas recebido por uma equipe treinada para avaliar talentos: "Comecei a trabalhar em 14 de março de 2006. Tinha terminado o segundo grau, tinha trabalhado cinco anos, dos quinze aos vinte, numa oficina mecânica em Jussara. Oficina de cidade pequena conserta tudo, de trator até cano de bicicleta quebrado. Entrei na companhia para trabalhar no hilo, o lugar onde chega a cana na indústria. É onde ficam os meninos que engatam os caminhões. Imagina um guindaste, um guincho fixo que vira a caçamba desses caminhões na mesa alimentadora, que, por sua vez, leva a cana para a indústria."[1]

Para quem viera de uma pequena oficina, o mundo da usina era grande: "Você via a cana chegar e os caminhões saindo com o etanol pronto. É toda uma engenharia, todo um trabalho que acontece nesse espaço de tempo. É impressionante. O processo é mágico para quem gosta e quem quer. Eu trabalhava com oficina, então tinha o costume de lidar com coisinhas minúsculas. Passei direto para um serviço grande e pesado. O hilo é o trabalho mais bruto, vamos pensar assim. É mão de obra mesmo. Mas em volta tinha um mundo. E aí, eu quis ficar com certeza. E quando cheguei lá e vi aquele universo de equipamentos, não tinha como querer sair."[2]

A disposição para pegar no pesado durou pouco: "Quando cheguei, faltavam dezesseis dias para moer a safra, trabalho que ia começar em 1º de abril. Os encarregados da produção, que são os líderes de equipe na entressafra, já sabiam que eu tinha trabalhado na oficina. Daí o Carlos Campagnoli, que era o encarregado, veio e me falou: 'Você era mecânico lá em Jussara?' Eu falei: 'Sim, só que mecânico de máquina e trator, não de indústria.' Aí, ele: "Então você vai trabalhar com o mecânico da moenda.' Eu pensei: 'Com esses caras vou aprender.' Trabalhei lá de catorze a dezesseis dias. Tudo que ele pediu a gente fez e, lógico, quando precisávamos de ajuda a gente ia correndo atrás. Quando começou a safra, fui para o hilo e mudei de turno. No segundo dia foi minha folga, porque era o sistema de todo mundo trabalhar cinco dias e folgar um. E, quando voltei, tinha um encarregado que me chamou e falou: 'Tem uma vaga para ajudante de produção do departamento de caldo.' Então, eram dezoito dias desde o primeiro dia. Eu não tinha nenhuma experiência. Era uma vaga de auxiliar, igual a servente. Fui trabalhar lá e aprender, pois nunca tinha visto. Para mim aquilo tudo era gigantesco. Fiquei responsável por fazer limpeza manual em alguns corpos de reaquecimento e aquecimento de caldo. Desde o dia que comecei, fui anotando num caderninho, onde desenhava os equipamentos e rabiscava todos os processos. Ficava doido com tanta tubulação que ia e vinha. Era muito confuso, mas com o caderninho eu ia entendendo."[3]

Mas teve ajuda – e oportunidade: "O pessoal sempre muito atencioso e foi me ensinando. E peguei o jeito da coisa. Fiquei por lá dois meses. Nesse período, um mecânico da indústria se aposentou. E aí abriu a vaga para recrutamento interno. Mas tinha bastante gente na produção que poderia se tornar mecânico. Eu não ia concorrer à vaga porque não tinha nenhuma experiência em mexer naqueles equipamentos. Então o Montoya, que trabalhava comigo como operador no tratamento de caldos e era o meu líder, falou: 'Por que você não faz a prova?' Eu falei: 'Não, eu já estou aqui, não é? Para mim está excelente.' Ele me convenceu."[4]

Para enfrentar o desafio, lançou mão dos próprios recursos: "Então pensei: 'Para não ficar muito feio, vou pegar o meu caderninho e sair na hora do almoço, na hora da janta, e vou perguntar para o mecânico como é, vou lá com o operador ver.' E saía sempre que podia e ia anotando as coisas, todo preocupado. Imagina ir lá e tirar um zero? Quando abri a prova, falei: 'Não acredito!' Tudo que eu tinha estudado e posto no caderninho estava na prova."[5]

O passo seguinte foi uma lição: "Passam uns dias e o Jorge Ueda, o gerente de manutenção, me chamou. Falou assim: 'Parece que você vai ter que sair da produção mesmo, tem que ser o mecânico da usina.' Aquilo foi um misto de medo e alegria. Na mecânica, lógico que daria um salto e dobraria financeiramente. Porém a questão não era essa. E o Jorge falou assim: 'Você não vai estar sozinho, nós estaremos juntos.' Essa é uma frase que uso e repasso até hoje. Foi ali que consegui enxergar esse lado da companhia. Ele falou também: 'O que precisar nós estamos aqui. Você não vai ficar com a batata quente na mão, e pode ficar tranquilo, vamos te apoiar onde for preciso.' Então fui para a mecânica com três meses e pouquinho de empresa."[6]

Não foi a única frase memorável que ouviu naquele dia: "Quando cheguei em casa e falei para minha mãe que tinha virado mecânico da companhia, ela disse uma frase que fala até hoje, toda vez que acontece alguma coisa na minha carreira ou com meus irmãos: 'Eu não imaginava vocês vivos!' Porque as pessoas diziam: 'Rosita, por que você não dá seus filhos?

Vocês todos vão morrer mesmo. Por que não dá?' E minha mãe firme ali. Então, tem toda essa história nossa lá de Mato Grosso. Nós passamos muita dificuldade, inclusive fome. Não só a dificuldade de alimentação, mas de vestimenta, de tudo. Quando viemos para Jussara, tínhamos onze sacos de adubo, cheios de trapo, de roupa, de panela. Minha mãe fez uma panela de farofa lá em Mato Grosso e foi tudo que viemos comendo até Maringá, três dias de viagem. Então a minha mãe é essa âncora que segura a gente. Nunca esqueci esse dia."[7]

Outras carreiras, embora menos rápidas, ganharam certo sentido de urgência nesse ano de 2006 – até mesmo no caso de veteranos. José Carlos dos Anjos lembra de seus primeiros dias na Companhia Melhoramentos Norte do Paraná: "Comecei no dia 12 de maio de 1992. Meu primeiro registro na companhia foi como serviços gerais. Eu trabalhava como ajudante de atividades manuais no campo mesmo. Era o faz-tudo. Capinava, catava 'bituca', as sobras de cana de carregamento. Fui ser ajudante de topografia. Onde precisava ou tinha uma atividade você ia se encaixando. Tinha 16 anos de idade, trabalhava durante o dia e estudava à noite. E continuei estudando, pois era uma condição para os menores de 18 anos de idade que trabalhavam na Melhoramentos. Era cansativo pra caramba fazer serviço pesado, braçal. E a cada três meses eu apresentava meu histórico escolar para a empresa. Assim a situação foi evoluindo."[8]

Acabou chefiando turmas no campo – e se beneficiando de uma mudança: "No início de 1999, a Companhia Melhoramentos começou, na destilaria e na parte agrícola, a implementação da ISO 9000. Houve uma padronização e ensinamento de todas as atividades. Foi um período de aprendizado, desenvolvimento de pessoas e oportunidades. Fui treinado para ser coordenador, numa dinâmica de grupo para a atividade e saber repassá-la. A chegada da ISO facilitou demais e abriu um leque de muitas oportunidades, deu acesso para uma série de coisas."[9]

Em 2006, o acesso foi este: "As áreas de cana começaram a se expandir para algumas áreas de grãos. Devido a essa expansão, o encarregado, responsável por todo o grupo de atividade de corte de cana, foi para a área de plantar a cana com a finalidade de expandir essas áreas. E eu virei o encarregado por toda a colheita, carregamento e transporte voltado para mecanização. Depois de quinze anos, voltei a lidar com a atividade em que comecei. Mas agora era tudo diferente: você chega num lugar e tem mil pessoas. Daqui a pouco, dá uma olhada e já não vê mais ninguém, todo mundo some no canavial. Logo o povo aparece, com a cana toda cortada e a turma já está acabando de carregar."[10]

As mudanças não se deviam apenas à mecanização. Na época da reestruturação, em 1995, a Companhia Melhoramentos Norte do Paraná empregava pouca informática; uma década depois, Eduardo da Silva Nunes conheceu outro cenário: "Em 2006, entrei na companhia como analista de infraestrutura, para cuidar dos computadores e impressoras na usina. A internet na zona rural é deficitária. Então, por mais que a gente fizesse investimentos, ainda sofria com poucas opções de operadoras. Mas funcionava. Tínhamos até internet via satélite na época, aquelas antenonas, dava até para andar em cima delas de tão grandes. Tinha que fazer a manutenção lá em cima. A gente aproveitava e era uma diversão junto com o trabalho de subir pela escada para ajustar os cabos, os parafusos. E muitas fazendas tinham também antenas menores e a gente rodava todas as fazendas da companhia para dar manutenção."[11]

Eduardo sabia da importância de seu trabalho: "Estava tudo nos computadores: o operacional, o financeiro, a contabilidade. A empresa inteira. Não havia mais unidades isoladas. O sistema interligava tudo: São Paulo, Jussara, Jacarezinho e Itapeva. E as fazendas também: Guanabara, Mateira, Serena, as fazendas do Mato Grosso. E a gente fazia manutenção frequente, para deixar as coisas funcionando. O sistema era confiável, bastante robusto. A companhia sempre prezou muito pela disponibilidade dos recursos. Então, a gente sempre teve contingência, equipamento sobressalente. Se desse problema, rapidamente você tira um, coloca o outro, e está tudo funcionando."[12]

Dava para comparar positivamente com o que havia na região: "O mais gostoso era na faculdade. Ali via colegas com muito mais experiência do que eu, mas que nunca tinham tido a oportunidade de lidar com toda essa tecnologia, com aquela gama e aquela robustez de infraestrutura que a gente tinha na Melhoramentos. Nas matérias relacionadas à infraestrutura, à manutenção, sempre era convidado a compartilhar um pouco com eles. Era convidado pelos professores a compartilhar com eles como era o ambiente da Melhoramentos. Na apresentação do TCC, nosso professor deu a ideia de fazer um case dentro da Melhoramentos, sobre a parte de monitoramento e de confiabilidade do sistema. E nós montamos isso den-

Colaborador coleta material para controle de qualidade em barracão de armazenamento de açúcar, unidade Vale do Paraná. Foto Renato Stockler, 2023, acervo IIGMF.

tro da companhia e compartilhamos no nosso trabalho de conclusão de curso da faculdade."[13]

Havia também oportunidades na mistura de mecânica com informática. O engenheiro eletricista Everson Schiocchet havia deixado um emprego em Santa Catarina para fazer mestrado em São José dos Campos. Ali foi convidado para trabalhar na Companhia Melhoramentos Norte do Paraná. Lembra do dia exato em que começou na empresa: "26 de julho de 2004. Era data do aniversário de Cianorte. Estava até tendo festa. Fiquei no hotel e fui a um show do Jota Quest. Festão mesmo. E fui trabalhar. Tinha experiência anterior, que me ajudou a lidar com gestão e liderança. Me adaptei depressa. E vou falar bem sinceramente: na minha parte, a elétrica, é um motor lá e um motor aqui, assim como um painel ou um comando. A diferença com a confecção, onde eu trabalhara, é que na usina as grandezas são maiores, o consumo, a parte de energia, é tudo muito grande. A parte mecânica também, como dentro de uma moenda. Lá as coisas eram bem menores, fisicamente falando. Aqui você tem o desafio dessa grandeza, de administrar os equipamentos."[14]

Os desafios foram todos de expansão: "Minha equipe, na época, era de sete ou oito pessoas na manutenção elétrica. Fui incorporando gente para lidar com a indústria ampliando, a automação entrando. Foi preciso mais equipes, como a de instrumentação. Fomos formando essas equipes do zero e construindo conforme o crescimento. Achamos gente dentro da empresa. Trabalhamos sempre olhando para dentro da empresa. A coisa foi dando certo, fomos crescendo. Quando entrei, moíamos 800 mil toneladas. Fomos multiplicando."[15]

Fazer a multiplicação de pessoas e habilidades empregando o balanço entre pessoal com tradição e inovação era quase a vida de Alisson de Sousa Brito: "Em 1999 comecei ciências contábeis na Universidade Estadual de Maringá. Logo abriu uma vaga, a Melhoramentos estava contratando estagiários para fazer um trabalho específico de crédito de ICMS e o único requisito era estar cursando uma faculdade na área. Com dois meses apenas de estudo, apresentei o currículo e fiz o teste, que naquela época era muito concorrido, com 25 a 30 candidatos. Passei. Em 25 de março de 1999 fui contratado. Eu já havia crescido, morado e vivido na Companhia Melhoramentos desde os 3 anos, porque meu pai trabalhava nas fazendas. Então, não só estava começando a realizar um sonho do meu pai, mas o meu também, indo trabalhar na área dele. Em outubro de 1999, sete meses depois que entrei, ele se aposentou. Ou seja, continuamos fazendo essa carreira e histórico familiar dentro da companhia."[16]

Depois de um período no setor financeiro, foi expandindo as habilidades e responsabilidades, até chegar na área de recursos humanos: "A companhia foi me lapidando para me tornar o profissional que eu cheguei a ser. Então, tudo que me ensinaram profissionalmente não aprendi fora, mas dentro da empresa. Eu fui sendo moldado como o profissional que a empresa esperava e desejava. Foi uma troca de experiência e de confiança. Eu confiei e fui estudando, me capacitando técnica e profissionalmente. Tudo que eu aprendia era para ser voltado para dentro da empresa e a gente foi fazendo, por assim dizer, esse casamento. Passei por todas as cadeiras da empresa na área administrativa. Em 2005 fui promovido a analista contábil e comecei a rodar as cadeiras dentro da contabilidade, porque a empresa é grande. A empresa, naquela época, tinha bastante atividade, como grãos, olaria, unidade de preservação de madeira. Tinha uma pecuária sofisticada, de registros, gados puros de origem, que participava de leilões. Fui caminhando em cada uma dessas áreas. Em Jussara, fechei custos operacionais na usina. Em 2009 tive de trocar o boné: assumi a responsabilidade que era trabalhar as pessoas, ter que transformar pessoas e encontrar talentos para a empresa. Foi difícil no começo, mas os meus superiores sempre me ajudaram muito. Foi como se pegassem na minha mão e dissessem: 'Vamos lá, vamos fazer.'"[17]

Todas essas promoções se explicavam por um projeto de longo prazo, assim descrito por João Teodorinho, gerente de produção da Companhia Melhoramentos Norte do Paraná em Jussara: "Começamos a maior ampliação que se fez na usina. Todo o processo novo. Fizemos tudo. Aumentamos a capacidade da moagem, montamos outra moenda, aumentamos a evaporação. Outra casa de força, outro tratamento de água. Todas as dornas de fermentação novas, aparelho de destilação novo. Fizemos isso com gente nossa. E fizemos em paralelo com a safra, tudo com a usina trabalhando. A bem dizer, construímos uma usina nova do lado da antiga. Com uma equipe nossa: o Ângelo na engenharia, eu no processo, o Jorge na manutenção mecânica e a Alzira no laboratório. A diretoria deu carta branca para a gente. Então sentamos e começamos a fazer como queríamos. Só que a gente estava tocando a safra e fazendo a usina. O que aconteceu? Nós contratamos uma empresa de engenharia para fazer o processo para a gente. Essa empresa fez toda a parte de engenharia. Mas foi o departamento de compras que achou tudo que estava especificado no projeto. Fomos comprando, fazendo e contratando as pessoas para operar tudo. Assim fomos tocando."[18]

A diretoria apoiou, mas houve momentos difíceis: "O Gastão, o pessoal da diretoria, todos tinham confiança, e era recíproca. O que precisávamos, seja de gente para montar, para fazer, para contratar, a parte financeira, nada faltou. Nunca tivemos nenhum problema financeiro. Depois de tudo montado, teve alguma coisa em que houve erro de fabricação, até adaptar a usina nova ao processo. A gente sofreu um mês, um mês e pouco, tivemos uns probleminhas sérios. Mas tudo é cabível num processo novo que estava começando e eles tiveram uma compreensão muito grande para com a gente. Acertamos depois as coisas, tudo caminhou direito, pegamos ritmo e terminamos a safra. A safra seguinte, de 2009, foi bem. Passamos de uma moagem de um milhão de toneladas, em 2000, para algo como 1,5 milhão antes da expansão. E, em 2009, chegamos a 2 milhões. Só não foi mais porque leva um tempo para plantar cana."[19]

Como a disponibilidade de terras não era infinita, a multiplicação das áreas de cana significou a divisão das áreas destinadas à agricultura. Nilo Sérgio Richini, gerente agrícola, tinha plena consciência do que implicava a ampliação da usina – e assumiu a liderança da entrega de suas áreas para a nova cultura: "Quando veio o pessoal da cana, a gente passou a trabalhar juntos para adequar as áreas de grãos para a cana. Foi muito fácil, porque as áreas de soja eram todas mecanizadas. Então, adequar para cana era apenas adequar o carreador, por causa do transporte, e mexer no tamanho de talhão, então foi muito mais simples, por exemplo, que erradicar o café. Um trabalho gratificante."[20]

Havia concatenação: "Eu era o gerente da área de cana nas fazendas em que tinha responsabilidade antes. Claro, sempre coordenado com os agrônomos da cana. Plantava, mas a colheita de cana era feita por Jussara. Então fomos adequando as máquinas disponíveis. As que não se encaixavam a gente começou a fazer leilão. Mas aproveitamos a equipe de tratoristas, que era muito boa e continuou no novo setor. Tinha um relacionamento muito bom com essa equipe, e isso ajudou bastante a ir passando todo o setor de grãos para cana. Ela se mostrou fantástica, e por isso foi supertranquilo passar para a cana."[21]

Num período de muitas transições, uma delas foi a das relações entre acionistas controladores, conselho de administração e comando executivo. O formato inicial, com a coincidência viável de participação no grupo de controle societário e no Conselho de Administração, fora estabelecido em 2000 – e se tornou operacional e regular. A prestação de contas e a discussão do futuro, inicialmente pouco formalizadas, foram ganhando consistência. Entre outros instrumentos então desenvolvidos, o orçamento com horizonte de cinco anos ajudou no alinhamento de perspectivas necessário para a regularidade do processo. A evolução chegou ao ponto de Roberto Mesquita sentir que podia arriscar um afastamento das atividades executivas, que realizara por mais de duas décadas, a fim de se concentrar no longo prazo orientado pelo conselho.

Mas a experiência durou pouco mais de um ano: "Em 2007 as empresas estavam numa situação razoável. Então um dia a Suzana, minha irmã, e o Paulo Nunes, meu cunhado, pediram para conversar comigo e o Tatão. Combinamos um dia no escritório da São Bento. Eles foram lá e colocaram a visão deles: cada um tinha sua família, cada um tinha projetos de vida diferentes. E que então eles gostariam, se houvesse a oportunidade, de vender o negócio ou fazer uma nova cisão. O Tatão e eu simplesmente estávamos ouvindo. Eles saíram, nós falamos: 'Pô! Mais uma cisão!'"[22]

Paulo Nunes explica sua visão naquele momento: "Sempre tive meu negócio, minha empresa. Desde 1973, quando comecei junto com meu pai. Na minha vida toda, até 1997, era independente da Melhoramentos. Mesmo depois, continuei assim. O que aconteceu é que a gente, de certa forma, sedimenta melhor as coisas. Enquanto estive no Conselho de Administração da Melhoramentos, sempre os princípios eram iguais. Por isso nunca teve problema. Os interesses próprios é que foram ajustados com a cisão. Para que cada um pudesse gerir os seus negócios de forma adequada, cuidando da nova geração."[23]

Segundo Suzana Mesquita: "No fim, o Roberto decidiu sair com a gente. E aí se formaram dois blocos, um com o Tatão e o tio Paulo Pereira, outro com nós três. Quando essa definição veio, deu para fazer as contas: eles tinham 55% e nós 45%. Então começou um longo processo de discussão e avaliação dos bens. Advogado para cá, advogado para lá. Um montão de bancos."[24]

Gastão Mesquita tem também sua visão: "Eles justificaram que gostariam de sair porque, com as famílias crescendo, estava ficando difícil de fazer ajustes. Mas acho que também pensaram: 'Se a gente separar e for dona da nossa empresa, vamos poder gerir.' Havia uma vontade de gerir, pois isso estava tudo na minha mão. Então, até gerir um pouco o dinheiro deles, pode ser uma coisa assim a razão da separação. Tanto assim que, no primeiro momento, falei: 'Se eu conseguir comprar a parte de vocês, vocês vendem em iguais condições? Posso tentar comprar?' E eles: 'Pode!' Fui a um banco para tentar levantar dinheiro para comprar. Mas era muito dinheiro para eu sozinho comprar. Aí foi um tempo nisso, até que fomos para o inevitável: 'Vamos fazer uma cisão.' E começamos a delinear o que ia para cada um."[25]

Embora muito delicado, o assunto foi tratado com total respeito e confiança entre as partes. Fez parte desse processo a manutenção de todos os planos de desenvolvimento da empresa – mesmo passando por um ano muito complicado. Em 2008, problemas no funcionamento industrial de Jacarezinho provocaram uma quebra violenta na produção; não bastasse isso, a crise mundial daquele ano trouxe desafios complexos para todo o setor de etanol no Brasil. Mesmo nesse cenário altamente adverso, foram mantidos todos os planos de expansão e de aumento da produção nas usinas. Ainda durante o período de negociações, Paulo Nelson Pereira, decano de todo o grupo e com meio século de experiência na vida da empresa, veio a falecer; mas sua família manteve a coesão no caminho delineado.

Depois de cinco longos anos de negociação, em novembro de 2011 aconteceu o desfecho. Roberto Mesquita detalha o que foi mudar da rua São Bento, onde trabalhara a vida toda: "A implementação ainda envolveu resolver todas as questões legais e regulatórias. Então, daí para a frente eu separei da Melhoramentos. Inventamos o nome fantasia Grupo Maringá, porque a Maringá Ferroligas era a empresa forte. E fomos para nosso novo escritório, no Itaim Bibi, que ficou pronto no comecinho de 2012. E ali ficamos."[26]

Grosso modo, a partilha ficou assim: a Usina Jacarezinho e a Ferroligas foram para o Grupo Maringá, e a Destilaria Melhoramentos mais as terras ficaram com a Companhia Melhoramentos Norte do Paraná. Gastão Mesquita dá os números da parte com que ficou: "Perdemos muito faturamento. O balanço de 2012, o primeiro depois da cisão, mostrou só uns 30% do que havia antes."[27]

Embora o grande esforço para preservar as relações familiares mostrasse resultado, com todos saindo satisfeitos com suas posições, a construção de uma estrutura societária estável, que vinha sendo tentada por uma década, havia desaparecido por completo. Em lugar dela, na Companhia Melhoramentos Norte do Paraná havia outra, inteiramente nova. E tornava-se cada vez mais evidente que deveria ser capaz de envolver uma nova geração. Enfim, era tempo de recomeçar, de dar novo sentido à visão que combinou o mapa numa mesa de bilhar e um sonho de futuro.

CAPÍTULO **33**

> *O futuro e seus testes*

Num sentido, a cisão mudou. Ocasionou perdas – que não se limitaram ao faturamento reduzido ao nível de um terço do ano anterior. Em termos de atividade, tudo foi concentrado num único negócio: a produção de etanol. Com essa especialização retornava-se a uma realidade vivida pela última vez em 1947, o ano em que fora decidida a diversificação de investimentos. No que se refere ao pessoal, uma parte relevante dos colaboradores que haviam contribuído para a reestruturação de 1994 e a criação de um novo patamar de recursos humanos continuou com suas carreiras nas empresas cindidas.

No entanto, como se tratava da Companhia Melhoramentos Norte do Paraná, uma empresa então com 87 anos de experiência, essa nova etapa não se caracterizou apenas por perdas. Desde a exposição na mesa de bilhar, em 1924 – passando pelo investimento a longo prazo de lorde Lovat, pela mudança em prol do investimento em atividades industriais e a posterior mudança de nome no início da década de 1950, pela reestruturação de 1994, focada na formação de pessoal qualificado para buscar crescimento –, a verdade é que nunca faltou ao empreendimento o valor de uma visão de futuro a nortear todas as suas atividades.

Dessa vez não foi diferente. De imediato empreendeu-se a busca de um caminho orientado por essa perspectiva de longo prazo. A adequação dele à nova realidade exigiria um esforço muito amplo. De novo, foi preciso começar do alto, no plano da ligação entre acionistas e empresa. Até o início das conversas sobre a cisão, em 2007, o liame entre essas partes estava representado no Conselho de Administração, um colegiado permanente de trocas entre o comando executivo e os acionistas, visando calibrar as decisões de longo prazo.

O princípio das conversas sobre a cisão impôs uma realidade, assim descrita de forma bastante realista por Gastão Mesquita: "A empresa cresce em progressão aritmética e a família em progressão geométrica. A acomodação era possível numa empresa com várias atividades, dava para dividir, pois eram várias empresas, várias fazendas. Mas chegou a hora em que isso não era mais possível. Quando veio o fechamento do negócio, sobrou uma fábrica só na Melhoramentos. Então não daria mais para dividir. Pense numa fábrica de cimento em que um fica com o britador, outro fica com o moinho, um terceiro com o forno, mais um com a ensacadeira."[1]

Ao longo das negociações, o que se vislumbrou foi a possibilidade de a empresa ser transformada em plataforma para um novo futuro. E uma das primeiras consequências dessa mudança de horizonte foi a decisão de trazer uma nova geração, os membros da família que poderiam se transformar em acionistas, para assumir novas responsabilidades. Até então, todos os filhos de Gastão Mesquita – o único que, na nova configuração, acumularia as experiências de gestor e acionista – haviam sido formados para cuidar dos próprios projetos, fora do âmbito da empresa. Assim que começaram as conversas sobre a cisão, eles foram chamados para conhecer seu teor e aconselhar informalmente graças aos conhecimentos adquiridos em outras áreas. Com isso puderam começar a pensar em seu próprio futuro envolvendo de maneira mais direta a empresa, ainda na posição de controladores potenciais.

A decisão de cindir transformou o potencial em real, o que conferiu uma nova qualidade à relação entre acionistas e empresa. Com idas e vindas, na situação anterior sempre houvera espaço para que alguns acionistas controladores também atuassem como gestores. Também foi sendo formada uma situação na qual o Conselho de Administração abria possibilidades para que os acionistas que não participavam da gestão acumulassem conhecimentos e pudessem influir nas empresas. Na cisão, as perdas foram duplas. Gestor e conselheiros buscaram novos rumos para as partes que levaram do negócio. Restaram apenas Gastão Mesquita, com experiência executiva, e Antônio Carlos Srougé (casado com Isaura Mesquita Pereira, prima de Gastão Mesquita), como conselheiro veterano.

A nova base para seguir adiante era duplamente restrita: faltavam acionistas para acompanhar o andamento da empresa e havia a limitação a uma pessoa para representar a estrutura societária na gestão. Mas dela se fez uma ponte para o futuro, capaz de transformar a perda em oportunidade, assim descrita por Srougé: "A presença no Conselho de Administração me levou a aprender bastante sobre seriedade. A conduta da empresa é sempre séria, como é também a família. Isso sempre me atraía muito. As coisas batiam. Então, quando foi preciso reconstruir, o Tatão e eu concor-

A unidade Vale do Paraná produz açúcar cristal bruto (VHP), etanol anidro, etanol hidratado e energia elétrica. Foto Renato Stockler, 2023, acervo IIGMF.

damos: nos colocamos como seniores e começamos a preparar a nova geração. Sabíamos que somos passageiros."[2]

"Preparar a nova geração", no caso, significava então começar um futuro quase do zero. A estrutura do empreendimento tinha se especializado a ponto de não ser razoável manter um Conselho de Administração nos moldes anteriores. Por isso foi tomada a decisão de montar um conselho na holding que controlava a empresa. Esse desenho mais informal permitiu ir absorvendo os membros da nova geração – que não tinham nem a posição acionária nem a experiência profissional e de acompanhamento, os requisitos anteriores de participação.

Christiano Mesquita, filho de Gastão, resume o que sabia do funcionamento interno da empresa quando passou a fazer parte do novo Conselho: "Fomos educados com a orientação de que, em nossa geração, ninguém trabalharia na empresa, cada um deveria seguir o seu caminho, por isso cursando a faculdade de administração de empresas iniciei minha carreira no mercado financeiro e após o MBA fui trabalhar em uma consultoria de gestão."[3]

Seus irmãos, Gastão e Thiago Mesquita, atuavam como advogados nos próprios escritórios e acompanharam de perto as negociações que antecederam a cisão, que lhes propiciaram a aquisição de conhecimento sobre as empresas que compunham o grupo e sua gestão. Essa proximidade se fazia em torno tanto da avaliação do valor do passado empresarial como das oportunidades que viriam pela frente.

No entanto, concluída a cisão, as possibilidades estavam devidamente equacionadas e Gastão Mesquita sabia exatamente para onde avançar com o novo desenho dos negócios: "Na divisão dos ativos priorizamos ficar com as propriedades agrícolas e apenas a destilaria de Jussara, assim as empresas que mais faturavam ficaram para o outro grupo. Então a nossa estratégia era crescer e o jeito que encontramos de fazer isso depressa foi a combinação de comprar outra usina e expandir a destilaria de Jussara, contando inclusive com recursos obtidos junto a bancos."[4]

Era realmente um caminho novo. Por muito tempo a fortaleza da empresa esteve nas mutações do capital próprio. Primeiro, na transformação do capital líquido amealhado em Londres num grande patrimônio imobiliário; depois, na venda de parcelas loteadas desse imenso patrimônio imobiliário, o que gerava dividendos para financiar novos projetos. Em seguida, na divisão do conjunto empresarial em partes, ainda capazes de equacionar o crescimento com muitos meios próprios. Essa longa tradição de crescer a partir de dentro havia terminado. De 2012 em diante, a nova visão de futuro indicaria outros caminhos. O tempo de empregar a solidez de capital para ir moldando as circunstâncias seria agora o de atuar segundo as circunstâncias para reunir mais capital – e saldar os financiamentos confiando nos valores de longo prazo embutidos na capacidade do pessoal.

A aquisição da usina de Nova Londrina trouxe um novo desafio para a Companhia Melhoramentos Norte do Paraná: exportar competência de gestão para realidades de negócio que não eram de formação interna. Não apenas o capital seria de terceiros; os processos produtivos também haviam sido instalados por terceiros. O futuro agora dependeria de gerar ganhos melhorando o desempenho dessa realidade dada, com base na capacidade de alocar recursos novos.

Ângelo Augusto Silva, encarregado de gerir a usina de Nova Londrina, recorda os desafios desse esforço de longo prazo: "No dia 5 de novembro de 2012 estávamos nós lá em Nova Londrina. Foi um desafio muito bom. A usina era bem obsoleta em termos de tecnologia. Para dar uma ideia, só recebia cana de colheita manual, quando já era tudo mecanizado em Jussara. Por essas e outras a gestão anterior não aguentou. Desde a chegada da cana para o processamento na usina, continuava a mesma realidade de atraso. Então foi preciso criar prioridades de atualização, porque não dava para fazer tudo num ano só, numa entressafra só. Começamos pela recepção da cana picada, o que permitiu mecanizar a colheita. Depois vieram as trocas das dornas de fermentação abertas, porque ali evaporava e se perdia muito álcool. Como Jussara estava instalando novos equipamentos, fomos aproveitando os antigos que serviam: pré-evaporadores, moendas, essas coisas. Fomos trazendo e adaptando. Aquilo que ficou pequeno em Jussara fez toda a diferença em Nova Londrina. E a produção saiu de 500 mil toneladas em 2013 para perto de um milhão de toneladas em 2014."[5]

Quintuplicar a produção em dois anos não resultou apenas da reforma da usina. Igualmente crucial foi um programa de formação no campo, sob a responsabilidade de José Carlos Turato Filho, gerente de toda a parte agrícola da Melhoramentos, com a participação do coordenador à época, Antônio Marcos Sabino: "A empresa adquiriu a usina em Nova Londrina em novembro de 2012 e, em março de 2013, fui convidado para ir até lá. Levei uma colhedora e montei uma 'escolinha' lá, porque até então nunca tinham visto a máquina. Em Nova Londrina, selecionei algumas pessoas e comecei com a escolinha. Peguei só os mais jovens, uma molecada que mostrou logo o jeito para aprender muito rápido. Logo estavam todos trabalhando."[6]

Complementando essa visão conforme explicado por José Carlos Turato Filho: "Não existia mais a organização do trabalho na base de dar ordens. Existia sim o negócio de orientar para se fazer o serviço em conjunto. Acabou o tempo do fiscal, passou a existir a coordenação que vai lá, treina a pessoa, cria um profissional que está entregando o serviço. Se alguma coisa dá errado, vamos treinar para a pessoa fazer certo e ter oportunidades."[7]

O prêmio veio em forma de novo obstáculo a ser superado, como explica Antônio Marcos Sabino: "Passei um ano indo durante a semana para Nova Londrina e voltando para casa no final de semana. Então, em maio de 2013, o Turato me chamou na sala dele e falou: 'Você vai ter que ir para Nova Londrina mais um pouco.' Daí falei: 'Tudo bem, vou marcar o hotel.' Ele falou: 'Calma aí. Dessa vez você vai para ficar. Nós temos um desafio, que é plantar cana. Temos que plantar 5 mil hectares esse ano, já é maio e só tem novecentos hectares plantados.' E eu falei: 'Então temos que fazer acontecer.' No primeiro dia plantamos seis hectares, precisava plantar vinte por dia. Tudo manual. A gente ia conversando com as pessoas, olhando os gargalos e ajeitando as coisas. Com a mesma estrutura que tinha, a gente chegou a plantar cinquenta hectares por dia. Passamos a borracha no passado, começamos do zero e chegamos aos 5 mil hectares no ano de 2013."[8]

Esse novo imperativo de organização, mesclando cada vez mais formação técnica, formalização de objetivos e pessoas de origens muito diferentes, acabou gerando uma cultura empresarial única. Monica Hildebrand, cujo primeiro contato com a empresa foi um estágio quando cursava engenharia química, notou essa peculiaridade: "Percorri todos os setores, conheci muita gente, conversei com muitos operadores. Enquanto estive no processo, vi o pessoal de operação me explicando, de forma simples e descomplicada, aquilo que eu aprendia como teoria na faculdade. Então tive a certeza de que saí da faculdade sem saber absolutamente quase nada. Encontrei muita gente com trinta anos de experiência que fazia tudo muito bem sem o conhecimento teórico. Aprendi a ser simples com eles. Por isso foi um período muito rico."[9]

A preservação da simplicidade não era um acidente, mas um valor cuidadosamente preservado a cada contato. Monica Hildebrand começou a carreira em outra empresa, depois voltou para a Melhoramentos, o que lhe deu a possibilidade de comparar: "A grande diferença a favor da Melhoramentos é que as coisas acontecem de forma leve. As cobranças existem, as metas existem para todos os setores, mas o modo como se atinge o resultado, como se é cobrado para isso, é muito diferente. A gente consegue bons resultados sem toda aquela cobrança, estresse e pressão que vivi numa outra experiência."[10]

Essa forma mais leve de relacionamento incluía sua aceitação no grupo: "O ambiente era o mesmo, predominantemente masculino, mas o pessoal de Nova Londrina me recebeu muito bem. Eu cheguei um pouco apreensiva de talvez ter que viver tudo aquilo que tinha vivido na outra empresa. Num primeiro momento, também senti o pessoal muito arredio, preocupado com essa mulher que estava chegando. Mas, passado o primeiro susto, fui muito bem recebida e eu não tive metade dos problemas que enfrentei na outra empresa."[11]

Tal entrosamento suave era possível na esfera executiva, área em que anos de qualificação de pessoal no trabalho em equipe e de entrosamento haviam precedido o investimento numa unidade adquirida e em pleno funcionamento. Bem ou mal, as pessoas que foram remodelando a operação em Nova Londrina tinham muita experiência anterior, de modo que conseguiam ter o que mostrar na hora de comandarem novas operações.

Consultores profissionais em sucessão familiar e em cultura empresarial foram contratados para garantir um ambiente harmônico e produtivo agora que duas gerações estavam presentes na empresa. Com isso, aos poucos começaram a ser construídos novos consensos – e a construção de consensos era uma realidade empresarial que vinha desde os tempos em que lorde Lovat se reunia com os empresários de Cambará no pavilhão em meio à floresta da Fazenda Água do Bugre, para juntos criarem uma empresa capaz de reunir capitais em Londres e operar sem problemas nas trilhas das florestas brasileiras. Só um consenso muito elaborado entre Gastão de Souza Mesquita Filho e Gastão Vidigal permitiu reunir os capitais necessários para a compra do empreendimento – e, mais ainda, a unidade que veio depois. Apenas uma grande disposição para o consenso permitiu a transformação da Companhia de Terras Norte do Paraná na Companhia Melhoramentos Norte do Paraná, com investimentos em muitas áreas sendo tocados apenas com base na confiança entre sócios. A força desse valor foi o alicerce capaz de fazer não apenas uma cisão pacífica como ainda de evitar rupturas piores quando chegou a hora de reestruturar as atividades da Companhia Melhoramentos Norte do Paraná. Cinco anos de conversas delicadas foram apenas a continuidade do valor permanente quando veio a nova cisão consensual.

Assim novas soluções foram começando a aparecer. Uma delas veio do Conselho, do qual também faziam parte Marcos Xavier da Silveira, filho de Isaura Mesquita Pereira Srougé, e Caio Baccarat Silva, filho de Maria Isabel Mesquita Pereira. A participação maior na vida da empresa levava a um conhecimento mais aprofundado – e acabou levando a soluções negociadas de uma forma nova, que combinava autonomia executiva com arranjos societários.

Num dos momentos mais difíceis de todo esse período, em meio à grande recessão vivida em 2016, aconteceu a primeira grande aceitação do desafio de passar da posição de observador com carreira própria para aquela de engajamento efetivo na vida da empresa. Após os anos de formação e o êxito no setor financeiro, e depois de quatro anos no Conselho, Christiano Mesquita decidiu trabalhar na empresa, mesmo sabendo que precisaria aprender muita coisa de novo.

Dois anos nessa situação foram suficientes para que seus irmãos resolvessem dar o mesmo salto. Em 2018, tinham ainda a vantagem de encontrar o território muito aplainado pela ação do pioneiro – com o reconhecimento de seu irmão Thiago: "Quando chegamos, estavam todos preparados para nossa entrada. Entramos logo na rotina das viagens semanais ao Paraná, que aceleravam nosso aprendizado na empresa. E todas as coisas eram decididas em conjunto, apesar de cada um de nós ter responsabilidade sobre alguma

Conselheiros da empresa junto com funcionários na usina de Jussara.
Foto Gastão Mesquita Filho, 2016.

Colheita de cana por colaborador.
Foto Renato Stockler, 2023, acervo IIGMF.

área determinada. Por isso em momento nenhum senti o peso de ter que decidir as coisas. Então foi tudo muito tranquilo."[12]

Ajudou nessa tranquilidade a coincidência da entrada deles com o fim do período mais difícil na economia brasileira, como nota Gastão Mesquita Filho: "Quando a gente entrou no dia a dia, foi também o fim de um momento muito ruim para o setor sucroalcooleiro. Na época, o Brasil tinha 450 usinas; 100 delas faliram ou entraram em recuperação judicial. Mas para nossa sorte, quando viemos trabalhar na empresa estava começando um ciclo favorável para o setor."[13]

Assumir responsabilidades nesse cenário ajudou muito a encontrar um caminho para transformar o projeto de futuro fundado na realidade da empresa especializada. O ambiente se desanuviou nesse novo momento da economia.

Havia também uma nova realidade interna na administração: "A nossa entrada em 2018 coincidiu com o momento de aposentadoria, aos 65 anos – uma regra da empresa –, para muita gente que tinha criado a cultura vigente a partir da reestruturação dos anos 90. Então tivemos que nos perguntar: como estão todos tão afinados nessa maneira de fazer, como manteremos o espírito que foi tão bem-sucedido, como criaremos um ambiente em que isso continue sendo feito? Então começamos um trabalho grande para registrar formalmente os valores já praticados."[14]

O desafio acabou levando a uma atualização das ferramentas de gestão aprimoradas na virada do século, quando fora adotado o sistema ISO. Melhor ainda, o processo de olhar para fora ajudou a incorporar os desafios planetários do momento. A partir do Acordo de Paris, de 2016, os grandes investimentos globais em energia sofreram uma transformação revolucionária. Desde os tempos da Primeira Guerra Mundial, antes mesmo da fundação da empresa, o petróleo passou a dominar completamente as opções estratégicas de energia no mundo. No ano da assinatura do tratado, em 2016, os investimentos em energia renovável – a princípio eólica, mas logo em seguida a solar, ultrapassaram aqueles em petróleo. Em pouco mais de cinco anos, já eram o dobro daqueles da fonte concorrente.

O cenário externo em muito pouco tempo deixou de ser preocupação para se transformar em oportunidade. A empresa especializada em etanol rapidamente se transformara em potencial empresa de energia renovável. Chegara o momento de ousar.

CAPÍTULO **34**
> *Futuro, com trabalho*

Em 2017 o Brasil criou o primeiro instrumento para transformar em mercado a captura de carbono por plantas, com os chamados Créditos de Descarbonização (CBIOs). Atenta à oportunidade, a Companhia Melhoramentos Norte do Paraná empenhou-se desde logo para construir seu balanço de carbono. Emissões e capturas constatadas nas medições revelaram uma produção negativa de carbono, o que a tornava apta a ter receitas com a captura. No próprio ato de dominar o balanço a fim de participar do novo mercado emergente, um mundo foi se revelando. Até então, a venda do etanol era a principal fonte de receita da empresa; daí em diante, um universo de possibilidades ligadas pelo conceito de energia renovável se descortinou, com base no aumento da eficiência nas relações com a natureza – até porque a tecnologia evoluía na mesma direção.

A preservação do solo foi uma das áreas mais impactadas por essa mudança. Nos moldes da economia da receita especializada, aproveitava-se ao máximo a tecnologia existente. Porém a introdução de colhedoras de cana-de-açúcar conduzidas de forma semiautônoma com sistema de orientação por GPS permitiu à empresa implantar uma programação extremamente precisa, pela qual as máquinas seguissem um caminho muito delimitado, evitando o pisoteio desordenado nas áreas cultivadas. Isso, por sua vez, tornou possível intensificar a melhoria no trato do solo. O plantio mecanizado e o emprego da vinhaça como adubo ganharam o reforço da adubação orgânica.

Desse modo, aquilo que antes era um procedimento genérico, com o tra-

Drone espalha vespas na plantação de cana, para controle sustentável das pragas. Foto Renato Stockler, 2023, acervo IIGMF.

to homogêneo de toda a área de cultivo, transformou-se numa especialidade múltipla. O controle de pragas foi radicalmente aperfeiçoado quando boa parte da pulverização com defensivos químicos foi substituída em parte pelo controle biológico. Com o surgimento de drones, tornou-se possível lançar cápsulas com vespas nos talhões em que eram registradas algumas pragas – e apenas neles, trazendo precisão absoluta ao combate de pragas. O passo mais recente, implementado em 2024, foi o emprego de pequenos veículos robotizados e movidos a energia solar, capazes de tratar individualmente cada planta, empregando os produtos apenas e tão somente onde há necessidade.

A nova abordagem reunia num todo integrado as atividades de produzir e preservar – com enorme ganho de produtividade. Como nota Gastão Mesquita Filho: "Se você toma a questão ambiental como um desafio e se aprofunda, então começa a entender que a economia de carbono neutro é um benefício enorme para o Brasil. No setor sucroenergético começamos com o programa CBIO, capaz de interiorizar a melhoria ambiental no negócio. Com isso estamos avançando a favor da economia de carbono neutro."[1]

Uma vez identificado o caminho, as oportunidades começaram a se multiplicar. Até então, a grande caldeira da usina de Jussara era empregada apenas para processar o bagaço necessário para as necessidades energéticas da planta – até porque não havia nenhum uso econômico para os excedentes. Com a nova abordagem mundial, os produtores de energia elétrica e os reguladores brasileiros passaram a avaliar melhor a combinação de ganhos ambientais com eficiência econômica que poderia advir da produção regular de bioenergia. O resultado foi que, entre 2008 e 2018, a participação da biomassa na matriz elétrica brasileira dobrou, passando de 4% para 8%. A quase totalidade dessa expansão veio do aproveitamento de bagaço de cana e da lixívia negra na indústria papeleira.

A Companhia Melhoramentos Norte do Paraná percebeu a oportunidade desde o início, até porque tinha capacidade ociosa para explorar. Um forte investimento em linhas de transmissão e subestações permitiu que a empresa participasse de leilões e obtivesse mais uma fonte de receita com a geração de eletricidade. Uma vez consolidado o conceito de empresa de energia renovável, o negócio começou a ganhar uma estruturação apropriada para essa nova realidade.

Nem todos no setor haviam equacionado seus problemas tão depressa, mas aproveitando os novos conceitos na economia, o momento favorável do setor, bem como uma equipe de jovens talentos pronta para assumir novos desafios, surgiu uma oportunidade de expansão. Christiano Mesquita lembra do que fez para aproveitar esse momento: "Após a pandemia enxergamos que estávamos prontos para um novo passo de crescimento. Passamos a analisar as oportunidades disponíveis no mercado e iniciamos negociação para a aquisição de uma nova unidade."[2]

A usina era a Vale do Paraná, em Suzanápolis, São Paulo, quase na divisa com o Mato Grosso do Sul. Thiago Mesquita conta: "Depois de ver os canaviais, a usina e os números, chegamos à conclusão de que a oportunidade era muito boa. A indústria era um projeto novo, mais moderno, com fábrica de açúcar e cogeração de energia elétrica. Além disso, havia espaço para crescimento. A região permitiria uma rápida expansão do canavial e consequentemente o aumento da moagem. Enfim, fazia bastante sentido."[3]

O negócio foi fechado em 2022. Surgiram então as oportunidades, e um dos primeiros a receber um desafio foi José Carlos Turato Filho: "Em maio de 2022 a empresa fechou o negócio com a Vale do Paraná, e pensei: 'Não tenho como acompanhar mais uma unidade.' Fui expor minha preocupação à diretoria e ouvi: 'Agora você passará a diretor agrícola e formará equipes de gerência nas unidades.' Foi uma oportunidade não só para mim, mas para as pessoas que estavam trabalhando comigo."[4]

A estrutura do desafio era muito diferente daquele de Nova Londrina, onde os maiores problemas estavam no atraso sistêmico do empreendimento. Agora era o oposto: as instalações da Vale do Paraná estavam até mais atualizadas em vários aspectos, mesmo na comparação com Jussara. Também o pessoal tinha qualificação. Ainda assim, contudo, o todo não funcionava. Então, como notou corretamente Turato, a oportunidade era para as pessoas. Havia chegado o momento no qual a qualificação das equipes poderia servir de base para o sucesso do novo negócio.

David Barbosa de Melo – filho de um trabalhador rural que havia passado pela Companhia Melhoramentos Norte do Paraná – fez toda a sua carreira na empresa cuidando do desenvolvimento de pessoas e conseguiu acumular grande experiência na definição dos valores permanentes relativos às pessoas na empresa: "Nos últimos anos, começamos a seguir uma estratégia de renovação da equipe, a fazer um trabalho de desenvolvimento de lideranças, com treinamentos e estratégias para buscar, inclusive, os nossos substitutos. Então temos essa visão de que a continuidade necessariamente não seremos nós, pois temos um prazo de validade. A gente passa, mas a empresa deve continuar com seus valores e sua cultura. Começamos a enxergar, dentro do nosso grupo de pessoas, potenciais líderes, mas que precisavam de alguma capacitação. E aí desenvolvemos treinamentos para isso. É um desafio muito grande, porque você está lidando com gerações totalmente diferentes. Eu já estou há 33 anos na empresa. O garoto que entrou com 23 anos de idade tem outra perspectiva."[5]

Esse equilíbrio entre tradição e inovação, para David, está num ponto fundamental: "Os grandes valores que a companhia pratica são muito cativantes, porque a gente se identifica com eles. O maior deles é a valorização das pessoas. A empresa tem isso como valor desde a década de 1950, quando o avô do Tatão já falava nisso. Isso é a alma da empresa. Outra é a simplicidade, fazer as coisas de forma simples, não precisa de malabarismos. A honestidade e a transparência também são valores arraigados na companhia. Esses valores são presentes, são reais e difundidos diariamente na empresa."[6]

O conhecimento em maior detalhe das conexões entre os valores permanentes, a força do passado e uma visão de futuro ajuda a entender melhor a missão de José Carlos Turato Filho no momento em que foi promovido a diretor: formar equipes. E o valor do treinamento recebido, no momento de ir buscar futuro, pode ser entrevisto no comportamento do convidado para a gerência agrícola da nova unidade, Marcos Garcia: "O Turato veio direto: 'Garcia, se fechar o negócio, você topa ir para lá?' Falei: 'Topo, mas vou ter de falar com a família.' Cheguei para a minha esposa, que é filha única, o pai com 92 anos, a mãe com 84. Mesmo assim, depois de alguma conversa ela falou: 'Está bem, vá ver a proposta.' Ouvi o convite do Turato e falei: 'Vamos em frente, estou junto nessa. Não é agora que eu vou negar fogo.'"[7]

Com tal disposição ele partiu para aprender – pois afinal a Vale do Paraná empregava alguns procedimentos inexistentes na Companhia Melhoramentos Norte do Paraná, sobretudo a irrigação. E a empregava em larga escala, como explicava Flávio de Franco Moura, o responsável pelo setor: "Nossa irrigação era a maior na região, abrangendo uma área de nada menos que 19 mil hectares. Desde o começo, o pessoal de agrícola da Companhia Melhoramentos Norte do Paraná mostrou um interesse muito grande na irrigação, até para conhecer a região e saber do nosso histórico de queda de produtividade e perda de ativo biológico por conta da seca. Logo eles trouxeram muitas ideias. Antes a gente não tinha esse tipo de apoio. E esse respaldo foi muito importante. As ideias novas que trouxeram permitiram inovar. Antes, a gente tinha um sistema de manejo muito engessado, totalmente baseado no que é feito lá na América Central, onde ficavam os antigos controladores. Descobrimos que cada pedaço da plantação tinha que ser tratado de forma diferente. E com essas novas ideias logo vieram resultados melhores que os que tínhamos com a antiga administração. Por mais que a Companhia Melhoramentos Norte do Paraná não tivesse experiência com irrigação, em pouco tempo de administração estávamos tendo resultados muito mais expressivos do que antes."[8]

A mesma capacidade de buscar futuro aprendendo no dia a dia trouxe uma mudança ampla em toda a área agrícola. Nelson Esquivel nasceu na Guatemala e veio para o Brasil em 2012, encarregado de implantar aqui os métodos de produção adotados na sede – e teve sucesso em aprimorar os métodos empregados pelo sócio brasileiro que instalara o empreendimento. Mas as coisas empacaram, e a produção sempre ficava bem abaixo da capacidade da usina.

Por isso ele sentiu certa apreensão no momento da transição: "No dia em que foi assinado o contrato eu estava com o diretor anterior, que era o seu Alberto, um colombiano. Durante o café da manhã, ele recebeu uma ligação de São Paulo. Desligou e me falou: 'Nelson, a usina foi vendida.' A Companhia Melhoramentos chegou e assumiu no dia 1º de julho de 2022. Tive a oportunidade de conversar com os diretores e me senti animado e acolhido. Nisso, o diretor e o gerente agrícola da Companhia Melhoramentos, com quem eu tinha mais contato, falaram para mim: 'Nelson, queremos que fique conosco e faça parte da equipe.' Ouvir das próprias pessoas que estavam assumindo que iam me manter no time, mesmo sem conhecê-las, foi muito alentador."[9]

Mas o impacto não se resumiu à notícia. Assim que começou a conhecer a nova equipe, envolveu-se num desafio de monta. Em 2022 não havia muito que fazer além de moer a safra já plantada, de modo que a produção chegou a 1,2 milhão de toneladas. Era ruim até em relação ao passado, mas não inusitado. Ao longo da década em que chefiara o plantio, Nelson colheu resultados que flutuavam em torno dessa marca – no melhor ano da empresa, a produção chegara a 1,7 milhão de toneladas. Marcos Garcia e Antônio Sabino apresentaram outra ambição para 2023: moer 1,9 milhão de toneladas, numa usina cuja produção máxima era estimada em 2 milhões de toneladas.

Nelson Esquivel conta o que foi acontecendo: "A CMNP não trouxe um monte de gente para cá, mas apenas algumas pessoas que consideravam necessárias para o andamento da transição. Assim, o pessoal daqui implantou novos formatos de trabalho, com apoio das gerências e da diretoria. Houve muitas aquisições de maquinário e transporte, tudo para estruturar os recursos e a equipe, a fim de entregar mais cana por dia e conseguir fazer a usina moer. Ganhamos apoio das outras unidades do grupo. A Vale do Paraná não estava mais sozinha. Vieram recursos como caminhões e maquinários. Sem isso, seria impossível trazer tanta cana do campo. Logo estávamos vendo a chegada da Companhia Melhoramentos Norte do Paraná como uma oportunidade de elevar a usina à sua melhor versão, então o desafio foi aceito imediatamente."[10]

Já em 2023, o resultado da união entre pessoal qualificado, mas seguindo rotinas formais, e as equipes treinadas para liderar nos valores da empresa se mostrou em toda a sua plenitude. A moagem chegou a 2,4 milhões de toneladas, batendo em quase 50% o recorde histórico da empresa – e em 20% a capacidade estimada da planta.

Nessa altura, haviam passado trinta anos desde que, fazendo o que tinha de ser feito, Gastão Mesquita fora obrigado a contabilizar as perdas de pessoal e de produção decorrentes da necessidade de transformar uma empresa capaz de gerar dividendos para dois grupos em outra capaz de sobreviver dando os lucros possíveis. Os novos tempos, na chegada do centenário, estavam marcados pelo espírito inverso. Gastão Mesquita Filho podia explicar sua vivência no aproveitamento de outros frutos do trabalho chefiado por seu pai: "A empresa cresceu muito, saiu de mil e tantos colaboradores para 5 mil em dez anos. A produção foi multiplicada por cinco, passando de 1,5 milhão de toneladas para 7,5 milhões em pouco mais de uma década. Mas para isso foi preciso criar ferramentas de governança. Com elas conseguimos difundir nossa cultura, para que as pessoas que estão subindo na carreira tenham em mente que não podemos perder nossa essência, nosso modo de ser."[11]

"Essência", nesse caso, significa justamente o contrário de estabilidade. Significa, antes, a capacidade de encarar os novos desafios da empresa de energia renovável, que não se resumem à produção de etanol. Thiago Mesquita detalha: "Enxergamos uma oportunidade de expandir a nossa produção de açúcar e elevar nosso mix até 32%. Os riscos ficam mais balanceados que os de uma década atrás. Também diversificamos com a entrada no mercado de carbono e na energia elétrica. Com a aquisição da Vale do Paraná nossa capacidade de produção foi bastante aumentada, de modo que a empresa está agora numa situação muito melhor e mais segura para continuar atuando nesse mercado competitivo."[12]

Tudo isso mantendo a combinação já presente naquela exposição feita em torno de um mapa sobre a mesa de bilhar em janeiro de 1924: uma visão de futuro e a capacidade de trilhar o caminho passo a passo. E essas duas capacidades permitem percursos como o de Marcelo Fernandes de Oliveira: "Entrei na empresa como contínuo e sempre me preocupei em fazer o melhor possível. Quando fui para a contabilidade, ganhei um incentivo para ler mais, estudar legislação, para começar o ano já atualizado. E fui me aprofundando, me formei, fiz pós-graduação, MBA. Assim pude assumir várias áreas da companhia. Aprendi a desenvolver equipes para dar conta das responsabilidades maiores. O convite, em 2022, para ser diretor da empresa foi uma grata surpresa. Chorei na hora em que fui convidado, mas estava pronto. Comecei a estudar e me aprimorar para tomar melhores decisões."[13]

A mesma atitude vale para Paulo Vaz, que também chegou a diretor estatutário da empresa, partindo da posição de contador: "O cargo em si é só nomenclatura, porque continuei fazendo exatamente o que já fazia. Assinar em nome da empresa foi uma experiência motivadora. Fui ensinado por meus pais a sempre procurar fazer algo além daquilo que fora pedido. E encontrei uma empresa na qual essa era a regra, não a exceção. Isso sempre facilitou muito minha vida profissional."[14]

Esse sentimento de entrega também move Christiano Mesquita: "Sempre penso: quando você herda alguma coisa, você tem o compromisso de entregar melhor do que recebeu, e é esse o sentimento que me move."[15]

Gastão Mesquita Filho descreve um sentimento semelhante em outro cenário: "Fomos pioneiros no setor sucroalcooleiro quando começamos com o programa CBIO, capaz de interiorizar a melhoria ambiental no negócio. Agora chegamos ao ponto de trabalhar com financiamentos vinculados a metas de carbono, de forma muito pioneira. Tudo isso ainda é tendência futura, cujo resultado final ainda não se conhece. Mas a preocupação da minha geração é garantir a perenidade da empresa em meio a tantos desafios."[16]

Um século de existência parece ser um tempo apropriado para o emprego do substantivo "perenidade", pelo ideal de "manutenção". No entanto, em se tratando de empresas atuando no Brasil, vale a pena relembrar também a atenção para a incerteza. De outra forma, como compreender o destino de um projeto de desenvolvimento regional montado na pri-

Reunião do conselho. Foto Renato Stockler, 2023, acervo IIGMF.

ABAIXO:
Robô Solix, movido por energia solar e integrado a inteligência artificial, garante produção sustentável de cana ao liberar herbicida apenas nas ervas daninhas. Foto Renato Stockler, 2023, acervo IIGMF.

meira década do século passado combinando agricultura e ferrovia? No momento em que ele começou a ser executado, o grupo contava com algumas possibilidades da legislação paranaense, com suas ligações nacionais centradas em torno do grupo da Dissidência, com a capacidade de Willie Davis para conseguir negociar uma concessão ferroviária na Assembleia paranaense e com a força de Cincinato Braga para desenhar e apresentar o projeto como algo de interesse nacional.

Mas, naquela altura, nem em sonhos seria possível imaginar que um jovem engenheiro de 28 anos, Gastão de Souza Mesquita Filho, iria ter a oportunidade de apresentar a visão do negócio para lorde Lovat, um visitante caído do céu e que todos se empenhavam em atrair. Num primeiro momento, a compra de duas fazendas de algodão em Cambará pareceu prêmio suficiente. Então o improvável aconteceu.

Lovat voltou na companhia de Friedrich Eckstein, pediu para chamar todas as figuras relevantes do grupo de investidores para conversas no pavilhão na floresta, na Fazenda Água do Bugre. Um negócio se fez de forma muito pouco comum para o tempo. Duas empresas: uma holding em Londres capaz de levantar o enorme capital de 500 mil libras esterlinas, manter acionistas envolvidos, mesmo com a certeza de não receberem dividendos; uma filial brasileira, com um executivo inglês para tocar o negócio – mas também sócios minoritários brasileiros com delegação para montar as coisas adequadas à realidade legal brasileira e, sobretudo, para que o empreendimento fosse levado adiante de forma eficiente com os colaboradores que atuavam no sertão.

O sucesso imenso da fórmula permitiu a venda de propriedades juridicamente seguras, atraindo gente interessada em aproveitar essas propriedades como empreendedores, produzindo não apenas o necessário para pagar o lote, mas também para enriquecer. Assim se criou um círculo virtuoso de geração de riqueza que permitiu a fundação de cidades, a multiplicação ainda maior de empresas – com Gastão de Souza Mesquita Filho ganhando o relevante papel de empresário na área de energia elétrica. Lorde Lovat não chegou a ver plenamente realizada em vida essa realidade de dinâmica regional: tempos duros testaram a força do empreendimento. O cenário inicial, uma economia global que facilitava as atuações em vários países, foi sendo tragado por uma conjuntura de nacionalismos e conflitos, de modo que a venda do negócio se tornou a melhor alternativa.

Também não é fácil de entender como as ligações formais entre acionistas, executivos e colaboradores, todas elas fundadas nas regras estritas do mercado de capitais londrino, acabaram substituídas com muita eficiência pelas brasileiríssimas instituições do fio de bigode e da palavra fiada, que ligavam Gastão Vidigal ao xará Gastão de Souza Mesquita Filho. Essas instituições permitiram tocar com grande êxito o negócio durante meio século – inclusive com a preclara visão inicial de que a empresa loteadora não tinha futuro, sendo necessário reorganizar tudo na Companhia Melhoramentos Norte do Paraná e nos investimentos industriais, deixando de lado a busca de continuidade da atividade loteadora já em 1966.

Criar futuro fazendo cisões – duas vezes – também não é uma fórmula para manuais de administração, ainda que esta tenha sido a área de formação de Gastão Mesquita. Mas foi o cerne de seu trabalho até 2012, quando voltou a haver unidade suficiente para centrar as expectativas da empresa na expansão de uma atividade – o que acabou sendo uma espécie de prêmio inesperado para quem completa 53 anos de trabalho no momento em que a Companhia Melhoramentos Norte do Paraná comemora o seu centenário.

Tudo isso leva a refletir sobre futuro e trabalho com certa densidade: "Em 2012, numa reunião de família, a gente rabiscou num papel um sonho de quintuplicar a produção em dez anos, para chegar a moer 7,5 milhões de toneladas. Outro dia meu filho me lembrou disso, para notar que chegamos lá. No meio do caminho teve pragas, geadas, um governo segurando o preço da gasolina e consequentemente do etanol. Tínhamos um norte, mas o caminho nunca foi uma estrada reta. E vieram objetivos novos: eletricidade, biometano. Então o que vale mesmo é aquele ditado: 'Você nasce sem saber nada, aprende a vida inteira e morre sem saber tudo.' Não pode parar e deitar em berço esplêndido, tem que investir em alguma coisa até o último dia da vida. Sempre que sai uma medida do governo que prejudica, tem gente que voa para Brasília e vai reclamar. A gente vai para o interior e tenta descobrir onde pode cortar custos e melhorar eficiências. Então o importante é manter o norte, fazendo com simplicidade o que precisa ser feito, mas tem que fazer o serviço."[17]

Assim, a cada dia de trabalho por vez, mas sempre com uma renovada visão de futuro, se vem trazendo a cada dia para a realidade a visão nascida numa mesa de bilhar em 1924. Sempre numa tentativa de fazer o melhor no Brasil.

BREVE RELATO DE UMA PESQUISA

A PESQUISA SOBRE OS CEM ANOS DE HISTÓRIA DA COMPANHIA MELHORAMENTOS Norte do Paraná começou a ser esboçada em 2019. E o trabalho teve início junto com a pandemia de covid-19. Como os instrumentos digitais que permitiam à equipe trabalhar conectada pela rede já existiam na Mameluco Edições, a natureza do desafio foi outra: limitar a pesquisa histórica apenas a outros pontos de conexão digital, pois os contatos presenciais estavam proibidos.

Em 2020 foi feito um levantamento sistemático nos acervos on-line do jornal *O Estado de S. Paulo* e da Biblioteca Nacional do Rio de Janeiro. No ano seguinte, ainda com arquivos e instituições de pesquisa fechados, o foco se concentrou nos livros e trabalhos acadêmicos sobre a história do Paraná e sobre a Companhia Melhoramentos Norte do Paraná. O banco de dados ganhava solidez: cópias de páginas de 705 edições do jornal *O Estado de S. Paulo;* imagens de páginas de 220 diferentes jornais ingleses e escoceses; 658 páginas do *Diário Oficial do Estado de São Paulo;* 516 páginas do *Diário* do Congresso Nacional. Toda a bibliografia encontrada também foi indexada.

Esse conjunto de dados estruturados ganhou seu choque de realidade em 2022. Bastaram umas poucas conversas diretas com a direção da empresa e os contatos com a realidade da produção – especialmente, com as pessoas que produziam – para que as fraquezas e falhas evidentes fossem reveladas. A partir daí, tudo foi reorganizado em duas frentes.

Trator puxa carretinha com um eletroímã, que "captura" metais que possam furar pneus dos caminhões e demais veículos, atrasando a produção. Foto Renato Stockler, 2023, acervo IIGMF.

Colaboradores operam os processos de produção através de supervisórios de automação industrial, na unidade Jussara. Foto Renato Stockler, 2023, acervo IIGMF.

Os arquivos estavam sendo reabertos para pesquisadores, de modo que as pesquisas presenciais puderam começar. Em fins de 2022, a historiadora Daniela Camargo fez uma primeira pesquisa em arquivos ingleses, consultando a documentação diplomática e jurídica no *National Archives*, documentos da bolsa de valores na Guildhall Library, bem como a documentação financeira oficial do Bank of London. No Brasil, os contatos com as instituições paranaenses tornaram-se possíveis. Um acordo com o Museu Histórico de Londrina permitiu a transcrição dos depoimentos do projeto "História Falada, História Escrita": as 35 horas de entrevistas, realizadas entre 1972 e 2004, ainda estavam em fitas cassete, dificultando seu acesso pelos pesquisadores. A equipe transcreveu e fez ementas para cada entrevista, entregando o material indexado ao museu, de modo que agora ele pode ser consultado por outros historiadores e interessados na história da região.

Esse longo esforço com as fontes documentais já estava sendo cotejado com a experiência prática. Tornara-se evidente que a estrutura efetiva do negócio não dependia apenas daquilo que a escrita guardada em arquivos permite narrar. Uma parte muito relevante da estrutura fundamental de gestão da empresa e das práticas e valores que permitem a produção circulava apenas por costumes e conversas.

Para registrar esse imenso universo, foi montado um programa de história oral a partir de 2023. As gravações começaram com Gastão Mesquita, que se apresentou para contar o que não estava nos documentos. Percebendo a importância dos registros, ele passou a coordenar a convocação ordenada de todas as pessoas importantes que eram mencionadas. Elas foram entrevistadas apenas pela equipe, sem terem contato com os demais depoentes. Assim foi sendo tecida a rede. E o trabalho de Gastão Mesquita foi se tornando essencial para ligar as muitas peças, sempre em conversas pessoais.

Todas as entrevistas foram transcritas e indexadas, recebendo o mesmo tratamento analítico dos documentos de arquivo. As duas vertentes alimentaram uma cronologia analítica única, cada vez mais consistente.

O último esforço foi realizado em 2024, quando Alexandre Ricardi fez outra incursão pelos arquivos britânicos, visitando o Highland Archives Centre, em Inverness, cidade vinculada à história da casa dos Lovat. Ricardi também encontrou e transcreveu os diários de Charles Addis, importante membro da Missão Montagu, que são parte do acervo da Faculdade de Estudos Orientais e Africanos da Universidade de Londres.

Na frente interna, a Melhoramentos patrocinou o projeto Memória Paraná, que digitalizou inicialmente cerca de 530 mil páginas (20 mil edições) do acervo do jornal *A Gazeta do Povo* (1919-2019). E foram incorporadas ao banco as coleções dos periódicos *Paraná Norte* (1934-50) e *A Pioneira* (1948-54), também em cooperação com o Museu Histórico de Londrina, que recebeu as ementas criadas para subsidiar essa pesquisa.

Com essa base foi realizada a redação pelos autores.

Equipe Mameluco

ADMINISTRAÇÃO

Cláudia Mariani

Violeta Caldeira

PESQUISA HISTÓRICA

COORDENAÇÃO-GERAL

Jorge Caldeira

HISTORIADOR-CHEFE

Alexandre Ricardi

COORDENAÇÃO DA PESQUISA

Daniela Camargo

PESQUISADORES

Adriana de Luna

Dirceu Franco

Joana Schwab

Lilian Souza

Maria Sílvia P. L. Gomes

Mayara Dantas

Maurício Rodrigues Pinto

Sabrina Medeiros

Sophia Gutierrez

Tiago Salgado

CONSULTORIA

Leticia Squeff

T.I.

Pedro Magalhães (coordenador)

EQUIPE DE VÍDEO E ÁUDIO – ENTREVISTAS

Francisco Passarelli (coordenador)

Aurora Projetos

Assahi Lima

INSTITUIÇÕES PESQUISADAS

Acervo Estadão (OESP)

AHECC, Acervo Histórico da Escola Caetano de Campos

ALESP, Assembleia Legislativa do Estado de São Paulo

Arquivo Público do Paraná

Bank of Scotland Archive, Edimburgo, Escócia

BEA, Bank of England

Biblioteca Pública de Piracicaba – Coleção Gazeta de Piracicaba

Biblioteca DEAP – Arquivo Público do Paraná

Câmara dos Deputados

Câmara Municipal de Piracicaba

CCMW, Centro Cultural Martha Watts, Piracicaba

Congresso Nacional

FES, Fundação Energia e Saneamento, Jundiaí, SP

Gale Primary Sources

GHL, Guildhall, Londres, Reino Unido

HAC, Highland Archives Centre, Inverness, Escócia

Instituto Histórico e Geográfico de Piracicaba – Coleção Gazeta de Piracicaba

Memória Votorantim / Acervo Companhia Força e Luz Santa Cruz

TNA, The National Archives, Londres, Reino Unido

MHL, Museu Histórico de Londrina

Agradecimentos

Colin Waller – *Highland Archive Centre, Inverness*

Dora Bello Rossetti – *Família Mesquita*

Eduardo da Silva Nunes – *Unidade Jussara - CMNP*

Fionnag NicChoinnich – *Highland Archive Centre, Inverness*

Gabriel Arantes Correa – *Museu Histórico de Londrina*

Gastão de Souza Mesquita – *Família Mesquita*

Isaurinha Mesquita Pereira Srougé – *Família Mesquita*

Jennifer Johnstone – *Highland Archive Centre, Inverness*

João Paulo Teixeira – *Estadão Conteúdo*

Julia Oliveira Cebulski – *Museu Histórico de Londrina*

Lorna Steele-McGinn – *Highland Archive Centre, Inverness*

Marcos Borganovi – *Memória Votorantim*

Miguel Fernando – *Projeto Maringá Histórica*

Peter Ross – *Guildhall Library*

Tânia Lima – *Memória Votorantim*

Funcionário sobe em tanque de armazenamento de etanol na unidade Nova Londrina. Foto Renato Stockler, 2023, acervo IIGMF.

NOTAS BIBLIOGRÁFICAS

CAPÍTULO 1:
CAMBARÁ, 10 DE JANEIRO DE 1924

1. Companhia Melhoramentos Norte do Paraná, *Colonização e desenvolvimento do norte do Paraná: Depoimentos sobre a maior obra no gênero realizada por uma empresa privada*. 3. ed. S.l.: CMNP, 1975, pp. 45, 47-48.

2. [Simon Lovat], *March Past. A Memoir by Lord Lovat*. Londres: Weidenfeld and Nicolson, 1978.

3. Apud Renato Leão Rego, *As cidades plantadas. Os britânicos e a construção da paisagem do norte do Paraná*. Londrina: Humanidades, 2009, p. 61.

4. Ibid., p. 36.

5. Governo do Estado do Paraná, Secretaria da Fazenda. "71% dos municípios paranaenses ganham novas posições no ranking do PIB nacional". Disponível em <https://www.fazenda.pr.gov.br/Noticia/71-dos-municipios-paranaenses-ganham-novas-posicoes-no-ranking-do-PIB-nacional>.

6. Companhia Melhoramentos Norte do Paraná, *Colonização e desenvolvimento do norte do Paraná*: op. cit., p. 161.

7. Instituto Paranaense de Desenvolvimento Econômico e Social (Ipardes), *Paraná: Características demográficas e projeção da população, por microrregião, até 1990*. Curitiba, set. 1983.

CAPÍTULO 2:
CAMBARÁ, DEPOIS DA VISITA

1. Depoimento, 1979. Museu Histórico de Londrina (a seguir, MHL).

2. Lúcio Tadeu Mota, *História do Paraná. Relações socioculturais da pré-história à economia cafeeira*. Maringá: Eduem, 2012, p. 84.

3. Ibid.

4. Jorge Caldeira, *Votorantim 90 anos: Uma história de trabalho e superação*. São Paulo: Mameluco, 2007, p. 30.

5. Natália da Silva M. Martines, "Preservação da história e da memória da Companhia Agrícola Barbosa Ferraz/PR", in Anais do XV Encontro Regional de História. 100 anos da Guerra do Contestado: Historiografia, Acervos e Fontes. Curitiba, 2016.

6. Ao fechar o Congresso a 3 de novembro de 1891 e fazer-se ditador, o marechal Deodoro da Fonseca obteve o apoio de setores da elite política e econômica. O presidente de São Paulo, Américo Brasiliense (1833-96), advogado formado pela Faculdade do Largo São Francisco na turma de 1855, republicano histórico, abolicionista e fundador do jornal *A Província de S. Paulo*, declarou seu apoio. No dia 6, um manifesto dos congressistas contra o golpe chegou a São Paulo e o novo presidente recorreu à censura para impedir a sua publicação. Enfrentando uma greve de ferroviários, revoltas no Exército e na Marinha, e um movimento de outros republicanos históricos, como Adolfo Silva Gordo, Elias Pacheco Chaves e Júlio Mesquita, Deodoro renunciou após vinte dias de ditadura. Como a Constituição determinava novas eleições se o mandato de presidente ficasse vago antes de metade do seu fim, em sessão extraordinária o vice-presidente Floriano Peixoto assumiu a presidência com aprovação do Congresso, apoiado pelos paulistas Bernardino de Campos, presidente da Câmara, e Prudente de Moraes, presidente do Senado. O Parlamento foi fechado pelos próprios congressistas por cinco meses e Floriano iniciou um período de troca de presidentes em todos os vinte estados da época. Américo Brasiliense renunciou a 16 de dezembro de 1891 e foi sucedido por José Alves de Cerqueira César. Sobre esse episódio, ver Jorge Caldeira, *Júlio Mesquita e seu tempo, v. 1: O jornal de prelo, locomotores e república, 1862-1897*. São Paulo: Mameluco, 2015, pp. 337-44.

7. Richard Gore Brabazon Davids (1854-1952), natural de Caernarfon, País de Gales, foi engenheiro elétrico e empresário. Chegou ao Brasil em 1876, contratado pela Companhia Paulista de Estradas de Ferro, passando depois à Companhia Mogiana como engenheiro-consultor. Em 1882 casou-se com Angelina da Fonseca, de antiga família de Itu, com quem teve oito filhos. Projetou e construiu a casa de força e as linhas de distribuição de São Carlos do Pinhal; a primeira rede de telefonia no Brasil, em Campinas em 1877; e, em 1885, a iluminação elétrica nos escritórios da Paulista e na estação ferroviária de Campinas, tendo acompanhado d. Pedro II na visita a essas instalações. De 1904 a 1907 foi engenheiro-chefe da Companhia City of Santos Improvements, saindo para iniciar as obras públicas do Cabuçu voltadas ao fornecimento de água para São Paulo. Depois de dezesseis anos em companhias ferroviárias, comprou uma fazenda de café em Pedreira-Amparo, onde faleceu aos 98 anos.

8. Certidão de casamento, registro n. 2460 em 28 jun. 1936. São Paulo, Cartório de Registro Civil.

9. Jefferson Del Rios, *Ourinhos. Memória de uma cidade paulista*. Cornélio Procópio: UENP, 2015, pp. 70-71.

10. Plínio Cavalcanti, "Willie Davids. Pioneiro do norte do Paraná", *Correio Paulistano*, 29 out. 1944, p. 1.

11. Romário Martins, "Paranística", *A Divulgação*, Curitiba, fev.-mar. 1946, p. 9.

12. Cíntia Braga Carneiro, *O Museu Paranaense e Romário Martins*. A busca de uma identidade para o Paraná. Curitiba: SAMP, 2013, p. 92.

13. Humberto Yamaki, *Terras do norte: Paisagem e morfologia*. Londrina: Edições UEL, 2017, p. 15.

14. Secretaria Geral do Estado do Paraná. Relatório apresentado a sua excelência o senhor doutor Caetano Munhoz da Rocha digníssimo presidente do estado por

Alcides Munhoz secretário geral d'estado. Referente aos serviços do exercício financeiro de 1924-1925. Curitiba, 31 dez. 1925, p. 66.

15. Eduardo Dias Roxo Nobre e Gastão de Souza Mesquita Filho, "Os Mesquitas de São Pedro de Alvite – primeiros estudos. Capitão José Manuel de Mesquita e sua descendência no Brasil", *Revista da ASBRAP*, Belo Horizonte, n. 28, 2021, p. 286.

16. "Ao Povo Paulista", *O Estado de S. Paulo*, 26 maio 1918.

17. A sequência de eventos descrita em seguida, bem como a análise da trajetória do grupo, encontra-se em Jorge Caldeira, *Júlio Mesquita e seu tempo, v. 3: O jornal moderno, sertão e capitalismo, 1908-1927*. São Paulo: Mameluco, 2015.

18. Registro de diplomas de habilitação, "1916, n. 1898, Isaura de Moraes Barros", p. 375. São Paulo, Arquivo Histórico Escola Caetano de Campos.

19. "Estrada de Ferro São Paulo-Paraná", *Correio Paulistano*, 15 abr. 1930, p. 7.

20. Cincinato Braga, *Magnos problemas econômicos de São Paulo*. São Paulo: Livraria Zenith, 1924, pp. 35-36.

21. "Nova estrada de ferro", *O Estado de S. Paulo*, 16 jan. 1924.

CAPÍTULO 3: LORDE LOVAT, ANTES E POUCO DEPOIS DE CAMBARÁ

1. Salvo onde anotado, a narrativa biográfica segue Francis Lindley, *Lord Lovat: A Biography*. Londres: Hutchinson & Co., 1935.

2. Francis Lindley, *Lord Lovat*, op. cit., p. 54.

3. Renato Leão Rego, *As cidades plantadas. Os britânicos e a construção da paisagem do norte do Paraná*. Londrina: Humanidades, 2009, pp. 50-52.

4. Ver Simon Michael Mollan, *Economic Imperialism and the Political Economy of Sudan: The case of the Sudan Plantations Syndicate, 1899-1956*. Tese de doutorado. Universidade de Durham, 2008. Disponível em <https://etheses.dur.ac.uk/1965/1/1965.pdf?EthOS%20(BL)>.

5. Ibid., p. 116.

6. Roberto Simonsen, *À margem da profissão. Discursos. Conferências. Publicações*. São Paulo: São Paulo Editora, 1932, p. 98.

7. O único texto em português que consta na bibliografia desse relatório é *Magnos problemas econômicos de São Paulo*, de Cincinato Braga.

8. Arno S. Pearse, *Brazilian Cotton. Being the Report of the Journey of the International Cotton Mission through the Cotton States of São Paulo, Minas Geraes, Bahia, Alagôas, Pernambuco, Parahyba, Rio Grande do Norte*. Manchester: International Federation of Master Cotton Spinners' and Manufacturers's Associations, 1921, p. 12.

9. Charles Addis, *"Diary for 1923"*. SOAS, University of London. The Addis Collection.

10. *"The Sudan Plantations Syndicate, Limited", The Economist*, 15 nov. 1924, pp. 784-85.

11. Francis Lindley, *Lord Lovat*, op. cit., p. 264.

12. Charles Addis, "Diário pessoal de

viagem", 28-31 dez. 1923. SOAS, University of London.

13. Ibid., 2-4 jan. 1924.

CAPÍTULO 4:
BRAZIL PLANTATIONS SYNDICATE:
O NEGÓCIO NA VITRINE

1. "Missão Britânica. A chegada de Lord Lovat a S. Paulo", *O Estado de S. Paulo*, 15 jan. 1924, p. 4; "Missão Britannica. Lord Lovat. A visita do financista inglez a São Paulo", *Correio Paulistano*, 15 jan. 1924, p. 2.

2. Arno S. Pearse, *Brazilian Cotton*, op. cit., p. 80.

3. Ibid.

4. Ibid., p. 87.

5. Livro de Visitas da Companhia Agrícola Barbosa, f. 11.

6. Charles Addis, "Diary for 1924", 7 jan. 1924. SOAS, University of London. The Addis Collection.

7. "A Missão Financeira", *A Cigarra*, São Paulo, n. 225, 10 fev. 1924.

8. Roberto Simonsen, *À margem da profissão. Discursos. Conferências.* Publicações. São Paulo: São Paulo Editora, 1932, pp. 143.

9. Ibid., p. 144.

10. Ibid., p. 145.

11. Ibid., p. 146.

12. Companhia Melhoramentos Norte do Paraná, *Colonização e desenvolvimento do norte do Paraná: Depoimentos sobre a maior obra no gênero realizada por uma empresa privada.* 3. ed. S.l.: CMNP, 1975, p. 48.

13. Anne G. Hanley, *Native Capital: Financial Institutions and Economic Development in São Paulo, Brazil, 1850-1920*. Stanford: Stanford University Press, 2005, p. 160.

14. "Primeiro translado de escriptura de constituição da sociedade anonyma Companhia Cafeeira do Rio Feio", *Diário Oficial de São Paulo*, 10 set. 1912, pp. 3542-44. Segundo *O Estado de S. Paulo* (20 nov. 1969, p. 32), a companhia contava com 1,5 milhão de pés de café.

15. *Correio Paulistano*, 13 abr. 1919, p. 5.

16. Edivilson Cardoso Rafaeta, *Luminoso farol: O Colégio Piracicabano e a educação feminina em fins do século XIX*. Dissertação. Campinas: Unicamp, 2008.

17. Lilian Sarat de Oliveira, *Martha Watts: Um olhar sobre o Brasil*. Dissertação de mestrado. Piracicaba: Unimep, 2006.

18. Ibid.

19. "Nossos emboras", *Gazeta de Piracicaba*, 23 jul. 1899.

20. Jair Toledo Veiga, "Antigos alunos do Colégio Piracicabano", *Jornal de Piracicaba*, 19 jul. 1981.

21. "Centenário de João Sampaio", *Jornal de Piracicaba*, 31 jul. 1977.

22. "Dr. João Sampaio", *O Estado de S. Paulo*, 20 nov. 1969, p. 32.

23. Arno S. Pearse, *Brazilian Cotton, op. cit., p. xii.*

24. "De Lord Lovat ao Ministro da Agricultura", *A Provincia*, Recife, ano 53, n. 117, 22 mai. 1924, p. 1.

25. Charles Addis, "Diary for 1924", 14 fev. 1924. SOAS, University of London.

26. Mircea Buescu, "A Missão Inglesa de

1924", *Revista de Informação Legislativa*, v. 21, n. 82, abr.-jun. 1984, p. 184.

27. Apud Lúcio Gonçalo de Alcântara, *Relatório da Missão Inglesa*. Ed. fac-similar. Fortaleza: FWA, 2010.

28. *Brazil Plantations. Memorandum and Articles of Association, 16 abr. 1924*. The National Archives of UK (a seguir, TNA).

29. Ibid.

30. *Brazil Plantations. Certificate of Incorporation*, 22 abr. 1924. TNA.

31. *Brazil Plantations. Statement in lieu of Prospectus*, 25 abr. 1924. TNA.

32. [Simon Lovat], *March Past. A Memoir by Lord Lovat*. Londres: Weidenfeld and Nicolson, 1978, p. 41.

33. *Brazil Plantations. Copy of Register of Directors or Managers*, 25 abr. 1924. TNA.

34. *"Brazil Plantations. Review of First Year's Operations"*, *The Times*, 20 out. 1925, p. 21.

35. Ibid.

36. *Brazil Plantations. Copy of Register of Directors or Managers*, 3 jul. 1924. TNA.

37. *Brazil Plantations. Report of the Directors to be submitted to the Statutory Meeting*, 24 jul. 1924. TNA.

38. *Brazil Plantations. Statement in the form of a Balance sheet*, 31 ago. 1924. TNA.

39. Santa Emília, 9 ago. 1924, e Caiuá, 12 ago. 1924. "Brazil Plantations Syndicate", *The Times*, 19 fev. 1926, p. 22.

40. *The Economist*, 15 nov. 1924, p. 784.

41. Guatambu, 14 nov. 1924, e Jangada, abr. 1925. "Brazil Plantations Syndicate", *The Times*, 19 fev. 1926, p. 22.

42. "Review of First Year's Operations", *The Times*, 20 out. 1925, p. 22.

43. Ibid.

44. Ibid.

45. Ibid.

46. Ibid.

47. Ibid.

48. Jorge Caldeira, *Júlio Mesquita e seu tempo, v. 3: O jornal moderno, sertão e capitalismo, 1908-1927*. São Paulo: Mameluco, 2015, pp. 445-58.

CAPÍTULO 5: DA VISÃO AO NOVO NEGÓCIO

1. Highland Archive Centre, Inverness (a seguir, HCA). *Fraser of Lovat* GB0232/FL.

2. Notícias publicadas em jornais escoceses e britânicos sobre a viagem de lorde Lovat ao Brasil em 1925: *Glasgow Herald*, 14 mar. 1925; *Gloucester Echo e Westminster Gazette*, 7 mai. 1925; *Aberdeen Press*, 6 mar. 1925. Sobre o retorno dele a Londres: *Nottingham and Midland Catholic News*, 4 abr. 1925; *Aberdeen Press*, 7 abr. 1925 e 7 mai. 1925; *Leeds Mercury*, 2 maio 1925; *Glasgow Herald*, 9 maio 1925.

3. Renato Leão Rego, *As cidades plantadas: os britânicos e a construção da paisagem do norte do Paraná*. Londrina: Humanidades, 2009, p. 36; Livro de Visitas da Companhia Agrícola Barbosa, f. 20.

4. Depoimento a Sam Marshall, Moray Firth Radio, 5 abr. 1983. Disponível em <https://www.ambaile.org.uk/search/?searchQuery=Lord+Lovat+brazil>.

5. Depoimento, 27 maio 1984. Museu Histórico de Londrina.

6. Depoimento, 1984.

7. "Brazil Plantation Syndicate. Cotton growing difficulties", *The Times*, 30 jun. 1927, p. 24.
8. Ibid.
9. Ibid.
10. "Brazil Plantations Syndicate. First financial period", *The Times*, 25 jun. 1926, p. 22.
11. Renato Leão Rego. *As cidades plantadas*, op. cit., p. 36; Livro de visitas da Companhia Agrícola Barbosa, f. 20.
12. "Companhia Ferroviária S. Paulo-Paraná", *A Cigarra*, São Paulo, 15 jun. 1924, p. 36.
13. Depoimento, 1984. MHL, FC 0077.
14. Secretaria-Geral do Estado do Paraná. Relatório apresentado a sua excelência o senhor doutor Caetano Munhoz da Rocha, digníssimo presidente do estado por Alcides Munhoz secretário-geral d'estado. Referente aos serviços do exercício financeiro de 1924-1925. Curitiba, 31 dez. 1925, p. 289.
15. Ibid., p. 290.
16. Ibid., pp. 290-91.
17. Ibid., p. 293.
18. Cláusula 24 do decreto 813, de 1922, apud Humberto Yamaki, *Terras do norte: Paisagem e morfologia*. Londrina: UEL, 2017, p. 23.
19. "Terras roxas na zona do Tibagy. Estado do Paraná", *O Estado de S. Paulo*, 5 abr. 1925, p. 14.
20. "Na Estrada de Ferro Sorocabana, uma excursão pelo chamado ramal do Tibagy", *O Estado de S. Paulo*, 22 nov. 1924, p. 1.
21. Ibid.
22. Ibid.
23. "Presidente Prudente", *O Estado de S. Paulo*, 16 dez. 1926, p. 11.
24. *O Estado de S. Paulo*, 4 ago. 1931, seção "Falecimentos".
25. "Parecer nº 12 da Câmara dos Deputados do Estado de São Paulo, em 18 de agosto de 1911", Acervo Histórico da Assembleia Legislativa do Estado de São Paulo (a seguir, AHALESP).
26. "Discurso de Antônio de Moraes Barros no Congresso Legislativo do Estado de São Paulo, em 31 de julho de 1899", Anais da Câmara dos Deputados do Estado de São Paulo, 70ª sessão ordinária, p. 761.
27. "Ata da 47ª sessão ordinária, em 10 de outubro de 1902", "Ata da 49ª sessão ordinária, em 14 de outubro de 1902" e "Projeto nº 37, em 6 de agosto de 1904", AHALESP.
28. "Ata da 36ª sessão ordinária, em 4 de novembro de 1914", "Ata da 8ª sessão ordinária, em 14 de março de 1903", "Projeto nº 25 Crise do Café, em 1º de janeiro de 1902" e "Ata da 38ª sessão ordinária, 4 de novembro de 1902", AHALESP.
29. Depoimento, 27 maio 1984. MHL.
30. *O Estado de S. Paulo*, 16 abr. 1925, p. 6, seção "Notas e informações".
31. *O Estado de S. Paulo*, 23 abr. 1925, p. 4, seção "Notas e informações".
32. "Brazil Plantations Syndicate", *The Times*, 19 fev. 1926, p. 22.

CAPÍTULO 6:
CAPITAL LONDRINO, DA BRAZIL À PARANA

1. Companhia Melhoramentos Norte do Paraná, *Colonização e desenvolvimento do norte do Paraná: depoimentos sobre a maior obra no gênero realizada por uma empresa privada*. 3. ed. S.l.: CMNP, 1975, p. 50.

2. Robert G. Greenhill, "Investment Group, Free-Standing Company or Multinational? Brazilian Warrant, 1909-52", *Business History*, v. 37, n. 1, 1995; *Wileman's Brazilian Review. A Journal of Trade and Finance*, v. 3, n. 7, Rio de Janeiro, 15 fev. 1916.

3. "Brazilian Cotton", *The Economist*, 6 set. 1925, p. 493.

4. "Brazil Plantations Syndicate", *The Times*, 9 out. 1925, p. 23.

5. "Brazil Plantations Syndicate, review of first year's operations", *The Times*, 20 out. 1925, p. 21.

6. Ibid.

7. "Sudan Plantations Syndicate, Limited", *The Economist*, 31 out. 1925, p. 718.

8. *Ibid*.

9. "Parana Plantations, Limited", *The Economist*, 19 dez. 1925, p. 3.

10. "Brazil Plantations Syndicate", *The Times*, 25 jun. 1926, p. 22.

11. "Parana Plantations, opening up 'a vast and rich region'", *The Times*, 18 maio 1927, p. 24.

12. Ibid.

13. "Stock Exchange, a Steady Tone", *The Times*, 2 set. 1927, p. 18.

14. "Parana Plantations", *The Times*, 15 maio 1928, p. 18.

15. Ibid.

CAPÍTULO 7:
NORTE DO PARANÁ:
A LEI E O SERTÃO

1. Até 1946, o governador era intitulado presidente do Estado.

2. Secretaria-Geral do Estado do Paraná. Relatório apresentado a sua excelência o senhor doutor Caetano Munhoz da Rocha, digníssimo presidente do estado, por Alcides Munhoz, secretário-geral d'estado. Referente aos serviços do exercício financeiro de 1924-1925. Curitiba, 31 dez. 1925, pp. 261-62.

3. "Parana Plantations, opening up 'a vast and rich region'", *The Times*, 18 maio 1927, p. 24.

4. Relatório apresentado a sua excelência o senhor doutor Caetano Munhoz da Rocha, op. cit., p. 279.

5. Ibid.

6. Layane Alves Nunes, "Os investimentos na colonização do norte do Paraná direcionados pela Companhia Melhoramentos Norte do Paraná, e a comercialização das terras", Anais do II Congresso Internacional de Política Social e Serviço Social: Desafios Contemporâneos. Londrina: UEL, 2017, v. 2, p. 2.

7. Relatório apresentado a sua excelência o senhor doutor Caetano Munhoz da Rocha, op. cit., pp. 263 e 289.

8. Nuno Espinosa Gomes da Silva, *História*

do direito português. Lisboa: Fundação Calouste Gulbenkian, 2006, p. 129.

9. Jorge Caldeira, *Nem céu nem inferno: ensaios para uma visão renovada da História do Brasil*. São Paulo: Três Estrelas, 2015, p. 221.

10. Ibid., p. 223.

11. Ibid., p. 171.

12. Aline da Cruz e Josiane Ghidorsi, "A influência das sesmarias na estrutura fundiária do Brasil República. *Revista Internacional CONSINTER de Direito*, Vila Nova de Gaia, n. 16, jun. 2023, p. 143.

13. João Octaviano de Lima Pereira, *Da propriedade no Brasil: estudo sobre a origem e formação da propriedade*. São Paulo: Duprat, 1932, p. 5.

14. Mariana Armond Dias Paes, "Das cadeias dominiais impossíveis: posse e título no Brasil Império", in Débora Ungaretti et al. *Propriedades em transformação: abordagens multidisciplinares sobre a propriedade no Brasil*. São Paulo: Blucher, 2018, p. 41.

15. Jorge Caldeira, *História da riqueza no Brasil: Cinco séculos de pessoas, costumes e governos*. Rio de Janeiro: Estação Brasil, 2017, p. 173.

16. Pedro Parga Rodrigues, "A lei hipotecária de 1864 originou a propriedade privada no Brasil?", *Tempos Históricos*, Cascavel, v. 18, n. 2, 2014, p. 19.

17. Jorge Caldeira, *Júlio Mesquita e seu tempo*, v. 1: *O jornal de prelo. Locomotores e república, 1862-1897*. São Paulo: Mameluco, 2015, p. 239, n. 2.

CAPÍTULO 8: O PORTO DO NHONHÔ: MEDIR, CONHECER, PREPARAR

1. Carta de lord Lovat a Arthur Thomas, 16 dez. 1925. Arquivo da família Thomas.

2. Secretaria-Geral do Estado do Paraná. Relatório apresentado a sua excelência o senhor doutor Caetano Munhoz da Rocha digníssimo presidente do estado por Alcides Munhoz secretário-geral d'estado. Referente aos serviços do exercício financeiro de 1924-1925. Curitiba, 31 dez. 1925, p. 269.

3. Depoimento, 1º nov. 1979. MHL.

4. Depoimento, 21 set. 1972. MHL.

5. Alexandre G. Beltrão, *Três anos de sertão*, 1925-1928. Curitiba: s/e., 1980, p. 40.

6. Ibid., pp. 31-32.

7. Ibid., p. 28.

8. Ibid., p. 29.

9. Ibid., p. 34.

10. Ibid., p. 46.

11. Ibid., p. 39.

12. *A Gazeta do Povo* (Curitiba, 4 mar. 1927) informa a sua vinda pelo RMS *Alcantara*, o mais luxuoso navio que fazia escala nos portos sul-americanos.

13. Livro de visitas da Companhia Agrícola Barbosa, f. 28.

14. Humberto Yamaki, *Terras do norte: Paisagem e morfologia*. Londrina: UEL, 2017. p. 33.

15. Companhia Melhoramentos Norte do Paraná, *Colonização e desenvolvimento do norte do Paraná: Depoimentos sobre a maior obra no gênero realizada por uma empresa privada*. 3. ed. S.l.: CMNP, 1975, p. 60.

16. Alexandre G. Beltrão, *Três anos*, op. cit., p. 51.

17. Ibid., pp. 50-53.

18. Humberto Yamaki, *Terras do norte*, op. cit., p. 30.

19. France Luz e Ivani Aparecida Rogatti Omura, "A propriedade rural no sistema de colonização da Companhia Melhoramentos Norte do Paraná – município de Maringá", Anais do VIII Simpósio Nacional de Professores Universitários de História. Aracaju: ANPUH, 1976, p. 791.

20. Alexandre G. Beltrão, *Três anos*, op. cit., p. 26.

21. Ibid., p. 36.

22. Ibid., p. 37.

23. Sobre o Padroado, ver João Dornas Filho, *O Padroado e a Igreja Brasileira*. São Paulo: Editora Companhia Nacional, 1938. Coleção Brasiliana, vol. 125.

24. Kimiye Tommasino e Ricardo Cid Fernandes, "Kaingang", site "Povos indígenas do Brasil". ISA Instituto Socioambiental. Disponível em <https://pib.socioambiental.org/pt/Povo:Kaingang>.

25. Thomas P. Bigg-Wither, *Pioneering in South Brazil. Three Years of Forest and Prairie Life in the Province of Paraná*. 2 v. Londres: John Murray, 1878, vol. 2, p. 317.

26. Ibid., v. 1, pp. 237-38.

27. Lúcio Tadeu Mota, "A presença indígena no vale do Rio Tibagi / PR no início do século XX", *Antíteses*, v. 7, n. 13, jan/jun. 2014, p. 363.

28. Paulo de Moraes Barros, *O sul de Mato Grosso e a pecuária nacional*. 2. ed. Campo Grande: Instituto Histórico e Geográfico de Mato Grosso do Sul, 2011. Série Memória Mato-Grossense, vol. 22.

29. Nelson Dacio Tomazi, *Norte do Paraná: História e fantasmagorias*. Tese. Curitiba: UFPR, 1997, p. 230.

30. Alzira Alves de Abreu, "Serviço de Proteção aos Índios (SPI)". Disponível em <https://cpdoc.fgv.br/sites/default/files/verbetes/primeira-republica/SERVI%C3%87O%20DE%20PROTE%C3%87%C3%83O%20AOS%20%C3%8DNDIOS.pdf>.

31. "Histórico Nova Esperança, Paraná - PR". Biblioteca IBGE. Disponível em <https://biblioteca.ibge.gov.br/biblioteca-catalogo.html?id=34205&view=detalhes>.

CAPÍTULO 9: LONDRES, CAMBARÁ, CAMPOS DO JORDÃO

1. Parana Plantations. Second Annual Report and Balance Sheet to 31st December, 1927, p. 6. Guildhall Library, Londres. Annual Reports Stock Exchange. (a seguir, GHL)

2. "Parana Plantations. Opening up 'a vast and rich region'. Mr. F. Eckstein's Speech", *The Times*, 18 maio 1927, p. 24.

3. Francis Lindley, *Lord Lovat: A Biography*. Londres: Hutchinson & Co., 1935, pp. 291-92.

4. Ibid., p. 262.

5. Ibid., pp. 253-55.

6. "Parana Plantations. Increasing of capital approved. Purchase of Sao Paulo-Parana Railway", *The Times*, 15 maio 1928, p. 2.

7. Ibid.

8. Ibid.

9. Parana Plantations. The Second Ordinary General Meeting, 12th July, 1928, p. 3. GHL.

10. Ibid.

11. Parana Plantations a Antônio de Moraes Barros, 7 nov. 1928. Arquivo da Família Mesquita.

12. Jorge Caldeira, *Júlio Mesquita e seu tempo*. V. 3: *O jornal moderno, sertão e capitalismo, 1908-1927*. São Paulo: Mameluco, 2015, p. 461.

13. Ibid.

14. "Base para aprovação de contrato de iluminação pública e de privilégio para fornecimento a particulares de energia elétrica entre a Cia. de Eletricidade de Campos do Jordão, como concessionária desses serviços, e a Prefeitura Sanitária de Campos do Jordão", 10 abr. 1930, p. 1. Acervo Fundação Energia e Saneamento.

15. "Relatório técnico 4ª. expedição. Usina Elevatória da Traição e Usina Hidrelétrica do Fojo", 28 fev.-5 maio 2014, p. 10. Projeto Eletromemória. Disponível em <https://eletromemoria.fflch.usp.br/sites/eletromemoria.fflch.usp.br/files/relatorio_da_4a_expedicao.pdf>.

16. "Companhia de Electricidade Campos do Jordão", *Diário Oficial do Estado de São Paulo*, ano 47, n. 264, 25 nov. 1937, p. 41.

17. Júlio Cesar Assis Kühl, *Abernéssia e Fojo: Hidrelétricas de Campos do Jordão*. São Paulo: Gráfica CESP, 1992. p. 17. Col. História da Energia Elétrica em São Paulo, n. 5.

18. "Parecer do Conselho Fiscal. Companhia de Electricidade Campos do Jordão. Balanço geral, encerrado em 31 de Dezembro de 1936", *Diário Oficial do Estado de São Paulo*, ano 47, n. 45, 27 fev. 1937, p. 60.

19. Tênis clube e sua história. Disponível em <http://www.camposdojordaocultura.com.br/

20. "Ata da 17ª Assembleia Geral da Companhia Cafeeira do Rio Feio, realizada em 3 de fevereiro de 1931", *Diário Oficial do Estado de São Paulo*, ano 41, n. 44, 22 fev. 1931, p. 1554.

21. "Dr. Antonio Moraes Barros", *O Estado de S. Paulo*, 4 ago. 1931, seção "Falecimentos".

CAPÍTULO 10: ENFIM, A PROPRIEDADE COM ESCRITURA

1. "Parana Plantations. New Railway Concession. Chairman's visit to Brazil", *The Times*, 13 jul. 1928, p. 22.

2. Ibid.

3. Ibid.

4. Parana Plantations. Land and Railway Prospects. Offer to Brazil Plantations Syndicate. The Hon. A.M. Asquith's Speech. August 8, 1929, p. 6. GHL.

5. Ibid.

6. Ibid.

7. Ibid., p. 5.

8. Gilberto Maringoni, "O planejador – Roberto Simonsen, indústria e desenvolvimento", in Aloísio Teixeira et al., *Desenvolvimento: O debate pioneiro de 1944-1945*. Brasília: Ipea, 2010, p. 42.

9. Parana Plantations. Third Annual Report and Balance Sheet to 31st December 1928, p. 6. GHL.

10. Ibid., p. 7.

11. Ibid.

12. Jorge Caldeira (org.), *José Bonifácio de Andrada e Silva*. São Paulo: Ed. 34, 2002, p. 131.

13. "Maurício de Lacerda em terras do Paraná", *Gazeta do Povo*, Curitiba, 14 abr. 1928, p. 3.

14. "O Paraná de hoje e do futuro", *Gazeta do Povo*, Curitiba, 4 set. 1928, p. 2.

15. *Diário Oficial do Estado do Paraná*, 24 abr. 1929, p. 3.

CAPÍTULO 11: LONDRINA: BOA ORGANIZAÇÃO, POUCOS COMPRADORES

1. Depoimento, 1984. MHL.

2. Ibid.

3. Ibid.

4. Depoimento, 21 set. 1972. MHL.

5. Ibid.

6. Humberto Yamaki, *Terras do norte: Paisagem e morfologia*. Londrina: Editora da UEL, 2017, pp. 50-59.

7. Depoimento, 1977. MHL.

8. Depoimento, 19 jun. 1996. MHL.

9. Maria Luísa Hoffmann e Patrícia Piveta, "O nascimento de Londrina deu início ao processo de colonização do norte do Paraná", in Paulo César Boni (org.), *Certidões de nascimento da história: O surgimento de municípios no eixo Londrina-Maringá*. Londrina: Planográfica, 2009, v. 1, p. 22.

10. A. M. Gomes (org.), *Álbum do município de Londrina*. S.l.: s.e., 1939, p. 33.

11. "Companhia de Terras Norte do Paraná", *O Estado de S. Paulo*, 29 mar. 1930, p. 3.

12. Parana Plantations. Fifth Annual Report and Balance Sheet to 31th December, 1930, p. 6. GHL.

13. Ibid.

14. Ibid., p. 8.

15. Ibid.

16. Ibid.

17. Widson Schwartz, *Londrina aos 86, com ousadia de origem*. Londrina: Midiograf, 2020, pp. 73-74.

18. Ibid.

19. Ibid., p. 70.

20. Ibid., p. 43.

21. *Jornal de Londrina*, 6 jan. 1998, p. 8A.

22. Depoimento, 1999. MHL.

23. Parana Plantations. Proceedings at the Fifth Ordinary General Meeting, 23rd July 1931, pp. 3-4. GHL.

24. Parana Plantations. Fifth Annual Report and Balance Sheet to 31th December, 1930, p. 3. GHL.

25. Ibid., pp. 6-13.

26. Ibid., p. 6.

27. Widson Schwartz, *Londrina aos 86*, op. cit., p. 76.

CAPÍTULO 12: EMERGÊNCIA E PRÍNCIPES

1. Parana Plantations, Fifth Annual Report and Balance Sheet to 31st December, 1930, p. 5. GHL.

2. Ibid., p. 1.

3. Marcelo de Paiva Abreu, "A Missão Niemeyer", *Revista de Administração de Empresas* (FGV), 14 (4), São Paulo, ago. 1974, p. 13.

4. "A próxima viagem do príncipe de Gales

à América do Sul", *O Estado de S. Paulo*, 7 ago. 1930, p.1.

5. "Royal Tour Plans", *Belfast Telegraph*, 7 jan. 1931.

6. [Simon Lovat], *March Past. A Memoir by Lord Lovat*. Londres: Weidenfeld and Nicolson, 1978, p. 66.

7. "A visita do príncipe de Gales", *O Estado de S. Paulo*, 13 mar. 1931, p. 1.

8. "A viagem do príncipe de Gales", *O Estado de S. Paulo*, 18 mar. 1931, p. 1.

9. "O Brasil recebe hoje de braços abertos o herdeiro do trono inglês", *Folha da Noite*, 25 mar. 1931, p. 1.

10. "Prince holes out on one", *Dundee Evening Telegraph Angus Scotland*, 25 mar. 1931, p. 8.

11. "O Brasil soube receber condignamente o embaixador real da Inglaterra", *Folha da Noite*, 26 mar. 1931, p. 1; "O príncipe de Gales e seu irmão George embarcarão hoje para São Paulo", *Folha da Manhã*, 27 mar. 1931, p. 3.

12. "O príncipe de Gales no Brasil", *O Estado de S. Paulo*, 27 mar. 1931, p. 1.

13. "O príncipe de Gales e seu irmão George embarcarão hoje para São Paulo", *Folha da Manhã*, 27 mar. 1931, p. 3.

14. "Princes dance 'maxixe'", *Aberdeen Press and Journal*, 27 mar. 1931, p. 5.

15. "O dia dos príncipes", *Folha da Manhã*, 29 mar. 1931, p. 8.

16. "Os príncipes ingleses passando em revista os exércitos verdes das terras roxas do Paraná", *Gazeta do Povo*, Curitiba, 1º abr. 1931, p. 1.

17. Ibid.

18. "A importantíssima conferência da Cia. Agrícola Barbosa", *Gazeta do Povo*, Curitiba, 2 abr. 1931, p. 1.

19. Ibid.

20. Widson Schwartz, *Londrina aos 86, com ousadia de origem*. Londrina: Midiograf, 2020, p. 75.

21. "Prince's host", *The Derby Daily Telegraph*, 2 jul. 1931, p. 6.

22. Parana Plantations. Fifth Ordinary General Meeting of the Members of the Company on the 23d day of July, 1931, p. 7. GHL.

23. Ibid., p. 8.

24. Ibid.

25. Ibid., pp. 8-9.

26. Ibid.

27. Ibid.

28. Ibid., p. 10.

29. Ibid.

30. Ibid., p. 11.

31. Francis Lindley, *Lord Lovat: A Biography*. Londres: Hutchinson & Co., 1935, pp. 289-90.

32. Parana Plantations. Sixth Annual Report and Balance Sheet to 31st December, 1931, p. 11. GHL.

CAPÍTULO 13: TRILHAS, E MAIS ALÉM

1. Depoimento, 1977. MHL.

2. Depoimento, 9 jun. 1984. MHL.

3. Depoimento, 1977. MHL.

4. Depoimento, 8 nov. 1997. MHL.

5. Parana Plantations Limited. Seventh Annual Report and Balance Sheet to 31st December, 1932, p. 10. GHL.

6. Parana Plantations Limited. Eighth Annual Report and Balance Sheet to 31st December, 1933, p. 12. GHL.
7. Ibid., p. 11.
8. Ibid.
9. Parana Plantations Limited. Proceedings at the Seventh Ordinary General Meeting of the Members of the Company, 20 July, 1933, p. 6. GHL.
10. Depoimento, 1977. MHL.
11. Depoimento, 1979. MHL.
12. Parana Plantations Limited. Seventh Annual Report and Balance Sheet to 31st December, 1932, p. 12. GHL.
13. Natália Cristina Granato e Ricardo Costa de Oliveira, "O sucesso da interventoria de Manoel Ribas no Paraná frente à instabilidade da política no período pós-revolução de 1930", *Revista NEP - Núcleo de Estudos Paranaenses*, Curitiba, v. 6, n. 2, dez. 2020.
14. Parana Plantations Limited. Eighth Annual Report and Balance Sheet to 31st December, 1933, p. 13. GHL.
15. Francis Lindley, *Lord Lovat: A Biography*. Londres: Hutchinson & Co., 1935, p. 306.
16. Ibid., pp. 307-08.
17. "Lord Lovat. Military Service and Forestry", *The Times*, 20 fev. 1933, p. 12.
18. "Lord Lovat's Younger Children", 7 jun. 1937. HAC.
19. "The Lady Lovat, Beaufort Castle, Beauly, Scotland", 14 jun. 1937. HAC.

CAPÍTULO 14: CRESCIMENTO DA EMPRESA – E DA TURBULÊNCIA MUNDIAL

1. Parana Plantations. Tenth Annual Report and Balance Sheet to 31th December, 1935, p. 10. GHL.
2. Parana Plantations. Eighth Annual Report and Balance Sheet to 31st December, 1933, p. 15. GHL.
3. "Parana Plantations, improved railway results", *The Times*, 20 jul. 1934, p. 21.
4. "Parana Plantations, railway developments", *The Times*, 21 jul. 1933, p. 25; Parana Plantations. Proceedings at the Seventh Ordinary General Meeting, on Thursday, the 20th day of July, 1933, p. 6. GHL.
5. "Escola na florescente colônia Heimtal", *O Estado de S. Paulo*, 5 fev. 1933, p. 1.
6. "Si V. S. pretende adquirir terras", *O Estado de S. Paulo*, 6 ago. 1933, p. 1.
7. "Companhia de Terras Norte do Paraná", *O Estado de S. Paulo*, 3 set. 1933, p. 1.
8. "Não é admirável?", *O Estado de S. Paulo*, 5 mar. 1933, p. 1.
9. "Fertilidade", *O Estado de S. Paulo*, 29 jul. 1934, p. 2.
10. Renato Leão Rego, *As cidades plantadas: Os britânicos e a construção da paisagem do norte do Paraná*. Londrina: Humanidades, 2009, pp. 138-39.
11. Paulo César Boni e Larissa Ayumi Sato, "A mídia fotografia como estratégia publicitária da Companhia de Terras Norte do Paraná", Anais do VI Congresso Nacional de História da Mídia, Niterói, 2008, v. 6, pp. 15-16.

12. Ibid., pp. 13-14.
13. Ibid.
14. Parana Plantations. Eighth Annual Report and Balance Sheet to 31st December, 1933, p. 12. GHL.
15. Depoimento, 1981. MHL.
16. "Pioneira destaca início no Heimtal", *Jornal de Londrina*, 28 out. 1997, p. 8A.
17. Cabe notar que a totalidade das terras apareceu nos balanços iniciais com o valor de 485 mil libras esterlinas.
18. Parana Plantations. Proceedings at the Ninth Ordinary General Meeting, 31 dez. 1934, pp. 1-2. GHL.
19. "Parana Plantations. The Hon. A. M. Asquith's Speech", *The Times*, 15 fev. 1937, p. 22.
20. Brazil Plantations Syndicate. Form of Annual Return of a Company having a Share Capital, 1929, p. 4. TNA; Parana Plantations. Tenth Annual Report and Balance Sheet, to 31st December, 1935, p. 13. GHL.
21. A. M. Gomes (org.), *Álbum do município de Londrina*. S.l.: s.e., 1939, pp. 13-14.
22. Parana Plantations. Proceedings at the Fifth Ordinary General Meeting on Thursday, the 23rd day of July, 1931, pp. 4-5. GHL.
23. "Parana Plantations, Land Company Organizations", *The Times*, 15 jul. 1932, p. 19.
24. Parana Plantations. Proceedings at the Sixth Ordinary General Meeting on Thursday, the 14th day of July, 1932, p. 4. GHL.
25. Paulo César Boni (org.). *Certidões de nascimento da história: O surgimento de municípios no eixo Londrina-Maringá*. Londrina: Planográfica, 2009, p. 70; "Parana Plantations, trunk line to Paraguay", *The Times*, 21 jul. 1933, p. 25; Parana Plantations. Proceedings at the Seventh Ordinary General Meeting, on Thursday, the 20th day of July, 1933, p. 8. GHL.
26. "Parana Plantations, trunk line to Paraguay", *The Times*, 21 jul. 1933, p. 25; Parana Plantations. Proceedings at the Seventh Ordinary General Meeting, on Thursday, the 20th day of July, 1933, p. 9. GHL.
27. "Parana Plantations, the accounts", *The Times*, 21 jul. 1933, p. 25.
28. Antônio Marcos Myskiw, *Colonos, posseiros e grileiros: conflitos de terra no Oeste paranaense (1961/66)*. Dissertação de mestrado. Niterói: UFF, 2002, p. 63.
29. Parana Plantations. Proceedings at the Eighth Ordinary General Meeting of the Members of the Company 19st July, 1934, p. 5. GHL.
30. "Settlement of the Assyrians. League mission in Brazil from our league correspondent", *The Times*, 20 fev. 1934, p. 13.
31. Daniel Lorenzo Gemelli Scandolara, "A tentativa de assentamento de apátridas assírios no Brasil dos anos de 1930: uma reflexão teórica", *Conversas & Controvérsias*, Porto Alegre, v. 10, n. 1, jan.-dez. 2023, p. 3.
32. Ibid., p. 4.

CAPÍTULO 15: PENSADORES VISITANTES, PREFEITOS – E UM NOVO EMPRESÁRIO

1. Depoimento, 30 set. 1975. MHL.
2. A. M. Gomes (org.), *Álbum do município de Londrina*. S.l.: s.e., 1939.
3. Depoimento, 30 set. 1975. MHL.

4. Ibid.

5. Ibid.

6. "Doutora Carlota Pereira de Queiróz", *O Estado de S. Paulo*, 24 out. 1933, p. 6.

7. Pierre Monbeig, "Uma nova terra – o norte do Paraná", *O Estado de S. Paulo*, suplemento n. 72, jul. 1935.

8. Ibid.

9. Ibid.

10. Ibid.

11. Ibid.

12. Paul Arbousse-Bastide, "Derrubadas e sertões – simples anotações de viagem", *O Estado de S. Paulo*, suplemento n. 72, jul. 1935.

13. Ibid.

14. Ibid.

15. Ibid.

16. Claude Lévi-Strauss, *Tristes trópicos*. São Paulo: Companhia das Letras, 1996, p. 143.

17. Claude Lévi-Strauss, "Com os selvagens civilizados", *O Estado de S. Paulo*, suplemento n. 72, jul. 1935.

18. Ibid.

19. Ibid.

20. Ibid.

21. Ibid.

22. "A inauguração de mais um importante trecho da Companhia Ferroviária São Paulo-Paraná", *Correio Paulistano*, 1º ago.1935, p. 4.

23. A. M. Gomes (org.), *Álbum do município de Londrina*, op. cit., p. 11-12.

24. Paul Arbousse-Bastide, "Derrubadas e sertões – simples anotações de viagem", *O Estado de S. Paulo*, suplemento n. 72, jul 1935.

25. A. M. Gomes (org.), *Álbum do município de Londrina*, op. cit., p. 15.

26. Pierre Monbeig, "Uma nova terra – o norte do Paraná", *O Estado de S. Paulo*, suplemento n. 72, jul. 1935.

27. "A inauguração de mais um importante trecho da Companhia Ferroviária São Paulo-Paraná", *Correio Paulistano*, 1º ago. 1935, p. 4.

28. A. M. Gomes (org.). *Álbum do município de Londrina*, op. cit., p. 43.

CAPÍTULO 16: LUZ E SOMBRAS

1. "Companhia Cafeeira do Rio Feio", *Diário Oficial do Estado de São Paulo*, ano 44, n. 18, 24 jan. 1934, p. 31.

2. "Companhia Cafeeira do Rio Feio", *Diário Oficial do Estado de São Paulo*, ano 47, n. 119, 10 jan. 1937, p. 38.

3. "Companhia Cafeeira do Rio Feio", *Diário Oficial do Estado de São Paulo*, ano 47, n. 107, 18 maio 1937, s. p.

4. Caderneta pessoal, 1935. Instituto Isa e Gastão Mesquita Filho.

5. Alexandre Ricardi et al., "Relatório técnico da 10ª expedição. Usinas Boyes, Lençóis, Rio Novo, Boa Vista". FFLCH- USP, Projeto Eletromemória, 2016. Disponível em <https://eletromemoria.fflch.usp.br/sites/eletromemoria.fflch.usp.br/files/relatorio_da_10a_expedicao.pdf>.

6. Parana Plantations. Report of the Directors on the 23d day of July, 1937, p. 6. GHL.

7. Ibid.

8. Ibid., p. 10.

9. Ibid., p. 11.

10. Ibid.

11. Renato Leão Rego, "Nos trilhos britânicos, rumo ao interior do Paraná", revista *Helena*, ano 1, n. 1, out. 2012, p. 23.

12. Parana Plantations. Report of the Directors on the 12th day of September, 1940, p. 9. GHL.

13. Ibid.

14. Parana Plantations. Twelfth Annual Report and Balance Sheet to 30th June, 1938, p. 2. GHL.

15. Ibid., p. 11.

16. Paulo de Moraes Barros, discurso no Senado Federal, 9 nov. 1937.

17. Getúlio Vargas, "Proclamação ao povo brasileiro", 10 nov. 1937. Disponível em http://www.biblioteca.presidencia.gov.br/presidencia/ex-presidentes/getulio-vargas/discursos/1937/04.pdf/view>.

18. Widson Schwartz, *Londrina aos 86, com ousadia de origem*. Londrina: Midiograf, 2020, p. 115.

19. Ibid., p. 116.

20. "Finalmente vamos ter luz", *Paraná Norte*, vol. 4, n. 170, p. 1.

21. Ibid.

22. "A luz eléctrica. Londrina não está mais às escuras", *Paraná Norte*, v. 4, n. 192, p. 1.

23. "A usina hidráulica", *Paraná Norte*, v. 4, n. 203, p. 1.

24. Humberto Yamaki, *Labirinto da memória. Paisagens de Londrina*. Londrina: Humanidades, 2006, p. 33.

25. "Decreto federal outorga Empreza Elétrica Londrina", *Paraná Norte*, v. 5, n. 248, p. 1.

26. José Antonio Pedriali, "Um estado de espírito", revista *Helena*, ano 1, n. 1, out. 2012, p. 37.

27. Ibid., p. 39.

CAPÍTULO 17: DESTINOS OPOSTOS

1. Pierre Monbeig, "As zonas pioneiras do Estado de São Paulo", in *Ensaios de geografia humana brasileira*. São Paulo: Martins, 1940, p. 30.

2. Ibid., p. 66.

3. Pierre Monbeig, "As estruturas agrárias da faixa pioneira paulista", *Boletim Geográfico*, São Paulo, XI, n. 116, set.-out. 1953.

4. Pierre Monbeig, "A zona pioneira do Norte do Paraná", op. cit., p. 71.

5. Depoimento, 19 jun. 1996. MHL.

6. Ibid.

7. Ibid.

8. Ibid.

9. Ibid.

10. A. M. Gomes (org.), *Álbum do município de Londrina*. S.l.: s.e., 1939, p. 43, 45.

11. "Banco Mercantil de São Paulo", *O Estado de S. Paulo*, 4 jun. 1939, p. 14.

12. "Empresa Elétrica de Londrina em Sociedade Anônima", *Diário Oficial do Estado de São Paulo*, ano 51, n. 113, 21 maio 1941, p. 44.

13. Parana Plantations. Fifteenth Annual Report and Balance Sheet to 30th June, 1941, p. 6. GHL.

14. Nelson Dacio Tomazi, *Certeza de lucro e direito de propriedade: o mito da Companhia de Terras Norte do Paraná*. Dissertação de mestrado. Assis: UNESP, 1989, p. 143.

15. Parana Plantations. Sixteenth Annual Report and Statement of Accounts, 30th June, 1942, p. 7. GHL.
16. Parana Plantations. Circular to the Holders of 6 per cent. Cumulative Participating Registered Debentures, 14 May, 1934, pp. 1-3. GHL.
17. "Miscellaneous Notices", *The Times*, 20 maio 1937, p. 27.
18. Parana Plantations. Tenth Annual Report and Balance Sheet to 31st Dec., 1935, p. 4. GHL.
19. "In the matter of Parana Plantations Limited and In the matter of the Companies Act, 1929. Affidavit of Dr. Otto Henry Martin Giesen, in support of Application", 26 out. 1945, TNA; "Affidavit of Dr. Leopold Oppenheim in support of Application to set aside rejection of Proof of Debt", 29 ago. 1945, TNA; "Enter an Appearance for Percy Horsfall", 17 nov. 1947, TNA; "In the Matter Parana Plantations, 1036", 29 ago. 1945, TNA; "In the Matter Parana Plantations, 1047", 17 nov. 1947, TNA; "In the Matter Parana Plantations", TNA.
20. Parana Plantations. Sixteenth Annual Report and Statement of Accounts, 30th June, 1942, p. 2. GHL.
21. Marcelo de Paiva Abreu, "O Brasil como credor: a dívida britânica, 1940/52", *Pesquisa e Planejamento Econômico*, Rio de Janeiro, v. 20, n. 2, ago. 1990, p. 279.
22. Ibid., p. 281.
23. [Simon Lovat], *March Past. A Memoir by Lord Lovat*. Londres: Weidenfeld and Nicolson, 1978, p. 147-48.
24. Ibid.

CAPÍTULO 18: NEGÓCIO COM FUTURO?

1. "The Sudan Plantations Syndicate. Satisfactory Cotton Prices. Dividend of 8%", *The Times*, 14 dez. 1939, p. 15.
2. Parana Plantations. Sixteenth Annual Report and Statement of Accounts, 30th June, 1942, p. 6. GHL.
3. "Decreto nº 12303", *Gazeta do Povo*, Curitiba, 25 dez. 1941, p. 2.
4. "Parana Plantations. Increased Land Sales. Brazil's Immigration Policy", *The Times*, 20 jul. 1934, p. 21.
5. Parana Plantations. Eleventh Annual Report and Balance Sheet to 30th June, 1937, pp. 5-6. GHL.
6. Fernando Fontana, *Desvendando Manoel Ribas. O homem, a obra, o mito*. Curitiba: Sesc PR, 2015, pp. 126-27.
7. Mário Marcondes de Albuquerque, *Manoel Ribas, o mito que ficou*. S.l.: s.e., s.d., p. 72.
8. Apud Odah Regina Guimarães Costa, *O preço de terras na Colônia Içara 1939-1968*. Dissertação de mestrado. Curitiba: UFPR, 1974, p. 46.
9. Ibid., p. 46.
10. Alcir Lenharo, *Corpo e alma: Mutações sombrias do poder no Brasil dos anos 30 e 40*. Tese de doutorado. São Paulo: FFLCH-USP, 1985, p. 96.
11. Ibid., p. 123.
12. Ibid., p. 124.
13. Ibid., p. 130.
14. Ibid., pp. 131-32.

CAPÍTULO 19:
O NEGÓCIO DE UMA VIDA

1. Companhia Melhoramentos Norte do Paraná, *Colonização e desenvolvimento do norte do Paraná: Depoimentos sobre a maior obra no gênero realizada por uma empresa privada*. 3. ed. S.l.: CMNP, 1975, pp. 95-96.
2. Ibid., p. 96.
3. João de Scantimburgo, *Gastão Vidigal e sua época*. São Paulo: Melhoramentos, 1988, p. 51.
4. Ibid., p. 53.
5. Antônio Carlos Vidigal, *Gastão Vidigal, um empresário moderno*. Rio de Janeiro: Xenon, 1991, p. 98.
6. Antônio Carlos Casulari Roxo da Motta, *Cobrasma: trajetória de uma empresa brasileira*. Tese de doutorado. São Paulo: USP, 2006, p. 29.
7. "Copy of cable received from the Sociedade Anglo-Brasileira, Rio de Janeiro, dated 16th January, 1943". Bank of England Archive (a seguir, BEA).
8. "Paul Kern. Anglo-Foreign Securities Ltd., 19th January 1943". BEA.
9. "George Lewis French Bolton. Note of a conversation with Mr. Horsfall, 21st January 1943". BEA.
10. Ibid.
11. "Cablegram sent in cipher to Mr. Phillimore c/o British Embassy, 1st February 1943". BEA.
12. "George French Bolton. Parana Plantations, 3rd March 1943". BEA.
13. "Paul Kern. Anglo-Foreign Securities to Bank of England, 31st March, 1943". BEA.
14. "Cable and wireless from Anglo-Foreign Securities to Sociedade Anglo-Brasileira", 1943. BEA.
15. "Miscellaneous notices", *The Times*, 15 maio 1943, p. 7; *Financial Times*, 15 maio 1943.
16. "Letter from Niemeyer to Catto, 22nd April 1943". BEA.
17. "Sir Otto Niemeyer. The case of Parana Plantations, 9th June 1943". BEA.
18. Ibid.
19. Ibid.
20. Ibid.
21. No organograma do governo brasileiro não havia um "Ministério das Comunicações", e sim o Departamento de Imprensa e Propaganda (DIP), chefiado em 1943 por Amílcar Dutra de Meneses.
22. "Letter of Arthur Thomas to Harold Wooding, 4th jun. 1943". BEA.

CAPÍTULO 20:
COMPRA: O FIM DE UMA ERA

1. Carta de Arthur Thomas a Harold Wooding, 4 jun. 1943. BEA, Parana Plantations Papers.
2. Ibid.
3. Ibid.
4. Carta de Arthur Thomas a Harold Wooding, 18 jun. 1943. BEA, Parana Plantations Papers.
5. Telegrama para Powell, Bank of England, 24 jun. 1943. BEA, Parana Plantations Papers.
6. Ibid.
7. Carta de Harold Wooding a Arthur Thomas, 25 jun. 1943. BEA, Parana Plantations Papers.

8. Carta de Harold Wooding a J. V. Perowne, 10 ago. 1943. BEA, Parana Plantations Papers.
9. Carta de J. V. Perowne a Harold Wooding, 17 ago. 1943. BEA, Parana Plantations Papers.
10. Carta de Harold Wooding a J. V. Perowne, 10 ago. 1943. BEA, Parana Plantations Papers.
11. [Simon Lovat], *March Past: A Memoir by Lord Lovat*. Londres: Weidenfeld and Nicolson, 1978, p. 67.
12. Telegrama para a Sociedade Anglo-Brasileira, 30 ago. 1943. BEA, Parana Plantations Papers.
13. "Desapropriada a ferrovia São Paulo-Paraná", *Gazeta do Povo*, Curitiba, 9 set. 1943, ano 25, n. 7, p.1.
14. Telegrama do Foreign Office para Mr. Powell, 8 set. 1943. BEA, Parana Plantations Papers.
15. Telegrama do Foreign Office para Mr. Powell, 16 set. 1943. BEA, Parana Plantations Papers.
16. Ibid.
17. "Centenário de João Domingues Sampaio", *A Gazeta de Piracicaba*, 31 jul.1977.
18. Telegrama do Foreign Office para Mr. Powell, 24 nov. 1943. BEA, Parana Plantations Papers.
19. Companhia Melhoramentos Norte do Paraná, *A maior empresa colonizadora da América do Sul: Suas realizações em mais de 30 anos de trabalho*. S.l.: CMNP, 1955, p. 8.
20. Nelson Dacio Tomazi, *Certeza de lucro e direito de propriedade: o mito da Companhia de Terras Norte do Paraná*. Dissertação de mestrado. Assis: Unesp, 1989, p. 167.
21. Parana Plantations. Sixth Annual Report and Balance Sheet to 31st December, 1932. GHL; Parana Plantations. Report of the Directors, the 29th December, 1943. GHL.
22. Nelson Dacio Tomazi, *Certeza de lucro e direito de propriedade*, op. cit., p. 147.
23. Companhia Melhoramentos Norte do Paraná, *A maior empresa colonizadora da América do Sul*, op. cit., p. 8.
24. Parana Plantations. Report of the Directors, the 29th December, 1943. GHL.
25. "O Paraná de hoje e do futuro: a ferrovia de Lovat em Cambará", *Gazeta do Povo*, Curitiba, 4 set. 1928, p. 2.
26. Ibid.
27. Carta de Arthur Thomas a Mr. Phillimore, 14 jul. 1943. BEA, Parana Plantations Papers.

CAPÍTULO 21: UM NOVO PONTO DE PARTIDA

1. "Ata da Assembleia Geral Ordinária da Companhia Luz e Força Santa Cruz", *Correio Paulistano*, 12 abr. 1947, p. 11; "Empresa de Eletricidade de Avaré S.A.", *Diário Oficial do Estado de São Paulo*, 26 jun. 1946, p. 24.
2. Ibid.
3. Decreto-lei n. 6412, 10 abr. 1944. *Diário Oficial da União*, 12 abr. 1944, seção 1, p. 6425.
4. "O Norte do Paraná em condições de abastecer o Brasil inteiro", *Gazeta do Povo*, Curitiba, 24 nov. 1944, p. 3.

5. A vigésima quinta parte da área somaria pouco mais de 20 mil alqueires; no final de 1943, porém, já tinham sido vendidos 117 mil alqueires.
6. Apud José Henrique Rollo Gonçalves, *História regional e ideologias: Em torno de algumas corografias políticas do norte paranaense – 1930/1980*. Dissertação de mestrado. Curitiba: UFPR, 1995, p. 142.
7. *Diário Oficial da União*, 27 maio 1945, p. 23.
8. *Diário Oficial da União*, 4 mar. 1947, p. 23.
9. Brochura de apresentação da sala especial dedicada a Jorge de Macedo Vieira na IV Bienal de Arquitetura. São Paulo: Fundação Bienal, 1999, p. 27.
10. Antonio Carlos Bonfato, "Jorge de Macedo Vieira. O orgânico e o geométrico na prática urbana (1920-1960)", *Revista Brasileira de Estudos Urbanos e Regionais*, v. 5, n. 2, nov. 2003, p. 86.
11. Brochura de apresentação da sala especial dedicada a Jorge de Macedo Vieira, op. cit., p. 27.
12. Ficou registrado como "Lote 1, Quadra 1, Zona 1", apud Wilson de Matos Silva (org.), *Maringá 70 anos: A cidade contada pelos que viveram sua história. v. 2: O futuro é agora (1960-2018)*. Maringá: Unicesumar, 2018, p. 439.
13. "O café no norte do Paraná", *O Estado de S. Paulo*, 28 mar. 1952, p. 5.
14. "Companhia de Terras Norte do Paraná", *Diário Oficial do Estado de São Paulo*, 14 mar. 1946, p. 55.
15. Nelson Dacio Tomazi, *Certeza de lucro e direito de propriedade o mito da Companhia de Terras Norte do Paraná*. Dissertação de mestrado. Assis: Unesp, 1989, p. 147.
16. Companhia Melhoramentos Norte do Paraná, *A maior empresa colonizadora da América do Sul: Suas realizações em mais de 30 anos de trabalho*. S.l.: CMNP, [1955], p. 9.
17. "O que era e o que é o norte do Paraná", *O Estado de S. Paulo*, 1º ago. 1948, p. 2.

CAPÍTULO 22: COMPANHIA MELHORAMENTOS NORTE DO PARANÁ

1. "Relatório dos trabalhos exercitados no ano de 1948, autorizados pela resolução da diretoria, conforme consta da ata n. 165, de 20 de novembro de 1947, confirmada na de n.169, de 20 de julho de 1948", p. 1. Instituto Isa e Gastão Mesquita Filho.
2. Ibid., pp. 1-2.
3. Ibid.
4. Ibid.
5. "Londrina Norte do Paraná. Companhia de Terras Norte do Paraná", *O Estado de S. Paulo*, 8 ago. 1948, p. 2.
6. "Rainha do Norte", *O Dia*, Curitiba, 7 jul. de 1950, apud Wilson de Matos Silva (org.), *Maringá 70 anos: A cidade contada pelos que viveram sua história, v. 1: Da prancheta à realidade (1923-1959)*. Maringá: Unicesumar, 2017, p. 161.
7. Ibid.
8. Ibid., p. 92.
9. "A luta pela vida, norte do Paraná", *O Estado de S. Paulo*, 20 jun. 1948, p. 2.
10. Wilson de Matos Silva (org.), *Maringá 70 anos*, op. cit., p. 140.

11. Ibid.

12. "Pioneiro paga pela invasão de sua fazenda", *O Estado de S. Paulo*, 4 ago. 1998, p. 12.

13. *O Dia*, Curitiba, 4 set. 1949, apud Wilson de Matos Silva (org.), *Maringá 70 anos*, op. cit., pp. 136-38.

14. "Maringá faz hoje 21 anos", *O Estado de S. Paulo*, 10 maio 1968, p. 17.

15. Wilson de Matos Silva (org.), *Maringá 70 anos*, op. cit., pp. 149-51.

16. "Terras no Norte", *Gazeta do Povo*, Curitiba, 16 out 1948, p. 3.

17. Companhia Melhoramentos Norte do Paraná, *A maior empresa colonizadora da América do Sul. Suas realizações em mais de 30 anos de trabalho.* S.l.: CMNP, [1955], p. 9.

18. Companhia Melhoramentos Norte do Paraná, *Colonização e desenvolvimento do norte do Paraná. Depoimentos sobre a maior obra no gênero realizada por uma empresa privada.* 3. ed. S.l.: CMNP, 1975, pp. 97-99.

19."Ata da Assembleia Geral Extraordinária da Companhia Melhoramentos do Paraná – Imóveis – Materiais – Construções", *Diário Oficial do Estado de São Paulo*, ano 61, n. 21, 28 jan. 1951, p. 82.

20."Ata da 25ª Assembleia Geral Extraordinária da Companhia de Terras Norte do Paraná", *Diário Oficial do Estado de São Paulo*, ano 61, n. 56, 13 mar. 1951, p. 52.

CAPÍTULO 23: CORRENDO CONTRA O PRÓPRIO SUCESSO – I

1. "Companhia de Cimento Portland Maringá: fábrica em construção e montagem em Itapeva, no interior do estado de São Paulo", *O Estado de S. Paulo*, 30 mar. 1952, p. 24.

2. Antonio Carlos Casulari Roxo da Motta, *Cobrasma, trajetória de uma empresa brasileira*. Dissertação de mestrado. São Paulo: FFLCH-USP, 2006, p. 39.

3. Ibid., p. 40.

4. Ibid., p. 45.

5. "Companhia Brasileira de Material Ferroviário", *Diário Oficial do Estado de São Paulo*, ano 63, n. 68, 25 mar. 1953, p. 11.

6. "Mais uma grande usina de açúcar no Paraná", *Gazeta do Povo*, Curitiba, 21 jul. 1946.

7. "Companhia Agrícola Usina de Jacarezinho", *Diário Oficial do Estado de São Paulo*, ano 62, n. 121, 4 jun.1952, p. 81.

8. "Cópia da ata da assembleia geral ordinária dos acionistas da 'A Marítima' – companhia de seguros gerais, realizada em 26 de março de 1953", *O Estado de S. Paulo*, 31 mar. 1953, p. 17.

9. "Companhia Melhoramentos Norte do Paraná. Ata da 27ª assembleia geral extraordinária", *Diário Oficial do Estado de São Paulo*, ano 63, n. 2, 3 jan.1953, p. 51.

10. Depoimento, 15 mar. 2023. Instituto Isa e Gastão Mesquita Filho.

11. Widson Schwartz, *Londrina aos 86, com ousadia de origem*. Londrina: Midiograf, 2020, p. 121.

12. Ibid., p. 133.

13. Daniella M. C. Fastofski et al. "Londrina/PR – Contexto histórico, evolução e desenvolvimento urbano", Anais do Congresso de Responsabilidade

Socioambiental. Caxias do Sul: Centro Universitário Serra Gaúcha, jun. 2017, pp. 228-29.

14. Humberto Yamaki, *Labirinto da memória: Paisagens de Londrina*. Londrina: Humanidades, 2006, p. 70.

15. Companhia Melhoramentos Norte do Paraná, *A maior empresa colonizadora da América do Sul: Suas realizações em mais de 30 anos de trabalho*. S.l.: CMNP, [1955], p.15.

16. Cynthia Roncaglio, *Das estradas às rodovias: Meio século do rodoviarismo do Paraná*. Curitiba: DER: DEAP, 1996, p. 54.

17. Companhia Melhoramentos Norte do Paraná, *A maior empresa colonizadora da América do Sul*, op. cit., p. 13.

18. Claudio Roberto Bragueto, *O aglomerado urbano-industrial de Londrina: Sua constituição e dinâmica industrial*. Tese de doutorado. São Paulo: FFLCH-USP, 2007, pp. 39-40.

19. Ibid., pp. 40-41.

20. Widson Schwartz, *Londrina aos 86*, op. cit., p. 144.

CAPÍTULO 24: CORRENDO CONTRA O PRÓPRIO SUCESSO – II

1. Nelson Dacio Tomazi, *Norte do Paraná: História e fantasmagorias*. Tese. Curitiba: UFPR, 1997. p. 173.

2. Hortência Danielli Scaliante, *Violência e conflitos políticos no processo de colonização da Região Noroeste do Estado do Paraná: Os casos dos grilos "Apertados" e "Areia Branca do Tucum" (1950-1970)*. Dissertação. Maringá: UEM, 2010, p. 30.

3. Ana Yara D. Paulino Lopes, *Pioneiros do capital: A colonização do norte do Paraná*. Dissertação de mestrado. São Paulo: FFLCH-USP, 1982, p. 85.

4. Ibid., p. 125.

5. Lysia Maria Cavalcanti Bernardes, "O problema das frentes pioneiras no estado do Paraná", *Revista Brasileira de Geografia*, Rio de Janeiro, v. 15, n. 3, jul-set. 1953, p. 374.

6. Nilton Marques Oliveira, Leandro Araújo Crestani e Udo Strassburg, "Ocupação territorial e as transformações econômicas no Norte do Paraná", *Ciências Sociais Aplicadas em Revista*, Marechal Cândido Rondon, v. 16, n. 30, 1º sem. 2016, p. 141.

7. "A cafeicultura norte paranaense", *A Pioneira*, Londrina, 10 maio 1953, p. 12.

8. Ibid., p. 16.

9. "Maringá recebeu festivamente a estrada de ferro", *A Pioneira*, Londrina, 10 nov. 1954, p. 6.

10. Companhia Melhoramentos Norte do Paraná, *Colonização e desenvolvimento do norte do Paraná: A maior empresa colonizadora da América do Sul, suas realizações em mais de 30 anos de trabalho*. S.l.: CMNP, [1955], p. 17.

11. "No Eldorado paranaense", *A Cigarra*, São Paulo, 10 out. 1953, pp. 28-32.

12. Ana Carolina Pussi de Brito e André Augusto de Almeida Alves, "Modernização e modernidade em Maringá 1947-1967: Episódios de arquitetura e cidade em uma frente pioneira", *Revista Brasileira de Estudos Urbanos e Regionais*, Recife, v. 18, n. 1, jan.-abr. 2016, pp. 142-43.

13. Antonio Carlos Bonfato, "Jorge de Macedo Vieira: O orgânico e o geométrico na prática urbana", *Revista Brasileira de Estudos Urbanos e Regionais*, Recife, v. 5, n. 2, nov. 2003, p. 89.
14. "Cianorte, novo centro produtor de café", *O Estado de S. Paulo*, 15 jan. 1956, p. 13.
15. "Cianorte. A nova e moderna cidade inaugurada na Cafelândia paranaense", *A Pioneira*, Londrina, v. 15, 1º mar. 1954, pp 36-40.
16. *O Estado de S. Paulo,* 19 jun. 1955, p. 4.
17. *O Estado de S. Paulo*, 2 out. 1955, p. 13.
18. *O Estado de S. Paulo*, 15 jan. 1956, p. 13.
19. Ibid.
20. *O Estado de S. Paulo*, 4 fev. 1956, p. 7.
21. *O Estado de S. Paulo*, 2 out. 1955, p. 13.
22. *O Estado de S. Paulo*, 1 jan. 1956, p. 12.
23. Companhia Melhoramentos Norte do Paraná, *Colonização e desenvolvimento do norte do Paraná*, op. cit., p. 4.
24. Depoimento, 12 set. 2022. Instituto Isa e Gastão Mesquita Filho.
25. Depoimento, 17 abr. 2023. Instituto Isa e Gastão Mesquita Filho.

CAPÍTULO 25:
ANOS 60: O CRESCIMENTO VISTO DE DENTRO

1. Depoimento, 23 maio 2023. Instituto Isa e Gastão Mesquita Filho (a seguir, IIGMF).
2. Ibid.
3. Ibid.
4. Depoimento, 9 out. 2023. IIGMF.
5. Ibid.
6. Depoimento, 9 out. 2023. IIGMF.
7. Ibid.
8. Depoimento, 9 out. 2023. IIGMF.
9. Ibid.
10. Ibid.
11. Ibid.
12. Depoimento, 16 mar. 2023. IIGMF.
13. Ibid.
14. Ibid.
15. Ibid.
16. Ibid.
17. Ibid.
18. Ibid.
19. Depoimento, 18 maio 2023. IIGMF.
20. Ibid.
21. Ibid.
22. Ibid.
23. Ibid.
24. Ibid.
25. Ibid.
26. Depoimento gravado, 16 mar. 2023. IIGMF.
27. Júlio Cesar Assis Kühl, *Abernéssia e Fojo: Hidrelétricas de Campos do Jordão*. São Paulo: CESP, 1992, p. 31. Fascículos da História da Energia Elétrica em São Paulo, nº 5.
28. Depoimento, 12 abr. 2024. IIGMF.

CAPÍTULO 26:
ANOS 60: COMPLEXIDADES DO LADO DE FORA

1. Tagore Villarim de Siqueira, "A cultura do café: 1961-2005", *BNDES Setorial*, Rio de Janeiro, n. 22, set. 2005, p. 249.
2. "O Paraná de hoje e do futuro", *Gazeta do Povo*, Curitiba, 4 set. 1928, p. 2.
3. Instituto Paranaense de Desenvolvimento Econômico e Social (Ipardes), *Paraná: Características*

demográficas e projeção da população, por microrregião, até 1990. Curitiba, set. 1983.

4. Conselho de Desenvolvimento do Extremo Sul (Codesul), *Subdivisão, posse e uso da terra no Paraná*, nov. 1976, p. 68.

5. Ibid., p. 69.

6. Elpídio Serra, "Colonização, uso da terra e conflitos rurais no Paraná", in Anais do 12º Encuentro de Geógrafos de América Latina. Montevidéu, 2009.

7. José Henrique Rollo Gonçalves, *História regional e ideologias: Em torno de algumas corografias políticas do norte paranaense – 1930/1980*. Dissertação. Curitiba: UFPR, 1995, pp. 119-120.

8. Ibid., p. 126.

9. "Certeza do lucro e garantia do direito de propriedade colonizaram o Norte do Paraná", *O Estado de S. Paulo*, 31 out. 1964, p. 7.

10. Ibid., p. 6.

11. Ibid., p. 7.

12. Ibid.

13. Lei nº 4504, de 30 nov. 1964. Disponível em <https://www.planalto.gov.br/ccivil_03/leis/l4504.htm#:~:text=LEI%20N%C2%BA%204.504%2C%20DE%2030%20DE%20NOVEMBRO%20DE%201964.&text=Disp%C3%B5e%20sobre%20o%20Estatuto%20da%20Terra%2C%20e%20d%C3%A1%20outras%20provid%C3%AAncias.&text=Art.,e%20promo%C3%A7%C3%A3o%20da%20Pol%C3%ADtica%20Agr%C3%ADcola>.

14. "Paraná prevê boas colheitas", *O Estado de S. Paulo*, 19 out. 1967, p. 7.

15. "Política rural é ineficiente", *O Estado de S. Paulo*, 13 out. 1967, p. 4.

16. "Paulistas desbravaram Paraná", *O Estado de S. Paulo*, 11 fev. 1968, p. 45.

CAPÍTULO 27: O FRIO NA FESTA

1. Nilson Monteiro, "O inferno que veio do frio", revista *Helena*, Paraná, ano 1, n. 1, out. 2012.

2. Widson Schwartz, *Londrina 86 anos, com ousadia de origem*. Londrina: Midiograf, 2020, p. 159.

3. Nilson Monteiro, "O inferno que veio do frio", op. cit.

4. Companhia Melhoramentos Norte do Paraná, *Colonização e desenvolvimento do norte do Paraná: Depoimentos sobre a maior obra no gênero realizada por uma empresa privada*. 3. ed. S.l.: CMNP, 1975. p. 233.

5. Ibid.

6. Ibid., p. 181.

7. Ibid., p. 47.

8. Ibid., p. 54.

9. Paraná: *Características demográficas e projeção da população, por microrregião, até 1990*. Curitiba: Ipardes/Fundação Edison Vieira, set. 1983, p. 1.

10. Ibid., p. 25.

11. Roger Alexandre Rossoni, *A modernização da agricultura do Paraná*. Dissertação. Francisco Beltrão: Unioeste, 2016, p. 15.

12. Márcio Freitas Eduardo, "O processo de modernização da agricultura no norte do Paraná: Contradições na relação cidade-campo no contexto do programa 'vilas rurais'", Anais do XXI Encontro Nacional de Geografia Agrária. Uberlândia: UFU, 2012, p. 4.

13. Depoimento, 18 abr. 2023. Instituto Isa e Gastão Mesquita Filho (a seguir IIGMF).

14. Depoimento, 18 maio 2023. IIGMF.
15. Depoimento, 16 mar. 2023. IIGMF.
16. Depoimento, 15 mar. 2023. IIGMF.
17. Depoimento, 16 mar. 2023. IIGMF.
18. Depoimento, 23 maio 2023. IIGMF.
19. Ibid.
20. Ibid.
21. Ibid.
22. Ibid.
23. Depoimento, 15 mar. 2023. IIGMF.

CAPÍTULO 28: RECESSÃO, INFLAÇÃO, INOVAÇÃO – E DIVISÃO

1. Depoimento, 15 mar. 2023. Instituto Isa e Gastão Mesquita Filho (a seguir, IIGMF).
2. Depoimento, 18 abr. 2023. IIGMF.
3. Depoimento, 18 abr. 2023. IIGMF.
4. Depoimento, 18 abr. 2023. IIGMF.
5. Depoimento, 19 abr. 2023. IIGMF.
6. Depoimento, 18 abr. 2023. IIGMF.
7. Depoimento, 25 abr. 2023. IIGMF.
8. Depoimento, 15 mar. 2023. IIGMF.
9. Depoimento, 15 mar. 2023. IIGMF.
10. Ibid.
11. Depoimento, 21 mar. 2023. IIGMF.
12. Ibid.
13. Depoimento, 21 mar. 2023. IIGMF.
14. Ibid.
15. Ibid.
16. Depoimento, 12 abr. 2022. IIGMF.
17. Depoimento, 22 ago. 2023. IIGMF.
18. Depoimento, 12 abr. 2022. IIGMF.
19. Depoimento, 22 ago. 2023. IIGMF.
20. Depoimento, 22 ago. 2023. IIGMF.
21. Depoimento, 22 ago. 2023. IIGMF.
22. Depoimento, 12 abr. 2022. IIGMF.
23. Depoimento, 22 ago. 2023. IIGMF.
24. Depoimento, 12 abr. 2022. IIGMF.
25. Depoimento, 22 ago. 2023. IIGMF.
26. Depoimento, 22 ago. 2023. IIGMF.
27. Ibid.
28. Depoimento, 12 abr. 2022. IIGMF.
29. Depoimento, 22 ago. 2023. IIGMF.
30. Depoimento, 13 abr. 2022. IIGMF.

CAPÍTULO 29: "FAÇA O QUE TEM DE SER FEITO!"

1. Depoimento, 18 maio 2023. Instituto Isa e Gastão Mesquita Filho (a seguir, IIGMF).
2. Ibid.
3. Ibid.
4. Depoimento, 12 abr. 2022. IIGMF.
5. Ibid.
6. Ibid.
7. Depoimento, 18 maio 2023. IIGMF.
8. Depoimento, 12 abr. 2022. IIGMF.
9. Depoimento, 15 mar. 2023. IIGMF.
10. Ibid.
11. Depoimento, 19 abr. 2023. IIGMF.
12. Depoimento, 21 mar. 2023. IIGMF.
13. Depoimento, 24 abr. 2023. IIGMF.
14. Ibid.
15. Ibid.
16. Ibid.
17. Depoimento, 15 mar. 2023. IIGMF.
18. Depoimento, 13 abr. 2022. IIGMF.
19. Depoimento, 17 abr. 2023. IIGMF.
20. Depoimento, 18 abr. 2023. IIGMF.
21. Depoimento, 23 maio 2023. IIGMF.
22. Depoimento, 21 mar. 2023. IIGMF.
23. Depoimento, 21 mar. 2023. IIGMF.
24. Depoimento, 13 abr. 2022. IIGMF.

CAPÍTULO 30: QUALIFICAÇÃO E EXPANSÃO

1. Depoimento, 27 jun. 2022. Instituto Isa e Gastão Mesquita Filho (a seguir, IIGMF).
2. Ibid.
3. Ibid.
4. Depoimento, 23 maio 2023. IIGMF.
5. Depoimento, 21 mar. 2023. IIGMF.
6. Depoimento, 19 abr. 2023. IIGMF.
7. Depoimento, 24 abr. 2023. IIGMF.
8. Depoimento, 21 mar. 2023. IIGMF.
9. Depoimento, 27 jun. 2022. IIGMF.
10. Depoimento, 16 mar. 2023. IIGMF.
11. Ibid.
12. Depoimento, 19 abr. 2023. IIGMF.
13. Ibid.
14. Ibid.
15. Ibid.
16. Ibid.
17. Ibid.
18. Depoimento, 17 maio 2023. IIGMF.
19. Depoimento, 23 jun. 2023. IIGMF.
20. Depoimento, 19 maio 2023. IIGMF.
21. Depoimento, 27 jun. 2022. IIGMF.
22. Depoimento, 13 abr. 2022. IIGMF.
23. Depoimento, 25 abr. 2023. IIGMF.
24. Depoimento, 13 abr. 2022. IIGMF.

CAPÍTULO 31: EXCELÊNCIA E VARIEDADE

1. Depoimento, 25 abr. 2023. Instituto Isa e Gastão Mesquita Filho (a seguir, IIGMF).
2. Depoimento, 24 abr. 2023. IIGMF.
3. Ibid.
4. Depoimento, 15 mar. 2023. IIGMF.
5. Depoimento, 23 mar. 2023. IIGMF.
6. Depoimento, 12 abr. 2022. IIGMF.
7. Depoimento, 15 mar. 2023. IIGMF.
8. Ibid.
9. Ibid.
10. Depoimento, 15 mar. 2023. IIGMF.
11. Depoimento, 27 jun. 2022. IIGMF.
12. Ibid.
13. Depoimento, 16 mar. 2023. IIGMF.
14. Depoimento, 16 mar. 2023. IIGMF.
15. *Companhia Melhoramentos Norte do Paraná: 90 anos*. São Paulo: Empresa Brasileira de Comunicação Produção, 2015, p. 75.
16. Ibid., p. 79.
17. Depoimento, 19 mai. 2023. IIGMF.
18. Depoimento, 27 jun. 2022. IIGMF.
19. Depoimento, 12 mar. 2023. IIGMF.
20. Depoimento, 25 abr. 2023. IIGMF.
21. Ibid.
22. Ibid.

CAPÍTULO 32: MULTIPLICAÇÃO E DIVISÃO

1. Depoimento, 27 jun. 2023. Instituto Isa e Gastão Mesquita Filho (a seguir, IIGMF).
2. Depoimento, 27 jun. 2023. IIGMF.
3. Ibid.
4. Ibid.
5. Ibid.
6. Ibid.
7. Ibid.
8. Depoimento, 18 abr. 2023. IIGMF.
9. Ibid.
10. Ibid.
11. Depoimento, 16 maio 2023. IIGMF.
12. Ibid.
13. Ibid.
14. Depoimento, 19 abr. 2023. IIGMF.

15. Ibid.

16. Depoimento, 19 abr. 2023. IIGMF.

17. Ibid.

18. Depoimento, 18 abr. 2023. IIGMF.

19. Ibid.

20. Depoimento, 19 abr. 2023. IIGMF.

21. Ibid.

22. Depoimento, 25 abr. 2023. IIGMF.

23. Depoimento, 21 mar. 2023. IIGMF.

24. Depoimento, 24 abr. 2023. IIGMF.

25. Depoimento, 27 jun. 2022. IIGMF.

26. Depoimento, 25 abr. 2023. IIGMF.

27. Depoimento, 27 jun. 2022. IIGMF.

CAPÍTULO 33: O FUTURO E SEUS TESTES

1. Depoimento, 28 abr. 2022. Instituto Isa e Gastão Mesquita Filho (a seguir, IIGMF).

2. Depoimento, 25 abr. 2023. IIGMF.

3. Depoimento, 12 nov. 2024. IIGMF.

4. Depoimento, 12 nov. 2024. IIGMF.

5. Depoimento, 23 jun. 2023. IIGMF.

6. Depoimento, 19 maio 2023. IIGMF.

7. Depoimento, 17 abr. 2023. IIGMF.

8. Depoimento, 19 maio 2023. IIGMF

9. Depoimento, 16 maio 2023. IIGMF.

10. Depoimento, 16 maio 2023. IIGMF.

11. Depoimento, 16 maio 2023. IIGMF.

12. Depoimento, 21 nov. 2024. IIGMF

13. Depoimento, 12 nov. 2024. IIGMF.

14. Depoimento, 12 nov. 2024. IIGMF.

CAPÍTULO 34: FUTURO, COM TRABALHO

1. Depoimento, 12 nov. 2024. Instituto Isa e Gastão Mesquita Filho (a seguir, IIGMF).

2. Depoimento, 12 nov. 2024. IIGMF.

3. Depoimento, 21 nov. 2024. IIGMF.

4. Depoimento, 17 abr. 2023. IIGMF.

5. Depoimento, 18 abr. 2023. IIGMF.

6. Depoimento, 18 abr. 2023. IIGMF.

7. Depoimento, 29 jun. 2023. IIGMF.

8. Depoimento, 27 jun. 2023. IIGMF.

9. Depoimento, 27 jun. 2023. IIGMF.

10. Depoimento, 27 jun. 2023. IIGMF.

11. Depoimento, 12 nov. 2024. IIGMF.

12. Depoimento, 12 nov. 2024. IIGMF.

13. Depoimento, 12 nov. 2024. IIGMF.

14. Depoimento, 12 nov. 2024. IIGMF.

15. Depoimento, 12 nov. 2024. IIGMF.

16. Depoimento, 28 abr. 2022. IIGMF.

17. Depoimento, 28 abr. 2022. IIGMF.